ERNEST LA JEUNESSE

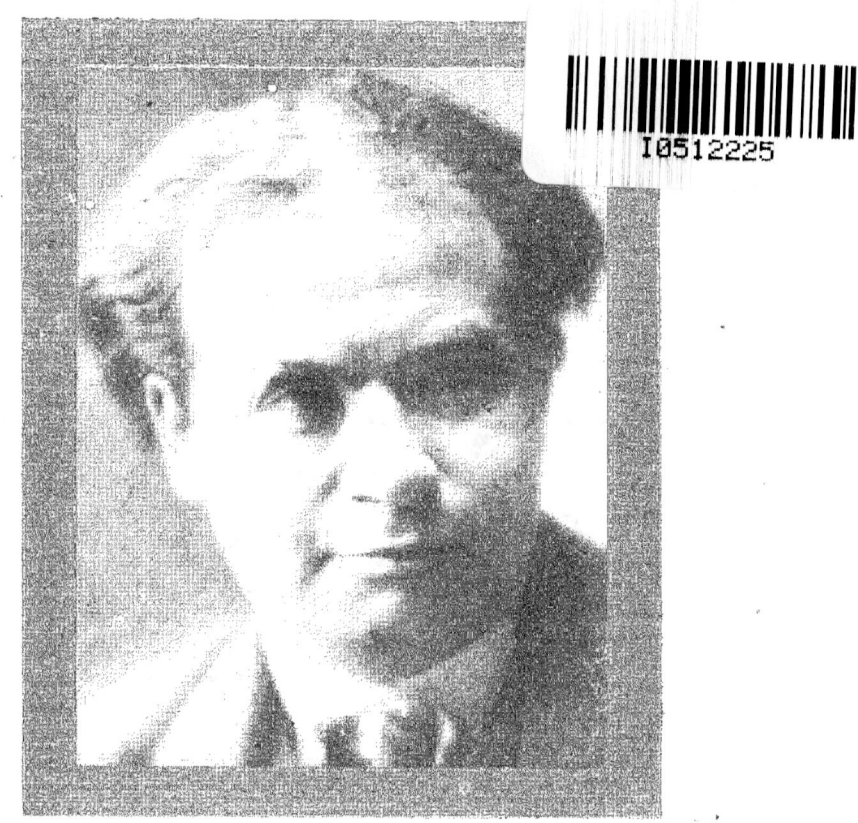

Des soirs, des gens, des choses...
(1909-1911)

Ce livre est édité par
Maurice de Brunoff
32, Rue Louis-le-Grand
PARIS

Des soirs,
des gens,
des choses...

DU MÊME AUTEUR

Les Nuits, les Ennuis et les Ames de nos plus notoires contemporains, 1896.
L'Imitation de notre maître Napoléon, 1897.
L'Holocauste, roman, 1898.
L'Inimitable, roman, 1899.
Demi-Volupté, roman, 1900.
Sérénissime, roman, 1900.
Cinq ans chez les sauvages, 1901.
L'Huis clos malgré lui, 1901.
Le Boulevard, roman, 1905.
Le Forçat honoraire, roman, 1907.

Pour paraître prochainement

L'Épée au fourreau, roman.
Les Ruines, pièces en quatre actes.
La Dynastie, pièces en quatre actes.
Un peu d'immortalité.
Les Franges du Crime.
Poireau.
Le Chien jaune et la Cheminée.
Le Fossé de Bethléem.

ERNEST LA JEUNESSE

Des soirs, des gens, des choses...

(1909=1911)

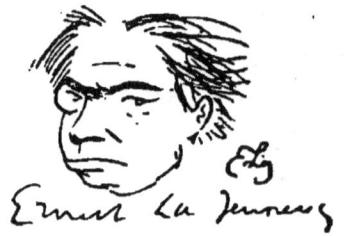

Ce livre est édité par
Maurice de Brunoff
32, Rue Louis-le-Grand
PARIS

Vingt exemplaires de ce livre ont été tirés
sur papier de Hollande,
numérotés de un à vingt et paraphés par l'auteur,
à vingt francs l'exemplaire.

A HENRI LETELLIER

au directeur, à l'ami

ERNEST LA JEUNESSE

PRÉFACE

Ah ! ce fut un bien beau jour, mes enfants, que le jeudi 18 février de l'an de grâce 1909 !

Il y a des printemps qui boudent et d'autres qui se recueillent, mais ce printemps-là éclatait dans un soleil d'or pâle et déjà chaud, dans une magnificence caressante et tutélaire, s'installant en plein hiver, comme chez lui, faisant des risettes à la Seine et mordant à cru la Coupole. J'avais déjà entendu le tonnerre en janvier, mais c'était à l'époque où l'Exposition universelle de 1900 emmagasinait toutes les étrangetés et j'avais, moi-même, assez de chagrins d'amour et autres pour appeler la foudre sur mes orages personnels. Ce jeudi, donc, après des prodiges affreux qui avaient emporté Coquelin dîné, Catulle Mendès et Coquelin cadet, il n'y avait guère qu'un miracle : la réception à l'Académie française de Jean Richepin par Maurice Barrès. J'avais assisté, en toute indignité, à cette apothéose encore touranienne. Siégeant, par mégarde, aux côtés de Mme et de M. Raymond Poincaré, qui étaient encore dans le civil et qui acceptaient avec la plus exquise bonté les félicitations les moins prématurées sur leurs élévations si proches, j'avais été quérir un refuge très haut, dans un coin, auprès de deux dames qui me parurent de tout repos et qui se trouvèrent être, modestement, Blanche Pierson et Julia Bartet. J'eus la joie de reconnaître le talent de Bartet à plier le manteau de Pierson dont elle fit un petit rien entre les pieds de Descartes, je crois. Ce fut une cérémonie intime : le Palais-Mazarin était plein à craquer, d'enthousiasme, et Sarah Bernhardt se tint debout, sur un pied, avec un héroïsme riant. Il n'y avait que du théâtre. Etait-ce un présage ?

Tant y a que, le soir, j'apportais triomphalement, à l'accoutumée, mon pâle récit de la fête au secrétaire de la rédaction du Journal, *mon infatigable et excellent ami Alexis Lauze. Les historiens de l'avenir feront sa place à ce philosophe taciturne et débonnaire, à ce démiurge timide qui n'a qu'un confident (ou une confidente) : sa pipe, et qui a la sagesse de savoir*

que les mots sont faits non pour être prononcés, mais pour être imprimés de temps en temps. Cet humoriste n'eut pas un regard pour ma copie. Il me dit, le plus négligemment du monde :
— Voici des places pour le Gymnase.
— Que joue-t-on ?
— L'Ane de Buridan.
— Quand ?
— Ce soir, je pense.
Et il ajouta, sans y mettre de cruauté :
— Vous ferez le compte rendu.
J'étais précipité dans la critique dramatique !
Mes enfants, mes enfants, ne vous excitez pas, ne vous révoltez pas, ne criez pas au guet-apens ! J'étais prévenu, très vaguement. D'impavides alliés : Jacques Dhur, représentant des couches profondes et de la Nouvelle-Calédonie, Arnold Fordyce, délégué du ciel, Sem, alors ambassadeur du bois de Boulogne et d'autres que je n'oublie point avaient soutenu ma candidature à la succession fugitive du pauvre et grand Catulle avec une chaleur qu'excuse seule la tendresse de la température d'alors. J'avais déjà vu des salles de spectacles, j'avais déjà été joué, notamment par André Antoine, je n'étais plus un enfant (si j'ai jamais cessé de l'être), je trottais l'amble vers mes trente-cinq ans et j'avais été critique dramatique, une fois ou deux, à la Revue blanche, après Lucien Muhlfeld, Léon Blum, Romain Coolus et Alfred Athis, ce qui me crée une ancienneté illustre et légendaire. Le soir de mon entrée en fonctions qui devait être obscure et secrète, j'eus l'unique consolation de parler art militaire avec le commandant Targe. Car — ce n'est pas pour la rime — je n'en menais pas large du tout. Arriver, presque en retard, dans une loge dédaigneuse, la barbe longue, le veston fripé, être zyeuté par une multitude d'élégantes effarouchées, par des tas de fracs sous lesquels bouillonnent des ambitions et des appétits, sentir une sorte d'écume qui froufroute et qui glougloute : « Lui ! Lui ! Ça ! Ça ! Pourquoi ça ? », être toisé, discuté, exécuté, ça compte pour la retraite, mes enfants, et pour l'instant aussi. Si l'on me fit un peu grâce, c'est que ça ne pouvait pas durer et que j'étais mal habillé. Quelle joie ! Je puis confesser ici — c'est si loin — que je n'avais pas eu le temps de mettre mon habit et que le seul vêtement qui m'aille, c'est l'habit noir : j'ai failli naître sous le prince président, un peu avant M. Paul Bourget. Mais le pli était pris : je suis très entêté à faire ce que je ne veux pas faire et ce que je ne devrais pas faire — et ç'a a été si profitable et si facile pour les revuistes et autres garçons de caricature que je n'ai plus aucun remords. J'en suis quitte pour admirer de plus près ma collection de costumes, avec une affection plus jalouse et une science plus secrète — et c'est quelque chose !...

Mais nous parlions d'art dramatique, je crois, et de magistère. Pendant plus de trente mois — je fonderais les trente mois de critique pour faire concurrence à l'anticubiste Adrien Bernheim si je n'avais pas aujourd'hui cinquante-quatre mois de bâtiment et ce n'est pas la classe ! — Pendant plus de trente mois, dis-je, je fus sur la brèche et comme l'oiseau sur la branche. Paré du beau nom d'Intérim, d'abord, orgueilleusement anonyme ensuite, je tins gravement dans sa gaine grise un sceptre de critique plus secoué qu'un trône portugais. Je me rendrai cette justice que je fis mon devoir jusqu'au bout — et je continue — avec l'héroïsme le plus simple, sans parler du sourire. Le jour de l'enterrement de mon père, j'assistais à la générale du Bois sacré et, entre deux évanouissements, j'écrivais un compte rendu que Jeanne Granier voulut bien trouver « magnifique », et qui, en tous cas, ne recèle rien de ma lassitude et de ma douleur. D'autres soirs, j'étais absolument mort, en personne, et, si la pièce ne m'a pas ressuscité, je n'en ai rien laissé sentir.

C'est donc un peu pour moi que je publie ces pages lointaines et auxquelles Maurice de Brunoff, prince-né des éditeurs volontaires, donne une somptueuse et spontanée hospitalité. Il ne me déplaît pas de revivre des heures diverses et des batailles contraires où flotta mon vain fanion d'arbitre (car c'est le public seul qui décide), de revivre de grandes et rares victoires et de me rappeler que j'en fus et que mon témoignage ne fit pas tort à l'événement. J'éprouve une douceur aussi à reconnaître mes enfants, à mettre mon nom au fronton d'une œuvre au jour le jour où j'ai laissé, malgré tout, quelque chose de moi-même, et des années et du sang et de la fièvre.

Ajouterai-je que, à une époque où un chacun réunit en recueil ses appréciations de ceci ou de ça, je ne pouvais pas, pour mes camarades de province, encourir le reproche d'avoir sommeillé mon saoul tant de soirs et de nuits où j'eus dure veillée ? Et il m'est si agréable de nouer, en bouquet, les trop légitimes fleurs, fanées et éternelles, que je décernai, dans des épithètes à renversement, à des auteurs, à des artistes interchangeables et immuables !

La parade a assez duré, le boniment aussi. Vous trouverez, mes enfants, dans un autre tome prochain, plus direct et plus intime, mes idées sur le théâtre. Ici, je conte, je conte. C'est de l'histoire et de la vie !

ERNEST LA JEUNESSE.

28 août 1913.

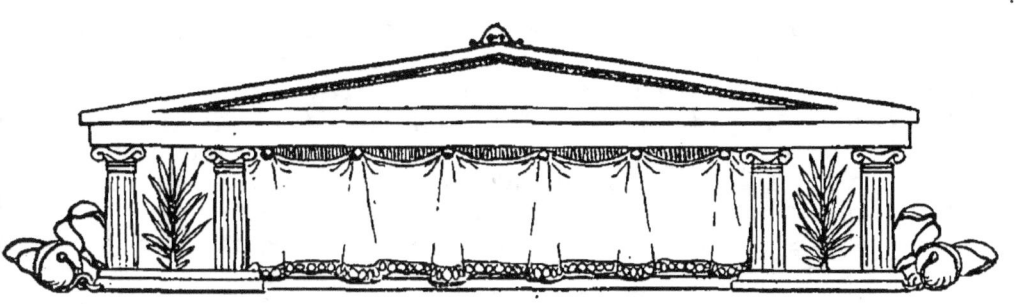

THÉATRE DU VAUDEVILLE. — *La Route d'Emeraude*, drame en cinq parties, de M. Jean RICHEPIN, d'après le roman de M. Eugène DEMOLDER.

Tout rond, tout rose, tout simple et tout bon, M. Eugène Demolder est la plus riche nature qui soit et ses romans amples et savoureux sont le délice même.

En adaptant à la scène un fragment de *la Route d'émeraude* M. Jean Richepin a tenu, sans aucun doute, à faire part de son ravissement à des milliers de spectateurs en le traduisant dans ce qu'on appelle la langue des dieux.

Nous somme au XVIIe siècle, en Hollande, dans un de ces braves moulins à eau qui sont — déjà — pittoresques et charmants. Le jeune Kobus roucoule avec sa cousine et fiancée Lisbeth. Mais il n'est pas heureux. Il se murmure et il dit tout haut, en hollandais : *Anch'io son pittore !* Il est peintre, il se sent peintre, il veut être peintre ! Et il en a assez de monter des sacs au grenier. Son père, l'admirable meunier Balthazar, le laisserait bien étudier, quoique d'esprit pratique, si un maître l'assurait de son talent. Et pourtant, les artistes, ça tourne mal si vite ! Mais qu'est cela ? Miteux, magnifique, rapiécé, empoussiéré, la face pourpre et la plume droite au chapeau roussi, un partisan échappé d'une planche de Callot entre au moulin — comme dans un moulin — demande quelques victuailles à la gentille Lisbeth restée seule. C'est un peintre ! Exquisement, la fiancée lui montre les croquis de Kobus. Le drille Dirck s'attendrit, s'exalte, admire. Ce n'est rien ! Les compagnons avec lesquels il remonte l'Escaut, le prestigieux maître Frantz Krul lui-même, admirent, admirent, admirent. Krul en ôte son chapeau. Kobus sera peintre: Balthazar le donne à la gloire. Lisbeth s'inquiète bien un peu d'une donzelle débraillée et empanachée qui cabriole et pérore sur une table, mais son fiancé la rassure : cette belle furie lui fait horreur. Et la troupe de l'Art s'en va vers la ville, dans de la musique, augmentée d'une unité — et quelle !

Deuxième partie. Le célèbre Krul termine dans son atelier son tableau des syndics qui posent pesamment, gravement, amusés par la verve du joyeux Dirck. Les élèves jalousent Kobus qui est choyé par le patron. Mais la toile est terminée : on va boire. Kobus demeure pour entendre les cris de dame Krul, avaricieuse et ivrognesse, qui veut l'argent des syndics pour recevoir Rembrandt, qui passe par hasard et qui prononce un couplet merveilleux et inutile sur la douleur, mère de l'art, et sur la ténèbre, source de la nuance, pour recevoir aussi — et il l'attendait — la donzelle qui l'avait dégoûté, au premier acte, et dont, comme de juste, il est devenu l'amant, entre mille. Siska — elle se nomme Siska — en a assez d'être modèle : elle est courtisane aussi. Elle demande à Kobus de l'accompagner dans la Babylone de cette époque, j'ai nommé Amsterdam. En vain Dirck, qui rentre en titubant, veut-il arrêter son jeune ami, son *pays :* il a beau lui crier qu'il connaît l'abîme, qu'il a vécu toutes ces erreurs, toute cette horreur. Il lui faut laisser partir le jeune homme, fou d'amour. Eh bien, il ne le laissera pas partir : il le suivra.

Il l'a suivi. C'est l'enfer. Siska a un amant qui l'entretient. Kobus ne le sait pas. Il l'apprend, grâce à la servante Katje. Et comme ce noble seigneur revient à contre-temps, le pauvre Kobus est bien obligé de le tuer, à l'aide d'un couteau qui lui est prêté par l'inépuisable Dirck.

Il a fallu fuir. On est dans les dunes : la compagnie est un peu mêlée. Ce ne sont que contrebandiers, routiers, anciens soldats devenus coupe-bourses, coupe-jarrets et un peu mieux. Ils ont une certaine considération pour ce trio, Siska, Dirck, Kobus qui n'est pas causeur, mais qui a le prestige de la potence méritée et peut-être proche. Mais Kobus a des remords, Siska a un sentiment nouveau et ardent pour le capitaine des mauvais garçons — et Dirck l'envie de sauver Kobus. Siska fait une déclaration au susdit capitaine qui ne fait pas le dégoûté et l'emmène avec ses hommes, à l'aventure, aux aventures, sur une felouque, pendant que Kobus se démène et que le providentiel Dirck reçoit, au bon endroit, une balle qui n'était pas pour lui.

Et c'est le retour de l'enfant prodigue. La tendre Lisbeth et le bon Balthazar s'inquiètent du fils, du fiancé disparu. Mais le voici : hâve, déguenillé tremblant, il se glisse dans la nuit. Il amène le divin Dirck qui est mourant, qui prend pour lui le crime de Kobus, signe d'une main défaillante, son aveu, fait jurer au jeune homme qu'il sera un meunier incomparable et un peintre de génie et expire en beauté, dans la paix de l'aurore immense et rayonnante au-dessus de l'eau calme et souple — cette route d'émeraude qu'il s'agit de descendre ou de remonter.

Voilà l'épisode. Il est serti, gemmé, orfévré des mille caresses verbales, de tous les trésors d'horreur, de grâce, d'éloquence et d'habileté, de la splendeur infinie, de la virtuosité échevelée et sûre de l'auteur de *Don Quichotte* et de *Miarka*. Peut-être y a-t-il un peu trop de rhétorique et d'artifice. Peut-être la prose harmonieuse et sans apprêt du brave Demolder eût-elle mieux convenu, en sa mollesse plastique, à cette histoire à la fois naïve, cynique et morale, que le vers, malgré soi ambitieux, roide et d'une majesté romantique. Et puis le romancier de la *Route d'émeraude* a se sujets dans le sang : il y met tout son cœur : c'est sa race, ce sont ses aïeux, ses parents, ses proches. Quoi qu'il en ait, Jean Richepin est assez loin de ses héros et dans ses pires — et ses meilleurs — emportements lyriques, on décèle quelque froideur et une trop constante application : pour un peu, cela ressemblerait à un magnifique et miraculeux devoir, mais, tout de même, à un devoir.

C'est que l'improvisateur incomparable, le magicien de lettres au sang éclatant, à la verve épanouie, au cœur débordant, a eu la coquetterie d'aller butiner dans un jardin qu'il ne connaissait pas bien, loin de sa Touranie coutumière, de sa Rome admirable, de son Espagne et de ses mers personnelles. Le succès est vif, les bravos saluent les couplets et les formules ; les vers, bien frappés, retentissent ; les décors et les périodes, en couleurs et en nuances, sont applaudis et acclamés : pourtant, il faut le dire, cette pièce a été écoutée avec plus de déférence que d'enthousiasme.

La faute en est un peu à l'interprétation.

L'excellente troupe du Vaudeville se signale unanimement par sa parfaite inaptitude à dire le vers. M. Gauthier, étonnamment jeune, dolent et vibrant, M. Lérand, éloquent, majestueux, inspiré et mélancolique, M. Joffre, bonhomme chaleureux, angoissé et parfait, le violent et rond Bouthors, M. Vial, très remarquable d'attitude, de dignité et de composition, M. Ferré, prévôt très bien habillé, émouvant et ému, M. Bert, joliment sinistre ; M. Juvenet, élégant et bien disant en un rôle ingrat, et tant d'autres — ils sont cinquante — luttent d'ardeur et de sincérité. Mlle Carèze est charmante et touchante ; Mmes Renée Bussy, Cécile Caron et Ellen-Andrée silhouettent massivement, adroitement, artistement, des commères dodues, criardes et moustachues.

Quant à Mme Madeleine Carlier, il n'a pas semblé qu'elle fût la Siska rêvée. Belle à faire peur, elle manque de fatalité et, en dépit de sa bonne volonté, elle n'a pas eu l'horreur et la séduction d'une Espagnole un peu gitane qui n'a que des sens et pas de cœur. Ce n'est pas un défaut : elle a trop de vertu. Enfin Louis Decori n'a pas à être loué. Il joue de toute son âme un rôle fait à sa taille. Il est mieux que l'acteur ordinaire des drames de Richepin : il en est l'âme, le soutènement, le pilotis. Il est l'outrance, le dévouement, le mauvais garçon sublime, la fantaisie et le regret : il est même — c'est un nouvel aspect — le repentir.

Et ce récit dialogué, simple, à peine sanglant et qui finit bien, dans de beaux décors, apportera à M. Jean Richepin un écho boulevardier et répété de l'apothéose verte qu'il connut, après une autre « route d'émeraude » accomplie, il y a quinze jours, sous la Coupole.

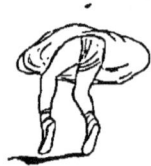

THÉATRE DE LA RENAISSANCE. — *Le Scandale*, pièce en quatre actes, de M. HENRY BATAILLE.

Triomphe ! triomphe ! Toute une salle angoissée, haletante, secouée d'émotion et d'admiration ; des affres et des larmes ; un enthousiasme pleurant, saignant, profond, unanime, tel est le bilan de la soirée de la Renaissance. Poète d'intimité, de secret et de mystère, peintre d'âmes voilées, déchiffreur de cœurs troubles, réaliste d'idéal, brutal et délicat, M. Henry Bataille vient de donner son œuvre la plus décisive, la plus simple et la plus artiste, la plus cruelle et la plus tendre.

C'est qu'il a bien situé son drame, en décors et en cœurs et que, de l'aventure la plus banale, il a su tirer les effets les plus éloquents et les plus inattendus, qu'il a fait de la souffrance, de la vie, de l'horreur, de l'inconscient. Et la fatalité prend, sous sa plume, un petit air provincial qui ne nuit en rien à sa réputation à elle, et à sa toute-puissante autorité.

Les Férioul et leurs enfants font une saison à Luchon. Maurice Férioul s'amuse de la cure, du jeu de ses amis : décoré, maire, conseiller général, peut-être quinquagénaire, il va être sénateur. Sa femme, Charlotte, dans l'émoi inassouvi de la trentaine, se laisse aller aux séductions, à l'inconnu, à la tristesse d'un Moldo-Valaque, à la moustache noire, aux yeux de nuit, aux dents de lait, au teint et aux mains de bistre.

Ce n'a pas été sans remords : elle adore son mari et songe à lui dans les plus criminelles étreintes. Hé ! que faire contre les soirs bleutés, les massifs, les pièces d'eau, les musiques, les flammes de Bengale, les feux d'artifice, dans un décor sensuel et sentimental (il est de Jusseaume) ? Mais le bel exotique n'a plus son étrangeté et son charme (c'est tout un) ; il se plaint d'ennuis plus matériels que psychologiques ; il accepte une bague de diamant — et Charlotte Férioul, abîmée de dégoût, de désespoir et de honte, fait mine — pour son mari et ses amis — de chercher à terre — et plus bas — le bijou perdu.

Au deuxième acte, elle est revenue chez elle, à Grasse, avec les siens, précipitamment. Son mari s'occupe largement, ensemble, de son industrie-fée de parfums qui jaillissent des fleurs en trombes (et qui a été si joliment chantée par Maeterlinck) et de sa candidature au Sénat. Charlotte, elle, ne vit plus. Le Roumain Artanezzo l'accable de lettres : il a abusé de son nom auprès de son bijoutier Herschenn ; il est là, il va voir Maurice Férioul. Malgré tous les efforts de Charlotte, les deux hommes se voient. Charlotte devient folle : elle tâche à deviner les paroles qui s'échangent derrière la porte entre le maître-chanteur et l'époux ; elle tâche à s'étourdir ; elle écoute, elle devient plus folle encore. Les deux hommes ressortent : elle ne reçoit pas le coup d'œil du mari trompé qu'elle attendait et dont elle mourrait ; il ne s'est rien passé ! L'angoisse durera ! Et Artanezzo, qui a encore une lueur de chevalerie dans son atrocité, lui rend ses lettres, toutes ses lettres : il a pour elle de la reconnaissance et de l'amour ; perdu pour perdu — il est dénoncé par le bijoutier qu'il a battu en l'honneur de Charlotte — il veut finir en beauté.

Mais, au *trois*, la fatalité fait son apparition. Herschenn a fait arrêter Artanezzo, à Paris, et a fait citer Charlotte comme témoin. Heureusement, le greffier Parizot a apporté les citations en catimini. De plus en plus mourante, Mme Férioul va partir pour le tribunal, sous prétexte de voir sa mère malade. Mais Férioul entre : il n'est plus un brave homme neutre et ambitieux ; c'est un monstre de force, d'énergie, de jalousie. Avec tous les moyens : peur physique, peur morale, ruine des siens, il arrache son secret au malheureux Parizot. Il lui a juré d'être calme, de ne rien faire ! Ah ! ah ! ah ! beau serment ! Il est envahi, il déborde de dégoût ! Le parfum de sa femme, le papier de sa femme ! Horreur ! Il veut une exécution publique : il appelle sa mère, ses enfants, l'institutrice, les valets, les servantes ; il va faire une exécution publique, chasser, tuer l'épouse indigne, la mère infâme Ici le public commençait à protester. Mais quand, tous et toutes rassemblés, la triste Charlotte, prise par Férioul à bout de poings et amenée au centre du groupe, échevelée, verte, démente, on a vu le mari la lâcher, hésiter et, après avoir crié, d'une voix tonnante, d'une voix d'agonie de bataille : « Il y a... », devenir pourpre et proférer, en montrant son fils : « Il y a que ce gaillard-là va recevoir la fessée ; il a été chassé du lycée ! », lorsqu'on a vu ce géant faire front contre sa colère, apaiser en lui la bête hurlante et sanglante, toute la salle a été saisie d'une admiration où il y avait un respect, une sympathie croissante, le passage de la divine pitié et de la plus divine douleur ; ç'a été plus grand et plus haut que le théâtre : c'était de la vie humaine, stoïque et évangélique, où il y avait du sang et l'essence même de l'héroïsme et de l'abnégation.

Un autre se fût arrêté là, sur cet effet sans égal. Henry Bataille a joué la difficulté. Son quatrième acte est sans horreur. Pour attendre la misérable Charlotte, qui a été témoigner à Paris, Maurice Férioul a organisé une fête d'enfants, voit un enfant qui est peut-être le sien, une jeune femme qui a été sa maîtresse, réfléchit — il n'a pas dormi — et fait pénitence en soi-même. Mais le scandale a éclaté : on en a jasé, on en a écrit ; le journal local en est plein, le préfet s'en inquiète, vient, demande au candidat de divorcer. Le mari chasse le préfet et se démet de tous ses emplois, de toutes ses ambitions. Et la triste épouse revient, anéantie. Le fils et la mère ont juré de ne lui pas faire dure mine. Mais, après des propos menus, comment l'époux ferait-il taire ses yeux ? Charlotte les voit enfin, ces yeux qu'elle redoutait depuis si longtemps. Elle comprend. Il sait : « Tue-moi ! Tue-moi ! » gémit-elle. Férioul ne la tuera pas. Il injurie et maudit un peu, puis, dans la ruine de sa vie, il cherche, pour sa femme accablée et pantelante, des mots qui lui viennent lentement, difficilement, du ciel et de plus haut, et où il est question de paix, de pardon, plus tard... plus tard... Mais Charlotte n'entend plus : la fatigue, la douleur l'ont couchée ; elle dort... Et Maurice la laisse dormir.

Il n'est pas de fin plus douloureuse et plus belle. Terminer en sourdine cette œuvre de terreur et de violence, c'est du plus grand art, c'est de l'art de l'auteur de *la Chambre blanche*. Et c'est un peu de repos dans l'horreur.

M. Bataille a des interprètes sans reproche et non sans gloire. Dans un rôle épisodique à émotion et à *assent*, Mlle Desclos a été exquise. Mme Marie Samary est une mère Férioul despotique et tendre, une octogénaire sur la brèche qui a des proverbes, de la poigne et du cœur.

Mmes Delys, Syntis, Barella, Gravier et Clarens, arborent, non sans pittoresque ou éloquence, des coiffes et des chapeaux de couleurs. M. André Dubosc est un jeune médecin très dévoué ; M. Mosnier un préfet plein de zèle ; MM. Berthier, Collen et Trévoux incarnent, avec dévouement, des personnages plus épisodiques les uns que les autres. M. Armand Bour est tout à fait remarquable dans le rôle du greffier Parizot: sa sobriété, sa simplicité, son dévouement, son héroïsme humble et bonhomme tout en lui est une merveille de composition.

Pour Lucien Guitry et Berthe Bady, ils se sont surpassés : Guitry a été inouï de colère, de furie, de violence, de maîtrise de soi, de ressentiment et de renoncement final. Bady, d'abord pâmée de nouveauté et d'amour inconnu, puis courbée de terreur tâchant à s'étourdir, ivre de silence et de désir d'ignorance, a été toute l'angoisse, toutes les tortures : c'est la fièvre et l'insomnie qui tâchent à sourire et à mourir, à disparaître, à s'évanouir en une fumée sans traces. Pierre Magnier est un rasta suffisamment fatal et miteux. Enfin, il faut citer M. Angély qui, dans un rôle de loup de mer phraseur, reproduit exactement le physique du regretté amiral Pottier, sans en avoir, malheureusement pour les oreilles délicates, le savoureux vocabulaire.

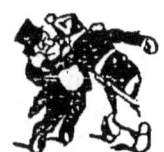

THÉATRE DE LA RENAISSANCE. — *J'en ai plein le dos, de Margot !* comédie en deux actes, de MM. GEORGES COURTELINE et PIERRE WOLFF ; *le Juif polonais*, drame en trois actes, d'ERCKMANN-CHATRIAN.

C'est dans la banlieue. Le sieur Lauriane, rond-de-cuir laid, aigri, tâtillon, vaniteux et plat, accable de piqûres d'épingle, d'injures et d'outrages sa jeune compagne, la charmante Margot. Une déception terrible — il n'a pas eu les palmes académiques — le rend plus grossier et plus injuste que jamais. Margot s'en va. Le peintre Lavernié prend la défense de la pauvre enfant. Lauriane s'énerve de plus en plus, lâche sa bile et son fiel. « J'en ai plein le dos de Margot ! Elle te plaît ? Prends-là ! Tu me feras plaisir ! » Et il va prendre le café à côté. Margot revient, les yeux rouges, conte sa pauvre vie de chien battu, d'honnête fille sans volonté, avoue qu'elle n'aime pas son amant et qu'elle aime quelqu'un.

« Qui ? » demande Lavernié déjà attendri et qui ne résiste que par honneur. Elle ne répond pas, s'en va, revient et tombe dans les bras du peintre.

Au deuxième acte, nous sommes dans l'atelier du peintre Lavernié. Margot est là comme chez elle, câline, délicieuse, un peu gourde. Du monde arrive: elle se cache. Ce n'est que Lauriane. Il se plaint de ne plus voir son vieil ami. Le peintre se dérobe, s'excuse, puis, tout à trac, clame qu'il est l'amant de Margot. C'est très drôle ! Le rond-de-cuir, si j'ose dire, tape sur les cuisses et s'en va. Mais il revient, terrible. Une femme jalouse a confirmé la nouvelle. C'est vrai ! c'est trop vrai !

— De quoi te plains-tu ? dit Lavernié. Tu me l'as donnée.
— Moi ! moi !

La scène entre les deux hommes — deux amis de trente-cinq ans — serait pénible sans la dignité triste du peintre et la pleutrerie aiguë de Lauriane. Lavernié interdit à celui-ci de toucher à Margot et les laisse en tête à tête. Lauriane accuse, geint, menace, supplie la pauvre fille de plus en plus silencieuse. Enfin, après un tas de fausses sorties, il lui propose de l'épouser. Et Margot se décide. Elle le suivra parce qu'elle finirait bien par le suivre. Autant tout de suite que plus tard : elle n'a pas de volonté. Et le pauvre Lavernié revient pour les voir partir. Le cœur gros, il a le dernier héroïsme de mentir, de jurer qu'il n'a jamais été qu'un frère pour la future épouse.

— Parbleu, dit Lauriane, je le savais !

Et le peintre, resté seul, tout seul, enferme le gant qui est l'unique souvenir de Margot, et, après un silence infini, reprend ses pinceaux, puisque, dans la détresse comme en tout, il faut toujours faire quelque chose. Dans sa tendresse lasse et résignée, il ajoute: « Ça vaut peut-être mieux ainsi ! »

Je n'ai pu donner une idée, dans ce résumé, de la fantaisie, de l'observation, de la vérité ornée et nue de cette pièce au titre familier, d'un fonds mélancolique et résigné, de forme tantôt élégamment lâchée, tantôt forcenément recherchée, toujours vivante et pittoresque, en relief et en nuances, en trouvailles. « Comme c'est cela ! » a-t-on envie de dire à chaque phrase — ou presque. La misanthropie plutôt misogyne de Georges Courteline, la pitié pour les femmes de Pierre Wolff se sont fondues en une teinte d'amertume amusée ; les gens ne sont ni bons ni mauvais ; à part Lavernié, qui est héroïque, il y a une petite dinde, Margot, faite pour être bécotée et martyrisée sans s'en apercevoir ; un mufle, Lauriane, qui finit par être touchant : c'est la vie.

Margot, c'est Mlle Desclos, exquise, dolente, simple dans la trahison et le triomphe ; Lauriane, c'est Galipaux, grotesque, trépidant, âcre, pitoyable, parfait de suffisance, d'aplatissement et de crédulité douloureuse et volontaire ; Guitry est un Lavernié sincère, protecteur, tendre, plein d'autorité et de tristesse contenue ; Mme Marguerite Caron est suffisamment odieuse en maîtresse jalouse ; Mme C. Delys, magistrale en servante apeurée et bousculée ; enfin, M. Berthier dresse une ample silhouette de pêcheur à la ligne vermeil, barbu, vaseux, inoubliable.

Pour accompagner ce problème psychologique très attendu et très applaudi, M. Guitry a remonté *le Juif polonais*, qui a hérissé les cheveux de plusieurs générations. Je ne relate le sujet que pour le plaisir de ressasser une belle et morale histoire. C'est une salle d'auberge de la vieille Alsace. Le vent, au dehors, et la neige font rage. On parle des fiançailles de la fille de la maison avec le bel et jeune maréchal des logis de gendarmerie Christian ; on parle du froid, de la tempête qui rappellent un hiver semblable, il y a quinze ans, resté mémorable par l'assassinat d'un juif polonais qui vint dans cette auberge, dit : « La paix soit avec vous, bonnes gens ! » et qu'on ne revit plus. En fumant leurs pipes, les braves consommateurs font l'éloge du propriétaire de l'auberge, le bourgmestre Mathis, qui est à la ville. Il revient, formidable, cordial, s'ébroue, parle d'un magicien — un songeur — qu'il a vu là-bas, qui fait avouer leurs secrets aux gens qu'il endort. Lui, il n'a pas voulu être endormi. Le vent, qui redouble, fait reparler du juif polonais : c'est le seul mystère du pays. Le bourgmestre met les bouchées triples et les coups de vin blanc aussi. Là-dessus, sur une bourrasque, la porte s'ouvre : un juif polonais entre, dit : « La paix soit avec vous ! » Les clients se lèvent, hagards : Mathis s'abat, roide.

Il n'est pas mort malheureusement. Au deuxième acte, abêti et se raidissant, il résiste au médecin et veut le mariage immédiat de sa fille Annette et du gendarme Christian. Il compte l'or de la dot, mais un bruit de grelots — les grelots du cheval du juif — couvre le bruit de l'or, couvrira la parole du notaire pendant le contrat, couvrira les chants, les chansons, la musique, les danses mêmes — et pourtant, des bottes de gendarmes et d'Alsaciens ! — et le misérable Mathis sent que lui seul entend cet écho gigantesque de malédiction, tâche à se ressaisir, s'abandonne, fait un effort démoniaque et s'enfonce de plus en plus dans l'horreur secrète.

Voici le troisième acte. Les noces s'achèvent. Mathis veut rester seul et s'enferme dans une sorte de réduit d'où l'on n'entendra pas ses cauchemars. Il se couche. Il va dormir. Il dort. Une voix le réveille : « Accusé, vous avez entendu ?... » Il n'a rien entendu. Il se retourne sur sa couche, grommelle, ne veut rien savoir. Mais après la voix qui se précise, des ombres apparaissent, qui blanchissent, qui rougissent : c'est un cauchemar ! La Cour d'assises ! Le président a la tête de son médecin, les juges ont les perruques du siècle passé : dormons, que diable !

dormons ! Il ne va que trop dormir. Puisqu'il n'avoue pas son crime, le président fait venir le « songeur ». Mathis ne veut pas, ne veut pas ! Ce n'est pas légal ! Mais déjà le songeur est là. Déjà il fait lever Mathis, hypnotisé — déjà ! — déjà il a réveillé le Mathis d'autrefois, le jeune Mathis, et lui fait revivre la nuit maudite d'il y a quinze ans ! Et, les yeux fermés, l'aubergiste se retrouve — et se perd. Des mots, des râles révèlent sa détresse d'homme endetté, sur le point d'être jeté à la rue, sa tentation en voyant la ceinture pleine d'or du juif, ses hésitations, sa détermination scélérate, sa poursuite, ses arrêts, l'acte, l'acte abominable et sauvage et l'enfournement du corps brûlé avec du plâtre, furieusement. Puis, après une condamnation à la pendaison, un peu inutile, ses invités trouvent dans le réduit noir un cadavre écarlate : Mathis est mort de congestion.

— Quelle belle mort ! dit quelqu'un ; il n'a pas souffert !

Le bourgmestre sera inhumé avec honneur : sa fille et son gendre feront souche de petits gendarmes, tous plus gentils et plus honnêtes les uns que les autres.

Ce drame sobre et affreux est plein de cette bonhomie savoureuse de notre pauvre Alsace : ce ne sont que des braves gens. Il est joué excellemment. Mme Dux est une épouse dévouée et exquisement effacée ; Mlle Blanche Denêge porte délicieusement le tablier rouge et le bonnet doré nationaux ; M. Magnier arbore avec élégance un uniforme d'ailleurs faux et un sabre allemand ; MM. A. Dubosc, Angély, Mosnier, Berthier et Collen sont parfaits d'accent, de pittoresque et ont les perruques, les chapeaux ou les pipes les plus inénarrables, les plus sympathiques et les plus *nature*.

Mais c'est la soirée de Lucien Guitry. On sait la coquetterie qu'a ce grand maître de la veulerie contemporaine et du nonchaloir, d'interpréter, de temps en temps, les rôles les plus épuisants. Ici, il s'est surpassé. Depuis son entrée, au premier acte, en burgrave d'auberge, tout puissant et toute considération, il révèle, il accuse l'inquiétude, l'angoisse, la résistance ; c'est un drame intime qui se multiplie, qui semble s'apaiser, qui reprend, qui gagne, qui passe la rampe et qui étreint tous les spectateurs ; pas de cris, pas de soupirs, pas d'effets d'yeux : des contractions de visage, une pesanteur de pas, une lippe : c'est terrible ! A l'acte du cauchemar, Guitry ne se livre pas. Il a des plaintes de gorge qui ne sortent pas, des détresses de bras pas appuyées, de petits refus d'enfant qui va être grondé. Puis, quand il est contraint à la confession, quand il conte son histoire, ce n'est plus du récit, c'est presque de la pantomime, avec des paroles d'outre-tombe : ah ! son expression de la tentation, du besoin, son effort pour ne pas tuer, les reflets de bonté qui transpa=

raissent sous sa face et jusqu'en son rictus désespéré lorsqu'il croît que le crime est impossible, ses gestes d'aveugle pour tâter s'il y a des pistolets dans le traîneau du juif, l'âpre volupté qu'il a de laver, dans la bonne neige blanche, ses mains de sang et son visage en feu ! Ce n'est pas du théâtre, c'est de la vie — et quelle vie ! Il a l'air de ne pas se donner : il ne clame pas. On croit que c'est fait avec rien. Il ne s'agit que de flamme intérieure... Lucien Guitry est incomparable. Son triomphe aussi.

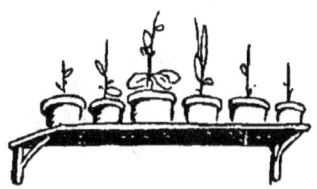

THÉATRE DU VAUDEVILLE. — *L'Ex*, comédie en quatre actes, de M. Léon GANDILLOT.

Le bon Léon Gandillot a été quelque temps, avant Georges Feydeau, le Napoléon du vaudeville : il régnait sur Déjazet, Cluny et autres lieux de *haulte gresse ;* il était dieu du rire — et Francisque Sarcey était son prophète. Grand, gros et rond, la main tendue, le sourire franc, le cœur droit, sûr et pur, il incarnait la saine et folle joie, la loyauté et l'espérance. C'était — et c'est encore — le meilleur des conseillers et des amis, la crème des hommes et des âmes.

Avec l'âge, l'auteur des *Femmes collantes* connut la lassitude des succès faciles. Une teinte d'amertume, de tendresse et de mélancolie le haussa à la comédie sentimentale et, dans ce délicieux et dolent *Vers l'Amour*, nous connûmes, il y a quatre ans, un peintre qui faisait « le tour du lac », au Bois, par en-dessous. Hier, la pièce que représenta le théâtre du Vaudeville nous parla encore d'un suicide, au moins, mais nous ne le vîmes pas. Les quatre actes de *l'Ex* ne sont cependant point exempts de tristesse : la trop grande conscience de M. Gandillot les a bourrés de détails psychologiques et pittoresques, de couplets et d'épisodes qui s'emboîtent mal et ne se rejoignent pas, de mille détails exquis et peu en place, de *mots* comme plaqués qui traversent l'action sans la faire rebondir, qui amènent des lenteurs, du papillonnement et jusqu'à une certaine gêne, de-ci de-là.

Le thème initial est ingénieux et joli, avec un rien de sublime : il s'agit d'une maîtresse d'hier, encore aimante, et qui assure le bonheur de son ancien soupirant en dissipant le malentendu qui existe entre sa jeune épouse et lui, qui leur apprend, si j'ose dire, à se connaître, à s'éprendre et à se prendre, qui joue le rôle d'une belle-mère ou d'une mère expérimentée, morale et providentielle à l'orée d'une nuit de noces passionnée et sans fin. C'est tout sacrifice — si je ne me trompe.

Ce pouvait être le plus fin, le plus émouvant, le plus exquis proverbe en un acte. C'est une comédie en quatre actes. Voyons.

L'*Ex* s'appelle Renée. Comédienne réputée et inégale, elle ne se console pas du mariage de son amant officiel, Maurice Dubourg. Elle résiste aux sollicitations de ses amis plus ou moins désintéressés, qu'elle traite, en attendant, et qui, par délicatesse, pour n'être pas les hôtes et les obligés d'une femme seule, lui offrent, qui un prince russe ou un Jeune-Turc, qui leur propre personne et leur fortune plus ou moins propre. Mais voici l'ancien seigneur et maître, Maurice, qui s'est échappé d'une soirée, à côté. Il n'est pas heureux : sa femme, une jeune fille du meilleur monde et, naturellement, très mal élevée, ne l'aime pas, l'humilie, le rabroue et ne fait nulle attention à lui. L'excellente Renée tâche à le consoler, à l'éduquer, lui apprend des gestes et des attitudes. Mais cela ne suffit pas : elle excitera la jalousie de la jeune Mme Dubourg, demain, à l'exposition du mobilier d'une cocotte qui s'est suicidée — et les époux, grâce à elle, seront réunis.

Ça ne tourne pas aussi bien qu'on le croyait : Marcelle Dubourg est une pimbêche insolente et presque vicieuse : dans sa visite aux reliques de la petite courtisane morte d'amour, elle est en compagnie, flirte, plaisante, fait l'esprit fort. En apercevant Renée, elle se présente, présente ses amies : c'est un assaut de compliments, d'abord, d'allusions, d'insolences, ensuite, un tournoi entre le monde et le demi-monde où le monde, tout court, reçoit son paquet. On se sépare fraîchement. Mais Renée a vu rôder autour des jupes, pardon ! du fourreau de Marcelle Dubourg le terrible, inévitable et fatal Guernoli; elle a surpris une provocation, des gestes d'intelligence et ne veut pas que Maurice soit cocu ; elle prie le susdit Guernol de lui venir parler le soir même.

Renée entre dans son cabinet de toilette, accompagnée du vieux banquier Vaudieu, sigisbée impatient — et qui annonce sa flamme toute proche et son actif retour. Elle reçoit Maurice, plus accablé que jamais, et qui ne se dégèle pas en la voyant se déshabiller, en l'aidant, même, à enlever des épingles ou à dénouer des cordons. Elle s'exaspère de son échec, de l'inefficacité de sa beauté dénudée et met en garde le triste époux contre l'irrésistible Guernol. Mais cette jeune ganache de Dubourg hausse les épaules : ah ! oui, Guernol ! Renée en parle parce qu'elle a été sa maîtresse, elle ! Et il s'en va : c'est Guernol qui entre. Ça ne devrait pas traîner : ça traîne. Ce bellâtre est un escroc : il a emprunté violemment vingt mille francs à Renée et ne fait la cour à Mme Dubourg que pour son argent : il a besoin de deux cent mille francs pour une affaire de tramways en Amérique. Et, par mépris, pour sauver la femme de son ex-amant, par une reprise des sens aussi, Renée fait partager sa couche au Guernol-Adonis qui, heureux, désarmera.

Mais Marcelle Dubourg a suivi son époux, elle l'a vu entrer chez Renée, où il a séjourné. Pour se venger, elle vient chez Guernol, elle s'offre, se donne à lui. Ce séducteur est obligé de céder, il embrasse la belle. Ce baiser la rend à elle-même, à son horreur ; elle se débat, trop tard ! Non ! Renée vient, se venge des dédains passés, la flagelle de son dégoût, puis la sauve. Et Maurice peut venir, interroger, menacer, s'affaler en larmes : le blanc repentir de sa moitié reconquise, les paroles de paix, de conciliation, de savante humanité de *l'Ex* arrangeront les pires choses : toutes et tous seront heureux.

Cette comédie est admirablement montée, habillée et déshabillée. MM. Porel et Peter Carin ont, à leur ordinaire, fait des prodiges ; les décors sont fastueux, les chapeaux fantastiques, les meubles à souhait. M. Louis Gauthier fait un Maurice Dubourg étrangement veule et inexistant, c'est une merveille d'abnégation. M. Joffre est un financier terriblement commun et vorace ; M. Levesque, une sorte de rosse dévouée, cordiale et parfaite ; M. Larmandie porte avec aisance une barbe immense et représente crânement le dernier des pleutres ; M. Lérand (auquel on fait décidément trop de rôles sur mesure) est un vieux baron délicieux de naturel, de comique inconscient et de tenue ; M. Mauloy (Guernol) fait tout ce qu'il peut, non sans trémolos, d'un personnage odieux, auquel il ne manque même pas le ridicule d'avoir un reste de cœur noyé dans la pire fatuité.

Pour sa rentrée, Mlle Yvonne de Bray (Marcelle Dubourg) a été charmante, évaporée, garçonnière, mutine, taquine, indignée, écroulée et tendre, Mlle Dherblay, gentiment insupportable ; Mlle Lola Noyr est très amusante en baronne curieuse, indulgente et bavarde, et Mlle Ellen Andrée très touchante, très juste d'accent et de cœur dans un rôle de confidente active et sacrifiée. Pour Mme Jeanne Rolly (Renée), elle s'est donnée toute. Éclatante de santé, de franchise, de simplicité attendrie et passionnée, maternelle et fraternelle, noyée d'ironie, écrasante de mépris, elle a été toute vie et toute joie dans l'attaque, dans la riposte, dans la façon de se refuser, de s'offrir et de se donner.

COMÉDIE-FRANÇAISE. — *Connais-toi*, pièce en trois actes, en prose, de M. Paul HERVIEU.

Depuis les quelque vingt-cinq ans que M. Paul Hervieu, délaissant la fantaisie satirique, nous offre des peintures profondes et cruelles de mœurs et de caractères qui n'en sont pas, depuis quinze ans qu'il exerce au théâtre le plus généreux et le plus sévère apostolat, il nous a accoutumés à des titres simples et orgueilleux, d'une majesté antique. Tout le monde se souvient de *Peints par eux-mêmes*, des *Tenailles*, de *la Loi de l'homme*, de *la Course du flambeau*. En inscrivant la terrible formule de Socrate en tête de sa nouvelle pièce, l'auteur de *Diogène le chien* n'a pas eu la prétention de résoudre un problème impossible. Une vie entière n'y suffit point et Hegel ne l'a que trop prouvé.

Fidèle à son principe strict et hautain, Paul Hervieu nous a mis en face d'un cas de conscience qu'il a traité avec cette éclatante sobriété, avec cette tendresse et cette rigueur, cette pitié mathématique dont il garde le secret.

Voyons l'hypothèse, le schéma, la crise dont il tire le drame et la démonstration.

Jeune divisionnaire, c'est-à-dire assez vieil homme, le général de Sibéran est une barre de fer étoilée. Il a toujours douté de tout, sauf de soi, de ce qui l'environne et de ce qu'il touche. Il est le centre du monde, tout héroïsme, toute droiture, tout orgueil. Il ne veut vivre que sur l'admiration et la reconnaissance, dans une apothéose et un rayonnement. C'est une idole qui s'adore elle-même et qui se sacrifie des victimes, sans s'en apercevoir. Il a épousé, en secondes noces, une jeune fille sans fortune qu'il a accablée de bienfaits dont il ne cesse de lui faire sentir le poids. Il a, un soir de grève, recueilli un orphelin dont il avait peut-être tué le père sur une barricade et qu'il a conservé auprès de lui comme officier d'ordonnance pour mieux le surveiller et parce qu'il redoute que, échappant à son émanation, ce lieutenant Pavail retourne à ses instincts, à son atavique vomissement d'anarchie. Or, ce jour-là, le général débouche dans le salon de sa femme, au paroxysme de l'indignation. Au cours d'une promenade avec son cousin Doucières, qui est son hôte, il a vu une femme s'enfuir de la maison de Pavail : elle a perdu un gant que Doucières a ramassé — et c'était le gant de

Mme Doucières. C'est abominable ! Clarisse de Sibéran est atterrée : Pavail venait de lui devenir très sympathique en raison de leur commun servage. Et quand Anna Doucières confirme et avoue son imprudence, Clarisse est très malheureuse et fort irritée. Mais voici l'infortuné mari et le général. Doucières, accablé et pantelant, voudrait pardonner, ramasser des morceaux de bonheur. Fi donc ! Sibéran se cabre. C'est à lui, à *sa* famille que l'injure a été faite. Sa femme à lui ne pourra plus voir la coupable et l'époux trop indulgent. Il faut divorcer. La mort dans l'âme, Doucières divorcera. Le général le félicite. Et quant à Pavail !...

Le voilà, Pavail. Et il en prend pour son grade, le séducteur ! Sibéran ne mâche pas les mots : abus de confiance, vol qualifié ! Le lieutenant va se révolter, mais il est brisé par son chef : il ira au Tonkin. Il est resté seul pour écrire la lettre qui l'exilera, quand Clarisse entre, dédaigneuse. Pourquoi lui avoir fait, le matin, de fausses confidences ! Pavail sent tout son courage l'abandonner : le coupable, si coupable il y a, ce n'est pas lui, c'est son camarade d'enfance, son frère d'élection, le propre fils du général, Jean. Il veut bien souffrir, mais encourir le mépris de Clarisse, jamais ! Et, peu à peu, l'aveu lui vient aux lèvres : s'il est resté jusqu'ici, c'est qu'il aimait la générale, d'un amour triste de captif à captive, puis d'une passion fervente ; il peut le dire puisqu'il s'en va, puisqu'il ne reviendra pas. Clarisse s'abandonne, se ressaisit, domine son trouble : elle ne pleurera que lorsque Pavail sera parti. Voici les coupables : la frivole Anna, d'abord, qui a laissé accuser un innocent parce que c'était ainsi, et qui n'a pas donné de nom parce qu'on ne lui en demandait pas — et, au reste, il n'y avait pas de quoi fouetter un chat ; puis Jean, vibrant, qui brûle de se dénoncer. En vain Clarisse l'objurgue, en voulant détourner de soi le danger qu'est la présence de Pavail. Au général abasourdi, défaillant de honte et de colère, Jean se confesse, atteste sa faute, demande un châtiment. Sibéran, malgré soi, est plus mou envers son fils. Jean lui fait remarquer son changement d'opinion, puis il se monte ; son crime, il le réparera : il épousera Anna. Le général n'en croit ni ses yeux, ni ses oreilles : il éclate de fureur. Sa hautaine chasteté, son affreuse vertu, son démon de devoir et d'honneur vont le tuer. Non ! Il est promis à un pire destin.

Le soir est tombé. Anna et Jean se voient un instant, juste le temps de s'apercevoir qu'ils ne sont pas faits l'un pour l'autre et que leur flamme était une flammèche de rien du tout. La vraie flamme, la voici, dévastatrice. C'est Pavail qui se précipite à l'assaut de Clarisse, qui reste, qui restera. Jamais ! Jamais ! Clarisse, en une grande vague de sincérité et de dignité, convient qu'elle l'aime déjà, qu'elle l'aimera, mais pas de partage ! A l'heure où elle sera sûre de son cœur et de l'éternité, elle ira rejoindre pour toujours son élu, dans la misère et le besoin. Le lieutenant veut un gage, un triste gage, un [baiser. A l'instant de l'échange du serment et des deux âmes, le général paraît. Un hoquet, un sursaut, la folie : Sibéran va écraser d'un bronze massif le couple injurieux, mais après un simulacre de lutte, il lâche son arme et chasse Pavail que Mme de Sibéran laisse aller : elle le rejoindra.

Quelle explication entre les deux époux ! Le général voit se briser sa foi, son culte pour celle qui portait son nom, pour son nom, surtout — car la femme ne l'intéressait que comme sa chose ! C'est une esclave rebelle, pas même, une chose, une chose à lui qui n'a plus de valeur ! Mais, avant de s'en aller, cette chose parle, clame, accuse. A-t-elle jamais existé ? A-t-elle jamais eu un respect, une attention pour elle, un amour pour soi ? Elle faisait partie du décor, était choyée ou piétinée sans qu'on y prît garde, caressée, rudoyée, terrorisée, hagarde comme les chevaux de selle du général quand il leur portait du sucre dans la main et que leurs yeux cherchaient la cravache. Ce n'est plus une chose, c'est une femme, une chair et une âme en soif de liberté, qui peut, qui veut réclamer de l'air et des ailes, qui s'en va, qui s'enfuit, qui s'envole !... Alors... alors, le général s'effondre. C'est lui qui demande pardon, en sa rigueur d'équité, mais pourquoi, pourquoi sa femme n'a-t-elle rien dit, dans sa vertu ? C'est que la vertu ne comporte pas d'éloquence. La passion... Et le général supplie, balbutie... Le scandale, la honte, les gens : il se tuera. Et Clarisse est frappée plus haut que le cœur, dans les ailes : elle ne peut abandonner ce vieillard. Très humble, résignée, elle murmure : « Gardez-moi ! » Ce sont de très pauvres gens qui cultiveront l'art d'être malheureux. Doucières ne divorcera pas. Il s'étonnera du revirement de Sibéran, qui lui ordonne de reprendre Anna ; c'est que Sibéran ne se connaissait pas. Il se connaît maintenant ! Hélas ! Où est la splendeur ? Où est le panache ? Et l'idéal ? Et la gloire ? Et le rayonnement ?

Le troisième acte a été acclamé. Sa douleur et son amertume, sa grandeur de renoncement et son humilité ont frappé et l'ont emporté sur les quelques sourires du deuxième acte qui, par instants, faisaient croire à une pièce gaie. On sait que Paul Hervieu va droit à son but et gradue ses effets à travers des épisodes variés. L'ironie attristée de ce sujet et son pessimisme avaient besoin de quelques gentillesses à côté. Mais l'impression suprême est de la plus noble tristesse et du désenchantement le plus résigné.

Cette œuvre d'une si haute philosophie et d'une langue précieuse est admirablement jouée. Le Bargy fait un général de Sibéran svelte, fier, titanesque jusques au moment où il est foudroyé. Il ne parle pas : il crie, ordonne, tonne. C'est que ce n'est pas ce général-ci ou un général : il pourrait aussi bien être empereur ; c'est l'autorité, l'infatuation, Jupiter, que sais-je ? c'est une entité. Grand (le lieutenant Pavail) est merveilleux de jeunesse, de douleur, de fougue, de passion retenue et débordante : il attendrira jusqu'aux tigres de l'Indo-Chine. Raphaël Duflos est un Doucières parfait, aussi triste, aussi mou, aussi résigné que possible. Dehelly a la demi-ardeur et la jolie insignifiance de son personnage de Jean de Sibéran. Mme Leconte est délicieuse d'inconscience, de gentillesse, de mondanité pleurante, souriante, dégoûtée dans le rôle d'Anna. Pour Mme Julia Bartet, elle a été une Clarisse de Sibéran sans cesse triomphale. Dans sa dignité, dans sa révolte, dans son ennui, dans son éloquence consolante, dans ses larmes, dans ses cris, dans ses silences, elle a été toute humanité, toute pudeur, toute passion, toute suavité et toute grâce. Lorsque, au dernier acte, elle a dit : « Gardez-moi ! » toute la salle a frémi d'une admiration angoissée. On voyait les ailes se fermer, la porte de l'ergastule tomber sur les rêves, l'esclavage et le dévouement consentis, dans du noir, dans du gris. C'est un geste, c'est une attitude qui dépasse tout applaudissement — et qui va à l'âme.

COMÉDIE-FRANÇAISE. — *La Rencontre*, pièce en quatre actes, en prose, de M. Pierre BERTON.

Deux êtres sont en présence, M. Serval et Mme de Lançay, très défiants l'un de l'autre. Le premier est un avocat célèbre, homme d'État de gauche, ministre de demain. Mme de Lançay est la veuve d'un viveur dont elle était séparée : l'avocat croit que la veuve a eu des torts envers son mari, l'autre a entendu Mme Serval, son amie d'enfance, lui présenter son époux de la belle façon : commun, gauche, fils de petites gens vulgaires, incapable d'inspirer l'estime et l'amour. Il se trouve que, au cours d'une conversation d'affaires, la franchise réciproque des deux interlocuteurs révèle deux âmes d'élite, deux sensibilités tendres et fières — et la noble dame est émue aux larmes en apprenant que le plébéien politique doit ses qualités de cœur et d'esprit, sa sublime et éloquente conscience à ce père, à cette mère dont s'était gaussée la frivole Mme Serval et qui étaient le modèle des vertus. Nous sommes très émus, nous aussi : c'est une idée de génie, la scène des portraits d'Hernani transposée, en prose, pour daguerréotypes.

Au deuxième acte, nous sommes à Ville-d'Avray, dans la résidence d'été des Serval. Le ministrable va être, de plus en plus et sans retard, ministre et président du Conseil, mais que lui importe ? Il aime Camille de Lançay, son hôte, qui ne répond pas à ses avances, l'âme déchirée et qui va s'en aller, par devoir, pour ne pas trahir cette futile amie qui ne comprend pas le grand et tendre Serval. Le futur secrétaire d'État part pour une réunion plénière à Paris : tout, dans la villa solitaire, est livré à l'obscurité et va se livrer au sommeil. Mais Camille, qui ne peut dormir, vient chercher un livre. Elle aperçoit deux ombres furtives : c'est Renée Serval qui introduit dans sa chambre son amant, M. de Brévannes ; Mme de Lançay chavire de stupeur et de dégoût ! Elle n'a pas le temps de s'en dire plus : une autre ombre surgit, c'est Serval ! Il n'a rien vu, il n'est sûr que d'une trahison politique : il est lâché par son groupe. Il exhale son amertume, l'horreur de sa solitude ; il lutte d'éloquence et de passion avec Camille qui parle avec tout son cœur, qui veut gagner du temps, qui est à la fois héroïque et sincère et qui, beaucoup par amour, un peu pour sauver Serval de sa colère et les amants de l'époux justicier, se donne toute au chef sans soldats, au mari sans femme, à l'âme-sœur en quête, en besoin d'âme et de chair.

Huit jours se passent. Mme de Lançay veut de plus en plus partir ; elle ne peut condescendre au partage. Mais Renée apprend que son amant va se marier et que son mari a une maîtresse. Elle accable, de sa rage double, Camille, hautaine et dolente, qui finit par lui confesser son dévouement, de haut. La sotte pécore n'a ni reconnaissance, ni accablement : n'ayant plus Brévannes, elle veut garder Serval. Elle tente même son amie en lui offrant une lettre, preuve de sa trahison à elle. Mais, désespérée et bienfaisante, bâillonnée de sa sublimité et de sa perfection, Mme de Lançay se tait, s'en va, martyre, laissant le pauvre Serval à la petite harpie sans cœur.

Ne pleurez pas : ça finit bien. Au lendemain d'un discours *rosse* qui donne le pouvoir à notre député, Mme de Lançay, revenue de Munich une minute — le temps de reprendre ses dossiers — ne peut pas se vaincre. Elle arrache des mains de Serval une lettre où celui-ci recommande le hideux Brévannes et se porte garant de sa loyauté. Pas ça ! Pas ça ! Renée Serval est chassée : les deux êtres d'élite qui se sont rencontrés par hasard et prédestination, seront heureux l'un par l'autre, l'un pour l'autre — et pour la bonté, la force, la patrie et l'humanité.

Ils sont venus à cette félicité par le plus long. C'est que M. Pierre Berton ne nous a fait grâce d'aucun développement, d'aucune habileté, d'aucun rebondissement : il a trop de métier — et est trop du métier.

L'heureux père (avec M. Charles Simon) de cette exquise *Zaza* ne nous en a pas moins donné une comédie dramatique très, très honorable, très prenante. Elle est sincère, émue, émouvante, d'un style soutenu et soigné et fait résonner, dans la maison de Molière, un latin qui n'a rien de moliéresque.

Car il y a un personnage dont je n'ai pas eu à parler et qui est l'ornement, le pittoresque, la joie de la pièce, qui a été la cause de ses ajournements et de son retard, qui a tué sous lui le pauvre Coquelin cadet, qui a mis hors de combat Leloir — et qui n'apporte rien à l'action. C'est le répétiteur Canuche, négligé et érudit, timide, orateur, fantaisiste et classique. Brunot y a été délicieux de tact et de justesse, un peu gris : on imaginait Cadet tout de même ; l'utilité du rôle est morte avec lui. Mais c'est Cadet qui a apporté *la Rencontre* aux Français !

Georges Grand est parfait d'entrain, de foi, de passion et de désespoir dans le personnage de Serval ; Paul Numa est très élégamment mufle dans la peau du séducteur Brévannes, et M. Jacques Guilhène est un secrétaire copurchic et très juvénilement enthousiaste et dévoué.

Camille de Lançay, c'est Mme Cécile Sorel. Elle joue cette grande amoureuse avec religion et un peu du haut de sa tête : elle est majestueuse jusque dans l'abandon, sculpturale dans ses silences, ses hésitations et sa prostration ; on ne comprend point qu'elle mette tant de temps à triompher. Plus magnifique que pathétique, elle impose, mais elle touche — splendidement. Mlle Provost (Renée Serval), taquine et insupportable au premier acte, a su habilement parvenir aux pires sommets de l'odieux et à la plus égoïste et sifflante férocité. Il paraît que ce n'est pas de son emploi ; je l'en félicite. Mais elle est charmante et acharnée, autant que sa rivale est écrasante et captieuse. C'est une autre *Rencontre : le Duel* — ou *Bataille de dames*.

M. Pierre Berton possède le répertoire — terriblement.

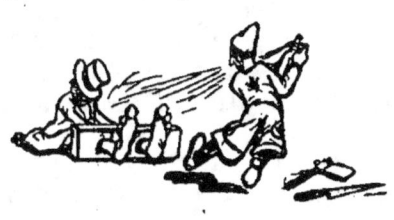

THÉATRE NATIONAL DE L'ODÉON. — *Beethoven*, drame en trois actes, en vers, de M. René FAUCHOIS.

Ce n'est pas un succès : c'est un triomphe. Le rideau s'est relevé dix fois sur une tempête d'acclamations et d'applaudissements, sur une rage renaissante, sur une noble et pure furie d'enthousiasme. Réjouissons-nous, avant tout, de la glorieuse issue d'une aventure qui n'était pas sans péril et qui couronne du plus rare laurier un jeune poète digne de toute estime et un théâtre qui mérite la fortune et le bonheur.

Le drame est très simple. C'est la vie même de Ludwig Beethoven. Les deux premiers actes se passent en 1809. Illustre, adulé par ses musiciens — l'un d'eux, Schindler, le compare superbement au vieux Rhin débordant, jaillissant, sublime — admiré par l'empereur Napoléon, qu'il n'aime plus, par l'archiduc Rodolphe, frère de l'empereur d'Autriche, Beethoven n'est pas heureux. Il souffre dans son orgueil, dans sa famille — son frère Nicolas est par trop bête et presque infâme —; il souffre même, et surtout, physiquement : il se sent devenir sourd. Une dernière douleur lui est réservée : la jeune Giulietta, qu'il aime de toute son âme, lui apprend qu'elle est fiancée à un autre. Il reste seul avec son génie, dans la nuit, au milieu d'un parc qui s'embrume, subit les couplets philosophiques d'un mendiant, Thomas Vireloque avant lettre — et murmure et se plaint.

Au deuxième acte, il est — ou n'est pas — chez lui. Son frère Nicolas, qu'il a fait chasser du concert qu'il dirigeait, exhale sa colère : Schlindler le défend, l'exalte. Beethoven paraît, reçoit son ancienne amoureuse Giulietta, qui vient le *taper* pour son mari joueur et endetté, reçoit l'archiduc Rodolphe et des princes auxquels il fait honte de sa misère et qui lui jurent aide et protection, reçoit enfin la lumineuse et divine Brentano, qui était celle qu'il avait toujours attendue, qui est sa muse et l'ombre ardente de son génie et qui lui apporte le salut de Gœthe. Mais elle est fiancée, elle aussi : elle s'en va. Et le pauvre grand homme, qui s'est senti devenir de plus en plus sourd, ne peut plus dissimuler, ne peut plus douter : il n'entend plus ses exécutants et s'abat, atrocement.

Le troisième acte, c'est la suprême coupe d'amertume. Vingt ans — ou presque — ont passé. Beethoven achève de mourir, abandonné. Il surprend son neveu adoré en train d'embrasser la femme de son oncle Nicolas et le voler lui, |Ludwig. Il sanglote : pourquoi n'est-il pas aveugle ? Il agonise, solitaire, les infâmes chassés. Il n'a plus ni amis, ni amies, ni famille. Mais voici des apparitions ; ses neuf symphonies sortent de la neige, du mur sombre et, vivantes, blanches, immortelles, le consolent, le charment ; elles sont ses filles, de chair et d'âme : il est le père de leur immortalité et, quand elles ont disparu doucement, le grand homme, les yeux dardés vers l'immense gloire du ciel, se dresse avec des ailes surnaturelles et s'abîme, géant, dans l'infini.

J'ai dit la fortune de cette pièce noble et haute. M. René Fauchois est manifestement hanté de ce démon intérieur qu'on appelle aussi parfois génie. Il aime les grands sujets. Cette fois, il a été payé de retour. Il jouait cependant une terrible partie: il jouait même la difficulté. Précédés, accompagnés, suivis de fragments de Beethoven lui-même et en pleine maîtrise, ses vers étaient pis que réduits à leur propre éloquence, à leur propre musique : le déchaînement des sonorités et des caresses, de la divination panthéiste, des mille secrets orchestrés de la nature et de l'infini, toutes les voix des ondines et des sirènes, toute l'âme des forêts et des fleuves, toutes les plaintes de la guerre et de l'amour s'en venaient s'imposer à la méditation, à l'émotion, à la volupté des spectateurs, les prendre sur leur fauteuil, les enchaîner dans la nuée du rêve.

Eh bien, non seulement le poème dramatique de M. René Fauchois put résister, mais, se mariant à cette harmonie écrasante, il finit dans un *crescendo* de détresse et de magnificence, d'horreur et de sérénité plus qu'humaine, par réaliser, si j'ose dire, une symphonie nouvelle.

Il n'est pas de plus bel éloge.

Ce n'est pas toujours parfait : il y a des vers de théâtre, des vers de comédie, des vers authentiquement prosaïques ; mais il y a mieux que des couplets, mieux que des morceaux de bravoure : des envolées nombreuses, harmonieuses, énergiques, sublimes : il y a, surtout, toujours un souffle généreux et inspiré, des formules saisissantes, du cœur — et de l'âme. C'est un vrai poète.

Il a des interprètes vaillants et quasi religieux. Mlle Albane est une Brentano mélodieuse, mystérieuse et pure ; Mme Barjac une Thérèse effroyable, Mme de Pouzols une Giulietta perverse et dolente. Mme Luce Colas une servante très nature, Mlles Damaury, Pascal, Beylat, Lukas, Merland, Beer, de Villiers, Cassini, Dumoulin les neuf symphonies mêmes, tout charme, toute harmonie, toute grâce et toute gloire. M. Desfontaines est un mendiant pittoresque et prophétique, M. Vargas un bel archiduc chaleureux, costumé en officier d'ordonnance de Napoléon ; Joubé est un poète déjà romantique et dolent ; Denis d'Inès est très consciencieusement ignoble en ivrogne incestueux et voleur, M. Bernard est — comme toujours — excellent, étonnant et parfait dans le rôle plus qu'ingrat de Nicolas Beethoven ; M. Maupré est un jeune peintre enthousiaste, M. Grétillat est un Schindler dévoué, ardent, bien disant, lyrique.

Enfin, il faut louer, comme il le mérite, infiniment, M. Desjardins. Cet artiste hors de pair, dont on a remarqué depuis si longtemps la sobriété, la distinction, la perfection, la conscience, a fait une inoubliable création. Il a toutes les impatiences, toute l'aigreur, toute l'amertume, toute la fièvre, toutes les ailes de Beethoven. Il est humain, douloureux et divin. Il nous a fait frémir, pleurer et nous a enlevés vers l'au-delà.

Et, dans cette journée de pensée et de gloire, comment oublier l'orchestre Colonne, qui a mené le combat avec une piété savante et que Gabriel Pierné a dirigé comme un dieu ?

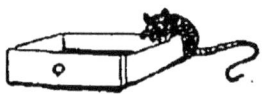

THÉATRE RÉJANE. — *L'Impératrice*, pièce en trois actes et six tableaux, en prose, de Catulle MENDÈS.

Lorsque Mme Réjane, dans la noble émotion qui ne la quitta pas de la soirée, vint hier prononcer ces paroles : « La pièce que nous avons eu l'honneur de représenter devant vous est de notre regretté maître Catulle Mendès », un silence auguste précéda les applaudissements qui, tout de suite après, jaillirent et éclatèrent longuement, comme des sanglots. Toute la salle avait communié, dans l'infini, avec le génie, la tristesse et la grandeur, avec la fatalité et l'immortalité ; un grand souffle avait passé sur elle ; ce n'était plus ni du théâtre ni de la vie, c'était de la beauté et de la douleur, toute douleur et toute beauté qui ouvraient leurs ailes jumelles dans un ciel de gloire.

C'est que, moins de deux mois après sa fin terrestre, l'auteur de *l'Impératrice* est visible et présent, chair, sang, âme et cris, dans son drame de pitié, de tendresse, de désespoir et d'espérance, dans ce drame traversé de pressentiments et de présages, et si vaillant, si héroïque dans sa nostalgie, dans ce drame que les soins pieux d'une veuve au deuil fervent ont dressé si grand, si vivant au-dessus d'une fraîche tombe, qu'on ne peut plus songer à la mort et que l'éternité rejoint la vie, en une active apothéose. Mais Catulle Mendès s'irriterait et s'irrite de ce préambule. Pour lui, dans l'existence d'ici et d'au-delà, il n'y avait, il n'y a que le labeur. Voyons la pièce.

Nous sommes en Pologne, dans cette Pologne que le poète aima toujours, d'amour, et qui lui donna, entre autres chefs-d'œuvre, ses admirables *Mères ennemies*. Vieux, usé, ivrogne, débauché et cruel, le comte Walewsky achève crapuleusement de mourir. Il a horreur de Napoléon qui, détrôné, croupit à l'île d'Elbe, des Bourbons qui l'ont mal remplacé, de tout : lui seul sait être tyran.

A table, entre deux attaques et trois vins, il se permet de nouveaux et pires sarcasmes contre M. de Buonaparte. Sa femme s'en va: il n'y prend pas garde — et continue. Mais voici passer des malles et des bagages : c'est la comtesse Walewska qui s'en va pour ne plus revenir. Le comte s'étonne, s'indigne. Mais Marie-Ange Walewska se redresse, fait venir ses domestiques, ses serfs, ses paysans et se confesse, se proclame ; elle a été la maîtresse de l'empereur Napoléon, presque poussée dans ses bras par son ignoble époux ; son fils est le fils de l'empereur, et, puisque Napoléon est vaincu, exilé, solitaire, elle va le rejoindre avec son jeune enfant. Qu'on l'empêche ! Les Polonais tombent à genoux. Le comte Walewski s'abat, agonisant. Et Marie-Ange va à son angélique mission de consolation, de réparation, d'abnégation.

L'île d'Elbe. Un grouillement de mercantis plus ou moins espions, de filles grappilleuses de baïocchi et de soldi, des grenadiers qui jouent aux boules, tout un petit, tout petit monde, besogneux, hargneux, mauvais. C'est la nouvelle et dérisoire capitale de Napoléon le Grand. Et voici son aide de camp, le général Drouot, accompagnant une jeune fille, Enriquetta, qui le courtise et qu'il aime, mais qu'il ne veut pas épouser; il se condamnerait à l'inaction dans cette île trop charmante et annihilante où il n'y a plus place pour la volonté, où l'Empereur, l'Empereur lui-même a cent ans, les pieds pesants, l'âme lourde, où il désespère, où il meurt sans fin au lieu d'agir ! Tenez ! Après des touristes irrespectueux, Napoléon descend l'escalier, interminablement, plus vieux que Frédéric II et Frédéric Barberousse ensemble, écrasé sous le poids de ses vaines conquêtes, de tous les pays conquis et abandonnés, sous le poids de tous les abandons dont il est victime ! Il y a là un colonel anglais qui le garde et qui le fait espionner, tous ces traîtres de toutes les nationalités, toute cette médiocrité d'une île minuscule, tout cet affront d'une souveraineté illusoire, ironique, injurieuse !...

Mais une rumeur a couru, un bruit se précise : l'impératrice va venir avec le roi de Rome, elle est annoncée! elle arrive ! L'Empereur se reprend à vivre, se hausse, dans son mesquin palais, à l'enthousiasme, à l'élégance, à l'étiquette ! Son fils ! Sa femme ! Il reprend les dames d'honneur sur leur tenue et sur leur mise dont elles ne peuvent mais, commande le grand service, ses costumes de Marengo et d'Austerlitz, met en grande tenue les mamelouks et les grenadiers, mobilise le bataillon corse ; il ira au-devant de Marie-Louise en équipage de luxe, de gloire et d'épopée ; c'est pour lui un gage de bonheur et de splendeur, une réconciliation avec la toute-puissance, un pacte sacré avec la victoire. Mais son demi-geôlier, le colonel anglais Campbell, le décourage : « Est-il si sûr que c'est Marie-Louise qui vient ? » Et le pauvre grand homme, creusé d'un doute, accoutumé aux trahisons de ses maréchaux et de ses dignitaires, le pauvre grand capitaine en jachère, le triste empereur sans peuples se désole : il ira seul ou presque seul, sans faste, à l'hypothétique débarquement de son bonheur et de sa postérité.

Le voilà au bord de la mer, seul avec son immense passé et l'ombre de son avenir ; le voilà luttant avec sa misère et tous ses triomphes, se souvenant de ce qu'il fut et se rappelant ce qu'il est, appelant ses légions disparues, esclave de sa gloire, prisonnier de sa défaite, Titan vaincu et frémissant, comédien lassé de sa résignation, quadragénaire fatigué, si fatigué ! qui n'a plus que dans le quartz du rocher le reflet brisé de son étoile ! Ses emportements d'enfant, son énergie de surhomme, son impatience d'époux et de père, tout se mêle en accablement, en bouillonnement ; la salve de coups de canon qui se perd dans la nuit lui remet en mémoire des coup de canon plus efficaces. Enfin, voici des grelots de voiture, enfin voici un groupe, enfin voici un jeune enfant qui accourt : Napoléon l'enlève à bout de bras, l'étreint, l'embrasse passionnément, puis il va à la mère qui, agenouillée, se cache le visage.

« Sire, sire, gémit-elle, pardonnez-moi ! ce n'est que moi ! »

L'empereur ne peut pas, ne veut pas voir le sublime de ce dévouement. Il a été trompé dans sa fièvre, dans son espoir, dans son extase. Qu'est-ce que cette « servante au grand cœur » en face de son rêve, ambitieux et légitime ? Marie-Ange Walewska, un caprice !... Il pleure, pleure... L'enfant, fier et autoritaire — il a de qui tenir — tire Napoléon de ses pleurs. Le souverain de l'île d'Elbe recueillera Marie-Ange et son fils et se résignera à son bonheur : il le cachera.

Et il est heureux dans sa petite maison de la montagne : tout comme Henri IV, il joue à califourchon et à cache-cache avec son fils, l'espiègle petit comte Alexandre Walewski, dorlote sa tendre, aimante et dolente Marie-Ange, mais, entre les caresses et les gentillesses, il y a des mots, des phrases, des allusions involontaires à un autre enfant, à une autre femme. Cet héroïque et sublime Drouot va plus loin : Napoléon est veuf puisque la seule impératrice, la bonne Joséphine, est morte ; l'église catholique ne reconnaît pas le divorce ; la frivole Marie-Louise n'est qu'une concubine. Que Napoléon épouse Walewska ! Qu'il refasse l'indépendance de la catholique Pologne ! Alors, le malheureux empereur, déjà si affreusement trahi par les meilleurs de ses lieutenants, croit être trahi une fois de plus. Et dans quelles circonstances ! Et par qui ? Cette tendre et douce Walewska n'est qu'une intrigante, une ambitieuse et, même si elle agit par amour de sa patrie polonaise, elle ne l'aime pas, lui, Napoléon, déchu et seul. Elle aime sa puissance d'hier, sa puissance de demain! Il chasse la pantelante amoureuse et le fils usurpateur ; il chasse l'intègre et bavard Drouot ; à peine s'il tempère un instant sa féroce rigueur. Marie-Ange et Alexandre, l'une portant l'autre, s'en iront, s'en iront tout de suite, dans la plus atroce tempête, dans le désarroi forcené de la nature déchaînée.

Walewska est partie, dans la pluie et la foudre, obéissant à son seigneur, comme Agar chassée par Abraham. Il faut qu'elle s'embarque tout de suite, qu'elle fuie l'île maudite et bénie. Mais la mer est démontée, les éléments sont en furie ; personne ne sera assez fou pour fréter une embarcation. Affolée, ayant encore dans les oreilles et dans le cœur la colère et le désespoir de l'impérial aimé, Marie-Ange supplie les femmes et les hommes, sur ce rivage sillonné d'éclairs, battu de paquets d'eau : fuir, fuir. Elle offre son argent, ses bijoux. Enfin un pêcheur se dévoue. La tempête redouble. Le naufrage est certain. Les femmes s'agenouillent, sanglotent, hurlent, prient. Le désastre est plus proche. La fiancée du pêcheur dévoué supplie la divinité de la mer, lui sacrifie l'or, les joyaux de la passagère. Mais l'empereur est arrivé. Il n'a pas pu décider les plus fins marins à prendre la mer. Mais il commandera aux éléments. Les ors, les joyaux n'ont rien pu sur la tempête. Napoléon fait un plus grand, un suprême sacrifice : il jette son épée dans la mer. Satisfait de ce don plus que divin, Neptune s'apaise. C'est un miracle merveilleux : Walewska et le jeune Alexandre iront à leur destin. Napoléon attendra le sien. Et les femmes remercient la Vierge.

On voit la grandeur réelle, symbolique, imagée, vibrante et tonnante d'un tel dénouement — surtout lorsqu'on songe à une catastrophe qui n'a pas voulu de rançon. Je n'ai presque jamais vu pareille émotion et plus intense triomphe : il dépasse les larmes.

La pièce a été montée avec une véritable religion ; les décors sont ou magnifiques ou sublimes d'horreur ; les costumes splendides quand ils ne sont pas superbement exacts, — et il y a des meubles de l'île d'Elbe.

prêtés par le prine Roland Bonaparte ; un mouchoir authentique de Napoléon, offert par François Castanié, qu'on ne peut oublier. M. Duquesne, dans le rôle trop court du comte Walewski, est effroyable et grandiose d'ignominie. M. Signoret est très souple, très varié et très habile dans le personnage d'un espion à transformations, sans grande utilité. M. Varennes est très chaleureux sous l'uniforme du vertueux Drouot qui parlait un peu moins dans la réalité. M. Fréville a de la sensibilité et le plus joli habit rouge des fastes britanniques. Mlle Monna Gondré représente avec crânerie le jeune Alexandre Walewski: elle ira loin. M. de Max figurait Napoléon. C'est un personnage qui échappe généralement, fatalement, à toute interprétation; il s'est imposé, il ne se renouvelle pas. Cette réserve faite, M. de Max a eu toute la tristesse, toute la force, toute la gaminerie, toute la tyrannie de son personnage; il a été le Titan foudroyé et la foudre même, la ruine et le Dieu. Pour Mme Réjane, elle a été sobrement, la révolte et la caresse qui s'offre, la tendresse et la terreur ; elle a été le dégoût et l'adoration, la mère l'amante, la consolatrice touchante, dolente, l'éternel sacrifice.

Et cette pièce en prose qui triomphe est — ai-je à le dire ? — rythmique et musicale, en dehors des airs de M. Reynaldo Hahn, très émouvants au reste. C'est *le Crépuscule des Dieux*, le crépuscule des héros, la halte amère entre la défaite et l'épopée brisée ; il n'est rien de plus mélancolique, de plus fort et de plus charmant. Et Catulle Mendès, dans ce drame, dans ses interprètes, dans son idylle violette, dans son élégie sombre, acclamé ; sa jeune éternité viendra, au cours de ce printemps qu'il eût aimé, nimber, dans le pâle soleil, l'Arc de triomphe de l'Etoile.

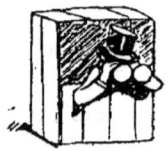

THÉATRE DE L'ŒUVRE (Salle Marigny). — *Le Roi Bombance*, tragédie en quatre actes, de M. F. T. MARINETTI.

Il serait cruel d'épiloguer sur la mésaventure du charmant confrère et du galant homme que ses cartes de visite appellent *il poeta Marinetti*. Après avoir offert dans une revue à lui, à Milan, la plus large hospitalité aux poètes français de ses amis, il est venu demander à Paris ses lettres d'investiture et ses éperons de chevalier, pardon ! de prince lyrique. Il repassera. La stricte vérité nous oblige à dire qu'à la répétition générale, tout au moins, le spectacle fut plus dans la salle que sur la scène, non sans indignation exagérée et enthousiasme hors de saison, avec des cris, des rires, des gloussements qui n'étaient pas dans le programme. Nous avons été rajeunis de treize ans : c'était en *rinforzando*, la soirée d'*Ubu roi*. De là à la journée d'*Hernani*, il y a, je crois, de la marge.

Ce n'est pas que *Le Roi Bombance* manque de qualités, de verve, d'outrance, de générosité, de farce tragique : c'en éclate, pour ne pas employer un mot qu'on trouve un peu trop dans la pièce — et cela seul me dispenserait d'en dire plus long. Mais il est des choses qui sont à lire, de temps en temps, et qui ne sont pas bonnes à entendre. Et ce ne sont pas toujours des paroles.

Que puis-je citer, s'il faut des citations ?

— Mes bien-aimés Bourdes, recueillez-vous : le roi va roter !...

— Mes bien-aimés Bourdes, *Deo gratias*, le roi a roté !

La reine écrit à Bombance « Mon pet bien-aimé... » Mais il est tant question de pets que, lorsqu'il y a eu du tumulte, un enthousiaste a traité les protestataires de « Tas de constipés ! ». Je passe sur les « intestins desséchés » et autres gentillesses ; ça ne vaut pas le « Cornegidouille ! » du bon et pauvre Alfred Jarry.

C'est du symbole trop clair ou trop bruyant, avec de l'obscurité, des nuages, de l'odeur. En somme, c'est la vieille fable du bon La Fontaine, *Les Membres et l'Estomac*. Le peuple des Bourdes (*sic*) détrône son chef, le roi Bombance, chasse toutes les femmes, s'abandonne aux cuisiniers Tourte, Syphon et Béchamel, est opprimé par lesdits marmitons, mange le roi, ses ministres et ses maîtres-queux, est obligé de les vomir, — c'est comme j'ai l'honneur de l'écrire, — et les rois, prêtres, ministres, reprennent le pouvoir et la tyrannie jusqu'au moment où Sainte-Pourriture et le vampire Ptio-Karoum s'en viennent faire justice de tout ce joli monde et le rendre au néant d'où jamais il n'eût dû sortir. J'allais oublier un poète qui s'appelle l'Idiot et broche sur le tout, et qui, battu, avalé et rendu comme les autres, broie du noir et de l'azur et vend de l'idéal pour rien.

Les décors variés et éloquents de Ronsin, les costumes fantaisistes et truculents du pauvre Ranson, la vaillance héroïque des acteurs n'ont pas défendu le premier acte de l'indifférence unanime, les autres d'un hourvari sans respect. M. Marinetti aura sa revanche. Au fond, il n'est peut-être pas mécontent : inventeur du futurisme, il compte pour rien le présent. Qu'il se méfie, cependant, de certains blasphèmes inutiles, d'une verve aussi sacrilège que factice et d'un vocabulaire culinaire qui n'a pas d'ailes. J'aime mieux *Messer Gaster* du divin bonhomme que *Le Roi Bombance*. Il faut louer, parmi les artistes, M. Garry, poète éthéré et étoilé ; M. Jehan Adès, panse auguste et plus que royale ; M. Henry-Perrin, moine pis que rabelaisien ; M. Maxime Léry, très ardent et très bien disant en marmiton-politicien, et tant d'autres qui piaillent, qui hurlent, qui éructent, qui tuent, qui meurent et qui renaissent à qui mieux mieux.

Tout de même, mon cher Aurélien-François Lugné-Poé, les temps héroïques sont passés !

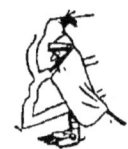

THÉATRE RÉJANE. — *Le Refuge*, comédie en trois actes, de M. Dario NICCODÉMI.

C'est une très piquante, très jolie et très heureuse aventure qui arrive au théâtre de Mme Réjane et à M. Dario Niccodémi. Celui-ci, Italo-Argentin, un peu directeur, un peu adaptateur, auteur pour jeunes filles, joué en espagnol dans les Amériques, dans la langue de Goldoni à Bruxelles, fier d'avoir appris, en huit ans, depuis le premier mot de français jusqu'aux pires secrets de notre génie, habile homme, au reste, et avantageux, prêtait presque à sourire, d'avance, au petit monde exclusiviste, léger et sans indulgence qui s'appelle le Tout-Paris des répétitions générales. Et puis, ne s'agissait-il pas d'une pièce montée, répétée, présentée sans éclat d'avant-garde, sans « fla-fla », à « la papa » ? Si c'avait dû être bon et beau, on l'aurait su, n'est-ce pas ?

Eh bien, il se trouve que *le Refuge* est une « œuvre », sans plus, une œuvre de sincérité, de sobriété, de force et de nouveauté, profondément humaine et inhumaine — c'est tout un, — d'un développement tranquille, sûr, impitoyable, sans concessions, sans « trucs », âpre, haute et cruelle, qui commande le respect et l'émotion. *Le Refuge* a étonné, saisi, tenu en haleine les spectatrices et les spectateurs : on l'a nerveusement et longuement applaudi. Comme il faut des comparaisons, on prononçait le nom du puissant dramaturge de *Samson* et du *Voleur* ; on disait : « C'est du théâtre à la Bernstein ! ». C'est aussi bien du théâtre à l'Hervieu et, surtout, à la Becque. Mais, pourquoi chercher ? C'est quelque chose, c'est une belle chose, c'est un triomphe qui aura des lendemains. Voyons :

« Le Refuge », c'est une villa, aux pieds des Alpilles, au bord de la mer, dans cet Agay de délice cher à Brieux, à Donnay, à Capus, à Maizeroy, à Willy et à Polaire. Mais le propriétaire, le peintre Gérard de Volmières, n'a plus goût à rien. Il n'aime plus que le silence et la solitude, ne reçoit personne et ignore jusqu'à l'heure qu'il est. Pour parler *peuple*, « il ne veut rien savoir ». Il ne s'inquiète ni du retard prolongé de sa femme et de ses invités et invitées ni de la probabilité d'un accident d'automobile. Mais voilà les rescapés ; il s'en désintéresse.

Sa femme, Juliette, vient lui faire honte de son indifférence : il ne répond pas. Les reproches, les supplications, les menaces glissent sur son mutisme — et ça dure, ça dure !... Mais Juliette vient de lui dire qu'elle a écrit à sa mère de venir : sa mère ! Gérard ne veut pas mêler sa sainte et vieille mère à cet enfer ; il éclate. Par petites phrases d'abord, par éclats ensuite, il apprend à Juliette qu'il sait qu'elle l'a trompé, qu'il connaît son amant : il s'est enfui ; il s'est tu des années et des années, mais l'idée de sa mère !... Et il s'est vengé : il aime, il a une maîtresse qui l'adore. Il ne prend pas garde à l'accablement de Juliette, écrasée de remords, bouleversée de la révélation, défaillant de tristesse et de jalousie. A peine s'il la rappelle, en la chassant à son bridge coutumier, pour lui dire de télégraphier à la comtesse de Volmières de ne pas se mettre en route. Et, tout de suite après, il tombe dans les bras de son aimée, Dora Lacroix, jeune fille de vingt-huit ans, fiancée du sieur Louis de Saint-Airan, amant en titre de Juliette. Et il ne songe plus qu'à sa passion et à son délice.

Il y a songé trop longtemps. Tout le monde est debout dans la villa. Le père, la mère, la petite Lacroix, le fiancé et les comparses s'affolent de la disparition de Dora. Les deux amants entendent les cris et s'affolent aussi. Gérard cache sa maîtresse et reçoit sa femme. Il veut bien lui pardonner — l'inconscient ! — si elle demande le divorce, si elle le laisse à Dora — car il avoue, il proclame sa faute : mais Juliette ne peut pas et s'enfuit, excédée, torturée d'amour, de haine, de fièvre. Et c'est l'amant de l'une, le fiancé de l'autre qui entre. Celui-là est un parfait et lourd coquin. Il oblige Gérard à lui crier son ignominie — et il veut épouser tout de même, de plus en plus, Dora décriée et déshonorée.

Le mari outragé lui jette en vain à la face ses rancœurs, ses dégoûts, des offres d'argent, son jeune amour partagé : Saint-Airan épousera. Et quand Dora paraît, le drôle trouve le mot effroyable qu'il faut ; oui, il a été l'amant de Juliette, oui, il est son fiancé à elle, Dora : eh bien, elle n'a pas été l'amour de Gérard, mais sa vengeance ! L'époux trompé a voulu prouver, se prouver qu'il pouvait encore être chéri : Dora n'a été que le sujet d'une expérience désespérée, la rançon, la vengeance ! Et l'amante s'affale, dans l'horreur.

Toutes et tous sont au courant : la honte de Dora est publique. Volmières veut divorcer, et l'épouser : elle refuse avec dégoût. La revanche ! la revanche ! Elle crie, tempête, repousse. La terreur règne.

Alors, par un geste d'amour dolent et sublime, dans une crise d'abnégation définitive et magnifique, Juliette de Volmières vient adjurer sa rivale d'épouser son mari. Elle fait litière de son bonheur, de sa fierté, de sa jalousie, descend jusqu'au mensonge, monte jusqu'au pieux parjure, affirme, la haine aux dents et au cœur, par une grandeur d'âme atroce, que jamais Gérard ne l'a aimée, elle, que sa trahison l'a laissé calme et qu'il pleure, qu'il va mourir du refus de Dora. Et, si elle ne peut aller jusqu'à se laisser embrasser par la rivale heureuse, si elle montre le poing à la porte par où sort cette épouvantable jeune fille, si elle résiste à la joie stupide, puérile de Gérard régénéré, si elle subit même l'assaut de la tendresse sénile de la vieille mère de Gérard qui remarque que jamais son fils n'a été aussi heureux et aussi jeune depuis ses fiançailles, c'est qu'il faut qu'elle épuise toutes les douleurs, qu'elle soit, jusqu'au bout, la sacrifiée, la grande victime et que *le Refuge* soit le tombeau de sa beauté, de son cœur incompris, de sa solitude sans rémission et sans consolation.

Il est inutile de dire la maîtrise et l'abandon de Réjane, dans ce rôle de Juliette. C'est la nature — et quelle nature ! — la douleur, la honte, l'effort pour se perdre et pour vivre, ce sont les accents les plus déchirants, c'est la crise et le pathétique le plus vrai, le plus inattendu, rauque et harmonieux, qui râcle l'âme. Mme Daynes-Grassot est une mère gentiment et savamment septuagénaire qui apporte au supplice de sa bru le poids de la sainte ignorance qu'on lui doit ; Mlle Blanche Toutain est une Dora libérée et passionnée, qui a les plus riches soupirs et les cris les plus émouvants ; Mme Miller est très bruyante ; Mlle Fusier très touchante, et Mlle Branghetti tout à fait gentille. M. Castillan est un séducteur bavard, insupportable, cynique, très traître de mélo ; M. Duquesne est, naturellement, le plus noble des pères ; M. Bosman un domestique dévoué et exquis ; MM. Tréville, Léon Michel et Noret jouent excellemment des rôles trop courts. M. Claude Garry s'est définitivement classé et imposé dans le personnage de Gérard ; son dédain, sa tristesse, sa tendresse, son indignation, son désespoir, sa résignation au bonheur sont très justes et se joignent en une progression, en un accent toujours harmoniques et non sans autorité ; il pourra remplacer Guitry lorsque ce maître de la veulerie éloquente aura décidément chaussé les bottes de Mélingue et le panache de Frédérick Lemaître.

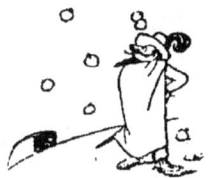

THÉATRE DE LA PORTE-SAINT-MARTIN. — *La Glu*, drame en cinq actes et six tableaux, de M. Jean RICHEPIN. (*Reprise*.)

L'Académie française qui, sur l'injonction de M. Emile Ollivier, fit faire défense à Henri Lavedan de se parer du titre d'immortel sur l'affiche du *Vieux Marcheur*, ne demandera certainement point à Jean Richepin un pareil sacrifice à l'occasion de *la Glu*. Rien n'est plus moral, plus édifiant, plus « prix de vertu ». Et cependant, lors de la première de son drame coloré et simplet, l'auteur de la *Chanson des Gueux* et des *Blasphèmes* ne songeait point à devenir le collègue de Mgr le duc d'Aumale, de M. Octave Feuillet et de M. Xavier Marmier. Mais déjà, en janvier 1883, dans la poitrine touranienne du poète de la *Mer*, sous son tricot, grouillait un futur rapporteur des justes libéralités de feu M. de Montyon.

La Glu, vous le savez, c'est « la mauvaise femme », dans toute son horreur, dans sa beauté du diable, qui n'est ni de la joliesse, ni de la jeunesse ni de la grâce, c'est la mangeuse d'hommes qui s'offre à la fois « le petit crevé » Adelphe, son grand-oncle, le comte de Kernan, et le gas, le brave gas Marie-Pierre, pêcheur de homards, robuste, frais et pur, qu'elle ensorcelle si bien qu'il découche pour la première fois, qu'il fait des infidélités à l'Océan — nous sommes au Croisic — qu'il laisse sa pauvre mère s'affoler et qu'il lève même, de haut, la main sur elle ! Mais le gas abêti et las de luxure, regrette la chère maisonnée, le bon cidre et le rude pain de chez lui et, quand sa vorace maîtresse a été faire un tour à la grand'ville, à la ville de perdition — j'ai nommé Nantes — il suffit d'un air de benjo du divin vieux Gillioury, il suffit surtout de l'apparition de la maman, Marie des Anges, pour qu'il se laisse emporter dans la mante de l'une, dans les airs de l'autre, loin du vice, du luxe et du stupre.

Comme il a bien fait ! Il est heureux de vivre et de travailler. Bien plus ! C'est le jour de la fête des sardinières : c'est sa fiancée Naïc qui est reine et elle le choisit comme roi ! Quelle gloire ! quelle joie ! Mais le cabaretier François, en bavardant, lui révèle que la Glu a été à Nantes avec le comte de Kernan pour la godaille, et, ivre de cidre et de fureur, le pauvre gas retourne chez la sinistre Parisienne du chalet de la baie des Bonnes-Femmes, laissant en plan tout le cortège en pleurs et la douce petite reine évanouie.

La *Glu* n'a pas eu de peine à expliquer son voyage au gas Marie-Pierre, plus énamouré que jamais, mais un discours du comte qu'il a entendu derrière la porte — fi ! le laid ! — le renseigne atrocement : il se précipite, veut tout étrangler, ne se retire, haletant, que devant un revolver braqué. Mais quoi ? Voilà que le bon docteur Césambre entre et reconnaît dans la Glu sa propre femme, sa femme légitime, celle qui a brisé son avenir, sa vie ! C'en est trop ! Marie-Pierre se casse la tête contre les murs et est enlevé sanglant, mourant. Démoniaque, la Glu veut reprendre son époux, qui résiste et s'en va. « Cocu ! Cocu ! » hurle la Glu, restée seule.

Elle ne veut pas avouer sa défaite. Elle a, au reste, un coup de cœur pour ce garçon qui s'est tué — ou à peu près — pour elle. Elle va le chercher dans son calme et douloureux bonheur, dans son sommeil de malade, veillé par l'héroïque mère Marie des Anges, par la tendre fiancée Naïc, qui a reconquis son promis, par l'inépuisable barde Gillioury. La mère l'écrase. Et le docteur prend le meurtre à son compte : il ne risque rien et tout le monde sera heureux.

Cette brave pièce, très bien accueillie, a accusé, à certains moments, des rides, des cheveux blancs et des trous ; on a souri, de-ci, de-là, mais le décor de la falaise des Bonnes-Femmes et les deux derniers actes, la *Chanson du Pauv'Gas*, surtout, ont retrouvé leur succès d'hier — ou d'avant-hier. C'est Mlle Polaire qui faisait la Glu. Je n'ai pas vu Réjane dans ce rôle et je n'aime pas les comparaisons. Polaire est pis que collante : elle est corrosive et visqueuse : c'est un lasso vivant, des yeux d'empoigne et un corps de liane. Elle n'a pas un instant l'air d'avoir été mariée : elle est canaille et quasi animale, pieuvre et panthère. Elle joue de tout son être, de ses bras, de ses dents, de ses cheveux : son jeu est électrique et elle meurt en faisant le saut périlleux sur place : c'est très émouvant.

Mlle Lucie Brille est une très pathétique Marie des Anges, une mère tout en cœur et en âme, une âme à laquelle, à la fin, il pousse des ongles meurtriers et sauveurs ; elle a soulevé les spectateurs en *disant* la *Chanson du cœur qui pleure le fils assassin ;* Mlle Annette Jary est une Naïc gentille, brave, et angélique, et Mlle Jeanne Ugalde est un joli diable paresseux, coquet et *gnangnan*.

M. Monteux est un Marie-Pierre ensorcelé, affamé, geignant, fou et repentant ; M. Laroche, un docteur Césambre un peu conventionnel, mais convaincu ; M. Fabre, un roquentin convenable ; M. Deschamps, un jeune daim très nature ; M. Chabert, un aubergiste empressé qui débouché le cidre comme il lâcherait les grandes eaux à Versailles.

Enfin, Jean Coquelin, après la douloureuse et pieuse retraite que l'on sait, s'est donné tout entier dans le personnage pittoresque, providentiel, sonore, sourd, patoisant et grommelant de Gillioury. C'est la cordialité, la rondeur, la Bretagne et la mé. Il a semblé nous ramener plus que lui-même et on a applaudi en lui, en même temps que son jeu sincère et vibrant, en même temps que son sûr et harmonieux effort, une âme encore proche et toute haute et toute vivante.

COMÉDIE-FRANÇAISE. — *La Veille du Bonheur*, comédie en un acte, en prose, de MM. François DE NION et G. BUYSIEULX ; *le Stradivarius*, pièce en un acte, en prose, de M. Max MAUREY.

Rien n'est plus mélancolique qu'un renoncement. Il y a des renoncements héroïques, il en est de piteux. Le héros — si héros il y a — que nous présentent MM. de Nion et de Buysieulx n'a rien d'héroïque.

Poète célèbre et retiré du monde, il va se rencontrer avec une de ses correspondantes, l'Américaine Minna Lorgant. Ils ont eu ensemble un long roman par lettres, ils s'aiment, se plairont et s'épouseront. La fatalité conduit au vague Palace, où ces deux êtres prédestinés se vont aborder, une ancienne maîtresse du poète, une marquise sur le retour qui le confesse — il s'appelle Huguin-Senonges — qui le raille, qui, par dépit et par tendresse rosse, fait peser sur les épaules du Céladon grison des cinquante-six ans, sa lourdeur, sa lassitude. Et quand l'exotique admiratrice est venue, le poète, tout attendri, tout saisi, tout passionné, n'ose pas se nommer, se déclare à peine, se donne pour un autre et, meurtri, vieilli encore, si possible, blessé à mort, laisse aller le délice tout proche et retombe à sa nuit : il y a eu erreur sur la personne sinon sur l'âme : il n'est plus que l'ombre de son génie et de son ombre. Il a peur de tout — et de soi — et mourra solitaire.

Cette grisaille délicate, touchante, un peu pénible et élégante, est jouée parfaitement, par M. de Féraudy qui s'est fait la tête du regretté Sully-Prudhomme (à moins que ce ne soit celle de M. Camille Pelletan), qui est ému, pesant, délicieux d'espoir, de résignation et d'accablement, qui a la timidité la plus jolie et les nuances les plus attendries ; par Mme Devoyod (la marquise), terriblement avertie, ironique et câline, trop jeune pour son rôle, et exquise, et par Mme Piérat, qui est une Américaine très flirt, académique et littéraire, inconsciemment féroce. Elle a un chapeau vertigineux. N'oublions pas M. Berteaux, qui est un maître d'hôtel beaucoup trop chic, mais délicieux, déférent et narquois.

Voilà pour le sentiment. Passons au comique. On sait le goût qu'a M. Max Maurey pour le fait divers et combien il sait tirer parti de la moindre situation et de la plus anodine aventure. Il aime d'amour l'escroquerie pittoresque, et, après *M. Lambert, marchand de tableaux*, où il avait dramatisé en joie l'infortune classique de l'aliéniste Legrand du Saulle, il nous relate l'histoire légendaire de l'humble violon, plus ou moins laissé en gage pour quelques sols, reluqué par un riche amateur, acheté d'avance pour un stradivarius, arraché à grand'peine et à grands frais à son légitime propriétaire et qui reste pour compte à l'avide marchand, dupé comme il est juste.

Mais M. Maurey est bien trop fin pour avoir mis en scène le petit Italien que nous connaissons. Il a inventé des escrocs sympathiques, un vieil artiste bohème et un encadreur qui sort d'un de ses cadres, en haut apparat ; il a fait endosser la cupidité naïve du mercanti à un antiquaire en pied ; enfin, il a fait acheter le violon, à bénéfice, par un passant dont nous n'avons cure. On rit — et l'on rit de tout le monde et de personne, on rit pour les observations qui sont justes, pour les mots qui sont drôles, pour tout — et pour rien.

M. de Féraudy est un homme inspiré et crapuleux, d'un tact, d'un sentiment, d'une sensibilité presque sincères, inventif par gêne et sans horreur dans le rôle de M. Flure ; M. Paul Numa est un comte Krabs (l'encadreur) d'une allure et d'un cynisme exquis ; M. Hamel est une poire, éclatant de suffisance roublarde ; M. Croué est un M. Flack (l'antiquaire) mielleux, obséquieux, hautain, criard, soufflant et désopilant.

Mais où diable M. Maurey a-t-il rencontré cette espèce de marchand ? L'antiquaire ne propose pas : il dispose. Il n'offre pas : il laisse choisir. Sa force, c'est sa nonchalance philosophe et calculatrice. L'antiquaire du *Stradivarius* est une figure de pure comédie. Et cela n'est certes pas une critique. Au contraire !

COMÉDIE-FRANÇAISE. — *Les Tenailles,* pièce en trois actes, en prose, de M. Paul HERVIEU. (*Reprise.*)

Il y aura, dans quelques semaines, quatorze ans que nous applaudîmes, pour la première fois, la pièce brève, âpre, mathématique et humaine que la Comédie-Française vient de reprendre, parmi de neufs bravos et une émotion rajeunie.

En septembre 1895, Paul Hervieu était, avant tout, un romancier. Psychologue subtil, cruel et méticuleux, analyste précis et pittoresque, il ne semblait pas fait pour le théâtre, malgré trois batailles vaillantes et indécises. On sait le chemin difficile et triomphal parcouru depuis, dans une ligne sévère, sans concessions, conduisant, non sans rigueur et hauteur, le public où il veut.

Avec *les Tenailles*, le Théâtre Français nous offre la formule même de l'auteur de la *Course du Flambeau*, le nid de ses idées et sentiments dramatisés : c'est, dans l'histoire de Paul Hervieu, dans l'histoire du théâtre contemporain, une date — et, heureusement, la pièce ne date pas. Elle a peut-être plus frappé et plus étonné, même, qu'au premier jour. Sa fatalité, sa dignité, sa simplicité, sa rapidité logique commandent l'attention et l'admiration tout ensemble : on a tant à penser qu'on n'a pas le temps d'applaudir.

Tout le monde connaît le thème de ce drame éternel. Irène Fergan est l'épouse sans joie d'un gentleman sec et neutre, vertueux par orgueil, fat pour soi-même, égoïste et insupportable, qui n'a que son droit à la bouche, sans tendresse, sans cœur. Il est en fer, sinon en bois. Irène, aimante et sensible, est plus malheureuse que les pierres. Désabusée, désespérée, elle retrouve, par hasard, un ami d'enfance, le jeune professeur Michel Davernier, apprend de lui qu'il l'a toujours aimée, sent elle-même battre son pauvre cœur, s'avoue qu'elle l'aime. Et elle l'aime si profondément, si purement, qu'elle se refuse à son mari qui revient du cercle, aimable pour une fois, et qu'elle se verrouille, laissant furieux Robert Fergan, qui jure : « Elle me le paiera ! »

Et elle le paie. Elle s'est dérobée absolument à l'étreinte conjugale. Le mari, pour la mater, va la mener en exil, à la campagne, au diable. C'en est trop ! Mais ce n'est pas assez ! Michel, de plus en plus amoureux, de plus en plus repoussé, va partir. Qu'il ne parte pas ! Irène divorcera et deviendra sa femme. Faux espoir ! Le divorce existe-t-il pour M. Fergan, homme bien pensant, homme du monde, propriétaire ? Non, non ! Il est époux : il restera époux : tous les droits sont pour lui. Il tient sa femme et ne la lâchera pas. Et l'infortunée, défaillante, anéantie, criminelle sans être coupable, se donne à l'infortuné Michel.

Dix ans ont passé, monotones; Irène n'existe plus que pour son jeune fils, mièvre et délicat. Il n'y a plus de querelles dans le domaine glacé et lointain. Mais Robert, soudain, veut mettre le jeune René en pension. Alors, sourdement, fiévreusement, l'épouse blessée et brisée, l'épouse muette retrouve sa voix et son cri : elle est mère. Et comme Fergan s'obstine dans son immuable droit, elle finit par avouer, par proclamer que l'enfant est le fils de Michel Davernier, mort phtisique, qu'il a besoin de tous ses soins de femme et de mère, qu'il ne partira pas. Et elle ne divorcera pas : elle a besoin d'un nom et d'honneur pour René. Robert Fergan lui a refusé sa liberté à elle : il traînera le boulet. Et tous deux, l'époux et la femme, grâce à la loi ironique et féroce, demeurent face à face comme deux malheureux, comme deux damnés, en présence de ce démon nconscient et caressant : l'enfant adultérin.

Cette conclusion douloureuse, nous venons de la voir dans *Connais-toi*; mais la douleur à deux et à trois, et seul à seul, n'est-ce pas toute la vie ?

Cette œuvre d'angoisse, de style et d'âme, d'ironie exaspérée et de pitié infinie et sobre n'a plus eu pour la servir la fièvre passionnée et stricte de Le Bargy, le génie torturé, réveillé, aimant, griffant, brave et sublime de Marthe Brandès.

Duflos est resté le mari tyrannique, omnipotent et effondré qu'il avait créé en son entière perfection ; Dessonnes est un professeur trop mondain, un amant pas assez fatal, un phtisique un peu soufflé : il aura plus d'assurance, et sa chaleur, son élégance, son intelligence lui rendront l'élan, la grâce, la tristesse qu'il a eus hier modérément ; Siblot est excellent dans le rôle d'un beau-père philosophe : c'est la nature même. Et Suzanne Devoyod a été charmante, toute bonne, délicieuse de bonne humeur, de tact, d'émotion. Dans le personnage d'Irène, Mme Lara m'a semblé trop constamment, trop délibérément dolente et tragique. Ce n'est qu'un pleur, qu'un dégoût, qu'un navrement : c'est l'amour dans les ruines et dans les larmes. Au troisième acte, un peu trop poudrée, elle a trouvé une force et une énergie qui ont d'autant plus porté qu'on ne s'y attendait pas. C'est une interprétation nouvelle : on a toujours tort de faire des comparaisons. En tout cas, elle a été belle, touchante et terrible.

Mais les *Tenailles* ne doivent être jouées ou, plutôt, répétées en public que quelques jours, ce mois-ci. C'est l'hiver prochain qu'elles auront leur triomphe définitif et constant. Ce n'est pas une pièce d'été.

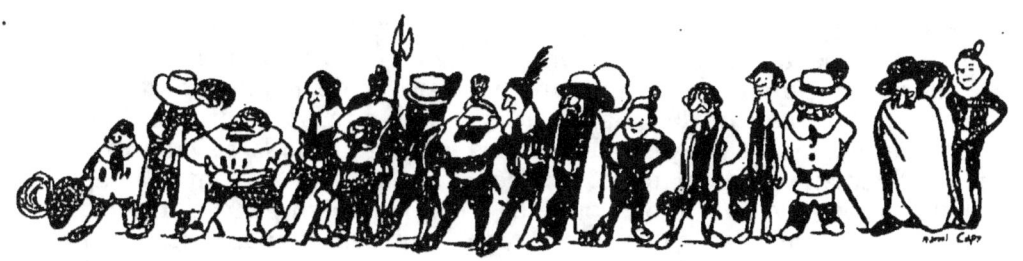

THÉATRE NATIONAL DE L'OPÉRA-COMIQUE. — *Solange*, opéra-comique en trois actes, paroles de M. Adolphe ADERER, musique de M. Gaston SALVAYRE.

Il n'est pas, au théâtre, d'époque plus pathétique, plus héroïque et plus plaisante que la Révolution française. Elle offre des groupements pittoresques et farouches, des chants et des tonnerres héroïques, les épisodes les plus touchants. Sachons gré à M. Aderer, à M. Salvayre, à M. Albert Carré, à M. Lucien Jusseaume, de nous avoir donné tous ces agréments en vers faciles, en musique simple, alerte, caressante et ferme, en belle et large mise en scène, en décors sincères, chatoyants et nuancés.

Solange est la fille du marquis Benoît de Beaucigny. Elle arrive au château de son père, après la fuite de ce dernier qui s'est décidé à émigrer, avant d'avoir rencontré le fidèle valet Germain qui devait la ramener. Elle tombe dans un désordre de piques, de carmagnoles, de mousquets, de sabres, de hurlements et de désordre : les patriotes sans-culottes — nous sommes en 1794 — pillent les salons et les communs. Puisque le marquis est parti, sa fille paiera pour lui. Non ! Voici une troupe républicaine qui va à la frontière toute proche. Le lieutenant réclame la ci-devante. Ça, c'est farce ! Le maire, tonnelier de son métier, les marie. La horde s'en va. Les jeunes époux restent seuls dans la nuit. Le lieutenant Frédéric Bernier taquine un peu la nouvelle citoyenne Bernier qui s'effare. Mais il a promis de la sauver : il brûle l'acte de mariage ; son sang rouge n'a pas besoin de sang bleu ; il va le verser pour la Patrie. Solange s'émeut, s'attendrit. Le fidèle Germain revient, admire, et les trois personnages se séparent, non sans mélancolie, sans fierté et sans émotion.

Six ans ont passé. L'émigration a connu et connaît encore des jours amers. Solange est employée chez sa tante, la chanoinesse, qui s'est établie marchande de frivolités (ou modiste) à Worms. C'est une jolie boutique peinte en vert, où l'on fait des chapeaux, où l'on conspire, où le marquis apprend la grammaire française à de jeunes et gauches Allemands, où le cousin de Solange et son prétendu, le comte de Saint-Landry, enseigne aux grosses Allemandes les secrets de la pavane et du menuet. Allemands, Allemandes, émigrés et émigrées s'en vont : il s'agit de s'habiller pour le bal qu'on donne en l'honneur d'un général français, de passage. Le voilà, ce général ! Solange, demeurée seule, le reconnaît : c'est Bernier, c'est son mari ! Il ne la reconnaît pas, puis joue et lui demande si elle a des enfants ! Et lui ? Ah ! lui ! il a eu bien le temps ! La mitraille ! les bivacs ! les blessures ! les galons, les étoiles à conquérir ! On s'attendrit, on va se reprendre ! Mais voilà le farouche et intransigeant marquis, voici le fidèle Germain qui raconte le mariage, la grâce accordée par le Premier Consul au beau-père du général Bernier ! Fureur de l'émigré ! Et les gens reviennent avec des fleurs. Au bal, au bal !...

Est-il utile de conter le dernier acte ? Beaucigny, rentré à Paris, prend de grands airs avec Bernier. S'il y a eu mariage, il faut le divorce. Beaucigny conspire : Bonaparte va disparaître. Coup de foudre : c'est la machine infernale de Saint-Réjant, rue Saint-Nicaise. Mais le Premier Consul est sauvé. Après une longue et tendre explication avec Solange, le général Bernier pardonne et aime. Le marquis, arrêté, est relâché, juste après le temps d'avoir salué, à la Conciergerie, le cachot de Marie-Antoinette. Emotion aristocratique et plébéienne, consentement paternel, douceur exquise, patience et passions récompensées. Solange et Frédéric, dûment et religieusement mariés — ne sommes-nous pas à la veille du Concordat ? — feront de petits sangs-mêlés (rouge et bleu) qui seront dignitaires sous le Roi-citoyen.

C'était un thème familier et cher à notre excellent confrère Adolphe Aderer ; c'était, en quelque sorte, son « 1807 », un peu étoffé, en vers aisés, en prose chantée. Notre vénérable et sympathique ami Gaston Salvayre a brodé sur le livret une partition ample et souple, d'une jeunesse, d'une science, d'une bravoure aussi sûres que sans prétentions. C'est clair, bien sonnant et sans mystère. Une aventure dansante et claironnante, où tintent des grelots, des clochettes et des marottes, où des tambours et des clairons résonnent en sourdine, où un écho de harpes et de tocsin lutte de discrétion, de charme et d'intensité, des airs et des ensembles, des récitatifs, des couplets satiriques, comiques et émus, une gentillesse éternelle qui court, qui revient, une sûreté volontairement grise de rythme, d'agrément, d'émotion contenue, une bonne humeur, au fond, qui reste en mesure, voilà les éléments d'un bel et joli opéra-comique d'antan, d'un opéra-comique à la française et qui nous rajeunit de quelque soixante-dix ans. On jurerait voir au balcon M. Grisar qui approuve, ainsi que la bonne Loïsa Puget, MM. Auber et Adolphe Adam qui applaudissent cependant qu'à l'orchestre ce M. Berlioz se réserve méchamment.

C'est une soirée délicieuse, avec des grâces un peu pâles, un peu archaïques, qui eurent des lendemains. L'envahissement du château est un tableau grouillant et gras où se distinguent M. Delvoye, un maire sans-culottes très en écharpe, en voix et en cris, une infinité de tricoteuses de campagne et d'énergumènes, et M. Gourdon, un cuisinier épeuré jusqu'à l'épopée et inoubliable.

Le magasin de modes, au deuxième acte, est un enchantement. Il sort avec ses demoiselles et ses clientes, d'un chapitre de M. Ernest Daudet, d'une estampe de Marillier ou de Chodowiecki. Le divertissement et les danses nous offrent les poses les plus gracieuses, comme malgré elles, les robes les plus seyantes et les plus jolies écharpes. Et lorsque Mlle Vallandri (Solange) chante, accompagnée par ses compagnes, le « Combien j'ai douce souvenance », de Chateaubriand, tous les yeux se mouillent de larmes. Il y a là un effet simple de nostalgie et d'émotion, un patriotisme sans phrases, un rien de regret infini qui sort d'échos de vieilles rondes de France qui sont du plus grand art.

M. Francell manque un peu d'autorité dans un rôle de général : il a la jeunesse la plus souriante, la plus harmonieuse ; M. Allard (le marquis) a une voix généreuse dont il fait ce qu'il veut ; M. Cazeneuve (Germain) est un comédien très habile et qui chante juste ; M. de Poumayrac prête ses grâces de ténor à un Saint-Landry frivole et pleutre et Mme Judith Lassalle est une chanoinesse de manières nobles, d'afféterie et de fureur agréables, souple de voix et de comique. Elle a été très applaudie.

J'ai dit que Mlle Vallandri avait eu un grand succès d'émotion. Elle fut aussi très dédaigneuse, très attendrie, très discrète et eut un triomphe en nuances — comme l'œuvre entière, au reste. Il ne faut crier ni à la révolution ni à la réaction. Il s'agit d'applaudir un opéra-comique de la bonne époque, de tout plaisir et de tout repos, bien chanté, bien habillé, bien campé et qui fait le plus joli honneur à Gaston Salvayre, vétéran chevronné de l'école française.

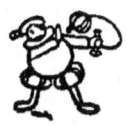

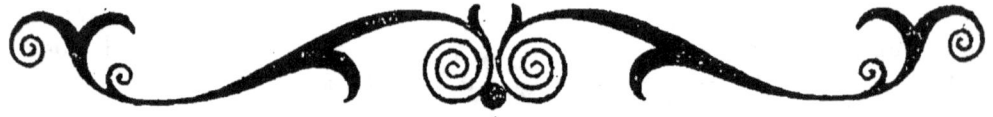

THÉATRE DU CHATELET (saison russe). — *Le Pavillon d'Armide,*
ballet en un acte et trois tableaux, de M. Alexandre BENERS, musique de M. N. TCHÉRÉPNINE ; *le Prince Igor,* opéra, de BORODINE ;
le Festin, danses, musique de RIMSKY-KORSAKOW, GLINKA, TCHAIKOVSKY, et GLAZOUNOW.

M. Pierre d'Alheim a publié, il y a un peu plus de douze ans, un livre intitulé : *Sur les Pointes,* qui était l'histoire de toutes les Russies et de la cour de Russie, vivante, illuminée par les éclairs, les zig-zags, le foudroyant et changeant enchantement des pas et des jetés-battus, des danses et des danseuses et qui était l'épopée intime, galante, souriante et sanglante de ce qu'on appelle le corps de ballet. Eh bien, les ivresses chorégraphiques qui ne peuvent s'expliquer que par l'immensité morose de ce pays infini de glace et de feu pâle, les joies à la fois âpres, cassantes et caressantes, le délice naïf et doux, sauvage et presque animal, emporté et alangui, s'enfonçant dans la terre pour avoir des racines et se jetant au ciel pour retrouver ses ailes, le délice piétinant, lancé, envolé, tournoyant et planant, la volupté pâmée, frémissante et sifflante, lassée et insatiable, la fièvre de mouvement et la volonté d'immobilité plastique, la rage tourbillonnante et ahurissante, la frénésie des talons à éperons et la soif d'étoiles, nous avons eu tout cela, en plein Paris, à trois pas du Palais de Justice, dans un moutonnement, un *crescendo,* une poussée, un hourvari de musique bêlante, ululante, berçante, crissante, criante, douloureuse et enveloppante, de musique âpre et rauque, gémissante et violente, dans un hourvari de tous les sentiments, de tous les appétits, de toutes les couleurs, de tous les bruits où le cor et la flûte, le tambour et la harpe donnaient l'assaut à notre goût et à notre cœur et où nous finîmes par être abîmés de plaisirs et de séduction, d'admiration quasi animale et de trouble exquis : ce fut, ce sera un éblouissement pailleté et perpétré, une acrobatie multiple et artiste, un rien inoubliable.

On ne me demandera pas, après cette *ouverture,* de détailler les livrets.

Le Pavillon d'Armide est, proprement, un cauchemar, ou plutôt une boîte à cauchemars où l'horloge lâche le temps et sa faux, le sujet de bronze, les heures en tutu, que sais-je ? Un voyageur devient Renaud qui danse éperdument avec Armide — et ce sont des écharpes, des rois de légende, des diablotins, des Polonais, des nègres, des Maures, des guerriers et des esclaves, des odalisques et des eunuques, tout cela dans les plus fines sourdines et les plus sinistres tracas, parmi le plus grand luxe de lumières violettes, jaunes et pourpres, qui font des ventres de salamandres et des halos de spectres.

M. Mordkine a déployé dans ce spectacle une émotion et des jambes appréciables; Mlle Karalli, impérialement belle, a les attitudes, les dédains, les grâces les plus sveltes et les plus rapides ; M. Nijinsi a été mieux qu'un prodige et un bolide : un saisissement. Il est ailé et rebondissant ; c'est, en dépit d'un visage aigu, Adonis lui-même, en muscles et en chair qui joue à redevenir dieu et qui hésite avant de retourner à la terre : il se joue de toutes les lois de l'équilibre et n'est qu'harmonie, force, grâce et merveille.

Il a retrouvé son triomphe dans une suite de danses, *le Festin*, qui est comme un pot-pourri des plus célèbres compositions russes et autres. Ce ne furent que saluts, entrées, czardas et mazurkas, pas hongrois, amples habillés, peuplés, classiques et diaboliques, semés de poignards et d'empoignades, de délicatesses et de brutalités, de sourires et de menaces, pleins de sang, de fièvre, d'étreinte et d'envol. Dans un *trépak* de Tchaïkowsky, M. Rosay fut stupéfiant de force à la fois ramassée et légère, de férocité harmonique, d'épilepsie jolie et divine. Mais les centaines de danseurs et de danseuses auraient droit aux plus vifs éloges — et la place manque.

Dans *le Prince Igor*, on entend Mme Pétrenko chanter la cantilène la plus sauvage et la plus prenante, la plus nostalgique, la plus sensuelle, où il y a de la chatte, de la tigresse, de l'ange exilé et de l'étoile tombée des cieux : c'est rauque et quasi religieux, asiate et préhellénique. MM. Charonow (qui a la tête de M. Tristan Bernard), Smirnow et Zaporojetz ont les voix les plus chaudes et les plus sympathiques. Et dans les ballets sans fin que le Khan vainqueur offre à Igor, prisonnier, pour le consoler de sa captivité, il y a une danse des archers d'une science, d'une spontanéité, d'une habileté virile et professionnelle insensée.

Mais pourquoi louer ? Je le répète : c'est un enchantement. Tous les costumes, toutes les coutumes de toutes les Russies et de toutes les légendes, les rythmes les plus lointains et les plus nouveaux, les combinaisons les plus inattendues, les danseuses et les danseurs les plus éminents et les plus énamourés de leur art, se surpassant pour nous, entrant, sortant les uns des autres, s'enlevant, retombant, en mousse d'idéal, en lumière de soleil, impondérables et athlétiques, une musique d'ivresse et de délice, voilà le premier spectacle que nous offre M. Gabriel Astruc. J'allais oublier, dans ce spectacle, l'assistance si dense, qu'il y avait quatre notoriétés poar se disputer un fauteuil, l'encorbeillement du balcon où il y avait tous les yeux, toutes les gorges, tous les cheveux, toutes les épaules, toutes les pierreries de Paris et d'ailleurs, les loges où il y avait toutes les Altesses, toutes les Excellences et jusques à l'ambassadeur de Russie, toute la salle, enfin, si rutilante et débordante de gloire, de richesse et de splendeurs que, par comparaison, le camp du drap d'or ne semblait plus qu'une sorte de kermesse de banlieue ou de foire, à Nijni-Novgorod.

THÉATRE NATIONAL DE L'OPÉRA. — *Bacchus*, opéra en quatre actes et sept tableaux, poème de Catulle MENDÈS, musique de M. Jules MASSENET.

Bacchus est un dieu qui déborde l'Olympe ; sa légende dépasse et culbute toutes les légendes; son cortège bruyant, harmonieux, glorieux et insane est infini parmi les siècles et l'éternité. Le héros lui-même, si on le débarrasse de toutes les gloses de ses poètes, des mille pédanteries de Nonnos le Panopolitain et autres, du poids de ses mystères et des cérémonies plus lourdes que profondes de ses fidèles, femelles et mâles, est un mythe plus ou moins solaire, une entité asiate et grecque, un symbole tout grossier et tout pur, où il y a la guerre et la paix, le trouble et l'harmonie, le rêve hésitant et titubant, qui est le prolongement et l'ombre éclatante de la vie, et la vie surtout, la vie totale, la vie pensante, clamante et vivante, la vie sonore et guerrière, la vie-lumière, la vie-amour, la vie-délices, la vie qui prend à la terre-déesse et aux fruits divins de la terre le secret de la force-joie et de la toujours adolescente immortalité.

C'est un Prométhée d'allégresse et de sérénité passionnée qui fait jaillir du sol le feu du ciel, qui apprend à Jupiter, son père, et aux dieux ses proches, des voluptés nouvelles après en avoir fait hommage aux hommes : c'est le consolateur et l'initiateur, c'est le véritable créateur de l'existence humaine.

Catulle Mendès n'a pas eu la prétention de jeter sur les planches la carrière multiple, contradictoire et millénaire du dieu, ses fastes et ses frasques, sa gloire vermeille et brouillée ; tous les théâtres du monde n'y auraient point suffi. *Bacchus* n'est que la seconde partie de cette *Ariane* que l'on acclame depuis près de trois ans ; de cette *Ariane* héroïque et mélancolique, harmonieuse et désolée qui était une enfant préférée de sa verte et active vieillesse et à qui la musique inspirée de Massenet avait tressé, à travers les siècles et les plus rares poèmes, la plus suave couronne de lumière et d'ambre chantantes ; de cette *Ariane* de tendresse géniale et de sublimité dévouée que nous avons laissée, abandonnée et expirante sur les bords de l'île de Naxos. Disons tout de suite que l'œuvre nouvelle joint, en perfection, l'œuvre d'hier et que, plus riche en efforts et en effets, plus difficile parfois, bigarrée d'accords, de sentiments, de réalisations mélodiques et symphoniques inespérées, âpre et chaude, câline et féroce, exotique et classique, débordante de fougue, d'ampleur et de majesté, elle apporte à sa jeune aînée, dans ce diptyque de nuances et de relief, tout le mystère de l'Orient, toute énergie et toute fatalité.

Le premier tableau représente les Enfers. Dans ce paysage désolé les ombres grouillent, inquiètes et grises. Seule lumineuse dans le pâle rayonnement de son atroce grandeur, toute blanche dans la nuit, Perséphone songe à la terre qu'elle ne connaît plus depuis si longtemps, s'attendrit au souvenir des fraîches roses que lui apporta, naguère, Ariane « l'épouse au grand cœur ». Elle s'inquiète de son destin et la parque Clotho interroge le fuseau des jours et peut rassurer un peu la souveraine infernale. Soudain un cri : le fil s'est cassé et c'est la terreur qui souffle, inimaginable, dans l'antre des terreurs. Lamentations. Mais une splendeur jaillit dans la ténèbre : c'est le dieu Antéros, un sur-dieu qui, ému de la sensibilité de Perséphone, lui révèle le destin d'Ariane, unie à Bacchus, et qui, les Enfers ouverts pour un instant, fait apparaître le bateau sur lequel Bacchus, ayant pris la figure et l'apparence du fuyard Thésée, a embarqué la délaissée.

Ce n'est plus le char traîné par des lions de la légende et Bacchus ne ravit plus Ariane vers les cieux : il l'entraîne aux Indes.

C'est déjà l'Inde bouddhique qui pousse l'austérité et l'abnégation jusqu'au jeûne et à la macération. Les moines sont atterrés de la venue de cette troupe, de cette horde porteuse de joie et d'ivresse et la reine Amahelli s'exaspère : on voit passer sur une sorte de pont la tumultueuse avant-garde du délicieux conquérant ; on déchaînera contre cette invasion de lumière et de pensée joyeuse la sombre masse des brutes, des singes innombrables des forêts. Mais les voilà, les messagers, les apôtres d'ivresse : dans un cortège fervent, Bacchus est traîné sur un trône, Ariane couchée à ses pieds ; il se dresse, vêtu de lin, cuirassé de peau de tigre, drapé de pourpre étoilée d'or ; il se glorifie d'avoir donné au monde la vie, la joie, l'amour ; clame à pleine voix sa gloire :

J'ai massacré la nuit...
Et j'ai tué la mort !...

et c'est le triomphe enamouré, heureux et dansant.

Mais voici des stridences gutturales, des bruits de rocs brandis et assénés, l'écho d'une lutte inégale et inhumaine, le répons de petits cris sourds à la phrase de guerre : « J'ai massacré la nuit » qui clame de moins en moins haut, qui devient désespérée et qui meurt cependant que la nuit bestiale prend possession du champ de bataille, dans le plus lourd et le plus sanglant silence.

Cette victoire n'en est pas une. Visitant avec ses derviches et ses soldats, les ruines héroïques, la reine Amahelli est touchée de la grâce : l'irrésistible Bacchus, sortant à peine de son agonie, l'a subjuguée. La vue d'Ariane évanouie la frappa de jalousie : quelle meure ! puisqu'elle est très belle et qu'elle est l'épouse. Mais sur la terrasse de son palais, Amahelli est plus encore l'esclave du dieu prisonnier, triomphant dans les fers et qui l'oblige, quoi qu'elle en ait, à servir Ariane.

Bacchus est le maître : il instaure son culte : ce ne sont que danses, initiations, tumultes et joie, parmi des pampres et des ruissellements orgiaques.

Pourtant, il s'en va porter chez des Barbares son secret de lumière et sa claire victoire : Amahelli et Ariane songent ensemble au héros, comme deux épouses fraternellement enamourées, mais la jalousie la plus atroce reprend la reine : Bacchus va revenir et c'est Ariane qui est la préférée. Elle a une invention effroyable : Bacchus doit mourir si quelqu'un ne prend pas sa place sur le bûcher qu'on lui prépare. Ariane n'hésite pas : elle se sacrifie une fois de plus et, après les plaintes les plus douces et les plus suaves adieux à la vie, elle se laisse envelopper du voile noir et va à la mort. Et Bacchus, qui revient, ne trouve qu'Amahelli, Amahelli caressante et perverse, qui s'offre. Mais à toutes ses supplications, le dieu, terrible, ne répond que par ces mots : « Femme, qu'as-tu fait d'Ariane ? » Et quand il rejoint, trop tard, Ariane, qui s'est poignardée sur le bûcher, il ne peut qu'appeler la colère de son père Jupiter, que voir le gigantesque coup de tonnerre, la foudre qui abat Amahelli, qui enlève le bûcher, — et l'apothéose où Ariane trouve enfin son juste séjour, l'Olympe.

Je n'ai pas tâché à rendre la variété, la force, la grâce, le pathétique de cette musique de sentiments, de cœur et d'âme où la prière, l'épopée, la passion, la tendresse et le désespoir se succèdent, se mêlent, s'étreignent, où les sonorités épuisent leur paroxysme, où les pleurs et la tristesse, de sourdine en sanglots, font du thème le plus savant, le plus naïf, le plus touchant murmure. Avec une conscience inspirée, M. Massenet a reconstitué ou inventé des rythmes sauvages, pis que tziganes — et les plus célestes mélodies. Et, dans cette œuvre qui a une auguste mélancolie en raison de la perpétuelle image de la mort et du souvenir trop présent, hélas ! d'une trop proche catastrophe, la vie finit par triompher, en harmonie et en beauté.

L'interprétation est merveilleuse. Muratore est Bacchus lui-même, jeune, éclatant, triomphant, nimbé d'amour et de joie féconde : sa voix, son geste, sa foi, défient toute perfection. Mlle Lucienne Bréval est une Ariane de délice et de fatalité : elle a les accents les plus puissants et les plus tendres, un don de son âme constant et chantant, une grâce à la fois sculpturale et olympienne, une humanité émouvante et édifiante : c'est du plus grand art.

Mlle Lucy Arbell est une Amahelli forcenément passionnée et tragique, de voix ample et savante, de mouvement juste, de conviction éloquente et prenante : elle a sauvé un rôle écrasant. Mme Laute-Brun est une confidente très dévouée et très en voix. M. Gresse est un révérend très imposant, et d'un timbre qui remuerait les pires cavernes.

Dans les rôles parlés du premier tableau, Mme Renée Parny a incarné, si j'ose dire, une superbe Perséphone, tragique d'attitude, bien disante, émue, majestueuse et toute-puissante malgré soi, Mme Lucie Brille a été la plus vibrante, la plus virile, la plus séduisante Clotho et M. de Max est un Antéros plus dieu encore que le surdieu.

Mais, dans ces décors de pittoresque, de rêve et d'infini, parmi des costumes magnifiquement anachroniques (mais Titien donna-t-il à Bacchus et aux siens leurs vêtements véritables ?), dans un grouillement inimaginable de guerriers, de bacchantes, d'Indiens, de satyres et de faunes, le ballet a été aux nues avec cette incomparable Zambelli aérienne, charmeresse, qui, dans sa grâce, dans sa noblesse, dans son tourbillon divin, est un souffle de délice et qui laisse, dans la salle, chacun des spectateurs haletant et enthousiaste, le cœur purifié et l'âme emplie d'ailes !

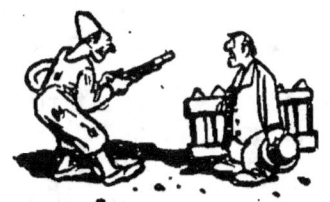

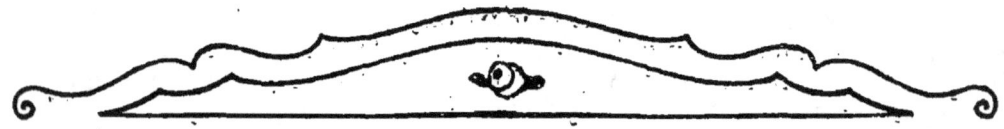

THÉATRE NATIONAL DE L'OPÉRA. — *Le Vieil Aigle*, opéra en un acte, paroles et musique de M. Raoul Gunsbourg.

Dans l'enchantement et l'éblouissement du gala de la Presse où, entre autres merveilles, nous eûmes l'unique et vrai duo de *Roméo et Juliette* avec Smirnow et Lipkowska, *le Vieil Aigle* de Raoul Gunsbourg prit dans ses serres puissantes le cœur et l'âme de Paris.

On avait déjà applaudi à Monte-Carlo cet opéra rapide, chaleureux et nerveux. On le connaît. C'est une œuvre brève, intense, brutale et passionnée. Poète et musicien tout ensemble, l'auteur s'est interdit tout développement, toute digression. Il frappe. Il happe l'émotion et le pathétique. Il a enveloppé étroitement la situation la plus étrange et la plus féroce, les sentiments excessifs, le pathétique le plus humain et le plus inhumain. C'est une gageure et un tour de force de simplicité, c'est la crise, une crise de grandeur et de douleur, de sublime souffrant et saignant.

Tout lutte, le sentiment et l'appétit, la tendresse et la fringale charnelle, et la musique de Gunsbourg naît avec son poème même, sans recherche, mais non sans trouvaille (ou retrouvaille), spontanée, au petit bonheur, dans un grand souffle de fatalité, riche de couleurs et de nuances, révélatrice, énergique, psalmodique et tendre, désespérée et frénétique, rauque et fervente, toute sensualité et toute douceur.

La rivalité amoureuse et fougueuse du vieux Khan Asvad el Moslaïm et de son propre fils Tolaïk autour de la jolie esclave Zina, la misère physique et morale du vieux chef gigantesque qui a juré de donner à son fils tout ce qu'il demanderait, sa magnanime et effroyable résignation, le pacte de mort conclu entre les deux hommes pour la dolente et charmante proie, les câlines effusions de Zina et son ensommeillement enchanté vers la mort, la tristesse surhumaine du Titan esseulé, c'est un seul thème mélodique où il y a le déchaînement de la sensibilité humaine exaspérée, les paroxysmes de la passion, de l'harmonie et du lyrisme mélancolique. Dans les phrases chantées et les phrases tues, les états d'âme éclatent, les artères battent, la furie sourd : c'est la chair qui crie, c'est l'instinct contre le bonheur et la bonté — et c'est simple, invinciblement. Chaliapine a été un formidable et douloureux Asvad : sa voix d'une profondeur et d'une autorité changeante et incalculable ;

sa mimique éloquente, son geste inspiré, la sincérité de son expression, tout a été aux nues : il a interprété le *Cantique des Cantiques*, l'*Ecclésiaste* et le *Miserere* ensemble : c'est prodigieux. Rousselière, dans le rôle ingrat du fils Tolaïk, a eu les accents les plus forcenés et les plus harmonieux, l'ardeur la plus sauvage, le désir le plus vrai et le plus inhumain. Quant à Mme Marguerite Carré, pâmée, aimante, s'abandonnant, caressante et lentement, suavement mourante, elle a été le charme, la grâce, la mélodie triomphante.

Il n'était que temps, après les bravos et les acclamations, de laisser la place à l'admirable Bréval, à l'ensorcelante Cavalieri, à l'impérieux Muratore : ç'allait ressembler à une prise de possession à l'Académie nationale de Musique...

Et Léon Jehin a conduit le *Vieil Aigle* à la victoire, — de tout son cœur.

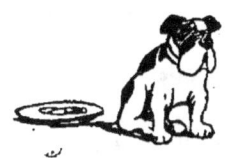

THÉATRE DU CHATELET (saison russe). — *Ivan le Terrible* (la *Pskovitaine*), opéra en trois actes et cinq tableaux, de M. N. RIMSKY-KORSAKOW.

Que ce soit du ballet ou de l'opéra, la musique russe est tout mouvement et tout frisson : lente ou saccadée, populaire ou religieuse, elle reste rire ou sanglot : dramatique, enfin. Le rêve même, l'extase et la prière sont réalistes : partant, du sentiment profond, physique dans le mysticisme et la métaphysique, de la vie sonore, forcenée, alanguie et brutale, un instinct qui s'attache à la terre et traduit les cieux, avec des ailes, du bronze, du fer, de la misère, de l'amour et la grande ombre aveugle et sourde de la fatalité.

Ivan le Terrible était plus désigné que personne pour faire triompher, en France, un peu d'avance, l'art lyrique de sa patrie. Heureusement le poème de Meï (auquel le comte Stanislas Rzewuski vient de rendre un juste hommage) et l'opéra de Rimsky-Korsakow ne nous rendent pas tout son personnage, à la fois Attila, Louis XI, Néron, Napoléon, Cipriano Castro et Barbe-Bleue. Il ne s'agit que d'une anecdote passionnée et héroïque qui relève du *Prophète*, de la *Muette de Portici*, de la *Juive* et de *Roméo et Juliette*.

Cela se passe deux ans avant *les Huguenots*, en 1570, à Pskow. En attendant Ivan le Terrible, qui rôde par là en soumettant les villes libres et en passant tout au fil de l'épée, la jeune princesse Olga Tokmakow, fille du maître de la cité, joue avec les compagnes de son adolescence, reçoit son amoureux, Toutcha, et échange avec lui les plus harmonieuses et dolentes caresses. Hélas ! on la doit faire épouser par le sinistre boyard Matouta. Les deux amoureux s'attristent et s'enfuient : voici le père et le fiancé. Et le père apprend au fiancé qu'Olga n'est pas sa fille : elle est née de sa défunte belle-sœur, Véra Chéloga et d'un seigneur non dénommé. Mais qu'importent les secrets de famille ? Le tocsin gronde et gémit, la peur, la colère, la dignité, le besoin d'indépendance agitent le peuple sur la place publique : en vain Tokmakow veut donner la ville au tsar Ivan qui vient comme la foudre. On résistera. Toutcha, ulcéré, prendra le commandement de ceux-là qui ne veulent pas être esclaves. Sa jeune voix s'élève pure et haute, et la grande voix de la Liberté, de la Liberté héroïque et acharnée chante dans les centaines de gorges, dans les âmes et dans les gestes de ses troupes improvisées, résolues et gravement enthousiastes. Cependant l'autocrate arrive. Tout le peuple l'attend à l'entrée de la ville. On prépare le pain et le sel et Olga, fort marrie de n'avoir plus de père, espère furieusement le conquérant. Les images sacrées passent, dans un brouhaha de respect, l'angoisse augmente : des soldats brandissent des fouets, la terreur gagne et le cortège d'invasion commence, se déroule, interminable, pittoresque et farouche : hommes de pied, pertuisaniers, lansquenets et anspessades, seigneurs et bourreaux, jusques à Ivan, casqué, cuirassé, en ors, en acier et en pourpre, brandissant son cimeterre sur son cheval blanc d'écume, entre deux autres cimeterres et deux autres chevaux blancs d'écume (à la vérité, les cimeterres et les chevaux sont très sages).

Le Terrible est descendu de son cheval et est l'hôte de Tokmakow. Il se défie de tous et de tout et joue plus des yeux que des dents, mais la vue d'Olga le trouble et le ravit : il apprend quelle fut sa mère : il se signe : Olga est sa fille, sa fille à lui, et une douceur inespérée lui inonde le cœur et l'âme et fait presque couler un premier pleur parmi les ondes de sa barbe bifide.

Des accords sauvages et touchants nous apprennent qu'Ivan, pour honorer son hôte, va tuer des bêtes dans ses forêts et que de jeunes vierges s'émeuvent et prient. Puis le tsar nous est rendu, sous sa tente, méditant, creusant l'Apocalypse, devinant l'Histoire, formidable et mystique. Mais des histoires de famille l'arrachent à l'Histoire. Olga a été enlevée par le traître Matouta. Ivan se fait amener le piteux ravisseur, le terrorise, le rejette au néant et, sa fille recouvrée, s'abandonne à toutes les malices, à toutes les tendresses, à toutes les délices de la paternité.

Horreur ! horreur ! le duo câlin est interrompu. On entend une marche guerrière et rebelle : le Terrible fait donner la garde ! Et Olga qui a reconnu la voix de son aimé Toutcha, Olga qui perçoit l'arquebusade et l'adieu déchirant du pauvre chef de la Liberté va le rejoindre dans la mort : Ivan ne peut plus embrasser que le frêle cadavre de sa fille, s'abîmer de détresse dans sa victoire et bêler, tyran triomphant, parmi les larmes des Pskovitaines asservies, sur l'âme blanche de la colombe envolée et sanglante !

Enjoué, tremblant et féroce, très riche en nuances et en relief, débordant de morceaux de bravoure, d'hymnes, de sonneries et de tonnerres, de symphonies et de cantilènes, l'opéra de Rimsky-Korsakow a des saveurs de terroir et une ampleur savante, une gradation, un effort sans peine du plus sûr effet. Et sa suprême gloire, hier, était de rendre à l'élite de Paris l'immense et unique Chaliapine, nature et caractère, à la fois tragédien, comédien et chanteur, basse sublime, mime prodigieux, Tamagno, Novelli et Séverin, qui a du *creux*, du cœur et de l'âme.

Il a eu toute majesté, toute inquiétude, toute fureur et tout accablement : ses traits circonflexes, sa bouche en arc, ses cheveux longs et rares, ses yeux aigus, sa voix, tout est barbare, auguste, pis qu'impérial et fatal : c'est forcené et harmonieux.

Mais, à côté de ce triomphateur attendu, il faut citer la pure voix, le jeu charmant et émouvant, les attitudes simples et parfaites de Mme Lipkowska (Olga), qui est un délice tragique; la chaleur tendre et courageuse du ténor Damaew (Toutcha) ; la grandeur simple de Mme Petrenko, et MM. Kastorsky, Charonow, Danydow qui sont parfaits. Il ne faut surtout pas oublier les chœurs variés, emportés, vibrants, vivants qui sont d'ensemble et infinis et qui, après un jeu inouï, dans l'ivresse des applaudissements, s'en vont, filles et garçons, chercher des messieurs en habit noir qu'ils amènent de force, se faire acclamer et qui sont M. Tchérépnine, le chef d'orchestre ; M. Ulrich Ananek, le chef des chœurs ; M. Sanine, le régisseur. Vous verrez qu'ils traîneront devant la salle en délire leurs directeurs Serge de Daghilew et Gabriel Astruc, qu'ils les martyriseront et que, avec la complicité du sous-secrétaire d'État aux Beaux-Arts, ils les mettront en croix.

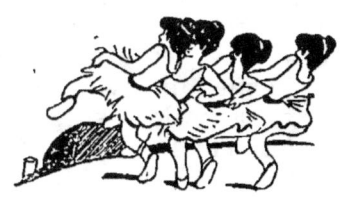

THÉATRE ANTOINE-GÉMIER. — *La Clairière*, pièce en quatre actes, de MM. Maurice Donnay et Lucien Descaves. (*Reprise*.)

Nous avions, depuis bientôt neuf années, gardé de *la Clairière* le souvenir le plus fort, le plus charmé et le plus ému : c'était un drame neuf, courageux et pittoresque qui restait gravé dans notre mémoire avec les visages, les attitudes, l'âme visible et en relief d'André Antoine, de Suzanne Després, d'Eugénie Nau — et tant d'autres !

M. Firmin Gémier, qui y avait trouvé un de ses meilleurs rôles, a eu l'élégante pensée de reprendre la pièce. Et les auteurs, pour n'être pas de reste, ont eu la conscience et la coquetterie de la rafraîchir, de l'élaguer. Ils ont coupé un acte qu'ils jugeaient inutile, à l'ancienneté, et l'ont distribué à même les autres. Ils ont rajeuni les *airs* qui égayaient et occupaient la scène, ont ajouté des plaisanteries d'actualité ; il faut louer le zèle désintéressé de ces deux maîtres scrupuleux jusqu'à l'abnégation. Ce n'est, au reste, pas aux lecteurs du *Journal* qu'il est besoin de vanter Lucien Descaves, sa générosité infatigable, documentée et ingénieuse, et Maurice Donnay, qui pousse l'esprit au cœur, à l'âme — et plus loin.

On connaît leur première œuvre dramatique, en collaboration, *la Clairière*. Il s'agit de braves gens qui, dégoûtés de la société, se sont retirés du monde. Un vague et ironique bienfaiteur, le sieur Mouvet, a légué au camarade Rouffieu une terre, une ferme, des biens, en espérant bien que ce Rouffieu s'y casserait les bras et les jambes, y compris ses convictions.

Rouffieu, communiste sublime et fervent, a des compagnons et des compagnes, des ménages plus ou moins réguliers, des gens de tous les métiers qui travaillent les uns pour les autres : c'est la plus active, la plus noble, la plus simple fraternité. On se permet même le luxe de recueillir un vieux mendiant infirme, le père Nu-Tête, de s'offrir ou d'offrir aux enfants des ménages divers une institutrice, Mlle Souricet. L'artiste ébéniste Collonges dessine à tous des armoires en nouveau style et, bientôt, la colonie, la libre colonie, aura son médecin, le savant docteur Alleyras, le piano de la doctoresse Alleyras qui accompagnera les chansons allègres du peintre en bâtiment Poulot, dit Caporal, et de la blonde et vibrante Mme Rouffieu.

Mais, naturellement, tout se gâte. Ces hommes et ces femmes ne sont pas venus au désert libres de toute entrave, libérés de tout préjugé civique et humain. Mlle Souricet est venue parce qu'elle était enceinte des œuvres du jeune Verdier, fils d'un conseiller municipal patelin et venimeux ; les Alleyras s'y réfugient parce qu'ils sont persécutés par le même édile ; le paysan garde son avarice, l'ouvrier son ivrognerie, le peintre trouve que ça manque de femmes, les femmes s'ennuient et se jalousent, Mme Rouffieu veut tâter de Collonges qui aime, qui finit par aimer Hélène Souricet et ça finit par du vilain : elle le dénonce comme insoumis. Dans les haines, dans les malentendus tragiques, dans les coups, la Clairière s'émiette, se dissocie, les ménages mêmes ne résistent pas : c'est la ruine, c'est l'exil, et les pauvres gens ne peuvent, pour se venger, qu'écraser le buste de l'ironique bienfaiteur, le regrettable Mouvet.

Il ne leur a manqué que quelques siècles de moins : ils eussent fort bien fait comme anachorètes, avec de la foi — et sans femmes !... Mais, au jour d'aujourd'hui !...

Ou plutôt hier... Car la pièce est déjà historique, sinon classique. Ces temps-ci, les colonies libertaires sont mortes de leur belle mort : tout est au syndicalisme. Et puis, il y a une thèse, ou mieux une démonstration. Le père du docteur Alleyras fait une preuve par neuf ou une preuve par zéro du néant de la conception communiste, il y a trop de personnages qui entrent comme dans une revue de fin d'année, Lucien Descaves a mis un peu beaucoup d'économie politique, d'observation sociale, de dissertation animée et probante, Maurice Donnay, à des mots exquis, à des à-peu près profonds, prophétiques et immortels, a ajouté des *mots* tout court et des à-peu près d'à-peu près.

L'action, toutefois, est prenante et l'œuvre sera très applaudie, comme elle l'a été. M. Janvier a moins d'autorité qu'Antoine. Il est excellent, sans plus, dans le rôle de Rouffieu. M. Marchal est très à son aise dans le personnage d'un vagabond caduc, charmant et ébahi ; M. Flateau est un peintre très excité et très chantant ; M. Maxence est un rustre avaricieux et exact ; M. Denevers est un fort congruent ivrogne ; M. Bouyer, un docteur Alleyras très noble ; M. Colas, un Alleyras père cordial, majestueux et sceptique, et M. Clasis, un conseiller municipal insinuant, tyrannique et vaseux. M. Gémier a repris son rôle de Collonges avec un véritable amour. Il y a des dédains, des effets en dedans, un orgueil inquiet, un sentiment grandissant, une sincérité chaleureuse qui se défend, une explosion tendue, des révoltes, tout cela dans de la sobriété, de la tenue et comme malgré soi.

C'est Mme Van Doren qui tenait le rôle d'Hélène Souricet. Elle y est parfaite. Sa pudeur défaillante, sa bonté, son pathétique anguleux sont du grand art ; Mme Cassive est un sourire blond qui chante, qui ne trahit qu'à regret — et comme on comprend mal qu'on la refuse! Mmes Lécuyer, Massard et Dinard ont un pittoresque personnel et varié. Enfin, Mlle Lavigne est la joie de la soirée. Elle a un chapeau, un sourire, des yeux, des bras, inimaginables : c'est toute la farce et toute la nature.

Des enfants grouillent, descendent des escaliers pas à pas, ouvrent des bouches grosses comme des groseilles et ânonnent des rondes au bord des champs : saluons, c'est la Clairière de demain qui passe.

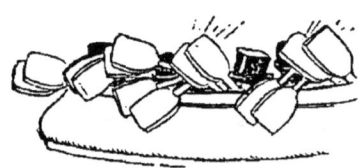

THÉATRE DE LA PORTE-SAINT-MARTIN. — *Lauzun*, pièce en quatre actes, de MM. Gustave GUICHES et François DE NION.

La grande Mademoiselle est une héroïne mi-partie tragi-comique, ainsi que l'on disait à son siècle, le dix-septième de l'ère chrétienne. Travaillée du sang de son grand-père Henry le Grand, brouillée de l'humeur de son père Gaston d'Orléans, poussée aux actions extrêmes, entêtée de grandeur et d'action, irritée de son sexe, enragée de son tempérament, attachée à sa grandeur vaine, à ses biens immenses et morts, elle finit longuement, après avoir tiré le canon de la Bastille contre son présomptif époux Louis XIV, après avoir refusé la main de Charles II d'Angleterre, d'un roi de Portugal, voire — si l'on veut — de l'empereur d'Allemagne, par épouser peu ou prou un cadet de Gascogne, Nompar de Caumont, comte de Lauzun, par se résigner à des caresses disputées, loin des honneurs, loin de la cour, parmi des horions et des avanies, ayant, au reste, passé l'âge canonique et dépassant plus encore du poids de ses ans que de ses couronnes la grâce chétive, méchante et blondasse de son secret conjoint.

La regrettée Arvède Barine avait consacré, il y a quelques années, deux volumes amples et pénétrants à cette trop illustre et trop obscure princesse.

Il eût fallu un Alexandre Dumas ou, tout au moins, un Victorien Sardou, pour découper en tableaux cette existence de brèche, d'éclat et de retraite et pour y semer une action. Nos très distingués confrères Gustave Guiches et François de Nion se sont arrêtés à une anecdote ou plutôt à une gazette anecdotique romancée et dramatisée, à l'épisode Lauzun étoffé, agrémenté, monté de ton et d'accent, avec un peu plus de passion, de fantaisie, de fatalité, de réalité et d'idéal que n'en comporte la vérité historique.

Le premier acte se passe chez Mademoiselle. On termine *Tartufe*, dans sa pleine nouveauté. Louis XIV applaudit et les courtisans aussi. Le maréchal de Créqui, M. de Montespan, M. de Roquelaure, l'abbé Primi Visconti, échangent des brocards ; Mme de Sévigné, qui passe par hasard, annonce la plus étrange, la plus inattendue, la plus extravagante des nouvelles (voir sa lettre admirable et trop admirée) : Lauzun, le petit Lauzun, favori de Sa Majesté et capitaine des gardes, va épouser les quatre duchés, les gouvernements, la personne même de S. A. R. Mademoiselle ! On s'ébouriffe. Mais le voici, Lauzun, magnifique, un tantinet canaille, pis qu'insolent, grossier, familier, gouailleur, qui se gausse de tout et de tous et promet sa protection à ses supérieurs, qu'il a bafoués. Et voilà qu'il s'agit bien de raillerie : Mademoiselle est venue, qui se confesse, qui interroge : elle veut se marier et ne tient pas au rang. Le damné Gaston ne veut pas deviner : il faut qu'un miroir lui jette son nom au visage pour qu'il consente à des remerciements, à des protestations, à des serments. Eh ! il faut l'agrément du roi — et il y a un cheveu de moustache, un de perruque ; la maîtresse de Sa Majesté, Athénaïs de Montespan, a été, avant son mariage, la tendre amie de Lauzun : elle s'opposera à ces épousailles. Mais le roi entre, en cérémonie, et approuve le mariage : il signera le contrat tout à l'heure.

Il ne le signe pas. La Montespan l'a retourné. Lauzun peste, rage, jure, s'en prend aux petits et aux grands, à Sa Majesté même, qui reprend sa parole, tire l'épée, la brise, tout comme dans *la Favorite* : c'est grave, brrr !... Mais tout va s'arranger : après une scène d'amour avec sa mélancolique fiancée, il persuade Athénaïs qu'il ne veut se marier que pour se rapprocher d'elle : la Montespan pâme ; elle va décider le roi. Lauzun triomphe trop tôt, raconte son stratagème à sa fidèle Mademoiselle. On l'entend, on le trahit. Et quand il croit que Louis XIV revient signer le contrat, c'est d'Artagnan et ses mousquetaires qui le font prisonnier et qui l'emmènent dans la sinistre forteresse de Pignerol.

Il y moisit, dans cette funèbre prison. A peine s'il peut s'échapper par la cheminée, histoire de faire la causette avec l'infortuné et somptueux Fouquet et d'aller cueillir des roses aux alentours. Il attend Mademoiselle, qui doit venir, qui viendra à trois heures et se moque, en attendant, du stupide gouverneur Saint-Mars, qui, par hasard et au plus gros de sa colère, reçoit l'ordre de le traiter, lui, Lauzun, avec les plus grands égards. Mais le miracle devient évident : voici Mademoiselle, en son héroïque costume de la Fronde, en chapeau d'amazone, qui arrive, qui apporte la liberté — à un prix courant ; on ne lui a demandé, en échange, que tous ses biens pour le duc du Maine, fils adultérin de Louis XIV et de la marquise de Montespan. Et la Montespan arrive elle-même. Lauzun la joue, fait le mourant, la dupe, faisant donner et reprendre sa parole à son auguste époux, sur le propos de la donation, pour imiter le roi lui-même, enferme le gouverneur de la prison, Saint-Mars, et la favorite, s'évade par la cheminée, revient à Versailles, dans le carrosse même de la Montespan.

A Versailles, tout s'arrange, non sans mal. La Maintenon a remplacé la Montespan ; le roi est devenu dévot ; ce ne sont qu'offices, cardinaux, capucins. Lauzun, accusé de faux, triomphe par sa piété, fait accabler la Montespan par le naïf témoignage de Saint-Mars : le roi consent à son mariage avec Mademoiselle, à condition qu'il reste secret : il n'est connu que de toute la cour.

Cette image d'Epinal, bien découpée — un peu trop — a été fort applaudie. Elle eût plu davantage si un souci de précision et de vérité assez mal venu au théâtre n'avait poussé les deux auteurs à donner à Louis XIV des attitudes presque piteuses, un je ne sais quoi de mesquin et de faux et si cette pièce avait été un vrai drame au lieu d'être, aux chandelles, une gazette anecdotique pas très sûre : il ne faut pas être trop fin au théâtre. MM. Jean Coquelin et Henri Hertz ont merveilleusement habillé cette anecdote : il y a un luxe de tentures, d'armoiries, de livrées, d'uniformes, de broderies qui tient du prodige et de la vérité.

Mme Gilda Darthy est émouvante et délicieuse dans son rôle de Mademoiselle : elle ne s'est pas assez vieillie : qui le lui reprochera ? Lorsque, à la prison de Pignerol, elle apparaît en amazone de la Fronde, elle a l'air encore de tirer le coup de canon qui doit tuer son mari. Mme Franquet est une Montespan joliment et royalement traîtresse, Mlle Jane Eyrre est une jeune Maintenon un peu maniérée. Mme Carmen Deraisy est une Mme de Nogent très fraternelle.

M. Laroche a été un Louis XIV un peu bien familier, trop vrai, trop selon les indications de Saint-Simon et la fameuse cire de Versailles : il a manqué de grandeur. M. Dorival est un maréchal très suffisant et très entripaillé ; M. Monteux est, contrairement à la vérité, un Montespan fort intelligemment courtisan ; M. Chabert est un adroit valet. Quant à M. Tarride, il est un Lauzun trop fin, trop en dedans, trop en nuances. Il est à la fois Damis, Scapin et Mascarille ; il trompe, il exagère, il gasconne : on ne s'en aperçoit pas assez. Il ne se retrouve que dans des scènes de tendresse et de gentillesse. Mais il gasconnera un peu mieux et sera moins précieux, l'action deviendra moins lente, moins longuette, plus sincère, et, dans la magnificence des décors et des costumes, cette jolie histoire d'amour, très noble et très tendre, connaîtra peut-être le durable succès distingué et populaire qui convient à un conte de fées et à ce que Mme de Lafayette appelait une nouvelle historique.

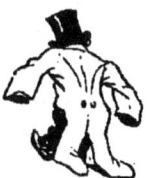

THÉÂTRE DES ARTS. — *Demain*, un acte, de M. P.-H. RAYMOND-DUVAL, d'après la nouvelle de Joseph CONRAD ; *les Possédés*, trois actes, de M. H.-R. LENORMAND.

Après s'être élevé de la frénésie charnelle et colorée de *la Marquesita* à la suavité angélique et évangélique de *Mikaïl*, qui était toute harmonie, toute sainteté et toute nuance (du Tolstoï orchestré par Robert de Montesquiou), le théâtre des Arts n'a pas daigné toucher terre à nouveau tout de suite.

Il donne un drame singulier, violent et austère qui frappe et qui émeut et qui ne laisse retomber le spectateur à la réalité grise qu'après l'avoir promené sur les ailes les plus fières et les plus hagardes.

Je n'insisterai pas sur *Demain*. C'est un petit acte, un peu long, où un vieux capitaine au long cours attend si fiévreusement, si terriblement son fils, qu'il ne veut pas, qu'il ne peut pas le reconnaître lorsqu'il vient enfin : il ne l'attend que *demain ;* pourquoi vient-il aujourd'hui ? Ce n'est pas lui ! Ça se passe dans un décor de brume, à Port-Louis, avec un aveugle, M. Lucien Dayle, très nature, un marin aventureux, bourlingueur, mélancolique et fatal, M. Pierre Roux ; avec M. Sauriac, un capitaine très, très fou. Mlle Marie Kalff est une fiancée triste et émouvante.

Les Possédés ce sont les hommes de génie, les créateurs de science et d'art, les novateurs qui se croient maîtres de la Nature et de l'infini, et qui sont les esclaves de leur démon intérieur, de leurs découvertes, de leurs recherches, qui ne sont plus que des machines de lumière, de beauté et d'idéal, qui n'ont plus de cœur et d'âme, qui donnent à la flamme d'au-delà non pas seulement leurs meubles, comme Bernard Palissy, mais leurs amis, leurs proches, leurs enfants, leurs scrupules, leur bonheur et leur honneur, jusqu'au moment où ils se consumeront eux-mêmes et que leur raison fondra dans le vain creuset de gloire, d'inquiétude et de futur.

Voici l'illustration. Heller est un savant fameux : c'est mieux, la science entière, la plus grande science, hermétique et triomphale. Il a dissocié le radium — déjà ! — et son fils Marcel est, tout jeune, un musicien de génie. Marcel va faire jouer le premier acte de son premier opéra — un chef-d'œuvre — et, sou par sou, il a prélevé sur le maigre produit des leçons qu'il donne la somme énorme de 500 francs qui va réaliser son rêve et établir sa réputation. Mais il est bon : un faible et indélicat cousin — un poète — lui rafle ses économies, sous un prétexte inventé et pour faire la noce. Colère épouvantable du vieil Heller. Marcel le quitte et ira vivre à Paris avec son amie Suzanne, fille d'un vieux peintre, Adrar, qui a renoncé au génie, qui fait du métier et de la bonté.

La misère s'aggrave. Les leçons dépriment et épuisent le musicien. Il sent son génie l'abandonner. Son père vient le voir : il ne fera rien pour lui, car il a ses expériences. Mais peut-on hésiter à faire les pires vilenies quand il s'agit de chef-d'œuvre ? Qu'il fasse chanter son oncle René : il a deux lettres terribles contre lui. Que diable ! Lui-même, l'illustre Heller, n'a-t-il pas jadis, pour la science, été l'amant rétribué d'une vieille Ecossaise mystique ? Marcel hésite encore : il hésite même lorsque sa fripouille d'oncle lui offre une place infime — comme dans *Chatterton* — et refuse tout secours à l'Art. Mais une vision fugitive et traquée, une Allemande qui a volé, qui a entôlé pour nourrir son enfant, enlève ses dernières pudeurs au créateur. A-t-il le droit, lui, de laisser périr son enfant, à lui, son œuvre ? Et froidement, pardon ! fiévreusement, il vend à René Heller les lettres accusatrices contre 20 000 francs.

Cet argent ne lui a pas porté bonheur. Il est en Suisse, avec son père, de plus en plus enragé de chiffres, de formules et d'équations, avec la douce et aimante Suzanne, avec son cousin-poète Jean, avec le vieil Adrar, qui achève de mourir, en bonté et en beauté. Mais le terrible Heller a senti que Marcel n'aime plus Suzanne : il fait venir une Russe qui est plus propre à servir le génie de son fils par sa grâce et ses airs exotiques. Marcel, bientôt, avoue à sa maîtresse qu'il ne l'aime plus, qu'il n'aime plus que son génie, qu'il va plus haut, plus haut. Il va si haut que lorsque tout le monde est désespéré, lorsque le vieil Adrar est mort dans un demi-enthousiasme et un demi-navrement, il étrangle son cousin Jean, qui lui a volé son argent, le lance par la fenêtre dans un précipice tout exprès, s'agite, délire, délire et reste haletant, béant, hébété et vacillant dans les ténèbres jusqu'à ce que le rideau tombe.

Cette pièce a été fort acclamée et le jeune auteur, M. H.-R. Lenormand, a été contraint de s'exhiber et de se prêter aux applaudissements les plus directs. Elle a de la noblese, et de l'audace et de l'humanité. Elle se termine sur un renoncement et sur le tacite éloge de la famille, de l'amour et de la sensibilité. Peut-être eût-elle gagné à être jusqu'au bout inhumaine et à ne pas faire de concessions. Il y a déjà longtemps que Huysmans a écrit : « Avoir un bon appétit et n'avoir plus de talent, quel rêve ! » Mais peut-on comprendre au théâtre le vierge sacerdoce du génie ? Et en outre n'avons-nous pas connu les plus grands savants comme les plus tendres et les plus prévoyants des époux et des pères ? Les personnages de M. Lenormand sont d'émouvantes entités.

M. Durec est un Marcel Heller humain, surhumain, inhumain, très aimant, très désespéré, très dément ; M. Magnat est un burgrave de laboratoire majestueux et implacable, M. Albérix est un poète-cambrioleur dolent et charmant dans le plus ingrat des rôles. Quant à Séverin-Mars, il a été admirable : il est toute l'humanité de la pièce et il a des coups de pouce pour modeler l'idéal, des accablements, un sourire de gentillesse et d'espoir qui illumine jusqu'au tableau noir.

Mlle Marie Kalff a été infiniment dramatique et touchante dans le personnage de Suzanne. Mlle Jeanne Clado exprime à merveille le charme, l'inspiration, l'attirance slaves ; Mlle Dolorès Mac-Lean est une entôleuse poignante. Enfin, dans un rôle de femme fatale, Mlle Andrée Glady a été toute délicieuse de naturel, de fantaisie, de philosophie pratique, de vie, pour tout dire : c'est le sourire de cette tragédie antique, c'est *le vivace et le bel aujourd'hui* de cette idéologie d'hier et de demain.

THÉATRE APOLLO. — *La Veuve Joyeuse*, opérette en trois actes (d'après Henri MEILHAC), livret de MM. Victor LÉON et Léo STEIN, musique de M. Franz LEHAR.

Tout arrive. Après tant de *Veuves soyeuses, broyeuses, aboyeuses* et *giboyeuses*, après tant de parodies d'avant-garde, d'airs détachés et de ritournelles, nous avons, bons derniers, cette unique, illustre et universelle *Veuve joyeuse* qui fit les beaux soirs, les belles nuits et les beaux rêves de l'Europe et de l'Amérique, de l'Océanie et des deux pôles et qui nous vient, plus que légère, plus que magnifique, en splendeurs, en mousse, en gaze et en jambes, tuyautée, brodée, surbrodée et sertie d'une musique facile, entêtante et obsédante, dans un éclat, dans un mouvement, dans un entrain à la fois magiques et puérils : ça tient des *Mille et une nuits* et de la rengaine, de la féerie et du conte moral, c'est tout ballet et toute romance, tout chahut, toute valse lente, pleurée, chaloupée, ululée, dolente, tournoyante et tourbillonnante ; c'est de la folie et du sentiment, de l'outrance et de la simplesse : c'est un rien qui souffle en caresse et en tempête, qui parle aux sens, qui flatte l'oreille et berce le cœur, qui énerve délicieusement sans en avoir l'air, qui déchaîne l'applaudissement, qui se fait bisser et trisser : l'infini sans qu'on sache pourquoi : voilà !

On sait que *la Veuve joyeuse* nous vient, nous revient, par le plus long : ce fut *l'Attaché d'ambassade* du jeune Henri Meilhac, qui se fit applaudir sur le théâtre du Vaudeville, le 12 octobre 1861 et jours suivants. Il s'agit d'une très jeune veuve multimillionnaire — les millions étaient vingt, ils sont cinquante, mais l'argent a tellement diminué ! — qu'il ne faut pas laisser passer à l'ennemi. Les millions doivent rester nationaux ! La nation — c'était en 1861, la principauté de Birkenfeld ? c'est, aujourd'hui, l'Etat de Marsovie (si j'ai bien entendu) — délègue son ambassadeur à Paris pour empêcher les capitaux de devenir français. Rassurez-vous tout de suite : ils demeureront parisiens. L'ambassadeur, qu'il s'appelle le baron Scarpa ou le baron Popoff, est idiot ; mais l'attaché, comte Prax ou prince Danilo, est le plus charmant, le plus séduisant, le plus désintéressé mauvais sujet du monde, ivrogne pour avoir une contenance (pardon !), passionné malgré lui et qui finit par réussir, en dépit de tous et de soi, et qui, quoi qu'il fasse pour repousser, en même temps qu'une femme qu'il adore, une fortune qui lui fait honte et horreur, doit doucement, héroïquement et tendrement se résigner à être le plus heureux des époux aimés et le plus opulent des diplomates.

Mais quelle importance a donc l'argument ? Je sais de vieilles gens de mes amis qui préfèrent à toute la musique de *la Veuve* la douzaine de vers espagnols qui étaient chantés par Juliette Beau en 1861 :

... Ay chiquita que me muero
Sabiendo lo que te quiero,
Y que me muero por ti !...

Il faut savoir gré à MM. Robert de Flers et Gaston Arman de Caillavet, qui ont très discrètement mis du français sur le livret viennois, d'avoir rétabli textuellement des phrases de Meilhac, mais qu'importent un texte, des paroles, des mots en cette sarabande éblouissante, en cette furie de mouvements, de sourires, de désirs irrités et de refus mendiants, de refrains-gigognes qui fusent, qui éclatent, qui se multiplient, qui, soulignés de gesticulations, de grimaces, de groupements comiques, de gigues funambulesques, deviennent des hallucinations mélodiques et les plus gais, les plus tyranniques cauchemars ? *L'Attaché d'ambassade* ne comportait que deux décors, une salle de l'ambassade et une serre, à la campagne, près de Paris. *La Veuve joyeuse* a la salle de bal, un parc avec temple antique, le sanctuaire même du bar Maxim's avec une infinité d'uniformes exacts, de travestissements nationaux fantastiques, de broderies, de seins, de cheveux, d'yeux, dans une atmosphère changeante, éternelle, électrique de sensualité et de sentimentalité. Car il y a la petite fleur bleue à la viennoise, le souvenir d'enfance, qui se danse et qui pâme, la *gemütlichkeit,* avec de la fantaisie et des tziganes.

Ç'a été un triomphe : les airs les plus connus ont été salués avec transport, les airs moins connus ont paru nouveaux : la berceuse, la valse évanouie et frénétique, la bourrée plus ou moins russe, les couplets tendres, les couplets farces, tout a plu : c'est touchant.

La veuve joyeuse, c'est miss Constance Drever. On sait que, dans ce rôle, on n'a que l'embarras du choix : il y a deux mille *veuves joyeuses* comme il y a trois mille *Salomé :* eh bien, miss Constance Drever est étonnante de fougue, de langueur, de sourire, d'exotisme, de charme artificiel et infatigable, de zézaiement gentil, de voix souple, de geste infini: quand elle se laisse emporter par le joli baryton Defreyn (le prince Danilo) en une danse de septième ciel, elle respire toute la volupté, d'avance. Mme Thérèse Cernay est une ambassadrice ardente, retenue, pudique et cynique de la plus juste voix. Mme Nell Breska chante fort bien et trop peu, et Mme Landar est on ne peut plus comique. J'ai dit la grâce impertinente, l'émotion involontaire et vibrante, l'énergie virevoltante de l'harmonieux Defreyn : Sardieux, en hussard, est un ténor élégant ; Casella et Saidreau sont coquettement grotesques ; Victor Henry est, comme toujours, le plus irrésistible bouffon. M. Félix Galipaux joue l'ambassadeur avec une frénésie, une jeunesse, une conscience, une foi inouïes : il est plus Galipaux que nature : ses *galipettes* sont épileptiques, historiques, légendaires.

Et *la Veuve joyeuse,* dans son faste oriental et parisien, avec ses danseuses, ses mimes, sa figuration, sa folie, sa musique capricante, berçante et énervante, ses chairs étalées, ses frissons de gaze et de tulle, ses clochettes et ses violons a pris Paris, un peu tard, comme tout l'univers.

Quand reprendra-t-on, au Vaudeville ou au Français, l'*Attaché d'ambassade* — sans musique ?

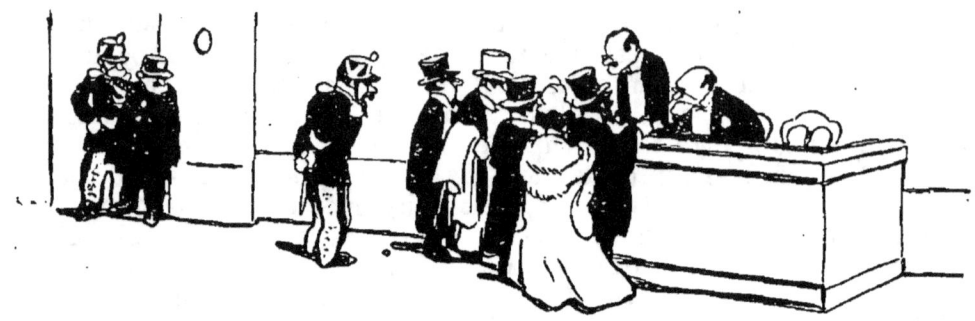

THÉATRE DES ARTS. — *Œuvre posthume,* un acte en vers, de M. Alfred MORTIER ; *l'Eventail de lady Windermere,* pièce en quatre actes, d'Oscar WILDE (adaptation de MM. RÉMON et J. CHALENÇON).

Nous ne sommes plus au temps où « l'Œuvre », non sans héroïsme, jouait furtivement cette *Salomé* qui fit, depuis quelques années, son fructueux et somptueux tour du monde, — du grand monde, — et connut tous les triomphes. Depuis que M. Wilde est mort, il est entouré de tous les dévouements.

Mais c'est une piété singulière et comme indiscrète d'avoir fait franchir le détroit à la comédie à la fois naïve, compliquée, superficielle, tout en dialogue et si pauvre en action, que donne le théâtre des Arts. Je crois pouvoir affirmer que l'auteur de *la Ballade de la geôle de Reading* ne désirait nullement voir représenter en France *l'Eventail de lady Windermere.* Dans la complaisance qu'il avait pour la moindre de ses productions et de ses saillies, il gardait quelque rigueur à son théâtre : à ses yeux, ses pièces étaient à la fois des distractions, des besognes destinées à l'amuser et à assurer « sa matérielle ». Empli du plus religieux respect pour ses poèmes et ses contes, il se présentait, le cigare aux lèvres et avec le plus nonchalant sourire, aux spectateurs qui acclamaient le plus frénétiquement ses œuvres dramatiques. Dans la détresse de ses derniers mois, il souhaitait qu'on jouât *l'Eventail* aux Etats-Unis, parce qu'il n'aimait pas les Américains.

Lady Windermere est une jeune dame du plus grand monde, épouse parfaite du plus noble, du plus insoupçonné des maris. Une vieille folle, la duchesse de Berwick, vient troubler sa quiétude : Windermere « flirte » outrageusement avec une dangereuse créature, Mme Erlynne. Lady Windermere découvre des preuves : son époux donne de grosses sommes d'argent à cette Mme Erlynne. Et Windermere ne nie pas ; à peine s'il insinue que tout ce qu'il a fait pour Mme Erlynne, il l'a fait pour sa propre femme ; bien plus, il veut la faire inviter. il l'invite au bal que donne, le soir même, lady Windermere. C'en est trop : si cette gueuse vient, la jeune femme lui brisera sur la face l'éventail que son mari lui a offert pour sa fête ; elle s'en va, bouleversée, et l'époux, resté seul, murmure : « Je ne peux pourtant pas lui dire que c'est sa mère ! »

Vous aviez déjà deviné, n'est-ce pas ? Et vous n'avez pas besoin du développement. Vous savez que la jalousie de lady Windermere excitée contre sa propre mère, en raison de son esprit, de sa séduction, de son audace et de son aisance, lui fera déserter le domicile conjugal et aller chez lord Darlington ; que Mme Erlynne sauvera sa fille, pour lui épargner son propre destin, qu'elle se substituera à elle, acceptera le mépris — dont elle a l'habitude — avec son insouciance coutumière ; dira, quand on découvrira le fatidique éventail, qu'elle l'a emporté par mégarde ; vous avez deviné aussi que tout se termine très bien, que la mère et la fille se quittent ravies, à peine émues, que Mme Erlynne emporte la photographie de lady Windermere et de son tout jeune enfant, le providentiel éventail, et qu'elle vivra heureuse elle-même, en Italie, mariée à un vieil imbécile — car la vertu doit être récompensée, en Angleterre.

C'est très gentil, très pailleté, plein de mots, de remarques, de fantaisies : c'est du sous-Dumas fils, du sous-Sardou, mais qu'importait à un dandy lyrique, qu'importe à une ombre libérée ?

Ce n'est pas excellemment joué : notons Mme Suzanne Avril, évaporée, astucieuse, dévouée dans des rires, Mme Emmy Lynn, épouse trépidante, Mme Marie Laure, duchesse en enfance d'enfant terrible, M. Durec, lord très provincial, M. Dauvilliers, Don Juan assez cockney, et M. Lucien Dayle, ganache sympathique.

Cette pièce âgée — elle date de 1892 — et posthume ici, était précédée d'un acte en vers du même nom : *Œuvre posthume*. Il y est prouvé qu'on ne peut faire insérer une poésie dans un journal qu'en étant cocu — et mort. Et même cela suffit-il ? Il est vrai que l'organe en question s'appelle *le Corsaire* — et ça ne nous rajeunit pas, camarade Alfred Mortier ! Citons, par rang de taille, M. Lucien Dayle, directeur cynique, M. Dullin, barde de Gavarni, M. Stengel, valet pis que lettré, et Mlle Hélène Florise, fine, spirituelle et farce, qui a cinq pieds sept pouces : la stature des carabiniers.

THÉATRE DE L'AMBIGU-COMIQUE. — *L'Assommoir* (reprise), pièce en cinq actes et neuf tableaux, de MM. Busnach et Gastineau (d'après le roman d'Emile Zola).

Nous avons revu la ferme ! La ferme qui fit les beaux jours de l'Exposition de 1900 et qui n'était, vous vous rappelez ? ni modèle, ni normande.
Quelle ferme ?
— Ta gueule !
Et c'était très parisien, très distingué, très nouveau. Cette estimable tradition — est-elle de Claudius ou de Lucien Guitry ? — retrouve sa virginité et sa verdeur sympathique. Au reste, neuf ans, c'est un bail, — et *l'Assommoir*, en gros et en détail, par son thème, ses hors-d'œuvre, ses à-côtés, son comique et son tragique, par son ample et diverse horreur, par sa fantaisie, par la splendeur de sa distribution, demeure classique, redevient neuf, est prodigieusement saisissant et divertissant.
Il est inutile, n'est-ce pas ? de ressasser l'action et l'antienne. La blanchisseuse Gervaise, abandonnée par son amant Lantier, fessant à coups de battoir, au lavoir, sa trop heureuse rivale Virginie ; l'idylle mélancolique de Gervaise et du couvreur Coupeau, les noces pittoresques au sommet de Montmartre, l'accident de Coupeau, précipité d'un toit, par la rancune de la grande Virginie, qui ne le prévient pas d'un danger trop réel ; l'affreuse emprise de l'ivrognerie sur Coupeau convalescent et en jachère, l'ivrognerie croissante et triomphale mangeant la boutique de Gervaise, mangeant le corps, la force, la dignité, l'âme si j'ose dire, de Coupeau, jetant les Coupeau à la ruine, au déshonneur, emportant, grâce à la traîtresse Virginie, Coupeau dans une attaque titanesque de *delirium tremens* ; la mort lamentable et charmante de Gervaise, qui mendie son pain et le repos éternel dans les bras d'un brave garçon barbu qu'elle a toujours aimé sans l'avouer, toute cette épopée de honte, de misère et de vérité trop crue et outrée est universellement connue. D'autant que la pièce, au moins, est très morale : la traîtresse

Virginie, le hideux et séduisant Lantier sont tués tous deux d'*un* coup de revolver (ainsi que le dit le programme) par le tardif mari, le vieux militaire, l'aspirant-sergent de ville Poisson.

Et ce mélodrame a les décors les plus variés, la figuration la plus grouillante, les agréments les plus en relief : on y boit, hélas ! mais on y mange ; on y crève de faim, mais on y chante ; il y a des convulsions, mais on y pince des entrechats. On n'a pas le temps de souffler, mais on rit, on pleure, on frémit ; c'est admirable.

Pour fêter leur prise de possession de l'Ambigu, Jean Coquelin et Hertz ont pris à droite et à gauche et dans les plus hautes sphères de l'art des vedettes, des vedettes et des vedettes.

Le trio de joie, de *rigolade* qui fait fuser la salle, Mes-Bottes, Bibi-la-Grillade et Bec-Salé, c'est Paul Fugère, Félix Galipaux. Déan : c'est énorme, aigu, ahuri, hilare ; ce sont tous les appétits, toutes les farces, toutes les stupeurs ; ils sont trois et ils sont un ; c'est la fantaisie et la vie. L'éternel et excellent Dieudonné fait un Poisson solennel, terrible, d'un comique inconscient ; il n'a pas vieilli d'un poil depuis 1900. M. André Hall est un Lantier très congrument élégant et crapuleux. M. Blanchard (Bazouge) est un croque-mort aimable, sinistre malgré soi et zigzaguant à souhait. M. Mortimer est un propriétaire qui s'écoute parler. Mme Alice Berton est une Virginie humiliée, mielleuse, perverse, perfide comme il convient. Mme Marie Roger est une Nana coquette et insouciante qui fait prévoir sa vie future. Mme Desclauzas, qui reparaît après une longue absence, incarne une concierge épique et gaillarde, vénérable avec des souvenirs et des regrets, le cœur sur la main et la main au balai. La petite Fromet est une gosse toute menue et délurée qui lâche : « Ta gueule ! » comme père et mère. C'est Léonie Yahne qui joue Gervaise. Cela pouvait ressembler à une gageure. Cette petite princesse, cette petite impératrice, toute distinction, toute grâce menue, de suavité et de je ne sais quoi, portant le seau et le battoir, allant chercher son homme chez le bistro, crevant de détresse sans gloire, c'était à trembler. Eh bien ! Mme Yahne n'a pas su être *peuple*, — c'était impossible, — mais elle su, de sa fatalité sans apprêt, de sa douleur vraie, de sa déchéance, être très vraie, très touchante, très écroulée. On a fort applaudi son effort et son âpre succès. Coupeau, c'est Louis Decori. Dans *la Route d'Emeraude*, il figurait un bon et héroïque ivrogne. Dans *l'Assommoir*, il monte en grade et arrive au *delirium tremens*, qui est, comme on sait, le bâton de maréchal de l'alcoolique, — bâton un peu flottant. Tendre, décidé, pâteux, se ressaisissant vainement, retombant plus bas, hébété, tremblant de tous ses membres, hideux, pathétique jusque dans la plus hurlante et la plus dolente animalité, il donne un spectacle d'art et de vérité, et de l'exemple le plus salutaire. C'est un enseignement d'une grande et belle horreur.

Et cette pièce, magnifiquement habillée et dénudée, grouillante, amusante, effroyable, fera rire et frissonner Paris une fois encore et longtemps : tout le monde, bientôt, aura vu la ferme.

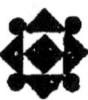

THÉATRE SARAH-BERNHARDT. — *La Révolution française*, pièce en quatre actes et treize tableaux, de MM. Arthur BERNÈDE et Henri CAIN.

La Révolution française ! Titre immense, prestigieux, terrible, écrasant ! Tant de lumière et de mystère ! Tant de gloire et tant de sang ! Derrière le tréteau de victoires et de supplices, derrière les plus belles paroles, les plus grandes apostrophes et les gestes les plus magnifiques, grouillent encore tant de secrets, de troubles desseins et de si insaisissables influences ! Après Thomas Carlyle, Michelet, Louis Blanc, Lenôtre et Gustave Bord, — j'en passe, et combien ! — que pouvaient nous vouloir le bon Henri Cain et l'excellent Arthur Bernède ?

Nous étions un peu rassurés par le qualificatif de leur ouvrage ; la Révolution est tout excepté une pièce : rien de moins composé, rien de plus imprévu, rien de plus mal fait, pour parler théâtre, rien de plus grand, de plus fou, de moins humain dans un désir incessant d'humanité, rien de plus sublime et de plus déconcertant. Ah ! l'art des préparations n'a rien à faire avec les événements — et le métier non plus ! Une force aveugle qui entraîne et qui balaie, une fatalité aux mille têtes qui tourbillonne du ciel à la fange, secouant la tragédie, l'épopée, la rafale, la farce et le lyrisme fécond du désespoir, un long instant qui n'est pas encore, qui ne sera jamais déterminé et qui ne revivra plus, ce n'est pas une pièce.

Et c'est pour cela que le spectacle de MM. Bernède et Cain est agréable et émouvant : il est sans prétention et non sans éloquence ; des foules s'y meuvent avec une sorte d'émotion ; on y chante, on y rit, on y meurt : il y a de l'héroïsme souriant et de l'héroïsme presque grave, de la musique, de la poudre, des tambours, le plus solide patriotisme et pas de traîtres du tout : ce n'est que braves gens et exaltés. Imagerie brillante, pathétique, de tout repos ! On voit défiler M. de Robespierre et des femmes affamées ; la débandade et l'effroi des gens de Versailles, de Louis XVI et de la reine, les 5 et 6 octobre 1789, à l'arrivée des dames de la Halle et de la populace réclamant « le, roi, la reine et le petit mitron » ; Jean-Paul Marat, dans sa cave, suant la peur, distillant la haine, imprimant l'infamie ; Danton prêchant l'audace, enrôlant les braves et les tièdes ; Bonaparte se cherchant ; le futur Louis-Philippe servant la République et préparant la bataille de Valmy ; le duc de Brunswick voulant écraser la liberté et raser Paris ; la Convention nationale dévorée d'incertitude et se dévorant d'avance avant de recevoir l'annonce de la victoire et les drapeaux ennemis capturés ; Marat et Robespierre extorquant laborieusement l'adhésion de Danton à la condamnation de Louis XVI ; les Vendéens et les Bleus aux prises; William Pitt en action ; Robespierre, un instant avant sa chute, aux prises avec le cul-de-jatte Couthon et le beau Saint-Just ; enfin, — épilogue philosophique et apothéotique, — le général Bonaparte, campé dans les plaines de la Lombardie, au milieu de ses troupes ivres de gloire, dans un soleil qui est à la fois le soleil de Marengo, d'Austerlitz et du retour des cendres, tout doré et tricolore : c'est la conclusion, mesdames et messieurs, pardon ! citoyennes et citoyens, de *la Révolution française ;* minuit sonne, et vous en avez jusque-là, d'émotion, de civisme guerrier, d'épopée idyllique : ça vous a fait digérer et ne vous empêchera pas de dormir. Et l'on applaudit gentiment. L'action ? Ah ! oui, j'allais oublier l'action dans cette pièce à tiroirs. La chaîne qui unit quelques-uns de ces tableaux, pas tous, c'est l'histoire de la famille Laurier. Le père Laurier, encadreur, a un fils émigré : il s'engage pour le remplacer, avec son autre fils, qui devient représentant du peuple aux armées, sa fille qui se fait vivandière et son promis, Jean Michon, qui est chansonnier en civil et en tenue : l'émigré Laurier, qui a pris l'écharpe blanche par amour pour la marquise de Lusignan, redevient Français et devient républicain en voyant les prouesses de Valmy ; la marquise elle-même, après avoir été sauvée de la guillotine, en Vendée, par sa quasi-belle-sœur et Michon, redevient Française en s'apercevant que Pitt et Cobourg se moquent du roi, de la royauté et ne veulent que l'abaissement de la France ! Tout finit bien — ou presque.

Il y a des souvenirs de *Charlotte Corday*, du *Lion amoureux*, de Ponsard, d'*Une Famille au temps de Luther*, de Casimir Delavigne, de la *Vivandière*, d'Henri Cain (mais ça lui est permis, n'est-ce pas ?), de répliques de manuels d'histoire déjà anciens, de la naïveté cordiale et généreuse — et c'est panoramique, pittoresque et meublant. Vous verrez qu'Arthur Bernède, après avoir épuisé son sincère succès avec son collaborateur, fera de *la Révolution française* un de ces romans plus que populaires dont il a le secret. Distribuons des fusils d'honneur à M. Charlier, un Marat sulfureux ; à M. Jean Kemm, un éclatant, débordant, tonnant et sensible Danton ; à M. Krauss, un Pitt perfide et majestueux ; à M. Ferréal, harmonieux, chaleureux et ironique Michon ; à M. Decœur, encadreur paternel et soldat modèle ; à MM. Jean Worms, Duard, Chevillot, Coquelet — ils sont mille ! Mlle Pascal est touchante, enjouée et héroïque ; Mlle Van Doren est une héroïne élégante et forcenée ; Mme Jeanne Méa une Marie-Antoinette dédaigneuse. Et elles sont cent qui, en couleur, en émoi, en nuance, font le plus joli bouquet... aux trois couleurs !

PORTE-SAINT-MARTIN. — *Le Roy sans royaume*, énigme historique en trois parties, cinq actes et sept tableaux, de M. Pierre Decourcelle.

Enigme historique ! Depuis que M. Capo de Feuillide publia, en 1835, *Sémiramis la Grande*, « Journée en Dieu en cinq coupes d'amertume et en vers », nous avions pris l'habitude de voir un drame s'appeler drame, une comédie, comédie, et un mélodrame, pièce. En outre, qu'est-ce qui n'est pas énigme dans l'histoire et dans la vie ?

Il est vrai que rien n'est plus énigmatique que la question de la survivance de Louis XVII ; cela tient de la tragédie, de l'élégie et de la farce ; ce ne sont que coups de théâtre, évasion, substitution, embûches, pièges, assassinats, prisons, ubiquité, reconnaissances et reniements. Les vrais ou faux dauphins naissent comme à plaisir de tous les coins du monde, à la fois : condamnés ici, acclamés là, ils traînent une passion qui n'est pas sans comédie. Qu'ils s'appellent Mathurin Bruneau, Hervagault ou Richemond, sabotiers ou commis, ils ont des fidèles irréductibles ; je ne parle pas de Naundorff, à qui une ressemblance criarde avec Louis XVI, une obstination héroïque des dévouements aveugles et la complaisance des Etats de Hollande assurèrent le nom de Bourbon, pour les Pays-Bas et sur sa tombe.

Déjà, après les historiens Otto Friedrichs, Lenôtre, Laguerre, etc.., etc., M. Alban de Polhes nous avait présenté *l'Orphelin du Temple* à l'Ambigu, il y a deux ou trois ans ; demain, Henri Lavedan nous fera sourire à *Sire*, qui est des innombrables contrefaçons de Louis XVII. Le bon Coppée, le pauvre grand Verlaine, Villiers de l'Isle-Adam aussi avaient été tentés par ce sujet poignant et de droit plus que divin, par cette figure irréelle et lointaine, couronnée et auréolée, qui se prête à toute poésie et à toute fantaisie.

Pierre Decourcelle n'a pas hésité. Homme de théâtre habile et émouvant, il a voulu faire une pièce, sans plus, théorique et mouvementée : son Louis XVII n'est ni Bruneau ni Naundorff ; il disparaît au moment où les faux dauphins vont pulluler : c'est donc le vrai.

Mais contons l'aventure.

Le tout petit marquis de Montvallon est très malheureux d'être poitrinaire. Fils d'un héros vendéen, neveu d'une héroïne, fils d'une mère sublime jusqu'à se donner à Fouché pour délivrer son époux, le pauvre enfant qui ne peut rien faire de ses dix doigts, de son grand cœur et de ses tristes bronches, après avoir entendu que l'infortuné Louis XVII, captif au Temple, va être empoisonné, prend la sublime résolution de le remplacer dans la reclusion et dans la mort, par respect pour la devise de sa maison : « Tout pour le Roi, notre sire ! »

Et il le fait comme il le dit. Ce n'est pas aisé d'entrer dans un cachot royal et putride où le fils de Marie-Antoinette souffre mille morts, où un commissaire inhumain lui fait manger le sansonnet qui était son plus cher et plus chantant compagnon. Mais le duc de Montvallon, déguisé en blanchisseur, sait introduire son rejeton qui injurie l'enfant royal, quitte à tomber à ses genoux et dans ses bras quand il n'y a plus personne. C'est — ou ce sont — « les deux gosses ». Et le Roy — pourquoi cet y archaïque ? — le roi troque ses guenilles contre les loques du Montvallon, franchit les diverses lignes de sentinelles, sort de la prison, tandis que le noble phtisique laisse empoisonner ses derniers jours.

Quatorze ans ont passé. L'épopée napoléonienne bat son plein. La famille Montvallon, émigrée, vit en Autriche et Louis XVII a quelque vingt-quatre ans. Joséphine de Beauharnais lui ayant été secourable dans sa géhenne, il ne peut la chasser du trône. Mais que vient lui apprendre ce damné Fouché qui allait l'appréhender comme un simple duc d'Enghien et qui est retourné, tel un gant, en apprenant qu'il aime Marie de Montvallon, l'enfant de son crime à lui Fouché, la rançon de la liberté du duc ? Devant la possibilité de devenir beau-père de la main gauche du roi sans royaume, Fouché, donc, veut lui donner le royaume et l'empire : Joséphine va être débarquée, le divorce est décidé ! Louis-Charles de France ne doit plus rien à Napoléon! En vain la duchesse de Montvallon prouve à Fouché qu'il n'est pas le père de Marie : le ministre de la police générale ne peut pas trahir une fois de plus : le pistolet de Solange de Montvallon l'arrête, l'immobilise sur une chaise.

Et, quelques minutes avant Wagram, Napoléon le Grand est capturé dans l'île de Lobau par les quelques fidèles de Louis XVII. Prisonner, impuissant ! dans la ratière! à quelques pas de ses troupes et de l'ennemi ! Le jeune Roy triomphe. Mais, se contenant, digne, à peine *commediante et tragediante*, Napoléon invoque la bataille, le génie, la grandeur de la France ! Pour un peu, il dirait : « Le temps de vaincre et je reviens ! » Mais il n'est pas besoin de cette gasconnade à la Régulus : Louis XVII veut décidément être sans royaume ; il ne règne qu'un instant, le temps de rendre le conquérant à la gloire et à l'Histoire qui, au reste, allait le lui réclamer.

Et, dès lors, c'est la fin. En 1815, les Montvallon sont dans les environs de Paris avec leur gendre royal. Il faut fuir : après Waterloo, le gouvernement provisoire, à la tête duquel est Fouché, veut la peau de Louis XVII. Et Fouché lui-même arrive avec des policiers et des grenadiers. Si Marie qui n'est pas sa fille, ne révèle pas la retraite de Louis-Charles, on fusille son père, son vrai père, devant elle. Cris, épouvante, supplications. Et, pour échapper au peloton d'exécution, le duc de Montvallon se brûle la cervelle en lâchant son cri « Vive le Roi, notre sire ! »

Louis XVII lui-même va être fusillé. Le brave commandant Hurlevent en est désespéré : c'est lui qui commande les dragons à Rambouillet ! Mais, sur le chemin de l'exil, Napoléon passe par là : il sauve celui qui l'a sauvé ; il sauve Louis XVII du pouvoir, de la France et même de l'Europe et lui fait engager sa parole royale de se retirer à jamais à la Martinique, dans la maison de Joséphine.

Voilà l'énigme de M. Decourcelle. Elle est claire et n'est pas historique. Alexandre Dumas a fait capturer Louis XIV par les mousquetaires ; M. Decourcelle a le droit, au théâtre, de livrer Napoléon à Louis XVII : ça ne dure pas et ça n'a pas d'importance.

Telle quelle, sa pièce intéresse, touche et dure.

Elle est jouée avec chaleur et conviction. Flore Mignot et Castry sont « les deux gosses », dolents et racés, pathétiques, déjà mûris par le malheur, un dauphin très royal, un martyr plus royal encore ; Mlle Franquet est une duchesse de Montvallon qui commande le respect et qui a des indignations sublimes ; Mme Bouchetal est un Jean-Bart en jupon à qui il ne manque qu'une pipe et qui est très pittoresquement héroïque. Mlle Bérangère est une jeune fille très dignement amoureuse, une jeune épouse, une fille déchirante d'émotion ; M. Mosnier est un Fouché plus traître que nature — et c'est difficile — un monstre à face pis qu'humaine, parfait de cynisme et de férocité ; M. Dorival est un duc de Montvallon qui a la plus belle âme, la plus belle épée, le plus mâle courage et les plus beaux bras du monde ; M. Fabre est un prêtre de volonté, d'onction et de force ; M. Lamothe (Louis XVII) a l'ironie, la jeune majesté, la résignation, la fierté triste, la chaleur nostalgique de son personnage ; M. Gravier est un grognard cordial et désespéré. Enfin, après avoir cité MM. Gouget, Angély, Chabert, Liabel, Harmant, Adam, etc., notons sans phrase que Napoléon, c'est le seul, l'unique Napoléon de nos jours, Duquesne lui-même, Duquesne qui a été créé et mis au monde pour incarner le Petit Caporal et pour faire passer sur des salles pleines le frisson de cette grande ombre vivante.

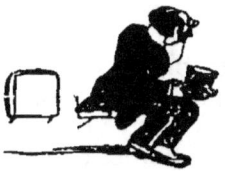

COMÉDIE-FRANÇAISE. — *La Robe rouge*, pièce en quatre actes, en prose, de M. BRIEUX. (*Première représentation à ce théâtre.*)

Moins de dix ans après son apparition, *la Robe rouge* est presque une œuvre classique : sa fougue, sa force, son âpreté et sa précision, son amère et généreuse humanité, sa tragique équité, se sont imposées à tous et, à en croire l'auteur, jusques aux pouvoirs publics. Des réformes et des garanties sont intervenues qui semblent, selon M. Brieux, ne pas être efficaces mais dont il ne désavoue pas, si j'ose dire, la paternité sentimentale.

Quoi qu'il en soit, cette pièce de bonne volonté et d'éloquence a été acclamée au moins autant au Théâtre-Français qu'au boulevard et l'émotion dure et durera. On sait que le sujet est simple et grand, le drame un et triple, et qu'il n'est rien de plus habile, comme à regret, et de plus pathétique : c'est trop vrai et trop criant : nous ne pouvons pas songer à l'outrance et à la charge, nous sommes emportés. Et c'est bien là la leçon de l'ouvrage : ce n'est pas une satire générale, c'est une exception, un fait divers, une terrible tragédie, humble et locale. La magistrature reste debout — et assise : nous n'avons vu que des individus très déterminés, pas des types universels — et de pauvres gens !

Je n'ai pas à rappeler le sujet : il s'agit du double martyre d'Etchepare et de sa femme Yanetta. Le mari est accusé de l'assassinat d'un vieillard de quatre-vingt-sept ans, est *cuisiné*, torturé, atrocement câliné, démenti, retourné par le juge Mouzon, joyeux drille et affreux drôle qui, ambitieux, vaniteux et sadique, joue de son trouble, de sa peur, de sa brutalité impuissante, avant de jouer avec sa tête, le mate et l'accule. La femme, épouse irréprochable, mère admirable, a eu, dix ans auparavant, une aventure ignorée, une condamnation injuste dont le juge la soufflette et l'étrangle, dont il ravale ses protestations, sa franchise et sa dignité ; il finit par arrêter la malheureuse, d'un arbitraire insensé, lorsqu'elle se rebiffe et se relève. Qu'importe, dès lors, que, au grand jour de l'audience, le ministère public sûr du triomphe, n'ayant plus qu'à tendre sa robe pour y voir tomber deux têtes innocentes, qu'importe que le procureur ait une hésitation sublime, une rétractation divine et humaine ? Le président a appris à l'accusé la faute de sa femme. Acquitté, ruiné, détruit, le paysan basque ne peut supporter une tache de boue sur une veste brune : il s'en ira avec sa vieille mère dans les Amériques, en emmenant ses enfants. Yanetta n'a plus qu'à tuer le juge infâme, l'auteur de son anéantissement de femme et de mère, ce qu'elle fait avec emportement. « Juge, qui te jugera ? » dit l'Ecriture.

— Personne, répond Brieux, frappe, plaideur !

J'ai dit la fortune, le triomphe, même, de cette reprise. Le public, en sa chaleur, s'ntéresse beaucoup moins à la robe rouge, au siège de conseiller, objet des désirs de tout le parquet, de tout le tribunal de Mauléon. Et les robes mêmes, noires ou rouges, les ceintures d'un bleu cru, les toques trop galonnées ne font pas d'effet.

G. Grand, buté, obtus, accablé, simple, fier, tâtonnant et esclave d'un honneur aveugle ; Huguenet, avantageux, faussement subtil, a hannant, tenaillant, caressant, comme avec un fer, rouge, insinuant et majestueusement crapuleux ont retrouvé, décuplé leur succès du boulevard. André Brunot est un député conventionnel, familier, astucieux et d'une philosophie intéressée qui a vieilli. Numa est un président d'assises un peu chargé, timoré et caricatural. Truffier est parfait dans un rôle facile de vieux juge sacrifié et frondeur. Lafon est excellent en témoin ahuri, Croué délicieux en greffier, et M. Garay a une invraisemblable dragonne d'officier de gendarmerie.

Mme Thérèse Kolb a la plus grande et la plus simple autorité dans le rôle de la mère d'Etchepare ; Mlle Dussanne est charmante en petite fille de magistrat besogneux ; Mlle Bovy, qui paraît une seconde, est mignonne en montagnarde.

M. Silvain, souffrant encore peut-être, a été un bon procureur déplacé dans un parquet de province. Suant, soufflant, criant, tragique à vide, il a haussé et dépassé son personnage, portant la robe en hiérophante et en grand-prêtre, alentissant l'action et prêtant de la majesté, du mystère et de la sonorité aux silences mêmes : ce sont les défauts de ses immenses qualités : il se mettra au point et amenuisera son génie.

Mme Persoons a toutes les grâces neutres de son rôle d'épouse trop dévouée.

M. Alexandre est un procureur général jupitérien et apeuré ; M. Georges Le Roy un substitut ardent.

Quant à Mlle Delvair (Yanetta), elle est toute franche, toute violente, tout amour, tout désespoir. Sa vigueur tragique est admirable. Je ne me livrerai pas au jeu dangereux des comparaisons : mettons que je n'ai pas vu Réjane dans ce rôle. Mlle Delvair n'a pas ces brisements de voix, ces brisements de corps, ces agonies de bouche et d'yeux, ces mille riens de sublime sensibilité... Mais quelle puissance ! quelle involontaire gradation de l'horreur, de la honte à la haine et au meurtre lorsqu'elle sacrifie le magistrat sacrilège sur les ruines de son amour à elle et de son foyer !

La Robe rouge donnera des lauriers d'or à la Comédie-Française : elle y a fait entrer déjà Huguenet et Grand, sans parler de l'habit vert — couleur complémentaire — qu'elle a donné à Eugène Brieux.

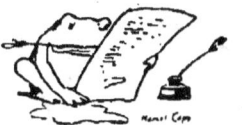

VAUDEVILLE. — *Suzette*, pièce en trois actes de M. BRIEUX.

Suzette, c'est l'enfant-roi. Adorée par son père, adulée par sa mère, elle est *idolée* par ses grands-parents. Le malheur, c'est que tout ce monde-là n'est pas d'accord. Et quand je dis ce monde-là, je m'abuse : ce sont des mondes.

L'ancien magistrat Chambert et sa digne et rigide épouse n'ont pu, après plus de dix ans, encaisser, si j'ose ainsi parler, leur bru, Régine Chambert. Fille d'un capitaine au long cours, élevée à la diable, coquette, étrange, artiste — horreur ! — elle dérange leurs idées glaciales, leur cadre étroit et n'est pas à sa place dans leurs portraits, pardon ! leurs photographies de famille. Elle doit venir dans leur *mas* méridional : quel ennui ! Un coup de sonnette : c'est le fils avec sa chère bambine Suzette. Et Régine ? Pas de Régine, Henri Chambert l'a trouvée en train d'embrasser un monsieur. Il l'a rossée : elle a crié et proclamé qu'elle avait un amant. Joie ! Le divorce est là pour un coup ! Et les vieux auront leur Suzette à bouche que veux-tu ! Aussi, lorsque la mère éplorée et repentante vient demander sa fille, lorsque l'épouse veut s'expliquer avec son mari, je vous laisse à penser de quelle façon elle est éconduite, expédiée, expulsée par son magistrat de beau-père : la guillotine sèche, sans plus.

Le second acte nous fait gravir les hauteurs de Montmartre. Le capitaine au long cours est en train de donner les plus pernicieuses intonations tragiques à sa fille Myriam, auditrice au Conservatoire, en train de reconduire soliment un pignouf qui s'est fourvoyé dans les jupes de sa fille Solange, élève sage-femme et vierge forte au verbe pittoresque et à la vertu virile, lorsque son autre fille, l'aînée, — celle qui a mal tourné, car elle est mariée ! — Régine, enfin, vient avec l'éternelle Suzette qu'elle a subrepticement enlevée à la pension. Elle divorce ! Tant mieux ! Son paltoquet de mari, peuh ! Mais voici le paltoquet. Les deux époux échangent leurs torts à bout portant : ça va s'arranger quand les parents Chambert font irruption. Gabegie sur toute la ligne : le loup de mer et le chat-fourré se mangent ou presque ; les hommes de loi — le divorce est en instance — font irruption et emportent Suzette tandis que, impuissante et éplorée, Régine clame sa douleur et son désespoir.

Suzette est aux mains des Chambert. Sa grand'mère lui fait écrire à Régine les lettres les plus arides. A peine si la malheureuse enfant a un instant bien à soi pour faire savoir à sa petite maman qu'elle l'aime toujours. Et le divorce bat son plein. Avoué, avocat blaguent et triomphent d'avance.

Mais déjà Henri Chambert est touché à vif. Sa femme, dans ses articulations, ne souffle mot d'une vilaine histoire de fraudes et de faux poinçons. D'autre part, son prétendu complice est au Japon. Alors, n'est-ce pas, il suffit que Régine, pantelante, dolente, héroïque, vienne renoncer à Suzette, pour n'avoir pas à la partager, pour que son martyre prenne fin, pour que, éperdu de son sacrifice, sûr, d'ailleurs, de son innocence, le triste époux la retienne, lui tende les bras et le cœur, pour que le vieux magistrat abandonne la prévention et ses préventions, un peu honteux de la cruauté de sa femme. Ainsi est fait. C'est long, et Régine, vraiment, n'est pas fière. Mais que voulez-vous ? Il y a Suzette !

Voilà la pièce. Elle a des flottements et des digressions. Il faut que M. Brieux parle. Et il parle. Il a des couplets en prose et des opinions qu'on ne lui demande pas. Mais il ne manque ni de force, ni de virtuosité. A-t-il voulu s'insurger contre le divorce ? Peu importe. La croisade dure, dure... Et la question de la garde de l'enfant n'est pas résolue. Ah ! que j'aime mieux la délicieuse *Victime* de Fernand Vandérem ! Notons que les bravos ont salué en trombe la fin du deuxième acte et presque tout le *trois* : c'est un succès fort honorable.

Est-il besoin de faire l'éloge de l'interprétation ? Lérand est parfait et sobre, à son ordinaire ; Levesque, fort drôle un tout petit instant ; Baron fils, Vial, Maxime Léry, Leconte et Chanot, aussi excellents qu'épisodiques. M. Georges Baud est un domestique déjà vu ; M. Jean Dax (Henri Chambert) est aussi hésitant, dominé, torturé, odieux malgré lui et repentant qu'il convient. Il faut mettre hors de pair Joffre, qui interprète largement le capitaine Gadagne et qui en fait une figure presque historique.

La petite Monna Gondré (Suzette) est un prodige déjà vieux : parfaite en enfant, exquise, inquiétante de métier ! Saluons ! Yvonne de Bray est une délicieuse et souriante virago ; Christiane Mancini plie sa voix harmonieuse et tragique à des effets comiques inattendus et qui portent ; Cécile Caron est une mère dévouée jusqu'au crime, une belle-mère légendaire, une grand'mère terrible d'affection. Ellen Andrée touche au génie du grotesque ; Renée Bussy a de l'humour et du cœur. Enfin, Mme Andrée Mégard a animé le personnage de Régine de tout son tempérament et de son âme : elle vibre, se rebelle, s'abandonne à souhait. Elle a suscité l'applaudissement, la clameur — et les larmes.

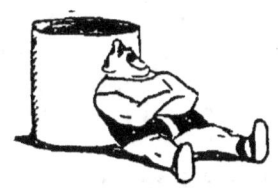

THÉATRE ANTOINE-GÉMIER. — *Le Roi s'ennuie*, pièce en un acte, de MM. Gaston SORBETS et Albéric CAHUET. — *Papillon, dit Lyonnais-le-Juste*, pièce en trois actes, de M. Louis BÉNIÈRE.

Où sont les beaux temps du compagnonnage, du tour de France laborieux, musard et batailleur chanté jadis par Agricol Perdriguier, dit Avignonnais-la-Vertu ? Le bon Louis Bénière nous affirme qu'on rencontre encore des fils de Soubise et des fils de Salomon, des mères des compagnons, des Langevin modèles de l'honneur et, pour faire plaisir à feu Léon Cladel, des Montauban-tu-ne-le-sauras-pas ! Grâces lui soient rendues !

C'est une très agréable nouvelle pour les profanes dont nous sommes, et le patron, le camarade Bénière, doit s'y connaître, au jour, à l'heure et au point ! Son esprit pointilleux, méticuleux, d'observation précise et courte, son réalisme malicieux et gris-noir des *Tabliers blancs*, des *Experts* et des *Goujons*, le long travail de silence et d'accumulation auquel il s'est livré avant de lâcher la truelle pour la plume, nous sont garants de sa sincérité.

Sa fantaisie est comme involontaire et d'autant plus savoureuse, sa naïveté fait balle avec ses rancunes ; sa grandiloquence, de-ci de-là, sert au comique, l'inconséquence même du philanthrope qui protège et adore les domestiques femelles et qui *abomine* les serviteurs mâles, qui vilipende les magistrats pour couvrir les braconniers sert de piment au ragoût d'ironie et de jovialité que présentent M. Gémier et son excellente troupe.

M. Bénière a voulu faire, comme son vieux copain Sedaine, un *Philosophe sans le savoir*. C'est joué — et comment ! — en farce : ce n'en est pas une plus mauvaise affaire.

Les Vérillac sont installés dans un domaine royal dont ils sont maîtres et souverains : le père, président de tribunal, tranche du grand seigneur ; sa fille va épouser le jeune marquis de Sandray — et la mère Vérillac mène la barque. Au moment où l'on s'y attend le moins, une canaille de notaire amène par la main l'héritier naturel du légitime propriétaire du domaine et de la fortune, un bâtard ignoré que son père s'est avisé de rencontrer, de reconnaître légalement et de nantir tout ensemble, trois jours avant d'être victime, comme tout le monde, d'un accident d'automobile, car, vous le savez, une bonne action porte en soi sa récompense. Tandis que les siens jurent et se lamentent, l'avisée Mme Vérillac fait bonne mine au gauche intrus, un tailleur de pierre rustre et timide, et mijote d'arranger les choses en lui faisant épouser sa fille : rien ne sortira de la famille.

Et c'est l'*Ouvrier gentilhomme !* Le compagnon Papillon, dit Lyonnais-le-Juste, revêtira le smoking, chassera à courre (il tue le cerf à plomb — un fusil dans une chasse à courre, où le trouvera-t-on ?) entassera gaffes sur boulettes et sera outrageusement choyé et adulé, rapport à son argent : il forcera le président à fumer sa pipe, forcera, sans plus, la sœur du marquis qui lui fait la cour et apprend, pour le conquérir, des pages entières du manuel Roret, embrassera la fille des Vérillac et semblera être engagé à elle quand un tardif éclair de raison et de cœur rappelle à Papillon sa maîtresse, la repasseuse Balbine, et leur fils Riri, les lui fait rappeler et, dès lors, n'est-ce pas ? les manigances du notaire, les violences de la Vérillac ne pourront pas séparer ces trois êtres unis par la faim, par l'abnégation et par l'amour ! On donnera un os doré aux chiens, Vérillac, marquis, marquise et notaire, on s'épousera et à Dieu vat ! Voilà.

On a beaucoup ri au deuxième acte, et on a applaudi. C'est *de la brave ouvrage*, avec un style adéquat. Papillon n'est pas syndicaliste, oh ! non ! n'enverra pas un *pélot* à la C. G. T. et habille son gosse en troupier. Alors ! C'est sans assise et sans portée : donc ça porte. Et c'est admirablement joué. Sans étude, d'instinct. Mlle Suzanne Munte a campé, en un jour, une Balbine Birette avenante, émue, brave et délicieuse ; Rafaële Osborne est une très grande dame excitante et excitée ; Germaine Lécuyer est une petite jeune fille énamourée et charmante, et la petite Fromet, un petit Riri, bâtard en képi qui fait l'exercice comme père et mère. M. Clasis est un magistrat fangeux à souhait, trouble, rageur, a tout faire ; M. Lluis, un notaire effroyable, caressant, avide, admirable ; M. Marchal, un braconnier mieux qu'honorable ; M. Pierre Laurent, un valet dont la culotte framboise est digne de l'Elysée ; M. Georges Flateau, un marquis nouveau jeu et fort sympathique.

M. Gémier aime d'amour son rôle de Papillon : il y est merveilleux. Ses qualités d'inélégance et de lourde maîtrise y brillent d'un feu sourd et continu : il patoise, il digère, il se méfie, il se brûle, se reprend, lance le couplet et bégaie en grand artiste.

Quant à l'admirable nature qu'est Jeanne Cheirel, elle se donne toute dans Mme Vérillac : son âme et son comique, son intelligence et son autorité prennent le spectateur : c'est de la vie, c'est de la grâce sans le vouloir — et du génie.

Le spectacle commence par une historiette assez plaisante : un monarque, embarrassé de son incognito et de son accent, de ses balourdises et de la froideur d'une petite femme froissée, la fait marcher sous peine de mort, grâce à la bombe d'un anarchiste. C'est gentiment joué par M. Henry Houry et Mlle Lambell. Ça s'appelle *le Roi s'ennuie*. Moi, je ne suis pas roi. Et vous ?

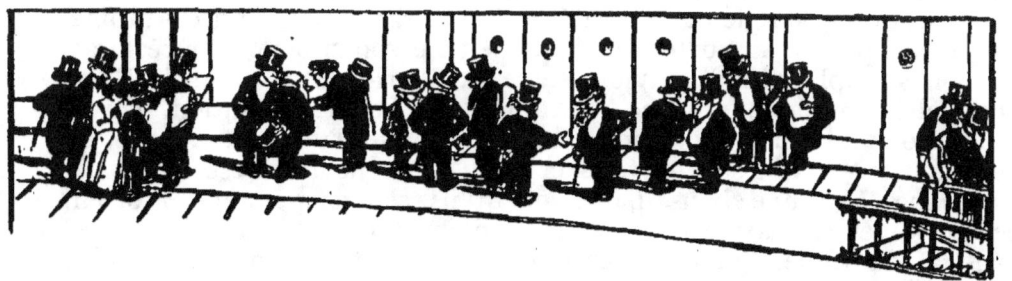

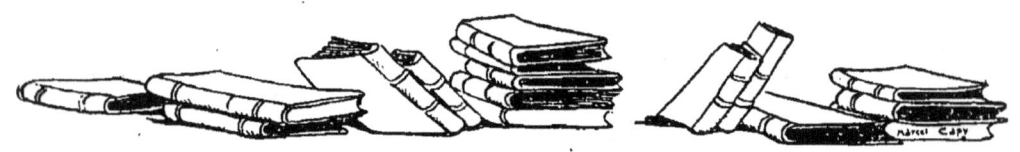

THÉATRE NATIONAL DE L'ODÉON. — *Les Emigrants*, pièce en trois actes, de M. Charles-Henry HIRSCH ; *la Bigote*, comédie en deux actes, de M. Jules RENARD.

Les beaux décors !

De la pitié, de l'émotion, de la curiosité et de l'habileté de M. Charles-Henry Hirsch et d'André Antoine sont nées des images inoubliables et criantes.

C'est un cabaret de Venise, misérable et bariolé, avec ses ivrognes et ses amoureux, ses filles, ses ruffians et les snobs inutiles qui cherchent indiscrètement une couleur locale qui n'existe pas.

C'est, surtout, un lamentable et grouillant entrepont de paquebot d'émigrants, tout chargé de détresse, de faiblesse et de fièvre, de crainte et d'espoirs falots, où des familles entières, des enfants vagissants, des vieillards ballottés d'un continent à l'autre dans une morne attente, des folles hantées du souvenir des tremblements de terre, des amants traqués et toute une houle de pauvres tâchent à se caser et à dormir, dans un bercement de douleur, des grincements d'accordéon, des sifflets de bord, des bruits de manœuvre, des mouvements d'eau et de ciel dans les hublots.

C'est — magie de l'horreur — la chambre de chauffe du bateau, toute rouge et toute noire avec son charbon, sa tuyauterie géante, ses soutes, ses échelles, ses démons humains plus qu'à demi nus colorés par la flamme et la suie, dans des larmes du rut, de la colère et du sang. Cela est prodigieux de vérité et de puissance : M. André Antoine, une fois de plus, a été justement acclamé pour son effort et son résultat.

On a applaudi l'idylle violente de M. Charles-Henry Hirsch. Elle a une belle simplicité antique : Antonio, un bellâtre vénitien, enivre Tullio pour lui enlever sa femme Bianca. Quand Tullio est dégrisé, les deux tourtereaux se sont envolés et vont cacher leurs caresses dans les Amériques. Mais une chanson, une voix qu'ils reconnaissent et qui sortent des entrailles du navire les glacent soudainement : c'est Tullio qui est dans la chaufferie, Tullio qui apporte sa haine et sa vengeance, Tullio plus épris et plus formidable que jamais : il ne boit plus. Alors Bianca, qui vient le retrouver dans son trou, l'étreint, l'enjôle et le paralyse cependant qu'Antonio descend par une corde, poignarde dans le dos l'infortuné mari, le traîne, le jette dans la brasier. Et les amants se tordent de frayeur, les officiers s'affolent, accusent un chauffeur saoul, hilare et gesticulant, et tout s'achève — sans finir — dans un chaos d'épouvantement pourpre et fumeux.

Ce n'est pas à nos lecteurs qu'il faut vanter les mérites de Charles-Henry Hirsch : ils connaissent la verve, le relief, la fantaisie réaliste et nuancée de l'auteur du *Tigre et Coquelicot* et d'*Eva Tumarche*. Sa pièce brève, âpre, d'un lyrisme désespéré et court, à la fois très russe et très italienne, est un peu écrasée par ses masses accessoires, par le décor, par l'immensité de misère qu'elle remue : c'est très poignant.

Il faut louer Desjardins, toujours admirable, aussi à l'aise sous la cotte de Tullio, et avec ses bras nus et noirs, que sous la perruque de Beethoven, pâteux et net, ardent, pathétique et sobre ; Bernard, géante et fantasque armature de chauffeur ivrogne, philosophe, falot et bon ; Grétillat, amoureux fatal, etc., etc., : ils sont mille. Mme Ventura est une Bianca à la fois ardente, dolente et traîtresse ; Mme Barjac et Mlle Véniat, pitoyables et charmantes ; Mme Barbieri est éloquente et touchante en vieille émigrante, et Mlle Céliat, qui n'a qu'un cri à pousser, est déchirante. Il ne faut pas oublier M. Bacqué, juif errant d'entrepont qui porte en lui toute la douleur des deux mondes.

La Bigote, la comédie de M. Jules Renard, nous ramène nos vieux amis, M. Lepic, Mme Lepic et grand frère Félix. Mais ce ne sont pas les mêmes. Pourquoi nous tromper, Jules Renard ? Déjà, vous subtilisez à la muette votre éternel Poil-de-Carotte. Vous ajoutez, en douce, une fille à la famille Lepic, une fille dont nous n'avions jamais entendu parler ! Dans une famille nationale ! En outre, Mme Lepic a été jolie et désirable. Quelle nouvelle ! Nous n'en savions rien ! Ah ! les cheveux blonds, mousseux et ondulés de Mme Lepic à dix-huit ans ont été pour nous une bien cruelle révélation ! Allons ! Avouez que vous avez donné des noms historiques à des nouveaux venus, à des aventuriers ! Ceci posé, contons.

Gros propriétaire et maire de son village — c'est effrayant comme nous voyons des maires au théâtre — M. Lepic est époux et père plutôt taciturne : il ne parle ni à sa femme ni à sa fille, se laisse arracher de judicieux et amicaux monosyllabes par son seul fils Félix et, sur le moment d'une demande en mariage, se guêtre et file à la chasse, parce que Mme Lepic va à vêpres. Chacun ses dieux !

Et lorsque Mme Bache vient avec son neveu, Paul Roland, le futur présumé, elle en est pour ses frais et pour sa peur.

M. Lepic revient cependant, accepte maussadement le compliment pour sa fête, s'aperçoit qu'on lui a donné en cadeau une Vierge au lieu de la République annoncée : le drame commence. Il éclate. C'est une conversation, une simple conversation entre M. Lepic et Paul Roland. M. Roland, directeur d'école primaire supérieure, demande la main de Mlle Lepic. Elle lui est accordée. Mais... il y a un mais... La jeune fille l'aime-t-elle ? Oui... oui... c'est entendu... Très honnête... si pure !... Exquise ! Mais Mme Lepic aussi était exquise, toute blonde, toute blanche. Trop. Elle n'a jamais trompé M. Lepic. Non ! Mais le curé ! Ah ! le curé ! Et n'importe quel curé ! La foi ! la figure du curé dans tous les actes du ménage ! dans l'acte même ! Obsession, empoisonnement !... Le jeune Roland ne s'enfuit pas, comme un prétendant précédent, les accordailles se font — et le curé apporte son onction et son emprise.

Je ne saurais rendre par ce résumé la force amère, la bonhomie pointue, la vérité souffrante et méchante du dialogue : ce sont des mots tout simples, tout éloquents, qui sortent avec de la fumée de pipe et qui sont de l'atmosphère comme les vieilles assiettes du mur ; c'est de la vie grise et noire qui sort en poussière des housses de meubles, c'est de la poudre de chasse. Car le poète en prose des *Bucoliques* et de *Ragote* est un convaincu et un lutteur : il a été héroïque, il reste sur la brèche.

Sa pièce est une pièce de combat — et je le regrette. L'observation, la malice mélancolique, la rancune même pointue et large de Jules Renard sont au-dessus des questions du jour, même éternelles.

Je n'aime pas l'anticléricalisme : je sais bien, Jules Renard, que vous ne visez que l'influence de clocher, mais que voulez-vous ?

C'est merveilleusement joué. Marthe Mellot est une Henriette Lepic avide de se marier, ardente dans son gnangnantisme, menteuse sans le vouloir, trouble de toute sa jeunesse rentrée, admirable ; Mme Kerwich, blonde comme une Madeleine, est une bigote fort savoureuse et toute confite ; Marley est une fort plaisante caricature ; Barbieri, une paysanne noire taillée à coups de serpe, très en relief, et Mlles Barsange et du Eyner sont charmantes.

M. Desfontaines est parfait de tenue dans le personnage de Paul Roland ; M. Denis d'Inès est malicieux et juvénile sous l'uniforme du collégien Félix ; M. Bacqué est un curé classique, et M. Stephen, dans un rôle trop court, ouvre la bouche le plus joliment du monde, patoise à merveille et porte le pic avec la plus savante gaucherie. Quant à Bernard, qui joue M. Lepic, il est au-dessus de tout éloge : le *patron* a passé par là. De fait, Bernard fait tout ce qu'eût fait Antoine, avec des moyens en plus. C'est du plus grand art — et du plus simple.

Tout de même, Jules Renard, élevez-vous, comme de coutume, au-dessus de la politique et de la polémique : faites de l'humanité à fleur de cerveau, à fleur de peau, à fleur de cœur, à fleur de pleurs. Rendez-nous Poil-de-Carotte, même en culottes longues, en écharpe, en poils gris...

PORTE-SAINT-MARTIN. — *La Griffe*, pièce en quatre actes, de M. Henry BERNSTEIN. (*Première représentation à ce théâtre.*)

En attendant le triomphal et messianique *Chantecler*, Lucien Guitry fait au public de la Porte-Saint-Martin le don traditionnel de joyeux avènement : il se produit, s'offre tout entier et se surpasse dans ce drame plein, simple, sincère et terrible de M. Bernstein, dans cette *Griffe* que personne n'a oubliée et que tout le monde ira revoir.

Je n'ai pas à revenir sur l'enthousiasme que, voici quelques années — c'était hier — Catulle Mendès témoignait pour la trouvaille constante et amère, la force affreuse et sûre, la cruauté fatale du jeune dramaturge, sur ce sujet éternel, rénové et aggravé en noir : *A combien l'amour revient aux vieillards ?* sur cette eau-forte humaine et démoniaque, rehaussée de sanie et de honte, souriante, grimaçante, hagarde.

Le martyre d'Achille Cortelon, naïf directeur de journal, aveugle leader socialiste tombé dans un guêpier de coquins, épousant une ingénue rouée, mené par elle aux trahisons, trahison envers sa fille, trahison envers son passé, trahison envers son parti ; précipité par elle aux grandeurs bourgeoises et aux abîmes, dégradé de ses espoirs sociaux, de sa pureté, de sa dignité d'homme, de tous ses orgueils ; ravalé au rôle de la bête, au pauvre rut sans jalousie et coulant, croulant aux compromissions, aux pires bassesses, au seul besoin ; la fuite, grâce aux sens, de l'idéal vers l'ambition, de la pensée vers l'action, de la générosité dans l'intérêt, de la fierté dans la vanité, de l'amour dans la bestialité ; l'absorption, si j'ose dire, du génie et de l'éloquence, de l'honneur et de l'honnêteté, du sens moral et du sens pratique par la plus abjecte sensualité ; le renoncement excité, l'abdication hystérique, la sénilité exigeante, suppliante, qui glousse et bave dans son désir ; la ruine géante et furieuse, voilà ce qu'a incarné Lucien Guitry, sans effort apparent, naturellement, presque à son aise ; voilà avec quoi il a tenu la plus difficile des salles, sous un frisson qui n'était pas sans larmes ; voilà la crise infinie, la déchéance croissante, crissante, honteuse, lamentable, formidable, dont il a secoué toute la sensiblité d'un public ancien et nouveau.

Il a fait peur. Il nous touche dans notre plus trouble moral et dans notre pire physique. D'instant en instant, malgré des révoltes, il se ravale, fripe sa bouche, tremble, balbutie, s'écroule : c'est effroyable, c'est puissant comme un émiettement de foudre, c'est admirable.

Autour de Guitry, Jean Coquelin fait un Doulers crapuleux et serein, beau-père affreux et père complice, une figure de crime et de bonhomie très haute, très fine, très ronde ; Pierre Magnier a les accents de probité les plus sonores ; Mosnier et Saint-Bonnet sont excellents ; Henry Lamothe est un jeune godelureau fort gentiment enamouré, et M. Arthus a un monocle qui n'est pas toléré à l'Ecole polytechnique.

C'est Mlle Gabrielle Dorziat qui est l'ensorceleuse, la jolie bête à griffe, la videuse : elle est terrible de séduction, d'hypocrisie, de tyrannie, à la fois câline et avide, hyène et serpent. Mlle Léonie Yahne est aussi rêche, indépendante, émancipée, bizarre et touchante qu'il convient, et Mme Delys est fort plaisante en souillon familier. Voilà une soirée triomphale qui vous prend à la gorge et vous garde.

Après des œuvres plus difficiles d'accès et de succès moins incontestés, Henry Bernstein fait, de haute lutte, un nouveau bail avec la gloire la plus humaine et la plus rare. Et Lucien Guitry met sur le théâtre de la Porte-Saint-Martin sa griffe bienfaisante et tutélaire, sa griffe d'ange, d'homme et de lion.

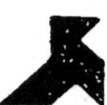

THÉATRE DE LA RENAISSANCE. — *La Petite Chocolatière*, comédie en quatre actes, de M. Paul GAVAULT.

C'est une jolie et claire soirée, un conte bleu et rose, facile et gai, une comédie fantaisiste, à la fois endiablée et retenue, un vaudeville sans grossièreté et d'un multiple et constant agrément.

En descendant d'un ou plusieurs crans dans l'étiage des genres, en renonçant peu ou prou aux grandes journées, aux journées historiques de France, Lemaître, Donnay, Capus et Bernstein, la Renaissance nous offre un succès sûr et sain, de tout repos, sans prétention et non sans élégance, voire non sans philosophie.

On est dans une minuscule villa normande de Suzy. L'heure du couvre-feu sonne : le maître de céans, Paul Normand, petit employé au ministère de la Mutualité, va se coucher tout seul en faisant des rêves exquis : il attend sa fiancée et son futur beau-père, son propre chef de bureau. Son hôte, le bohème méridional Félicien Bédarride, n'attend rien du tout : riche de son bagout, de sa bonne humeur, de son rire sonore, de son inépuisable esprit d'invention, il dormira avec sa jeune amie Rosette, simplement. Mais un bruit affreux, dans la nuit. C'est un pneu qui vient d'éclater, un chauffeur qui s'amène, une chauffeuse qui survient, Benjamine Lapistolle, fille du grand chocolatier multimillionnaire. Elle est reçue par Paul comme une chienne dans un jeu de boules. Timide et quelconque, le jeune rond-de-cuir devient un mouton enragé lorsque la petite chocolatière déploie ses grâces et autres séductions : élevée à l'américaine et même à l'apache, enfant terrible à qui on passe tout, Benjamine s'installe comme chez elle, en dépit de toutes les protestations et de toutes les rebuffades. Elle couchera là, puisque le pneu de rechange a éclaté aussi, et M. Normand n'aura qu'une couverture et une chaise, sans secours aucun : le chauffeur a emmené la bonne en tandem.

Vous voyez le second acte : l'exaspération de l'employé qui ne fait que grandir, la surprise, l'émoi, la stupeur de Benjamine en face d'un homme qui lui tient tête, ne fait pas ses quatre volontés et va jusqu'à l'*agonir* d'injures : c'est nouveau pour une enfant délicieusement mal élevée qui n'a jamais eu que des adulateurs. Elle se pique et s'éprend de ce porc-épic, encouragée par la verve truculente du Toulousain Bédarride qui flaire une bonne affaire pour son ami, — et pour lui. Elle rembarre — et comment ! — le futur beau-père et chef de bureau Mingasson, prudhommesque et prude qui vient avec sa demoiselle, gâte les affaires de son hôte et déclare à son papa Lapistolle, qui arrive enfin avec son fiancé Hector de Pavesac, que le citoyen Paul Normand n'est pas comme tout le monde et qu'elle n'épousera que lui. Le grand chocolatier, Parisien XXIe siècle, trouve cela très bien : nous sommes dans le bleu, je vous l'ai dit, dans le bleu le plus bleu !

Mais place au noir ! C'est le bureau de l'employé Normand, qui est de garde. Mélancolique, repoussé par son chef Mingasson, sans espoir de bonheur et d'avancement, il se voit envahir par le truculent Félicien et par l'inévitable Benjamine qui lui fait des excuses, lui révèle qu'il est autoritaire et qu'elle est toute soumise, partage son navarin aux pommes, injurie le ministre par téléphone, porte le pire désarroi dans un ministère tranquille. Rejeté définitivement par son beau-père, révoqué, provoqué par le fiancé Pavesac, Paul nage dans le malheur. Qu'est-ce qui peut encore lui tomber sur le coin de la tête ? Voici : M. Lapistolle met ses gants et lui demande sa main pour sa fille. Ça non ! Non ! Non ! Ça passe les bornes ! Il n'y a plus qu'à se noyer ! En route pour la rivière de Seine !

Vous savez qu'il ne se noiera pas et qu'il épousera cette brave petite peste de Benjamine. Mais cela se fait très joliment, dans de la fantaisie pouffante qui a un grain de mélancolie au milieu de l'atelier de Bédarride. La petite chocolatière va entrer en religion et le triste Paul, qui n'a point osé prendre l'eau, va, lui aussi, prendre le voile, si j'ose dire, mais très loin, très loin de son amoureuse obstinée. Alors, tout doucement, en se faisant les adieux d'un Titus d'administration à une Bérénice du haut commerce, en s'appelant « mon frère » et « ma sœur », ils glissent au plus contagieux attendrissement et finissent par communier en un baiser qui n'a rien de céleste. Paul consent à avoir une femme exquise et une immense fortune, Bédarride épousera Rosette et lâchera ses pinceaux pour le chocolat — et tout le monde sera heureux. C'est charmant.

Je n'ai pu, je le crains bien, rendre le fondu, la cordialité, la facilité de cette comédie toute en mots, en sautes, en gaieté, sans effort. M. Paul Gavault n'a jamais été plus heureux : on ne prend pas garde aux longueurs de ces quatre actes qui auraient pu n'en être que deux, il y a des coins de sensibilité qui se perdent dans le comique et le mouvement.

Gaston Dubosc a composé magistralement le personnage du meneur du jeu, de ce rapin méridional et picaresque de Félicien ; son frère, André Dubosc, est un délicieux Lapistolle, bonhomme à la fois fantoche et génial, se fichant de tout, du haut de ses millions, et gentil et fin à croquer ; Bullier est un Mingasson caricatural et hilare ; Berthier fait un vieil employé très farce, très vrai, à peine chargé ; Aussand est un chauffeur à bonnes fortunes d'une lourdeur sympathique, et Pierre Juvenet, dans le rôle sacrifié du fiancé Pavesac. sait ajouter à son élégance un humour très distingué et très réjouissant. Mais M. Victor Boucher s'est révélé grand comédien dans la figure de Paul Normand. Il joue nature — ou plutôt, ne joue pas : c'est la vie même. Il n'a même pas de fantaisie et n'en a pas besoin ; il est là à s'ennuyer, à se chercher, à se trouver. Il a été fort applaudi.

Mme Catherine Fonteney a, elle aussi, été une révélation. D'un personnage de servante rustaude et romanesque, grotesque et pitoyable, elle a fait de la vie et de la vérité ; ce serait un portrait cruel si le mouvement n'emportait pas tout ; c'est parfait de tact dans la joie. Jane Sabrier a été le modèle gentil et bébête, charmant et aimant, qui lui convenait ; Mlle Dorchèse a à peine paru — et c'est dommage — et Marthe Régnier — Benjamine — a eu son charme de toujours, son autorité turbulente et mutine, sa pétulance, sa pudeur sournoise, sa sentimentalité amusée, sa menue férocité, ses yeux clairs, sa bouche gourmande, sa petite moue qui commande et demande, sa grâce qui bouillonne, crépite et mousse.

Et les décors de Lucien Jusseaume sont, comme le texte, jolis, simples, chatoyants et spirituels.

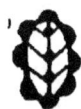

THÉATRE DU GYMNASE. — *La Rampe*, pièce en quatre actes, de M. Henri DE ROTHSCHILD.

« La rampe éblouit et aveugle. » Ajoutons qu'elle brûle. Voilà la formule et la moralité de la nouvelle pièce du Théâtre de Madame. Jeunes filles qui rêvez de triomphes éclatants et purs, pailletés d'or vierge, empennés de plumes d'ailes d'ange, jeunes femmes qui voyez flamber votre idéal dans les yeux d'un acteur-surhomme qui, d'une voix profonde et caressante, exprime votre lassitude et votre désir, vous toutes qui vous sentez revivre et naître à l'écho d'une phrase lyrique et désabusée, et qui vous dites, pour vous-mêmes : « Moi aussi, j'ai quelque chose là ! J'ai du génie ! J'aurai ma part d'applaudissements — et quelle part ! » écoutez, femmes et filles du monde, le rude conseil, le conseil-exemple, le conseil-remède du bon docteur Henri de Rothschild qui vous ramène sur terre — et plus vite que ça ! — par le plus long, — quitte à vous mettre dessous !

C'est mieux qu'une leçon : c'est une pièce, une vraie pièce, fort amusante, bien plus dramatique — et qui a réussi.

Il manque un acte, — le premier. Comment et pourquoi Madeleine Grandier, mondaine riche, choyée et titrée, a-t-elle abandonné son mari, son foyer, son honneur et son luxe pour courir le cachet, en tournée avec le fameux comédien Claude Bourgueil ? Voilà ce qui aurait été émouvant et délicieux, la scène d'abandon et de don où Madeleine se serait révélée à elle-même, dans un enthousiasme artiste et charnel, où elle aurait découvert, comme malgré elle, par admiration, la grande actrice, l'amoureuse éloquente sous la mondaine, le geste de simplicité et de vie sous l'éventail, où la vocation et la passion unies lui auraient dicté un nouveau destin !

Et comme cela aurait mieux valu que cet acte pâle d'un caravan-sérail de Constantinople où, parmi des papotages de revue, Madeleine Grandier retrouve des amies d'abord gelées, puis domptées, un amoureux transi et fidèle, un impresario obséquieux et comique — ne faites pas attention aux adjectifs, M. Henri de Rothschild ne les aime pas — pour finir par la grande scène au clair de lune, dans la lumière bleue que vous connaissez depuis *Amants*, par offrir une fois de plus ses lèvres et son âme à l'irrésistible Claude, en ne regrettant rien, rien, et en mettant dans leur jeu l'éternité, sans plus.

Mais le malheur veille. Le malheur, c'est que Madeleine a du talent, le plus rare, le plus soudain, le plus grand talent. Tant qu'il ne s'est agi que des lauriers turcs, roumains et égyptiens, et des quatorze rappels serbes chers à Coquelin cadet, ça n'a pas troublé Bourgueil. Mais le voici à Paris, dans son cabinet directorial, car il est acteur-directeur, comme tout le monde. Le Théâtre Bourgueil va donner le lendemain la répétition générale d'une pièce nouvelle du célèbre auteur Pradel Et Claude voudrait que ledit Pradel changeât le dernier acte : il n'y en a que pour Madeleine, rien pour lui : il est mort depuis quelques scènes. L'amant ne pèse plus une once en face du cabot : la vanité souffle sur la passion. Et qu'est-ce lorsque l'impresario Schattmann offre à Madeleine un plus fort cachet qu'à Claude ? C'est en vain que la femme refuse, veut s'effacer, se faire petite, rappelle qu'elle a puisé dans les yeux, dans le cœur de son amant, de son maître, sa flamme et son génie : il n'est question que de résultats, de succès bruyants et monnayés, de gloire brutale : le patron ne peut pardonner à l'étoile, le cœur — s'il y a eu cœur — est broyé sous le fard.

C'est encore plus atroce à la répétition générale. Il y a duel — et duel inégal. La sensibilité, l'émotion, le désespoir, la beauté et la bonté de Madeleine font balle et boulet contre elle avec les hommages, les applaudissements, les acclamations, l'emballement de toute la salle en délire : Claude est trahi et n'existe plus : il devient le plus sale cabot, le pire des mufles. Il est heureux de trouver sous la main une petite grue de tout repos, la môme Chouquette.

Et lorsque, plus éprise que jamais, Madeleine ne rêve qu'à son amant, lorsqu'elle l'appelle à son secours quand, dans la griserie et la communion du triomphe, l'auteur Pradel la serre de près et veut l'étreindre, c'est le directeur Bourgueil qui vient, très désintéressé et très froid : cette accolade d'auteur à interprète lui semble fort naturelle. Grands dieux ! s'il lui fallait veiller sur les mœurs de ses pensionnaires — car Grandier n'est qu'une de ses pensionnaires ! Leur passion ? une passade ! Madeleine peut supplier, s'offrir, râler : adieu ! adieu ! il va souper avec Chouquette !

Dès lors, n'est-ce pas ? c'est la catastrophe. Cette admirable Madeleine, qui est un cœur et une âme sans plus, ne se peut résoudre à une gloire solitaire, à des apothéoses où le baiser final ne sera pas celui de Claude. Elle a repoussé Pradel, elle a repoussé l'obstiné Saint-Clair et, si elle accepte d'aller faire une tournée en Amérique avec Schattmann, c'est qu'elle médite un plus long voyage. Mais voici Bourgueil, voici la suprême entrevue, le dernier effort. Hélas ! le comédien est plus maître de soi que jamais : c'est loin, les giries ! Il ne s'agit que de répéter la scène finale de la pièce de Pradel qui n'est pas au point. Alors, comme par miracle, c'est un empoisonnement — ça tombe bien ! — la triste héroïne, à la fois géniale et sincère, torturée et pathétique, se suicide sans en trop faire semblant, écoute, en vacillant, les froids compliments de son partenaire et s'abat, roide et désespérée, foudroyée par l'aconitine, tuée par le théâtre, l'illusion, le dégoût !...

Cette fin est émouvante, physiquement et même moralement. Elle termine brutalement — mais l'auteur n'est-il pas président du Club du chien de police ? — une aventure colorée, brillante, habillée et vivante, une pièce un peu disparate qui a des longueurs, trop de *mots*, des personnages et des *utilités* inutiles, mais qui vit, rit et vibre, souffre et fait souffrir, qui présente des milieux curieux, des personnages connus et a une intensité croissante, dans un papillonnement et des développements attendus. Il y a une thèse, une ou plusieurs clefs — de si beaux décors et de si somptueuses robes !

Il est inutile, je crois, de dire combien Marthe Brandès a été admirable dans le personnage de Madeleine qui était fait pour elle. Elle y a des abandons, des déchirements, une tendresse souriante et charmante, une foi et une horreur qui espère encore, une harmonie secrète dans la joie et le sacrifice qui dépassent l'art et la vie même : c'est à crier. A ses côtés, Mme Frévalles est la plus sympathique des duchesses, et Mlle Pacitti une Chouquette mal embouchée, juvénilement sûre de soi, d'une fantaisie délicieuse.

Dieudonné est un vieux cabot un peu chargé mais qu'il rend vénérable et farce à la fois par son autorité bonhomme ; Tervil est un garçon de bureau inénarrable et montre une fois de plus sa *vis comica* trop peu employée ; Jean Laurent est parfait de tenue dans son personnage d'amoureux transi ; Arvel est trop criant de ressemblance mais parfait dans la caricature de l'impresario ; Bouchez est très comique ; Deschamps aussi, et Garat a un gâtisme fort seigneurial. Quant à Calmettes et à Duményn, ils sont dignes de tout éloge. Calmettes, qui faisait l'auteur Pradel, a su donner sa dignité, sa force, son tact et son charme comme antidote à la goujaterie de son rôle, et Duményn, par sa tenue, sa sincérité dans la tristesse et jusque dans le mensonge, son cabotinisme géant, a prêté des lettres de noblesse à la muflerie meurtrière.

Monsieur le baron est servi ! — et comment !

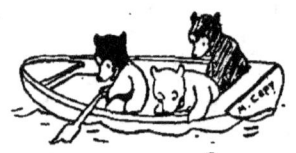

THÉATRE DES VARIÉTÉS. — *Le Circuit*, pièce en trois actes, de MM. Georges FEYDEAU et Francis DE CROISSET.

M. Francis de Croisset a un génie zinzolin, musqué, archaïque, voluptueux et pervers qui raffine sur tout — quand il raffine ; M. Georges Feydeau est le jeune vétéran de la joie-née, de la farce triomphale, de l'invention comique : à deux, c'est le plus joli, le plus parfait attelage, grâces et ris, poudre et salpêtre, mouches et chatouilles. Mais, comme dirait M. de La Palisse, l'automobile souffre-t-elle un attelage ?

Car il s'agit d'auto — et le titre le prouve. Titre un peu lointain déjà : les circuits ont vécu — ou presque. Souhaitons une survie à la pièce des Variétés.

Elle commence comme *la Veine*, d'Alfred Capus. Dans un garage peu achalandé et tenu par une beauté sur le retour, Mme Grosbois (ex-Irène), la nièce de la patronne, la jeune Gabrielle et le chauffeur Étienne Chapelain s'aiment d'amour si tendre qu'ils se sont mariés secrètement. Le jeune et gros fabricant Geoffroy Rudebeuf (de la marque Rudebeuf) s'est épris de Gabrielle et entasse pannes sur pannes, commandes sur commandes pour la voir et se déclarer. Ça va aller tout seul : Mme Grosbois traite l'affaire : cinq cents louis à sa nièce, une belle voiture pour Étienne qui est ambitieux et veut courir dans le circuit de Bretagne — et voilà ! Mais Chapelain ne mange pas de ce pain-là — ah ! mais non ! Et comme un ami et concurrent de Geoffroy, M. Le Brison (de la marque Le Brison), est là, il est si ravi de la maestria avec laquelle le citoyen Étienne a cueilli, arrangé et *saqué* le hideux rival Rudebeuf, qu'il l'engage immédiatement : c'est lui qui mènera à la victoire la marque Le Brison : c'est la joie, la gloire, la fortune. Hourrah !

Nous voici en Bretagne, dans le château du comte Amaury de Châtel-Tarran, fantoche antédiluvien — il date du second Empire — ex-brillant capitaine de concours hippique, ci-devant amant de la belle Irène. Il hospitalise Le Brison et son ensorcelante et fantasque maîtresse Phèdre, le ménage Chapelain et la matrone Grosbois. Phèdre a des curiosités à l'endroit du vainqueur de demain, du héros en cotte bleue, du coureur Étienne, qui est « beau môme ». Elle oublie sa dignité à ses pieds, sa face contre sa face et jusqu'à sa main dans son dos. Le malheur veut que le monde revienne d'une tragi-comique excursion en auto, et, dans sa hâte à retirer sa main, Phèdre laisse un souvenir piquant dans l'épine dorsale de Chapelain, une bague endiamantée. Vous voyez la suite : la jalouse Gabrielle trouve la fâcheuse bague, l'accepte de son mari, bonasse et honteux, mais il s'agit pour lui, après, de la gagner : elle vaut douze mille francs et il ne les a pas sur lui. La satanique et friande Phèdre l'entraîne dans un réduit galant, tout à fait ignoré, qu'elle a découvert ; un autre secret permettra à tout le monde d'assister, à travers une glace, à leurs ébats passionnés, mouvementés, répétés, à des effets de draps, de chemises de nuit, de baisers et de lassitudes qui se reprennent — et c'est le drame. Il ne s'agit que de divorces, de revanches, de vengeances, d'assassinats !

Hélas ! voici le circuit : il faut vaincre ou mourir — avant de tuer ! La gloire et l'intérêt passent avant l'honneur des familles ! Et c'est tout le tumulte, l'angoisse, la confusion, le tohu-bohu des grandes épreuves : coups de sifflet, coups de trompe, fumée, passage foudroyant des voitures à travers des kilomètres ondoyants, des routes en lacs, entrelacs, zigzags, virages traîtres et angles obtus ; à peine si nous avons le temps de voir échapper Gabrielle en chemise aux baisers trop vengeurs de Rudebeuf, d'entendre la querelle homérique de ladite Gabrielle et de Phèdre se disputant leur homme et se voulant crêper le chignon. L'émotion du danger, l'émotion de la victoire — car Étienne gagne, n'est-ce pas ? — réunit tout le monde en un embrassement — et c'est la gloire et la fortune — en famille .

Espérons que ce sera le succès pour la pièce. Un peu de tassement et de clarté, un peu plus d'air au dernier acte, des effets moins gros à la fin du *deux*, des entr'actes moins longs et portant moins à l'impatience et au désespoir, un je ne sais quoi de plus léger et de plus parisien — ce n'est rien pour les deux sympathiques auteurs — et ce serait, ce sera une jolie carrière. Il y a tant de *mots* de situation, de gaieté et de jeunesse !

Et c'est joué !...

Albert Brasseur, en salopette bleue, déploie une bonne humeur, une fatuité cordiale, une béatitude naïve de septième ciel : c'est un Étienne naturel et divin. Guy, à son ordinaire, est exquis de mesure dans le comique : c'est un Le Brison de cercle et de boulevard mieux qu'authentique ; Moricey, tout noir et tout bouillant, est le premier des chauffeurs ; Prince est tout gentil et tout hilarant dans le personnage de Rudebeuf, et son chauffeur, le veule et joueur prince Zohar, est très falotement silhouetté par Carpentier.

Mme Grosbois, c'est Marie Magnier, d'une autorité gracieuse, d'un comique fin et élégant dans la pire outrance ; c'est Mlle Diéterle qui incarne avec crânerie, désinvolture et sincérité la mutine Gabrielle et qui, piaffante, aguichante, geignante, est toute honnêteté et tout amour. Mlle Lantelme est la séduction même, infernale et trépidante : c'est Phèdre, Vénus tout entière à sa proie attachée — et accrochée, Phèdre aux Porcherons et au garage, Phédrine et Phédrolette, impérative et suppliante comme une planche de Rops.

Enfin, Max Dearly, ataxique, déboîté, boitillant, est allé aux nues. Cet Amaury de Châtel-Terran est la plus cruelle caricature de vieux beau. Il est à crier et à pleurer. Son chapeau, sa badine, son asthme, sa vue basse, sa moustache teinte, son dandinement douloureux et prétentieux, tout est d'une vérité à peine chargée, hélas ! C'est du grand art, c'est de l'histoire, c'est très gai — et effroyablement mélancolique. Déjà !

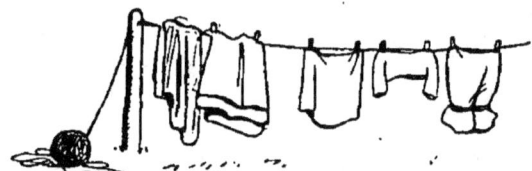

BOUFFES-PARISIENS. — *Lysistrata*, comédie en quatre actes et un prologue, de M. Maurice DONNAY. (*Première représentation à ce théâtre.*)

C'est une idée délicieuse et savoureuse qu'eut Mme Cora Laparcerie d'inaugurer sa jeune direction sous les auspices d'Athènes et de Cypris, de la poésie la plus joyeuse, la plus tendre, la plus diaprée, sous la lueur et le rayonnement de l'étoile de Maurice Donnay. Voici dix-sept années que cette étoile brilla autour de l'Opéra, à l'Eden-Porel, après avoir jeté ses premiers feux dans *Phryné* et dans *Ailleurs*, au firmament de Rodolphe Salis, berceau de gloire, pour connaître bientôt l'apothéose d'humanité et d'immortalité, la flamme immense et alanguie d'*Amants ;* et, après une reprise triomphale avec la créatrice Réjane, il y a treize ans, *Lysistrata* revient, toute neuve, toute vraie, toute éloquence, toute chair et tout cœur, charmer ses anciens et nouveaux amis, susciter les sourires les plus divers, émouvoir un peu et faire courir, dans cette claire et jolie salle des Bouffes, un frisson de plaisir, d'aise, de joie, une jouissance, si j'ose dire, — et c'est le mot, — d'esprit, de finesse, d'à-propos et d'à peu près ailés, de grâce attique et parisienne, de santé et de sérénité, de jeunesse verte et bleue, sans parler d'une teinte de mélancolie qui jette une ombre mauve sur ces marbres animés.

Nous ne réveillerons pas, n'est-ce pas ? l'ombre géniale, lyrique, indécente, réactionnaire et cruelle d'Aristophane. Nous n'avons même pas à résumer *Lysistrata :* c'est, on le sait, la grève des femmes d'Athènes, irritées de la longueur d'une guerre qui, depuis quinze ans, s'arroge et se réserve à peu près toute la chaleur de leurs époux et de leurs amants. Et, cependant, c'est une guerre à la papa : il y a le repos hebdomadaire, ou, tout au moins, la trêve de Zeus, où les hommes rentrent en ville, musique en tête, et embrassent chacun leur chacune, martialement. Mais les femmes ne veulent plus partager leur dieu avec Bellone : la belle Lysistrata réunit la cour plénière, le ban et l'arrière-ban des épouses et des courtisanes d'Athènes, et leur fait prêter le rude serment de chasteté. Elles ne se laisseront reprendre ou prendre que lorsque la paix sera signée. Ah ! les mines et les attitudes des pauvres mâles en non-activité par retrait d'emploi — et leur exode piteux vers les maisons de [joie ! Mais Lysistrata, rebelle aux baisers de son mari Lycon, ne peut résister aux supplications de son ami, le jeune général Agathos, — et c'est dans le temple même de la chaste déesse Artémis qu'ils iront consommer leur adultère parjure et sacrilège. Et c'est une leçon très amère. Autre leçon amère : les courtisanes respectent plus fervemment et férocement leur serment que les femmes mariées. Et de toute cette amertume sourd un continu délice, une joie ironique et douce, une fusée de *mots*, de pensées, d'humour, une forêt de gestes — et des danses, et des chants, et du désir. Et, lorsque les gestes amoureux d'Agathos et de Lysistrata ont renversé et brisé la statue d'Artémis dans son temple, ce sera un miracle tout naturel de la remplacer par l'image triomphale d'Aphrodite : l'Amour régnera sur Athènes avec la Paix, sa sœur et sa mère, — et ce sera toute douceur et toute beauté.

Mais faut-il chercher une trame dans cette tapisserie profonde et irréelle, dans cette savante cataracte de rires, de titillations, de splendeur et de joliesse ?

C'est une débauche d'harmonie, de rythmes, de fantaisie, de réalisme ironique et lyrique. Et une mise en scène musicale et parfaite groupe, derrière un rideau délicieux et pensant de Lucien Jusseaume, des ensembles en nuances de merveilles, des groupes en voiles, des nudités vaporeuses dans la vapeur du soir idéal de la cité de Platon : il y a une danseuse asiate, Mlle Napierkowska, qui incarne le délire, l'impossible, le martyre et la volupté ; il y a Mlle Calvill qui déclame et chante les vers les plus troublants ; il y a une musique constante et archaïque de M. Dutacq.

M. Karl est un Agathos jeune et fermé, un peu railleur, très passionné, d'une voix juste et chaude et d'un corps sincère ; M. Hasti est un mari très congruent, bâti en hoplite de premier rang et fort excité ; M. Bouthors est aussi gigantesque que désabusé : MM. Lou-Tellegen, Arnaudy, Darcy, Sauriac, Savry, Chotard, etc., etc., sont excellents et divers ; M. Gandera a très artistement distillé les vers du prologue. Mlle Renée Félyne est bien disante, très souple, très hiératique dans son personnage de la courtisane Salabaccha ; Mlles Moriane, Vermell, Florise, Destrelle sont charmantes; Mlle Clairville est tout à fait exquise de tact et de vérité dans le plus légitime désir; Mlle Lavigne est, comme toujours, fantastique en nous rendant — et comment ! — Lampito, femme au tempérament excessif.

Quant à Lysistrata, c'est « la patronne » Cora Laparcerie. Un peu gênée et émue au premier acte, dans son discours, elle s'est reprise et donnée, ensuite, de tout son talent et de toute son âme : elle a eu toute l'hésitation, toute la conviction, toute la résistance, toute la passion, l'autorité et l'abandon, la faiblesse et la rouerie de son personnage éternel, féministe, amante, enthousiaste et retorse, religieuse de cœur, impie malgré soi.

Dans cette soirée, Cora Laparcerie a bien mérité de la République dont elle parle, de la République athénienne.

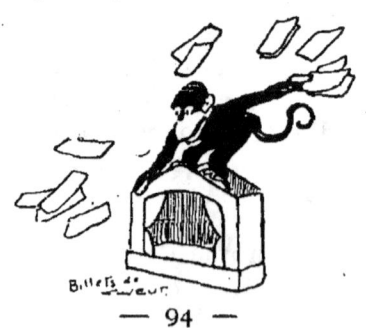

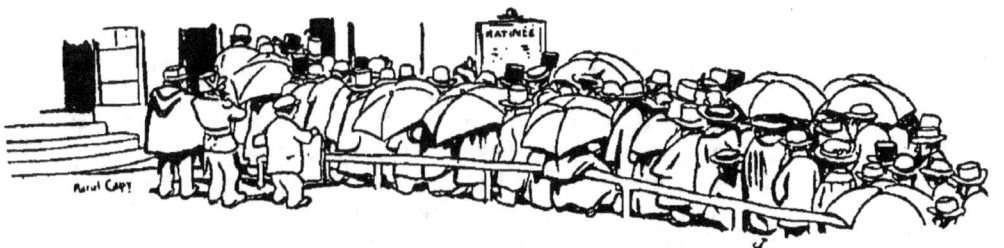

THÉATRE DU VAUDEVILLE. — *Maison de Danses*, pièce en cinq actes, de MM. Nozière et Charles Muller (d'après le roman de M. Paul Reboux).

Mes lecteurs connaissent la conscience et la verve de M. Paul Reboux et ont pu lire le très vivant et très honorable roman dont MM. Muller et Nozière ont, l'un après l'autre, tiré la pièce nouvelle du Vaudeville. M. Muller est fort érudit et se pique de connaître l'Espagne en détail et à fond ; quant à M. Nozière, il est tout esprit critique, toute sensualité non halante, toute nostalgie sceptique et voluptueuse : il prête à l'actualité des voiles antiques et fins et trousse sur n'importe quoi des dialogues platoniciens et aristophanesques, des fantaisies profondes et parisiennes que Taine et Renan pourraient signer, — après leur mort.

Le roman de M. Reboux était fort dramatique et terriblement pittoresque : après cette merveille de Pierre Louys, *la Femme et le Pantin*, après l'âpre et délicieuse *Marquesita* du pauvre Jean-Louis Tallon, il nous faisait goûter du fruit vert, du piment sanglant des Espagnes. M. Nozière, en transportant sur la scène les *journées*, de M. Reboux et de M. Muller, y a ajouté du sien, de la grâce, de la cruauté, de la perversité, de la philosophie, et, dans des décors somptueux et magnifiques, dans une mise en scène en relief et en chair, c'est une pièce étrange et composite.

Vous voyez la maison de danses, minable, étique, rutilante au dehors, affreuse de saleté au dedans ; deux servantes pour le patron Ramon et sa mère Tomasa, pour les artistes mâles et femelles, pour toute la clientèle de Cadix; la première, Concha, honnête et laborieuse, va épouser le pêcheur Luisito ; l'autre, Estrella, est une moucheronne bâtarde, toute luisante d'yeux et de cheveux, fainéante, endiablée, avide déjà de gloire et d'amour, qui joue des prunelles pour tout le monde, empaume son patron Ramon, enjôle Luisito et son frère Benito, et veut danser envers et contre tous. Elle a la vocation : elle n'a même que celle-là ; nous verrons trop tôt que c'est dans les jambes, les jambes seules, que siègent son cœur et son âme.

En affolant l'équivoque Pepillo, en enrageant de jalousie le brutal et quadragénaire Ramon, avec des refus et des promesses, elle arrive à prendre ses premières leçons, en fraude ; la terrible Tomasa n'aime pas que ses servantes volent de leur obscurité dans le grand art. Mais la voilà elle-même la douairière : le sentiment de la perfection l'emporte sur son autorité jalouse ; cette Estrella est douée. C'est elle-même qui l'éduquera.

Voici le grand soir des débuts : le bouge regorge d'ouvriers, de marins, de pêcheurs, de soldats ; il y a même une ancienne de la maison, une grande étoile de Paris. La vieille Tomasa chante ses cantilènes les plus rauques et les plus fiévreuses ; les danseuses et les danseurs font leurs pointes les plus charmantes. Mais place au miracle : c'est Estrella et Pepillo dansant bouche à bouche et ventre à ventre, c'est Estrellita mimant la possession et le délice, tous les jeux, tous les caprices des pires Vénus ; le *fandango*, la *sevillana*, le *tango*, des danses barbares ; c'est le triomphe, la quête miraculeuse ; c'est la jalousie plus formidable de Ramon, après l'enthousiasme universel ; il gardera Estrella, l'empêchera de rejoindre le brave père de famille Benito — et c'est la majestueuse matrone Tomasa qui retiendra la pie au nid et trompera le malheureux pêcheur.

Les manigances continuent ; les ménages frères de Benito et de Luisito en sont ravagés. La brave Concha et son honnête belle-sœur Amalia, femme de Benito, sont affolées ; la pure Amalia donne des conseils de courtisane à Conchita pour garder son mari, mais rien n'y fait : en une visite, l'étoile Estrella, fiancée à Ramon, va emmener toute la maisonnée, Benito qui doit fuir avec elle, Luisito qui doit la rejoindre dans le jardin des moines, par la brèche, que sais-je ? Le jaloux Ramon s'est aperçu de la chose : il prouve à ses deux amis qu'ils sont tout autant bernés que lui : ils tueront la traîtresse. Ou plutôt, Luisito la tuera tout seul : il le jure sur la croix de la procession du Vendredi-Saint qui passe sous les fenêtres.

Ils ne tueront rien du tout ; dans le jardin rose, mauve et rouille, Estrella défiera la fureur, la rage, l'enlacement même de ses trois amants, les excitera, les raillera, les embrassera, les poussera l'un contre l'autre, et, d'humiliations outrées en caresses mimées, de supplications en outrages, d'agenouillements en sursauts et en provocations, susurrante, balbutiante, insolente, diabolique et divine, finira par s'évader de ce Cadix étroit, de cette conjuration de pauvres gens, pour rejoindre à Paris son digne compagnon Pepillo, tout vice et tout infamie, cependant qu'une pauvre gosse de treize ans, qui a soif de joie et de liberté, clamera, en voyant ce trio de malheureux, de misérables lassés et meurtrir : « Oh ! C'est ça les amoureux ! Oh ! oh ! »

Et c'est plus triste que mille morts !

Cette histoire est brodée de mille variations, de mille finesses; il y a, avant le dénouement, une conversation de trois moines blancs dans l'horizon rose, — que serait l'Espagne sans moines ? — de moines gentils, idylliques, pacifiques, qui paraîtrait divine dans les colonnes du *Temps*. Mais dans ce drame ramassé, pourquoi ce hors-d'œuvre à la fin ? Pourquoi le personnage de la vagabonde ne fait-il que traverser les derniers tableaux ? Du symbole ? De l'ibsénisme en Espagne ? J'aime mieux Mérimée.

Tenons-nous-en aux réelles qualités de cette action trop riche et trop simple, trop rapide et trop décousue. Lérand est, naturellement, admirable d'intensité et de sobriété, de vérité et de chaleur contenue dans le personnage de Benito; Gauthier est merveilleux de sincérité et de violence dans le rôle de Luisito ; Arquillière campe en pleine graisse, en pleine colère, en plein cœur, son type difficile de Ramon; Jean Dax est plus qu'inquiétant en sa trop jolie silhouette du Pepillo à tout faire — et il danse à ravir ; Baron fils est le seul qui fasse illusion en *sereno* : il est toute l'Espagne.

Mme Tessandier est une admirable Tomasa : patronne et mère, rêche, dure, affectueuse, elle est rauque et tendre et donne de la majesté à ses chansons et à tous ses gestes ; Cécile Caron et Ellen Andrée dessinent des caricatures qui doivent retourner Goya dans sa tombe et qui tenteront Zulaoga, Sancha et Leal da Camara; Suzanne Demay est une charmante et touchante Concha, Blanche Denège une énergique et dolente Amalia, Nelly Cormon une fort appétissante danseuse arrivée et Monna Delza une errante impubère d'un appétit dévorant et de désirs très définis et infinis.

Pour Mlle Polaire, c'est sa pièce, comme ce serait sa guerre si elle n'était qu'impératrice. Elle a tout loisir de gaminer, d'allumer, de terroriser, d'offrir ses lèvres, de mentir, de se courber en deux, en trois, de se relever en trombe, de jouer de tous ses membres, de caracoler sur place, d'être très authentiquement saltimbanque et, si l'on veut, shakespearienne.

Et il y a tant de spectacle, de bruit, de figurants intelligents et de décors émouvants ! Relisez une page de Barrès sur Tolède, après : vous retrouverez l'Espagne. Le Vaudeville vous donne la violence du café-concert, de la vie, de l'amour — avec des costumes. Et c'est le triomphe de Porel.

ODÉON. — *Jarnac*, drame historique en cinq actes et en prose, de MM. Léon HENNIQUE et Johannès GRAVIER.

La nouvelle aventure de ce pauvre Jarnac est touchante : Après avoir joui, pendant des siècles, de la plus triste réputation, après avoir donné son nom à des traîtrises authentiques et à des vaudevilles, voilà qu'on découvre qu'il fut le plus loyal des duellistes heureux et que son adversaire était un bretteur brutal, vénal, avantageux, trop sûr de soi et fort justement puni. Et MM. Hennique et Gravier réhabilitent ce vaincu antipathique, lui prêtent du cœur, de l'âme, une sensibilité virgilienne, racinienne, de l'abnégation et le plus pur sacrifice ! Jarnac et La Châtaigneraie se tuent comme Titus et Bérénice se quittent ; il n'y a plus de coupables, il n'y a plus que la fatalité, les rois — et les reines de la main gauche.

C'est là une générosité, une imagination extra-historique qui ne peut nous surprendre de la part du gentilhomme de lettres qu'est M. Léon Hennique ; il n'est pas d'écrivain plus honorable, plus estimable, plus haut, et le titre de son chef-d'œuvre, *Un caractère*, est son propre titre à lui, son programme et sa confession. M. Johannès Gravier est lui-même un dramaturge historien qui écrivit, je crois, un *Simon Deutz*, très strict et très émouvant. La collaboration de ces deux auteurs si sympathiques a prêté aux magnifiques décors de l'Odéon, aux superbes costumes et à la mise en scène d'André Antoine une action forte, nombreuse, pleine et simple, écrite avec un soin méticuleux et digne des plus longs applaudissements.

Contons la pièce. François Ier est en train de s'éteindre patiemment. Il ne meurt pas du mal français et de la belle Ferronnière : il n'empêche qu'il se meurt. Sa maîtresse, la duchesse d'Étampes, est du dernier mal avec la maîtresse du dauphin Henri, Diane de Poitiers, et un peu trop bien avec le jeune gascon Jarnac. Le vieux roi s'en inquiète et, pour éviter des tourments, la belle affirme que les assiduités diurnes et nocturnes de Jarnac ne s'adressent qu'à sa jeune sœur Louise, Vous imaginez avec quel soulagement François apprend cette nouvelle, donne son consentement, sa signature et une dot énorme. La délicatesse de Jarnac souffre profondément, d'autant qu'il était chargé de demander la main de Louise pour son frère d'armes, son frère de jeu, son frère de toujours, La Châtaigneraie. Mais sa fiancée l'aime et il s'aperçoit qu'il l'aime aussi, dans sa sœur et en lui-même. Tout va pour le mieux. Hélas ! le dauphin Henri sort avec Diane; Diane et la duchesse d'Étampes se jettent leurs âges, leurs maris, leurs amants à la figure. Jarnac, qui est dépensier, prétend faussement qu'il tient son argent de sa jeune belle-mère, et Henri l'outrage et l'accuse d'inceste. L'injure est effroyable. La Châtaigneraie l'assume. Les deux amis, les deux frères, devront se battre. Mais il faut attendre la mort du roi.

Pour l'instant, Jarnac coule à Rambouillet sa lune de miel, cependant que l'Italien Caize qu'il s'est attaché grâce à quelques écus, couvre ses amours. C'est là que l'orage éclate avec la foudre. François, qui veut une explication, mande La Châtaigneraie : l'outrage est plus violent : il y aura non duel, mais jugement de Dieu, en champ clos, solennel, définitif, en cérémonie. Pas tout de suite : Jarnac est aussi faible que l'autre est fort : il faut qu'il s'entraîne. Le roi a d'autres chiens à fouetter : son fils et ses courtisans qui complotent, qui jouent de son cadavre d'avance et de toutes les charges de l'État : il force les rebelles, les fouaille, les courbe, les agenouille. Pendant ce temps, Louise a retourné La Châtaigneraie et lui a montré son erreur ; jamais Jarnac n'a abusé d'elle. Et les deux frères se retrouvent et tombent dans les bras l'un de l'autre ; ils ne se haïssent pas, ils n'ont rien entre eux que l'irréparable, le poids de l'honneur barbare, de la coutume, deux couronnes et le monde ! Mais ils ne se battront pas tant que le roi vivra.

Hélas ! le Roi-chevalier, le Père des Lettres, a été brisé par sa dernière colère. Il agonise en se faisant lire *les Triomphes*, en se rappelant Marignan. Il se réconcilie avec son fils, lui recommande la duchesse d'Étampes, lui fait jurer de ne pas rappeler le connétable de Montmorency, de ne pas autoriser le duel Jarnac. Henri jure du bout des lèvres. Et dès que le vaincu de Pavie a fermé les yeux, Henri II, en vrai Valois, ne songe qu'à faire arrêter Jarnac et Mme d'Étampes, qui ont fui ensemble.

C'est un jeu pour l'astucieuse et cruelle Diane, devenue toute-puissante, de torturer Louise de Jarnac qu'elle a gardée en gage. Mais Jarnac revient la reprendre. Henri II la lui accorde, mais lui accorde aussi le duel, le jugement de Dieu dont on ne parlait plus. Hélas ! hélas ! Mais le divin Châtaigneraie console son adversaire, lui indique ses points faibles, s'offre en holocauste et a, dans le pire attendrissement, l'héroïsme le plus bouddhique et le plus moderne.

Et c'est le combat, le fameux combat : la lice, les gardes, les hérauts, les trompettes, les tentes, les juges, les chevaux, les tenants, les parrains, les hommes aux couleurs, les oriflammes ; ce sont les serments, les prières des jouteurs, les embrassades assassines de Diane de Poitiers et de la duchesse d'Étampes ; c'est l'assaut, le jarret tranché de La Châtaigneraie, la supplication de Jarnac pour laisser la vie au vaincu, pour reprendre son honneur, le silence haineux du roi, sa réponse glaciale et le long cri de douleur et de reproche du malheureux La Châtaigneraie qui ne peut traîner une existence ignoble et un nom aboli et qui meurt, qui mourra.

Tel est ce très vivant et très vibrant spectacle, tout historié, brodé, archaïque, éternel. Il y manque l'écroulement de Diane de Poitiers, la figure et l'âme de la reine Catherine de Médicis qui fut la géniale artisane de cet épisode, — et les effigies d'Henri II et de Diane sont un peu poussées au noir. Les tableaux, qui sont fort beaux, ressemblent plus à du Paul Delaroche qu'aux estampes de Tortorel et Périssin qui eussent été de mise. Enfin, la mort de François Ier, qui est fort belle, fort grande et est réglée avec majesté, aurait été plus véridique et plus pittoresque avec les rires des amis du dauphin et les cris du comte d'Aumale : « Il s'en va, le galant ! Il s'en va ! » L'admirable et bourru Maurice Maindron traiterait ce sujet avec un cynisme plus net et plus en fer.

Si Desjardins a plus la tête de Charles-Quint et d'Henri VIII que le faciès mince de François Ier, ce n'est pas sa faute ; il a au moins sa grâce souffrante, sa majesté, son autorité : il est au-dessus de l'éloge. C'est Vargas qui est Jarnac : il est brave, aimant, douloureux. Joubé a toute l'insolence, tout le navrement, toutes les douleurs de La Châtaigneraie. Desfontaines est le fou Briandas, fort éloquemment, et pourra jouer Triboulet de plain-pied ; Grétillat est un Henri II qui ressemble à Philippe II et n'a ni la fougue ni la gentillesse de son personnage : c'est un traître à l'espagnole, mais toute la responsabilité en revient aux auteurs ; Fabre est délicieux de fantaisie armée, de courage dansant dans le rôle de l'Italien Caize ; MM. Coste, Bacqué, Denis d'Inès, Renoir, Stéphen, Maupré, Dubus, Dujen, Polack, etc., etc., se prodiguent de tout leur cœur dans des silhouettes sacrifiées.

Mme Grumbach est une Diane de Poitiers plus méchante que nature (mais ce n'est pas sa faute) et ne peut déployer son pathétique cordial et son charme ; elle dit bien et juste. Mme Albane est une reine de vitrail ; Mme de Pouzols est une épouse torturée, aimante, révoltée et pantelante, et Mlle Devilliers éclaire de ses cheveux blonds, de son sourire, de son regard, l'ombre de la duchesse d'Étampes : elle a une grâce, une émotion, une dignité royales.

COMÉDIE-FRANÇAISE. — *Sire*, pièce en cinq actes, en prose. de M. Henri LAVEDAN.

Il n'y a pas de fantaisie plus plaisante, de drame plus sobre et plus profond que la comédie en cinq actes divers que vient de nous offrir le Théâtre-Français. C'est simple et touffu, gaillard et touchant, pittoresque, attendu, imprévu, vivant, surtout, d'une vie colorée et nuancée, reconstituée patiemment et joliment, jusqu'au miracle, qui va de la gaudriole à l'héroïsme, de la farce au martyre, dans une progression comme nonchalante, une ordonnance sûre et ornée, un tact et une science voilés d'une écharpe légère.

Henri Lavedan est tout sourire et toute gravité : il avait vingt ans lorsqu'il écrivit le joli roman dont il a repris le titre. Il a, aujourd'hui, un peu plus de cinquante printemps : quelques jours. Ces quelque trente ans d'intervalle lui ont permis d'écrire, de penser, de souffrir et d'apprendre à son aise, de collectionner, de butiner parmi les siècles, les objets et les âmes, de scruter les secrets des gilets et des sabres, de se hisser aux sommets de l'Histoire par la corde raide de l'anecdote et de coudre la pourpre de la tragédie aux dessous roses du vaudeville.

L'intime collaboration de l'auteur du *Nouveau Jeu* et de l'auteur du *Duel*, leur philosophie amusée et sévère, leur indulgence érudite, leur goût de l'argot, de la grandiloquence, de la gaminerie et du bibelot, leur ombre de respect et de tristesse, leur imagination à la fois débridée et déférente, tout a fait balle — si j'ose dire — et ballet, tout a porté, ému, charmé.

C'est sur un dialogue entre une cuisinière et une garde-malade, dialogue digne d'Henri Monnier — et je ne sais pas de plus bel éloge — que s'ouvre l'action de *Sire*. En haut langage, en hautes ellipses, on nous fait savoir que la bonne Mademoiselle de Saint-Salbi, sexagénaire et convalescente, conserve une illusion, une lésion : elle croit, dur comme fer et or, à la survivance de Louis XVII : elle l'attend ; elle le veut. Nous sommes au 21 janvier 1848. La servante Gertrude la garde, la lectrice Léonie, ci-devant grisette, les fidèles commensaux de la comtesse, le docteur et l'abbé se lamentent en constatant l'absence de la vieille fille : elle s'en est allée en prières à la chapelle expiatoire, pour l'anniversaire de l'exécution du Roi-martyr. Et elle revient, plus croyante que jamais : Louis XVII existe, il est tout proche ! Il faut en finir, pour la sauver, lui montrer un faux dauphin. Mais elle a de la méfiance : Naundorf — qu'en pensez-vous, Otto Friedrichs ? — Richemond — qu'en dites-vous, Jean de Bonnefon ? — lui ont paru des imposteurs. Qui trouver ? D'aventure, un grand gaillard est là, pour réparer la pendule qui ne joue plus : « Vive Henri IV », un homme à tout faire, horloger, postillon, acteur, valet, soldat, à l'en croire, qui sait enjôler les filles — telle la lectrice Léonie Bouquet, et réparer les fourneaux, un bousingot avantageux et naïf que la bonne Saint-Salbi a congédié avec horreur, tout à l'heure, parce qu'il lui rappelait le cordonnier Simon : les deux conjurés, l'abbé et le docteur, le regardent et lui découvrent une autre ressemblance : c'est Louis XVI tout craché, par conséquent Louis XVII. On verra.

L'horloger d'occasion se nomme Denis Roulette. Dans son grenier du quai de Bourbon, en négligé du matin et en bottes à cœur, il fume la pipette de l'indépendance. C'est un grenier très Béranger et très Paul de Kock : Denis n'a plus vingt ans, il en a quarante-huit ; il est donc très bien. Des coups de sonnette furieux ne le tirent pas de sa sérénité. Il se décide à ouvrir : c'est la lectrice Léonie Bouquet qui a promis de venir le voir, avec un baiser à la clef. Joie, délice, fraîcheur, jeunesse ! Léonie, charmante, admire le capharnaüm, la vue, la friperie, la cage ; elle adore ce vieil enfant, le cœur sur la main et toute chimère dans les yeux. Elle pâme encore plus lorsqu'il l'enferme dans une cache : on a frappé — un peu fort. C'est que Roulette est bonne fille ; il s'est laissé enrôler par un vieillard dans la terrible société secrète de la Main-Rouge — et les voici, les conspirateurs, grotesques et féroces ; jamais Denis ne s'est tant amusé ! Il se lance dans les couplets sur les complots, promet et jure tout ce qu'on veut : on a le temps d'attendre !

Mais après, nouvel aria : c'est le docteur, c'est l'abbé ! Ils viennent faire la leçon au futur faux dauphin et exultent en apprenant qu'il est comédien, qu'il fut Dorange, l'*Aveugle de Bagnolet !* Il est ignare, mais il a le physique. L'ex-Dorange ne se tient pas d'aise : jouer, jouer encore, jouer sous le toit de Léonie, quel rêve ! On lui offre cent francs, pourquoi ? Il jouerait pour rien, pour le plaisir ! Quelles effusions, après le départ des excellents *impresarii !* Et l'on rira, landerirette ! Et l'on rira, landerira !

L'on rit. Quelle entrée que l'apparition de Louis XVII, après un long retard, au *trois !* Il a exigé les flambeaux. Très lointain, très majestueux, très nuageux malgré son ventre drapé dans le manteau d'Ossian, nimbé du prestige mystique du malheur, un peu poudré, un peu pâli, il vient éclairer d'une réalité quasi divine le rêve de Mlle de Saint-Salbi ! Il parle, grasseye, joue, condescend, ravit ! Il convainc ! Il laisse lire, sur un chiffon de papier graisseux, le nom des graines rares — *colorados gigantea* — que la petite Saint-Salbi lui donna à l'Orangerie, en 1791, et qu'il ne se rappelle pas : c'est un mot difficile ! Et la comtesse ne peut le laisser parti ainsi : elle le cachera, l'hébergera dans la chambre toujours vide de son frère le chevalier, se consacrera à lui, corps et biens. Hélas ! hélas! le pauvre Roulette ne peut refuser : il est si bonne fille !

Il s'est laissé faire. C'est pour lui une stupeur épouvantée lorsque la brave Léonie lui dit son dégoût et son horreur. C'est par bonté qu'il a accepté ses trois repas, des cadeaux, des hommages! Il s'est amusé, eh ! oui ! mais moqué, non ! Une canaille ? il est une canaille! Jamais ! Mais voilà que Mademoiselle lui apporte cent mille livres de rentes qu'elle a héritées du chevalier ! Il filera sans toucher à l'argent — et Léonie est si touchée qu'elle l'embrasse !

La comtesse de Saint-Salbi revient, suffoque, chasse la lectrice.

Hélas ! encore ! Roulette est obligé de rejouer ! Il doit à son personnage de réduire encore, de séduire, en paroles, la pauvre, chaste et vieille vierge et d'être plus noble que jamais ! Hélas ! de plus en plus ! c'est fini de rire : l'insurrection gronde, le tambour bat, on attaque les Tuileries, en face : la Main-Rouge a retrouvé, repris son Denis Roulette : il part faire le coup de feu. Et, dans la chambre vide, la vieille illusionnée furette et se reprend : les accessoires sont de théâtre, le Saint-Esprit est faux : qu'est-ce ? Elle saura !

Elle sait !

C'est le 24 février. Un étrange Louis XVII paraît, en capote de garde national, fumeux de poudre, ivre : il s'abandonne et se confesse, s'excuse de ses impostures, proclame son honnêteté, se laisse accabler ; mais épouvanté de la grandeur de sa victime, il ne survivra pas aux résultats de sa farce : il va se faire tuer, quoiqu'il ne soit pas brave, dans les rangs du peuple. Non ! non ! d'avoir touché aux fleurs de lys, comme au voile de Tânit, il est consacré jusque dans le sacrifice : c'est pour les lys qu'il doit mourir, même pour l'écusson à lambel, même pour l'usurpateur ! Et, dans le fracas des balles, des boulets, de *la Marseillaise* et du *Chant du Départ*, nous apprenons qu'il a été tué en défendant le trône de Louis-Philippe. Léonie sanglote et Mlle de Saint-Salbi clame plus fort que jamais sa foi en l'éternel Louis XVII.

Ce dévouement tragique a un peu étonné les gens qui tranchent de tout — et des genres, et qui veulent qu'on soit tout à fait gai ou terriblement triste.

Et la vie ?

Cette délicieuse, laborieuse et joyeuse époque de Louis-Philippe commence et finit dans le sang. La pièce d'Henri Lavedan pourrait être plus une et plus gaie : elle est vivante et vraie. Tant pis pour l'Histoire !

Elle est admirablement jouée. Siblot est un docteur qui sort d'une miniature de Thévenot et a la plus jolie discrétion et le dévouement le plus sobre. Louis Delaunay a une silhouette inoubliable d'abbé des *Mystères de Paris*, le cœur le plus sûr et une éloquence, une onction aussi involontaires que parfaites ; Grandval a toute la sensibilité et la férocité du citoyen Cherpetit qui aime les pigeons et déteste les plus doux tyrans ; MM. Joliet, Falconnier, Hamel et Lafon sont les plus ténébreux, les plus comiques des boutiquiers et *carbonari* de clubs ; M. Garay est un délicieux notaire, et M. Roger Alexandre mime et joue un peu trop le rôle d'un officier qui devrait être rauque, sans plus, sans parler d'un bicorne qu'il porte à la main et qui est ridiculement petit.

Mme Thérèse Kolb est, à son ordinaire, une servante forte en gueule, en cœur et en âme ; Mlle Lynnès, une garde-malade digne de Daumier. Mlle Marie Leconte a été acclamée : elle a toute la grâce, tout le romantisme et toute la sagesse de la grisette, la fleur du dévouement et de l'amour, le sourire de la Grande-Chaumière, la fraîcheur du lilas, l'éclat des roses de Redouté. Et quelle pureté de voix et de geste ! Elle s'appelle Bouquet : elle est mieux, le délice même.

Blanche Pierson est un miracle de naïveté pensante, de dignité fiévreuse, d'extase sereine, de colère pure, dans le personnage de Mlle de Saint-Salbi ; elle a un comique aussi sacré que son horreur ; c'est véritablement une sainte et une reine.

Quant à Félix Huguenet, il est lui-même et tout lui-même. Sa gentillesse, son entrain, sa bonne grâce, sa joie naturelle, sa facilité, sa rondeur, sa naïveté, tout entraîne, tout plaît, tout domine. Sa composition du rôle de Denis Roulette est un chef-d'œuvre sans effort, une création cordiale et profonde qu'on n'oubliera de sitôt.

Car, dans des décors inouïs et plaisants, dans une mise en scène mieux qu'historique, avec des bibelots et des accessoires du temps, jusqu'aux cartons à chapeaux, *Sire* vivra. On y entend des musiques : le *Chant du Départ* :

La Victoire, en chantant,
Nous ouvre la barrière...

Et *la Parisienne*, de Casimir Delavigne :
> *Soudain Paris, dans sa mémoire,*
> *A retrouvé son cri de gloire :*
> *En avant, marchons !...*

Soyez tranquille, Henri Lavedan, tout Paris marchera !

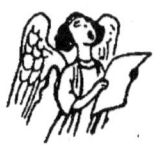

THÉATRE SARAH-BERNHARDT. — *Le Procès de Jeanne d'Arc*, pièce en quatre actes, de M. Émile MOREAU.

Jeanne d'Arc est la patronne de la France. Mieux que sainte Geneviève, patronne de Paris, plus sainte, plus haute, plus près de la terre et du ciel, angélique et virile, héroïque et simple, miracle réaliste, souffle d'acier et d'azur, elle prête des ailes immenses à la force de la France éternelle, donne un corps à l'espoir de la patrie mourante et jette sur le malheur même l'ombre sacrée de son armure : militante dans le triomphe et dans le martyre, elle jaillit toute droite des larmes, du deuil, de l'horreur d'un pays envahi et comme anéanti, accomplit sa mission de foi et de gloire, hausse le sublime naïf et voulu jusques au sacrifice involontaire et à la suprême beauté de l'effort interrompu, de l'apothéose meurtrie, de l'éternité convulsée.

C'est une figure-âme, une bannière-fée, une épée d'idéal : nous n'en avons, après des siècles, ni un portrait sûr, ni une authentique effigie. En peinture, en sculpture, en écriture, on a varié et erré. Et comment en pourrait-il être autrement pour Celle qui est toute vertu, *virtus*, courage, pureté, excellence de cœur, innocence armée, puissance de la terre et du ciel ? Je ne veux pas l'imaginer, je ne veux la voir ni dans un livre ni sur la scène : c'est toute pauvreté et toute grandeur, c'est la flamme de France, sans visage et sans voix : sa voix de vierge s'en est allée retrouver les voix de ses saintes, ses cendres se sont perdues dans le firmament ; elle est le signe divin de la Patrie, le gage entre la France et Dieu. Elle déborde, dépasse, défie toute histoire et tout drame : c'est un étendard subtil et infini qui atteste notre éternité.

Me voilà bien à mon aise pour dire que Mme Sarah Bernhardt a été admirable, émouvante jusqu'à faire crier, écrasante de jeunesse, de pudeur, de misère pathétique et fière dans le drame sobre, coloré, dépouillé à dessein qu'écrivit M. Émile Moreau.

Ce consciencieux metteur en scène d'anecdotes petites et grandes, ce collaborateur érudit et prudent de feu Victorien Sardou avait été, avec son illustre associé, de la longue victoire de *Madame Sans-Gêne :* son œuvre présente, c'est *la Pucelle géhennée*.

Mais l'auteur compose et ruse : il veut du nouveau. Du nouveau dans ce *mistère* vivant du XVe siècle, qui ne comporte que simplesse et méchanceté, sainteté et diablerie ! Il nous montre un duc de Bedford, régent d'Angleterre, neurasthénique — déjà ! — et sentimental, mystique et possédé, qui a échappé moins que personne au prestige de la petite pastoure de Donremy ! Jeanne est prisonnière dans la Grosse Tour de Rouen. Le terrible Warwick veut son jugement et sa mort, d'accord avec le cardinal Winchester, les docteurs de l'Université de Paris et les évêques bourguignons : c'est un beau tableau, riche en couleurs : du fer, de la pourpre, du violet, du noir et du brun, des croix rouges, jaunes et sombres. L'évêque de Beauvais, Cauchon, tremble, malgré la promesse du trône archiépiscopal de Rouen ; les prouesses et la grâce de la Pucelle pèsent sur tous, en lumière. La reine-mère, Catherine de France, admire la captive et la voudrait protéger et sauver ; le petit roi Henri VI frémit de terreur dans cette atmosphère d'inquiétude et de férocité. Mais le cardinal et les prêtres torturent ce fiévreux Bedford : il est envoûté, maléficié par Jeanne, qui est satanique ; le régent, malgré la reine, fait signer par le roitelet la mise en accusation de la prisonnière.

Et c'est l'horreur héroïque et pantelante, l'audience ecclésiastique où la sainte est amenée en confiance : l'envoyée des bienheureuses parle devant les prêtres. C'est l'interrogatoire, presque exact, si beau, si grand, si simple, où la sublime pasyanne dit sa pauvre naissance, ses pauvres travaux, son ordination surnaturelle sous l'arbre des fées, sa marche vers le roi, ses chevauchées, ses triomphes : elle n'a ni orgueil ni crainte et va, va, par phrases courtes, par mélopées, comme elle alla sur les routes, en arroi de guerre. Elle ne perçoit ni les pièges ni les perfidies : elle s'est étonnée de porter de lourdes chaînes, tout à l'heure : pourquoi devinerait-elle le mal quand elle ne le fit jamais ? On va la soumettre aux plus atroces tortures : elle a à peine le temps de s'effacer ! Bedford s'élance : non ! non ! Il se reprend, se précipite : on ne touchera pas à Jeanne !

Elle est dans son cachot, livrée aux sarcasmes, aux outrages, aux désirs, même, de ses gardiens, quand l'inévitable Bedford fait son entrée, chasse à coups de fouet les brutes et s'attendrit, pleure, s'humilie.

Sa tristesse est contagieuse : Jeanne s'apitoie et s'apeure sur le sort de son amie Perrinaïk livrée aux flammes comme sorcière, sur son propre sort qu'elle pressent et qui fait horreur à sa jeunesse. Le régent voudrait la sauver, malgré elle, l'emporter. Mais les juges reviennent — et l'arrêt. Les docteurs d'Université s'acharnent, Cauchon le pusillanime s'efface et Jeanne a une défaillance : elle se rétracte, pour Bedford, pour la reine ! Elle aura la vie, avec le pain de douleur et l'eau d'angoisse, dans un perpétuel cachot !... Voici un bruit, un son argentin, voici les cloches de l'*Angelus !* Elles apportent à la captive les voix chères de la forêt lorraine, les voix souveraines et célestes de Madame sainte Marguerite, de Madame sainte Catherine, de Monsieur saint Michel ! Reconquise et délivrée, Jeanne déchire sa rétractation, broie le parchemin sauveur : elle mourra, mourra, mourra, pure de tout péché, de tout mensonge, de toute faiblesse !

Et c'est l'instant du supplice : les juges, les princes, les dignitaires sont réunis pour voir le cortège : l'épouvante et la mort soufflent sur eux. Ce sont des maudits qui s'injurient, se déchirent et s'affolent, dans des sons de cloches, des clameurs et un respect qui ne va à eux : le petit roi ferme les yeux pendant que la reine Catherine lui détaille, d'une voix défaillante, la lugubre théorie... Un grand cri de « Jésus ! » vient frapper à l'âme tous ces maudits, cependant qu'un jeu de flamme du bûcher vient les aveugler et que Bedford, fou, clame, clame, dans ce chaos de remords et de crime.

Il y a, vous l'avez remarqué, un peu trop de roman dans ce procès-verbal qui se devrait d'être tout digne, tout nu, roulé dans la légende dorée. N'est-ce pas pousser un peu loin l'*entente cordiale* que d'imaginer un Bedford chastement amoureux de sa victime ? N'est-ce pas être trop aimable pour Cauchon, en accablant d'autres prêtres, que de lui prêter de la pitié et de la déférence ?

Mais le spectacle est admirable et l'émotion certaine. La gentillesse de Bedford pourra servir dans une tournée d'Amérique. A Paris, nous avons des tapisseries, des costumes, des cuirasses, des chaperons, des paletots d'armes inouïs.

Nous avons des acteurs excellents et convaincus.

MM. Decœur, Chameroy, Maxudian, Charles Krauss, Guidé, Jean Worms, Duard, Bussières, Weil, Clarens, etc., etc., luttent de sincérité, de brutalité, de sensibilité, de puissance, de douleur et d'effroi ; le jeune Debray est charmant dans le rôle du pauvre petit roi Henri VI ; Mme Marie-Louise Derval est admirable de dignité, de tristesse harmonieuse et touchante, de courage douloureux dans le personnage de la reine Catherine.

M. de Max, avec ses moyens ordinaires et extraordinaires, sa furieuse science des attitudes, sa voix bramante, est un Bedford excessif jusqu'à l'hystérie et à l'épilepsie : c'est de la plus déchirante beauté.

Et j'ai dit la séduction, la grâce, le tragique poignant de Sarah Bernhardt : sans alternatives, toute et toujours dans le noir, dans la peine, dans les affres, avec l'envers de ses extases et le seul trésor de sa prédestination, avec cette seule note de faiblesse fière, héroïque et résignée, elle est délicieuse de rythme, de suavité ; trompette brisée et harpe d'au-delà, elle touche, frappe, plane, règne ; elle est enfant et déesse, chante, épèle, chevrote, clame, plane dans le ton des séraphins ; c'est toute émotion, toute souffrance, tout réconfort. Aux innombrables et indéfinis applaudissements du public, j'ajoute mon salut à la dernière idole.

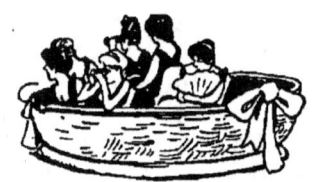

THÉATRE RÉJANE. — *Le Risque*, pièce en trois actes, de M. Romain COOLUS.

Poète, philosophe, dramaturge, M. Romain Coolus pousse la subtilité jusqu'au tourment. Dévoré de la plus noble inquiétude, il cherche les rimes les plus terribles, les mondes les plus vrais et les moins probables, les situations les plus inhumaines. Il ne s'agit que de faire de l'émotion, de la joie ou de la tristesse avec cette algèbre échevelée et colorée : jeu d'enfant pour l'équilibriste de *4 fois 7, 28*, pour l'humoriste du *Ménage Brézile*, pour le douloureux scrutateur de *Raphaël* et de *l'Enfant malade*, pour l'observateur apitoyé d'*Antoinette Sabrier*, pour le jongleur byzantin d'*Exodes et Ballades* : il a toujours joué la difficulté.

Une teinte ancienne et persistante de mélancolie amère, ironique et qui veut s'amuser de soi, une autophagie, si j'ose dire, souriante, se joignent, chez M. Coolus, à une confiance continue dans ses lecteurs et ses spectateurs : il est si gentil, si camarade, qu'il imagine n'avoir de secrets pour personne — et il est tout secret. Il est trop intelligent. Il croit n'avoir pas besoin d'allumer sa lanterne, nous imagine aussi au courant que lui de ses relations et de ses imaginations ; c'est nous faire trop d'honneur.

Et, parfois, nous restons en route et en plan.

Comment et pourquoi, entre autres choses, l'héroïne du *Risqué*, Edmée Bernières, est-elle une femme supérieure, une *surfemme*, un homme de génie ? Qu'elle achète des îles, des ruines historiques et préhistoriques, des marbres et des mers, qu'elle navigue, plane, brasse des affaires, achète des continents, qu'est-ce que ça nous fait puisque nous l'apprenons, d'un mot, sans le voir et que ça ne sert de rien ?

Donc, Edmée, veuve, je crois, a une certaine et plus que certaine liberté de vie vagabonde et active. Elle s'est chargée de l'éducation, si j'ose dire, de sa nièce Louisette, fille de Laure Sourdis, sœur de ladite Edmée, qui aime mieux faire la grue sur place, à Paris, à Nice, à Trouville. Louisette nomme Edmée « maman » et n'a pour Laure qu'un « ma mère » glacé. Nuance. Edmée est tout cœur. Laure n'a que des entr'actes. Edmée, entourée de soupirants d'âge et de grade, sans parler de son admirable secrétaire Chartrin, a depuis quelque temps un grand amour partagé avec Marcel Bauquet, qui est, lui aussi, une manière de génie — en quoi ? C'est une faute. Peut-il y avoir un bonheur tranquille, même irrégulier et caché pour une femme qui n'admet que les coups de dés, les hasards de mer et de bourse, les tentatives hardies, les croisières aventureuses, qui ne songe qu'à posséder la terre et à tenter Dieu ?

Ces diverses occupations l'obligent à des voyages, vous le sentez.

Au deuxième acte, Edmée, qui a emmagasiné à Houlgate sa fille adoptive, son amant, son secrétaire, son médecin, son ami le philosophe Thury, son autre ami l'inutile Randeax, son esclave tunisienne Traki, etc., etc., est contrainte à une tournée d'affaires.

Le secrétaire Chartrin fait une scène à Louisette, qui adore Marcel Bauquet ; Marcel résiste aux représentations du philosophe Thury — et Marcel enlèvera Louisette : attraction criminelle, presque incestueuse — maman ! — naturelle et aveugle, fatalité, fatalité !

Et lorsque, revenue trop tôt, la triste Edmée sera mise au courant par le lamentable Chartrin, lorsque Louisette reviendra un instant pour embrasser sa mère, — sa mère, pas sa maman ! — la tante, la *maman* rivale ne pourra rien, ne voudra rien tenter ; c'est en vain qu'elle affectera de reprendre, de réduire l'enfant voleuse d'amour, qu'elle fera semblant de la vouloir emmener tout de suite, très loin ; elle lui laissera un instant, le temps de fuir, de rejoindre l'amant adoré qu'elle n'a pas daigné forcer elle-même : *Mektoub !* Adieu, va ! Elle restera brisée dans son orgueil intact, ruinée dans sa fierté, mêlant ses pleurs de reine un instant déchue aux larmes de son grand serviteur Chartrin. Et voilà !

C'est *l'Autre Danger* et c'est *le Refuge*. Mais non ! Ce n'est rien de cela ! Il ne s'agit ni de duel d'âges, ni de lassitude. Ce n'est même pas le proverbe « qui va à la chasse perd sa place », ce n'est pas le triomphe de la simplicité sur la recherche, de la médiocrité sur la perfection, ce n'est pas la proclamation de l'exclusivisme de l'intelligence et de la misère des sens, ce n'est pas le génie qui prononce ses vœux de chasteté, c'est une aventure menue et douloureuse, ornée, chantournée, d'un style précieux, élégant, capricant, bosselé et ciselé, d'un dialogue rebondissant, inextinguible. Pour laisser toute sa force à son drame, M. Coolus a même, à l'avant-dernier moment, supprimé un quatrième acte qui lui semblait faire longueur. C'est héroïque : l'exquis et admirable Maurice Donnay n'avait condamné à mort « le quatrième acte » en général, qu'avec sursis. L'action, volontairement dépouillée, en est-elle plus puissante et plus rapide ?

Et un peu aux acteurs. Si M. Chautard est excellent, parfait de dignité légère, de cordialité grave, de dévouement sautillant dans le personnage d'un médecin ami, le docteur Horvois ; si M. Garry est merveilleux de tenue, de passion bridée, de sobre colère, de douleur infinie dans le rôle du secrétaire Chartrin; si M. Signoret est aussi parfait qu'à son ordinaire sous le masque d'un philosophe dramatique qui devrait être académicien, M. Barré est assez falot dans la peau d'un vieux satyre sommeillant et M. Castillan, gêné peut-être d'une barbe sans grâce, n'a ni l'ardeur ni le prestige ni le remords d'un amant très recherché sur la place et génial par surcroît. Mme Suzanne Avril est un peu trop en dehors dans le rôle en dehors de la futile Laure; Mlle Dermoz est un peu trop roide et tragique, trop décidée, trop cruelle sous les traits juvéniles de Louisette, et Mlle Carène outre l'exotisme, la sensibilité et les cris de l'inutile esclave Traki.

Il est inutile de faire l'éloge de Réjane : elle s'est prodiguée comme directrice, comme critique, comme metteuse en scène dans les clairs décors de Lucien Jusseaume ; elle a mené la bataille à fond. De tout son cœur, de toute sa voix, de toutes ses nuances, de son geste varié, de son autorité caressante, dolente et rauque, de sa volonté raidie, de sa tristesse contenue, de son désespoir debout, elle a empli, dressé, humanisé la conception de la surfemme mère sans enfant, maîtresse sans amant qui *crâne* en pleurant, qui règne en craignant et qui n'est qu'une pauvre chose, un mélancolique défi — et rien qu'un défi. Dans ce drame d'idées, à peine de cœur, sans péripéties, sans deuils physiques, elle porte l'angoisse sentimentale, le désarroi intime jusqu'aux larmes de sang.

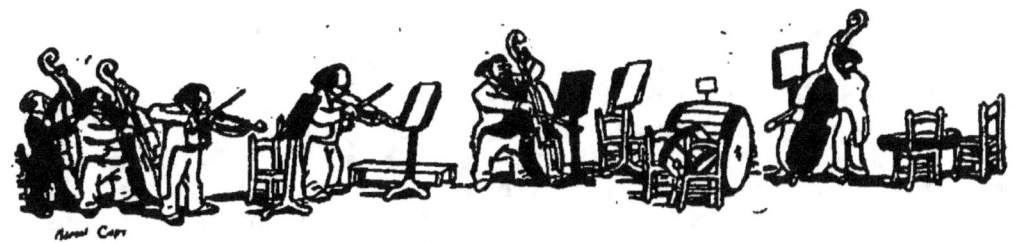

THÉATRE NATIONAL DE L'ODÉON. — *Comme les Feuilles...*, pièce en quatre actes, en prose, de Giuseppe GIACOSA (traduction de Mlle Darsenne) ; *Moralité nouvelle d'un Empereur* (adaptation, en vers, de M. G. Rial-Faber).

C'est un succès d'émotion, de délicatesse, de simplicité, de grâce un peu mélancolique et douloureuse, mais qui sonne si bien à l'âme et au cœur ! Du haut du ciel, ce distingué et sympathique Giacosa doit sourire de toute sa cordialité, de toute sa bonté : celui qui a été le Coppée, l'Augier, le Feuillet et le Scribe de l'Italie doit être heureux de dorer d'un rayon céleste et humain cet Odéon perdu en plein quartier Latin.

Comme les feuilles... est une des dernières productions de l'auteur d'*Une partie d'échecs*. Il n'a plus ni son goût archaïque de la chevalerie, ni son réalisme appuyé. Il garde sa jeunesse de cœur, son observation et son amertume, mais il laisse chanter en soi le soleil natal : il a, dans la maturité, juste assez de tristesse, juste assez d'indulgence pour entrevoir la radieuse espérance. Il sait voir, peindre, faire toucher du doigt l'abîme sans désoler tout à fait, être exact et vrai sans être navrant, et c'était tout nouveau pour les spectateurs du second Théâtre-Français, séduits par un texte orné et simple, strictement traduit par Mlle Darsenne : ils ont fait fête à cette tranche de vie crue mais non faisandée ; ils en ont aimé la cruauté involontaire et la tacite poésie, la grandeur bourgeoise et la gentillesse pathétique — et c'est un soir qui aura les plus chaleureux lendemains.

Comme les feuilles !... Vous vous rappelez la feuille de ce pauvre et grand Arnault :

> *L'orage a brisé le chêne*
> *Qui faisait mon seul soutien...*
> *Où va la feuille de rose...*
> *Et la feuille de laurier...*

Il ne s'agit pas d'un poète exilé pour sa fidélité à Napoléon : c'est plus moderne. Il ne s'ensuit pas que cette feuille sache plus où elle va. C'est, d'ailleurs, une feuille à quatre têtes — et non un trèfle à quatre feuilles : le bonheur ne souffle pas dessus. Voici.

Le brave industriel Jean Roselle s'est ruiné en travaillant. Ne levant pas la tête de dessus ses livres et ses machines, se tuant à la besogne en sublime bête de somme, il ne s'est jamais soucié de son intérieur. Resté seul avec deux grands enfants, il

Leur fit cadeau d'un' bell'mère
Vu qu'il s'trouvait par trop veuf

comme dans la chanson, et ne s'est pas aperçu que ces trois jeunes cervelles dilapidaient son or laborieux à qui mieux mieux. C'est de l'américanisme outrancier, les modes d'après-demain, des jeux, du jeu. C'est la faillite, presque la banqueroute. Sans un cousin, méprisé jusque-là, Maxime, ce serait la honte. Jean Roselle a donné tout ce qu'il avait ; sa femme Julie a garé son argent mignon, après avoir conseillé de dissimuler l'actif, ce dont se serait fort bien accommodé le jeune Tommy, fêtard et snob : seule, Nénelle a encore des sentiments. Abandonnés de tous, parents et amis, les Roselle vont cacher leur misère chez le cousin Maxime, en Suisse.

Dans la médiocrité, les défauts se précisent : Nénelle est toute éberluée d'avoir eu à donner des leçons chez des croquants mal logés. Tommy a continué à jouer et a perdu ; la belle-mère Julie, plus légère que jamais, fait avec des peintres suédois des tableaux qu'elle vendra très cher, pour sûr : il faut que le cousin Maxime, philosophe pratique, aimant, sage antique et moderne, remette les choses au point : il réussit auprès de Nénelle, semble réussir sur Tommy, échoue devant Jules. Pendant ce temps, le chef de la famille, Jean, fait des écritures très humbles comme il dirigeait ses usines, — très loin.

La rafale souffle plus fort et disperse un peu plus les feuilles. Mal préparés, pas préparés du tout au combat de la vie, les pauvres gens s'abandonnent de plus en plus. Julie est pressée de fort près par un de ses peintres suédois et vole les maigres ressources de la maisonnée. Tommy joue de plus en plus chez une femme vieille et interlope : quant à Nénelle, elle est désemparée. Elle voit l'ignominie de sa belle-mère, la vilenie de son frère, l'aveuglement de son père. Elle est à présent sérieuse et grave : Maxime demande sa main, mais comment consentir à cette pitié ? Elle ne se sent pas digne de cette union : elle ne veut plus que mourir.

Elle ne mourra pas. La belle nuit que, tout à fait désespérée, anéantie à l'idée que son frère sombre dans la honte en épousant la catin de cagnotte hors d'âge, que sa belle-mère fuit avec son peintre, elle courra au lac ou au glacier. Mais elle tombe sur son vieux père, qui veille pour gagner quelques sous, comprend son servage, son abnégation, sa grandeur — et il suffira d'un soupir, du soupçon, de la certitude que Maxime veille, lui aussi, dehors, dans le froid et la nuit, pour qu'elle comprenne qu'elle est aimée, qu'elle doit aimer, qu'elle se doit au bonheur de son père, de son mari, au sien propre — sur les ruines.

Cette pièce a beaucoup plu. Elle est entre Becque et Brieux, avec du liant, de la *morbidezza*, de la santé morale et de la *gemütlichkeit* à l'allemande, du cœur, pour tout dire. C'est vivant et prenant.

M. Desjardins, qui a fait effort pour n'avoir pas de volonté, est un très noble Jean Roselle ; M. Vargas est un très généreux, vibrant et sobre Maxime ; M. Maupré, un Tommy douloureux dans son insouciance élégante ; MM. Desfontaines et Fabre, fort exotiques dans leurs tignasses blondes de Norvège. Mme Lucienne Guett a été charmante, parfaite, très à son aise dans le rôle de cette évaporée de Julie ; on ne voit pas assez le flamboiement intelligent de Mlle Devilliers, l'assurance de Mlle Barsane, l'indifférence de Mme Juliette Boyer, les larmes de Mme Kerwich.

Nénelle, c'est Mme Sylvie, qui faisait sa rentrée à l'Odéon : elle y a ramené son charme un peu plus étoffé, son sourire un peu plus grave, son émotion un peu plus marquée et grandissant à mesure. Elle a été toutes nuances et toute progression et s'est attendrie elle-même : est-il de plus folle louange ?

A cette tragédie domestique, M. André Antoine joignait une vieille pièce de famille : *la Moralité nouvelle d'un empereur*, qu'on a déjà applaudie, il y a quatre siècles, et voici quelques jeudis et lundis. Un empereur centenaire qui a laissé son pouvoir à son neveu sort de son agonie et comme de son tombeau pour tuer de sa main le successeur qui a trahi l'honneur et déshonoré une vierge. Ses grands feudataires et son chapelain le morigènent, mais le Saint-Sacrement s'illumine, donne raison au vieux souverain qui clame : « J'ai fait justice, chevaliers ! » Cet acte, joliment et pieusement exhumé, écrit en vers de huit pieds plus que naïfs et agréables, figure une délicieuse imagerie où l'énergique caducité de Joubé, le cynisme acrobatique de Grétillat, la simplesse éloquente et farce de Bacqué, Coste, Renoir, Chambreuil et Desfontaines, la désolation pathétique de Mme Grumbach, les cris noirs de Colonna Romano tissent comme de grandes figures, de grandes fleurs et des larmes héraldiques.

C'est une belle et bonne journée.

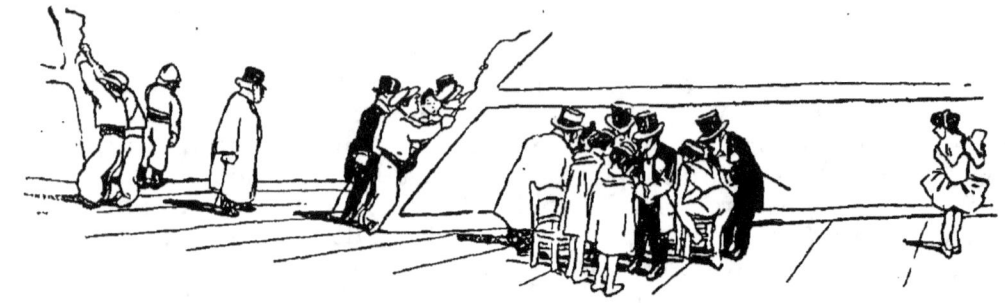

THÉATRE DES VARIÉTÉS. — *Un Ange !* comédie en trois actes de M. Alfred Capus.

Après avoir été l'*Oiseau blessé* de la Renaissance, Mlle Eve Lavallière est, aux Variétés, « l'enfant malade et douze fois impur » que maudit jadis, magnifiquement, le comte Alfred de Vigny.

Mais que dis-je ? Malade ! impur ! Voilà de bien grands mots pour les Variétés, Lavallière et l'autre Alfred, notre Capus national, si doux aux choses et aux gens, qui prête — pour rien — à la vie, de la gentillesse, je ne sais quelle logique cascadante et une sorte de géométrie hilare, qui a fondu son amertume en réalisme fantaisiste, qui a cassé les ailes à son ironie pour en faire de l'observation précieuse et rare, et qui s'est donné les gants du Démiurge lui-même pour tout refaire dans le plus plan des mondes possibles, à la satisfaction générale.

J'erre encore : Capus a laissé ses ailes à Lavallière en l'élevant au grade d'ange ; oh ! ce n'est pas Eloa, Azraël, Gabriel ou Lucifer : pas de ciel, un tout petit enfer intérieur, une moyenne hauteur, un tout modeste envol d'aéroplane au-dessus des misères, des préjugés, de la raison, des coutumières et pâles vertus de notre planète, la fidélité, l'économie, que sais-je ? Vous lui voudriez un peu de jugement et de tête ? Vous êtes sévère : les ailes ne vous suffisent-elles point ? Et quelles ailes ! On en mangerait.

Nous sommes donc dans un casino de Bretagne : l'auteur de *Qui perd gagne* et de *Monsieur Piégois* ne déteste pas le jeu. Mais Antoinette Lebelloy, née Ramier — les ailes ! — l'aime à la folie, le jeu ! Et elle perd, perd — à mériter les plus folles amours. Le malheur, c'est qu'elle n'avoue ses pertes qu'à la longue et à moitié, qu'elle accepte une avance d'argent du tenancier Lambrède, des avances d'amour de M. de Saintfol, que son clerc d'huissier mondain de mari y trouve un cheveu, et qu'il n'y a guère que la bonne Mme Ramier mère, et son mystérieux et cordial chevalier-servant de Léopold, sorte de factotum et ancien conseiller d'Etat, pour déclarer encore que la joueuse impénitente, la flirteuse effrénée est un ange. Mais voici la catastrophe : Antoinette, qui a juré de ne plus toucher une carte, rejoue et reperd : Saintfol répond pour elle, renonce à la main de la fille du brave baron de Sauterre : scandale, provocation, tumulte. Tout s'arrange sur le champ : c'est du Capus.

Mais voilà Saintfol empêtré dans les ailes de l'ange Antoinette !

Et comment ! Divorcée, compagne libre du seigneur de Saintfol, mais à la veille de convoler avec lui le plus légitimement du monde, elle l'a déjà radicalement ruiné. Le papier timbré s'accumule chez le gentilhomme avec les bibelots impayés : de vagues individualités viennent jouer ; c'est un tripot et un boudoir, un salon et même une salle à manger, car la maman Ramier, l'inévitable Léopold viennent y manger sans joie et en silence, car Mme Ramier n'aime pas son futur gendre. Lorsque les choses semblent amenuisées, explosion ! Les papiers timbrés font balle et boulet : l'huissier fait sa sinistre et triomphale entrée ! Vous l'avez deviné, n'est-ce pas ? l'huissier est l'ex-clerc d'huissier, l'ex-mari d'Antoinette ! La scène entre les deux hommes est exquise et simple, mais pendant que Saintfol est allé chercher de l'argent, Antoinette arrive, Antoinette un peu aguichée du prochain mariage de son conjoint d'hier avec une cousine de son amant, Antoinette montée en ton, ayant réponse à tout, parlant du haut de sa tête : elle apprend que son époux de demain est radicalement ruiné. Va-t-elle l'abandonner dans ces conjonctures pour suivre l'huissier Lebelloy, qui la presse et l'aime toujours ? Non ! non ! Elle se laissera embrasser pour avoir la paix et rester à Saintfol. Elle est surprise, vous n'en doutez pas, par son amant, par son mari de demain, et le retourne comme une crêpe en lui prouvant que si elle a embrassé son ci-devant époux, c'est par amour pour son amant et pour pouvoir lui rester fidèle dans sa détresse. Mais quoi ? Saint-Fol n'est plus ruiné : son oncle de quatre-vingt-dix-sept ans est mort et lui laisse une fortune énorme ! Adieu ! adieu ! Il ne s'agit plus de dévouement ! Elle va retrouver son huissier, à la grande horreur de Léopold, qui se dévoile, qui n'a jamais adoré qu'elle, qui n'a que quarante-deux ans en en paraissant cinquante-cinq, qui n'a que quarante-deux mille francs de rente, mais qui les a pour elle et qui se désole, se désole, se désole !...

Il ne se désolera pas toujours. Retiré en Bretagne dans le château de Saintfol, le brave Léopold finira par retrouver, par prendre, par garder l'ange Antoinette. Sainftol et Lebelloy s'entendent pour n'en plus vouloir et pour épouser chacun de son côté. Antoinette, survenue par miracle, après une nouvelle *culotte* à Biarritz, avant une nouvelle aventure avec un Anglais, se contente de son vieil amoureux.

Et après ? Vous m'en demandez trop ; il y a peut-être une autre pièce — ou deux ou trois.

L'inconscience et le démon du jeu, l'audace calme, l'autorité caressante et froide à la fois de « l'Ange » peuvent durer encore des milliers d'années ou, du moins, des centaines d'actes. Arrêtons-nous ici, avec le délicieux auteur, en acceptant, comme lui, un semblant de conversion. A vingt-deux ans, avec un mari de quarante-trois hivers, on peut devenir chaste et rangée... Hum ! hum !... vous doutez ? Essayez !

Le vrai, c'est que la pièce d'Alfred Capus est toute en cliquetis de formules magiques et vivantes, en facettes d'humanité cynique, en hachis de sentiment, en sincérité contenue, en mélancolie facétieuse, en milliers de larmes retournées en sourires : philosophie, attendrissement en gelée, émotion qui cabriole : c'est la vie. Et c'est tout plaisir, toute joie, toute finesse.

J'ai dit la simplicité triomphale, la tranquille férocité de Mlle Eve Lavallière, qui plane, qui règne, qui gourme, qui séduit et qui reconquiert avec des yeux larges comme des chapeaux et une voix sereine comme un mensonge. Mme Marie Magnier est admirable de dignité comique, de naïveté despotique, de tact outrancier dans le rôle de la mère Ramier. Mme Jeanne Saulier est une cousine fort élégante, fort séduisante, fort bien disante. Mlle Jeanne Ugalde est une jeune fille charmante et très joliment ingénue, et Mmes Marcelle Prince, Chapelas, Delyane, Fraixe, etc., ont droit à toutes les louanges.

M. Guy a été, mieux que toujours, parfait de tenue, de vérité, d'émotion voilée, de demi-comique dans le très difficile personnage de Léopold. M. Max Dearly s'est fait violence pour s'interdire toute fantaisie, pour être presque grave sans cesser d'être plaisant et parfait dans la peau de l'huissier Lebelloy. Dieudonné est inouï de rondeur et de verdeur sous sa pelure de baron breton. Moricey est un tenancier de cercle tout craché et MM. André Simon, Petit, Rocher, Avelot, sont exquis.

J'arrive au drame de cette comédie. Contre les médecins, envers et contre tous, M. Albert Brasseur a interprété jeudi, à la répétition générale, le rôle de Saintfol : c'était de l'héroïsme. Avec un souffle de voix, un chuchotement à peine perceptible, une articulation désespérée, un geste impeccable, une volonté tragique, il a rendu toute la gentille mièvrerie, tout le néant galant et élégant, toute la lassitude involontaire de son personnage de luxe. Il en est resté sur le flanc : honneur à lui !

Après cinq jours de remise — tragédie sans exemple boulevard Montmartre — Prince a donné à Saintfol sa physionomie mobile, son sourire disloqué, sa voix changeante, toute sa grâce comique, toute sa fougue hésitante, toute son autorité comme bégayante, classique, fantaisiste, irrésistible, qui tient de l'Odéon et des Clodoches. Il a été acclamé — avec la pièce.

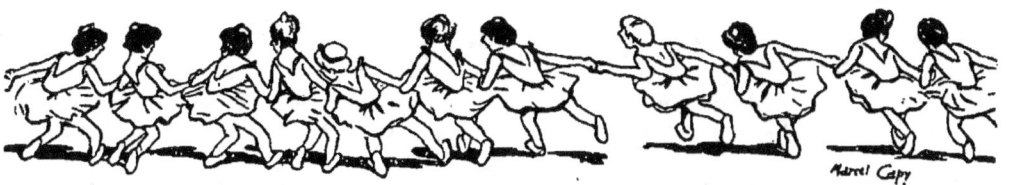

THÉATRE DU GYMNASE. — *Pierre et Thérèse*, pièce en quatre actes, de M. Marcel Prévost.

Le titre même de la nouvelle pièce de M. Marcel Prévost, — ces deux prénoms accolés et comme fondus, — indique le dessein d'une œuvre intime, intense et brûlante : il s'agit d'une anecdote dramatique et non d'une thèse générale, plus ou moins philosophique et sociale. Les questions si graves qui se posent dans ces quatre actes, celle de la confiance immense et hermétique entre époux, celle de l'estime dans l'amour ne reçoivent qu'une solution provisoire et particulière. Et pourrait-il en être autrement ? Une des femmes les plus éminentes de ce temps me disait, un jour de crise : « Le mépris, passe encore ! Mais le dégoût !... » Et le dégoût n'y a rien fait.

L'auteur des *Demi-Vierges* n'a pas poussé jusqu'à ce cercle de l'enfer sentimental et sensuel. Son drame consciencieux, intéressant, émouvant, ne dépasse guère le purgatoire. Voyons :

Thérèse Dautremont a vingt-cinq ans. Fille d'un gros banquier, sénateur, dignitaire et bien pensant, elle s'est décidée, d'un grand coup de cœur, après avoir refusé les plus brillants partis de tout repos, à épouser un Gascon de trente-six ans, nouveau venu dans le Gotha de la finance, surhomme d'affaires, un peu aventurier et suffisamment mystérieux, moitié Antony, moitié Robert Macaire (en plus pâle), Pierre Hountacque. C'est un ami de la femme de confiance qui a élevé Thérèse, Mme Chrétien, et il a pourvu à l'éducation du fils Chrétien, ciseleur d'art, le jeune Maxence, vingt et un ans, qui a conçu pour Thérèse un amour désespéré. La maison inondée, en même temps que de cadeaux de noces, de lettres anonymes sur le fiancé, et le frivole babil de la jeune Suze Dautremont, son gentil flirt avec le baron Moulier ne distraient pas le banquier et sa fille aînée de l'énigme charmante, puissante et redoutable qu'incarne le néo-millionnaire Hountacque. Une lettre plus précise, signée, arrive : une comtesse de Luzeray accuse la mère de Pierre d'avoir volé son époux et Pierre d'avoir été élevé par lui. Mais voici Pierre, très d'attaque et très câlin. Il avoue : il a menti. Mais pouvait-il accuser sa mère et confesser sa honte ? Il a fui, dès qu'il a pu. Alors ? Et, plus aimante que jamais, éprise jusqu'à la pâmoison, Thérèse se donne à Pierre qui n'a plus de secrets, et qui est tout neuf, tout frais — et tout chaud.

L'étreinte dure. C'est la lune de miel, dans un château de Gascogne où un pavillon de chasse a été réservé à la bonne Mme Chrétien, à son fils Maxence et au parrain de ce dernier, le bohème ivrogne Coudercq, ancien employé de banque à Bizerte, que nous avons déjà entrevu et qui est un vieux camarade d'Hountacque, tombé dans la mendicité. Absorbé par l'amour, Pierre néglige son vieux collègue qui, malgré les gentillesses de Thérèse et laissé seul avec son filleul en compagnie d'une fiole d'armagnac, se laisse arracher l'atroce vérité : il y a neuf ans, à Bizerte, Pierre a fait ou s'est fait faire des faux pour 170 000 francs; bien plus ! il a blessé à peu près mortellement Chrétien, son autre collègue, le père de Maxence ! Et Maxence bout de colère et d'espérance : en dépit de sa mère, il agira contre ce Pierre qui embrasse encore Thérèse, il les aura, l'un et l'autre !

Il va, au moins, avoir Pierre. Le soir même de l'inauguration solennelle et mondaine, en musique et en costumes, de son hôtel, au moment où Suze et le baron Moulier s'accordent définitivement, en poudre et en talon rouge, en fantaisie et en pratique, Hountacque est menacé, directement, du bagne — sans plus ! En plein triomphe, il voit son vieux péché se lever contre lui ! Les faux sont là, photographiés. Et Thérèse sait ! Défaillante, elle doit sourire à ses invités et invitées qui savent aussi et s'en vont, à l'anglaise. C'est la scène, la scène entre ces époux passionnés, plus amants qu'époux et si unis, si fiers l'un de l'autre ! La fatalité souffle : Pierre avoue. Thérèse pleure, reproche, s'effondre. Pierre se redresse : il avait le droit d'accepter les faux qu'on fit pour lui; il s'agissait d'échafauder sa fortune, sa fortune dont il a fait bon usage, dont il a fait du bien pour tant de gens qui vivent de lui ! Et toutes les fortunes n'ont-elles pas des hontes et du sang à l'origine ? La famille de Thérèse, si bourgeoise, si sévère, si collet monté, ne s'est-elle pas enrichie par les exactions de la gabelle, et le sénateur Dautremont n'a-t-il pas des suicides à son actif ? Thérèse n'est pas convaincue : elle luttera pour son mari, mais elle se refuse à lui, en attendant : le pauvre homme reste seul, avec ses pensées.

Et quand tout sera arrangé, quand le pauvre Coudercq aura clamé son innocence, son honnêteté de miséreux tenu par sa drôlesse de femme, quand Maxence, éperdu et chancelant, aura déchiré les photos des faux en apprenant que le véritable faussaire était son propre père, Thérèse, dans le triomphe, demandera à Pierre d'attendre un jour encore avant de reprendre, au lit, la raison sociale et conjugale.

Ce dénouement en nuance est plus psychologique que dramatique. Il touche profondément et fait penser. Après ses réflexions. Thérèse ne sera pas meilleure. Elle se prêtera à une sorte d'adultère légitime ; ce qu'elle retrouvera, ce qu'elle trouvera dans son mari, c'est le Pierre de ses cauchemars, le Pierre qu'elle ne voulait pas deviner, le bandit de jadis, le faussaire, le forçat plus ou moins honoraire; elle humera sur lui son odeur d'aventure, le trouble de son âme, sa violence, sa fureur de vivre ; ce ne sera plus le *self made man*, ce sera l'*outlaw* — et il y aura je ne sais quel vice dans cette étreinte renouvelée et passionnée, dans cet amour dans les ruines, dans ce baiser de pardon sans oubli. Voilà le drame à écrire !

Tenons-nous-en à l'œuvre d'hier qui est sympathique et chaleureuse, qui a des nerfs et du cœur, qui est réaliste et romanesque, sait sourire à l'occasion et ne recherche pas un style trop rare.

Marthe Brandès, un peu froide au début, s'abandonne tout à fait dès que Thérèse se donne : elle met de l'âme dans ses sens et de la fierté dans sa douleur ; elle est très vraie, très haute, très pathétiquement harmonieuse. Monna Delza est une Suze délicieusement mutine et enjouée, sérieuse dans son rire et infatigablement exquise; Mme Henriot est parfaite de tenue et d'émotion dans le personnage de Mme Chrétien ; Mme Claudia est très amusante en institutrice anglaise ; Mmes Darmody, Copernic, Buck, Démétier, etc., tiennent avec distinction ou fantaisie des rôles épisodiques.

Pierre, c'est M. Duményi, avec son autorité, son aisance ordinaire et extraordinaire, sa grâce forte, sa déchéance qui se reprend, qui gronde et qui caresse ; Paul Plan est parfait de rondeur, de tenue, de grandeur bourgeoise et tendre sous la redingote du sénateur Dautremont ; M. Jean Laurent (Maxence) a toute la fièvre, toute la furie, toute la haine, toute la passion, tout l'écroulement qui conviennent ; M. Charles Deschamps, en baron Moulier d'aujourd'hui, en marquis d'avant-hier, a toute l'élégance froide de ses rôles et je ne sais quel parfum de pavane ; MM. Arvel, Bouchez, Henry Dieudonné sont excellents ; Tervil est ahurissant sous sa livrée. Enfin Janvier est la joie amère, la vérité bégayante, criante de la soirée : il a fait du bonhomme Coudercq une création inoubliable. Ses moustaches tombantes, son honnêteté ânonnante, éloquente et pâteuse, son désir de faire le bien en laissant faire le mal, sa misère de pauvre être saisi, ballotté, aimant et pleurant, tout a été justement acclamé. C'est atrocement grand : c'est le drame de ce drame.

PORTE-SAINT-MARTIN. — *La Massière*, comédie en quatre actes, de M. Jules LEMAITRE. (*Première représentation à ce théâtre*)

Le joli triomphe clair, ému et charmé, le délice à peine douloureux et profond, le sourire mi-partie de la Massière, son expérience, son enseignement et sa résignation, tout cela est d'hier — mais hier, c'est si loin ! Lucien Guitry a donc eu raison, cependant qu'il salue ses drapeaux et étendards d'à côté, de vouloir être acclamé, justement, dans son rôle de Marèze.

Il s'agit — je n'ai pas à raconter la pièce — de la dernière flambée d'un cœur quinquagénaire, à la fois tendre, paternel, apitoyé et artiste : un peintre qui vieillit a une affection trouble et intense pour la massière de son atelier d'élèves-femmes. Elle est pauvre, fière, touchante, charmante, jolie, et a beaucoup de talent : le Maître s'émeut, admire, glisse à un sentiment où entre du désir ; la jeune fille est reconnaissante, flattée, prise dans son âme droite et ferme, dans son cœur de vierge qui n'a pas connu un père mort trop tôt — et la femme du peintre, aimante, dévouée, quadragénaire, se désole, se laisse être jalouse, menace la massière Juliette Dupuis, la chasse même de la maison, où elle est revenue malgré sa défense.

Mais le fils Marèze, qui a vingt et un ans, qui est toute liberté, toute fièvre et toute droiture, prend la défense de la pauvre enfant. Il lui servira de chaperon et de chevalier, quitte à pousser au désespoir et à une colère quasi meurtrière l'ardent auteur de ses jours.

Et la jeunesse, hélas ! triomphant de la maturité, Jacques Marèze épousera Juliette, qui a touché la brave femme de mère Marèze, qui désarme le brave homme de père Marèze, qui se contentera de l'épée de l'Académie des Beaux-Arts, où il vient d'être élu, et qui, en guise de flamme, s'en tiendra à un coin de feu en compagnie de sa femme exquise et vieillissant avec lui.

Catulle Mendès a dit naguère, je crois, la grâce diverse, ouatée, mouillée, rebondissante, naturelle, savante, précise et large, l'humanité précieuse et exacte, l'angoisse immense et menue de ces quatre actes en relief et en nuances, le pépiement gentil des élèves, le malaise inquiet et touchant des époux Marèze à table, en face de la place vide du grand fils, la bonhomie maternelle de Mme Marèze, la grandeur simple du renoncement de Marèze, toutes les phrases comme sans apprêt, mais non sans délice, tous les *mots* où l'esprit infini, l'intelligence inégalable, la rare sensibilité de Jules Lemaître s'éjouaient avec un soupçon de larmes...

Guitry et Judic — les Marèze — ont gardé leur charme et leur autorité. Anna Judic, bonne et jalouse, irascible et facile à toucher, est admirable de naturel et tout cœur ; Guitry, lourd, avec ses cinquante-cinq ans bien tassés, un peu trop arrivé, un peu trop bohème, qui a des ailes à l'âme et des rhumatismes, qui appuie sur ses phrases et a des « hein ! hein ! » à démolir l'atelier, qui a des yeux de dix-huit printemps et des jambes de podagre, des élans, des désespoirs, de l'enthousiasme, de la fleur bleue, est merveilleux de geste, d'hésitation, de brusquerie, de silence et d'accent. M. Lamothe est un jeune Jacques très fanatique, M. Mosnier est un académicien gâteux et sournois fort hilarant et M. Fabre est un modèle terrible.

Il faut louer Mmes Deréval, Lorey, Fleury, Leduc, qui sont espiègles et délicieuses ; Mme Bouchetal, qui a de la dignité. Enfin, Mlle Jeanne Desclos, qui représentait Juliette Dupuis, a eu les plus jolies qualités de fraîcheur, de joliesse et d'ingénuité. C'est Brandès qui avait créé le rôle. Nous ne nous amuserons pas au jeu facile et cruel des comparaisons. La nouvelle massière — M. Guitry nous l'avait cavalièrement confié — n'était pas en possession de tous ses moyens : émotion, aphonie, maladie. Son filet de voix, son rien de geste a suffi aux spectateurs, tout heureux de se réchauffer dans une atmosphère humaine et divine de bonne volonté, d'honnêteté, de bonté, de vertu et d'esprit.

21 décembre 1909.

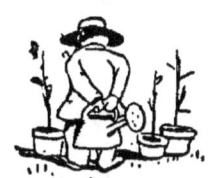

THÉATRE RÉJANE. — *Madame Margot*, pièce en cinq actes, dont un prologue, de MM. Emile MOREAU et CLAIRVILLE.

Avec ou sans M. Clairville, M. Emile Moreau devient une sorte de Cour de cassation : il évoque par devers lui le procès de Jeanne d'Arc et la cause de Marguerite de Valois, reine de Navarre. On sait que cette sainte et cette femme n'ont aucune ressemblance ; les dramaturges veulent rendre au moins à l'épouse divorcée d'Henri IV le mérite et la vertu d'une inépuisable bonté, d'un dévouement gracieux et gai, sans parler de son esprit qu'ils n'ont pas rendu tout entier : il y en avait trop.

En tout cas, *Madame Margot* est un admirable spectacle, d'une richesse, d'un pittoresque, d'un agrément pathétiques et spirituels ; on respire l'Histoire à pleins yeux, si j'ose dire, et à plein cœur : ce ne sont que brocards gaufrés, casques, cuirasses, plumes, salles merveilleuses de palais, jouets du temps, toques et toquets, fraises et hauts-de-chausses, musiques d'époques et danses authentiques ; c'est un musée, mais un musée singulièrement vivant et émouvant, changeant et grand jusque dans l'angoisse.

Et comment pourrait-il en être autrement lorsque le maître du jeu c'est Réjane, Réjane aussi à l'aise sous le vertugadin empesé de Mme Margot que sous les atours à la grecque de la maréchale Lefebvre, plus Madame Sans-Gêne que jamais, dans une action plus ramassée et plus dramatique.

Elle n'est plus la Margot avide d'amour, facile et fatale de la Môle, celle qui se donne au hasard et par amour du plaisir, frénétique, italienne, diabolique et charmante quintessence des damnés Valois, collectionnant les cœurs et les têtes de ses amants, sauvant, par jeu, Henri de Navarre, son mari, lors de la Saint-Barthélemy, et faisant, à la veille de sa mort, couper le cou à celui de ses pages qui a tué l'autre — et ils avaient seize ans et aimaient — comment ! — cette sexagénaire !

Alexandre Dumas prétendait qu'on a le droit de violer l'Histoire quitte à lui faire des enfants ; MM. Moreau et Clairville prétendent suivre l'Histoire, et ils se contentent de la peupler d'enfants. Mais n'anticipons pas.

Donc le prologue nous montre Margot à peu près prisonnière, exilée à Usson : elle s'amuse et gouaille parmi ses regrets et sa ruine, plaisante avec Bellegarde qui passe. Mais il n'y a pas de quoi rire. La nouvelle maîtresse du roi Henri, Henriette d'Entragues, est grosse et le roi veut l'épouser. Tous les d'Entragues et les d'Auvergne viennent demander à Margot de consentir à la répudiation. Elle refuse. C'est sa mort : on n'hésite pas, à ce moment, à supprimer les enragées et les obstinées. Mais voici une visite inattendue : le roi. Il plastronne, gasconne, hâble, rit : il vient bien se démarier, mais ce n'est pas pour épouser la d'Entragues, c'est pour s'unir à la propre nièce de Margot, Marie de Médicis, pour son argent. Et c'est très mélancolique : il est sans illusion et sans amour. Margot accepte. Elle reviendra à Paris et veillera sur le nouveau couple.

Comme elle a raison ! Quelle pétaudière que le Louvre ! Ce ne sont que favorites et favoris, suceurs de pécune et de peuple : Marie de Médicis traîne son favori Concino Concini, la d'Entragues a amené sa jolie famille, le roi est empêtré dans sa marmaille bâtarde et légitime et joue avec elle devant l'ambassadeur d'Espagne ; ce ne sont qu'ennemis intérieurs, extérieurs, à la ville, à la cour, au lit ! C'est Margot, qui vient en voisine, qui débrouille l'écheveau des trahisons, avec le fidèle Sully, qui fait arrêter d'Epernon, au moment où toute la nouvelle cour la raille et l'insulte, Margot qui sauvera la vie du roi. Car les d'Entragues et les d'Auvergne, de complicité avec le jésuite Cotton, confesseur d'Henri IV, ont décrété la mort du Béarnais. Un mot d'enfant, — les enfants jouaient autour des conspirateurs — apprend le hideux projet à Margot qui, pour empêcher son ancien époux de voler à la mort , lui rappelle qu'elle a été sa femme et la redevient, peu ou prou, pour une nuit.

Bellegarde, blessé dans le carrosse royal, prouve à Henri le danger qu'il a couru : les d'Entragues sont emprisonnés, Margot triomphe et le Vert-Galant, un peu mélancolique et très attendri, rend grâce à sa fidèle mie, en attendant la fatalité.

Mais que signifie un résumé ? Je n'ai même pas pu mettre à leur place les colloques, les grâces, les ris, les manières, les danses, le sérieux précoce, les naïvetés savantes des infants, la pavane dansée par la toute petite Marie Schiffner, les gentillesses et les singeries royales des jeunes Andrée Sauterre, Maria Fromet, Madeleine Fromet et Jane Jantès ! Je n'ai pas dit le charme de haulte gresse, l'archaïsme tout nu et tout coloré du parler, des dialogues, des scènes, leur brutalité amignotée, leur verdeur à la volée et comique et ravigotante.

J'ai fait deviner, j'espère, la bonne humeur tutélaire, délicieuse, hautaine et fine, les infinies nuances de l'autorité et du charme de Réjane ; Suzanne Munte est une Henriette d'Entragues suffisamment séduisante et vipérine, Suzanne Avril jargonne très joliment en Marie de Médicis, Mme Guertet, Dermoz, Rapp, Renhardt, etc., épandent des splendeurs et des grâces diverses ; M. Garry est un Henri IV un peu maigre, mais bien disant, fort congru, éloquent et digne, à la fin ; Signoret dessine avec sa maîtrise ordinaire la silhouette sinistre du père Cotton, Chautard est un Bellegarde chaleureux, spirituel, parfait ; Castillan est inquiétant en Concini, Barré baragouine très intelligemment en Zamet, Garrigues est un traître convaincu et hérissé ainsi que Monteaux ; enfin, dans le personnage de Vitry, M. Marquet porte le plus admirable casque du monde.

Et voilà une pièce qui a toutes les magnificences de la féerie, toutes les richesses de l'histoire — en mieux, puisque c'est une pièce qui finit bien.

24 décembre 1909.

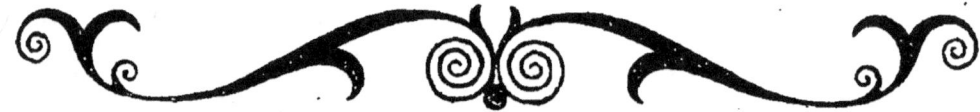

VAUDEVILLE. — *La Barricade*, pièce en quatre actes, de M. Paul Bourget.

M. Paul Bourget a bien mérité de la République. Si sa pièce âpre, douloureuse et résolue, a eu le triomphe angoissé et tragique, s'il y a eu dans la salle un peu du frisson des bourgeois de la Décadence regardant monter les grands Barbares rouges, et si le Moloch avide et formidable du syndicalisme a semblé apparaître au Vaudeville et ouvrir sa gueule géante au-dessus d'une rivalité amoureuse, c'est que le conflit sentimental, l'anecdote, n'étaient que symbole, et que l'auteur de *Mensonges* a posé le problème social avec une rigueur presque atroce, qu'il a peint la guerre de classes férocement en indiquant, comme d'un coup de sabre, les déchirements intimes qu'elle provoque et qu'elle provoquera : c'est une large et profonde tragédie. Les convictions de M. Paul Bourget pouvaient, devaient faire intervenir dans la lutte la loi d'amour, l'idée chrétienne que la vie est une épreuve, qu'il faut souffrir pour mériter, qu'il faut obéir ; par un scrupule admirable, il n'a pas voulu de ce secours sublime et commode : les patrons et les ouvriers n'ont que leurs armes terrestres, leurs appétits, leur volonté, leur besoin de manger, leur désir de n'être pas mangés ; c'est l'assaut du capital et la défense du coffre-fort : ce sont, de part et d'autre, des hommes abandonnés à eux-mêmes, à la condition que ce soient des hommes.

C'est dans une catégorie assez rare du monde du travail que l'auteur de *l'Étape* est allé chercher ses personnages : les ébénistes d'art. Il n'a pas osé manier les masses énormes des terrassiers, des maçons, des boulangers : sa grève est une grève de luxe : elle n'en est pas moins violente, et ces ouvriers, plus qu'à demi artistes, n'en sont pas plus commodes. Mais arrivons à l'action, j'allais dire, un peu trop tôt, à l'action directe.

M. Breschard a quarante-neuf ans. Il est à la tête d'une grande fabrique de faux meubles anciens, très loyalement au reste : il reconstitue, copie, ne truque pas et laisse ses clients titrés faire de la brocante et vendre ses produits comme du Boule ou du Leroy. Il a une fille mariée à un riche architecte et un fils de vingt-cinq ans, Philippe, socialiste de salon et de revue, charmant garçon au reste, et vertueux, fort épris de Mlle Cécile Tardieu, fille d'un riche bijoutier. Mais Tardieu ne consent pas au mariage ou n'y consentira qu'à une condition : si Breschard s'engage à ne pas se remarier, tout au moins à n'épouser point sa maîtresse — car il a une maîtresse, irréprochable d'ailleurs, une de ses ouvrières, Louise Mairet. Le jeune homme est atterré, mais quand son père lui a conté ses pathétiques et nobles amours, un roman de pitié, de tendresse et de gratitude commencé au chevet d'une mère mourante, continué dans le plus grand désintéressement et la plus tendre dignité, Philippe se sacrifie : que Breschard épouse ! Mais en voilà bien d'une autre ! Le comte de Bonneville a fait rapporter un meuble abominablement *saboté*, empli de tiroirs en tulipier — une hérésie pour du Louis XVI — et quel tulipier ! Ce ne sont qu'inscriptions injurieuses et abjectes ! Le patron interroge son contremaître, le fatal Langouët, qui est comme un frère pour Philippe et qui a partagé ses jeux, ses rêves, son idéal. Langouët répond sournoisement : il a son secret. Le vieil ouvrier qui a fait le meuble, Gaucheron, arrive : il a été mandé d'urgence. Il n'y a pas d'erreur : c'est du sabotage et du sabotage fait sur place. Mais pas d'histoires ! Il réparera chez lui. Il ne faut rien dire : les ouvriers s'agitent, la grève couve — et ce n'est pas le moment !

Non certes, ce n'est pas le moment ! Breschard doit exécuter, dans un délai déterminé, une formidable commande pour Londres : il s'agit de quatre cent mille francs, et il a engagé tous ses fonds. C'est la ruine, le déshonneur peut-être — et Langouët le sait. La grève couve de plus en plus : on exige l'unification des salaires. Eh ! le patron cédera ! Mais l'homme est soumis à une rude épreuve : sa fille lui dit que sa maîtresse Louise Mairet aime l'odieux Langouët, et cette Louise ne veut pas l'épouser parce qu'elle est ouvrière, qu'elle entend rester ouvrière, « rester de sa classe », et qu'elle fera grève si on fait grève, qu'elle épousera cette grève qu'elle a tout fait pour éviter : c'est la fatalité de la Bourse du travail, divinité du jour ! Et la voilà, la grève ! Il est quatre heures : le délégué du syndicat, le camarade Thubeuf, fait son entrée solennelle, suivi des ouvriers : Breschard ne veut pas le connaître : il n'est pas des siens. Le patron se cabre : ce qu'il aurait accordé à ses ouvriers, il ne se le laissera pas extorquer par un étranger, par un ennemi ! C'est la grève : tous les ouvriers, malgré leur attachement à Breschard, suivront l'ordre du syndicat. Ils s'en vont. C'est la ruine ! Non ! Un double réconfort est permis au patron et à l'amant : le vieil et sublime Gaucheron tâchera à faire l'ouvrage pressé et y réussira : on travaillera en secret, à la muette, au diable, avec des ébénistes de hasard et merveilleux. On réussira ! Et — miracle plus cher ! — l'atelier des femmes n'a pas fait grève ! Louise Mairet passe à l'ennemi, au patron, à l'être cher qui est malheureux ! Ils s'embrassent ! Ils s'épouseront — et Breschard reprend courage tandis que son fils, atteint dans ses espoirs et ses chimères, retombe dans son sacrifice incessant.

Gaucheron a tenu sa promesse : dans un vieux couvent désaffecté, la commande a été exécutée, elle est prête à livrer. Les *jaunes* sarrasinent de tout cœur et mangent de toutes leurs dents. Mais les grévistes ont été prévenus et viennent chasser les *renards*, débaucher les travailleurs. Tous abandonnent le labeur, sauf le vieux Gaucheron. Mais c'est l'œuvre qui est en péril : on va démolir, détruire les meubles en délicatesse avec le syndicat. Gaucheron les défend de sa vieille énergie et de son revolver ! Le terrible Langouët propose de l'enfumer. La responsabilité du crime, il l'assumera seul : c'est lui qui mettra le feu aux copeaux et aux planches ! Une dernière générosité le fait supplier Gaucheron de partir : c'est son ancien apprenti ! Mais le crime ne sera pas commis : Louise Mairet survient, supplie, se laisse brûler, puis elle s'abandonne, confesse son amour pour Langouët, le reprend à deux et trois reprises ; la police arrive avec Breschard, qui ne se plaint pas, qui n'en souffre pas moins, et il faut toute la furie de l'ancien contremaître pour qu'on l'arrête.

On ne le gardera pas. La grève est terminée, les grévistes affamés. Les patrons ont formé une ligue : personne n'occupera plus Langouët, qui est en ménage avec Louise. C'est son ancien ami, son ancien frère, Philippe Breschard, qui exige de son père, qui obtient de lui signifier son arrêt, cruellement ; ce sont *les Petits Oiseaux*, de feu Labiche; jamais on n'a vu revirement plus complet. Breschard lui-même rejette les prières de cette Louise qu'il a aimée et qui l'a sauvé, qui n'a jamais rien accepté, qui est héroïque et sainte, et il faut le *deus ex machina* de cette pièce, le merveilleux Gaucheron, pour que le patron permette, grâce à vingt mille francs donnés anonymement à Louise, de s'établir avec Langouët, qui ne sera pas contraint de se livrer à l'ivrognerie et au syndicalisme ensemble.

Ce serait très cruel et même sans noblesse si ce n'était du symbole. M. Paul Bourget établit, dans sa pièce très éloquente et très émouvante, que la fraternité d'idées, que le dévouement et l'amour ne peuvent exister d'un monde à l'autre : il y a le fossé et, en guise de passerelle, il y a la barricade.

Ce drame a eu, je l'ai dit, une fortune enthousiaste. Lérand est un Breschard un peu pleurard, mais excellent à son ordinaire ; Louis Gauthier est un Langouët fier, méchant, passionné, titubant ; Joffre est un admirable Gaucheron, fidèle, malin, sublime, bonhomme et qui serait plus admirable encore s'il ne faisait pas un sort à tous ses mots ; Baron fils est délicieux de naturel, d'aisance, d'autorité canaille dans le rôle du gréviculteur Thubeuf ; Maurice Luguet est un industriel important ; Larmandie, un comte élégamment ficelle ; Lacroix est un Philippe vibrant, jeune, sincère et terrible ; Levesque est un *jaune* de Bordeaux, jaune de poil, de tablier et de pantalon, et Ferré un *jaune* de Marseille, très noir et très comique, — et il y a un gamin qui fait les plus belles pirouettes.

Nelly Cormon est fort élégante et véhémente ; Ellen Andrée est fort spirituellement pittoresque ; Marguerite Carèze est la plus touchante, la plus émue des ingénues, et Yvonne de Bray fait tout ce qu'elle peut pour avoir la force, le charme, le trouble, le cœur, l'âme, le malheur de Louise Mairet.

Mais il s'agit bien d'incarner des héros et des héroïnes dans cette démonstration, ce drame d'idées, ce cinématographe vivant et pensant de combat ? Par delà l'applaudissement il fera réfléchir — et comment ! De quel côté de la barricade serons-nous ?

« Faut-il choisir ? disait La Bruyère, je suis peuple ! » Mais depuis !... Il y a encore à monter sur la barricade, simplement pour y mourir, pour un idéal ou pour Dieu, comme Delescluze, Baudin et Mgr Affre.

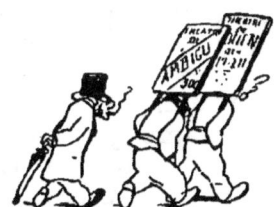

THÉATRE DE L'ATHÉNÉE. — *Le Danseur inconnu*, comédie en trois actes, de M. Tristan BERNARD.

M. Tristan Bernard a tout d'un dieu antique : le tout-puissant mouvement des sourcils, l'œil impénétrable, le port auguste, la barbe pesante et sereine : il a beau se donner la plus grande peine, par politesse envers la terre qu'il habite, pour étudier du plus près les menus détails de la plus morne existence et pour les rendre avec une atroce exactitude, crac ! il y a du miracle dans son observation — et il ne s'en tient pas à l'observation ! Au moment où vous vous y attendez le moins, d'un coup de pouce, d'un froncement de front, le dieu Tristan renverse l'ordre établi des choses, met de la fantaisie — et quelle fantaisie ! — dans la monotonie ambiante, de la gentillesse dans la fatalité.

Et c'est du bonheur à peine un peu ironique, et c'est de la joie paradoxale, attendrie et profonde. Voilà comment, lecteurs, spectateurs de demain et d'après-demain, *le Danseur inconnu* a triomphé sur la scène de l'Athénée ; voilà pourquoi cette jolie pièce légère et émue, toute frémissante de vie, de gaieté, de sincérité, de bonhomie et de jeunesse, connaîtra une longue et charmante carrière, sera la cause efficiente d'unions aussi légitimes qu'inespérées en assurant la félicité d'une armée de jeunes filles riches et l'opulence d'une horde de jeunes hommes qui n'ont que du cœur, mais qui en ont jusque-là !

Oyez donc le conte de fée de cette autre « bonne grosse fée barbue ».

Désœuvré, sans plaisir et sans ors, un jeune homme d'une excellente famille ruinée a emprunté, dans le petit hôtel meublé qu'il fréquente, son habit à un voisin de chambre et son chapeau de haute forme à un autre ami. En musant mélancoliquement aux Champs-Élysées, il a vu de la lumière à un étage quelconque d'un quelconque palace et a suivi des gens qui montaient. Entré avec eux dans un salon, il a dansé — il est si triste — avec la première jeune fille venue. Ils se sont plu ; ils se sourient : ils parlent. Quelle importance cela a-t-il puisqu'ils ne se reverront pas ? Ils y vont de toute leur jeunesse et de toute leur franchise : ils se plaisent de plus en plus. Mais quoi ? On va tirer chacun de son côté : elle est riche, il est pauvre. Il puise indiscrètement dans les boîtes de cigares, au grand déplaisir des amphitryons qui, de compte à demi, traitent leurs amis plus ou moins connus, et boit six ou sept verres de champagne pour imaginer qu'il a dîné. Mais — hasard ! voilà bien de tes coups ! — le danseur inconnu n'est pas un inconnu pour tout le monde ! Une honnête crapule qui est là l'appelle par son nom, Henri Calvel, et lui propose un petit marché : il a vu son manège avec Berthe Gonthier — c'est la jeune fille —. Henri est séduisant et charmant ; eh bien, il l'épousera s'il lui signe, à lui, l'honnête Balthazard, deux petits effets de vingt-cinq mille francs ! Un peu ivre, Henri signe tout ce qu'on veut : c'est trop drôle ! Et, à sa grande stupeur, Balthazard le présente au père millionnaire de la jolie Berthe, lui apprend qu'il gagne soixante mille francs par an, qu'il représente les plus grandes maisons allemandes de métallurgie et qu'il devient le fiancé de sa danseuse ! Éberlué, engrené, éperdu, Henri doit suivre le mouvement : le voilà propre !

Et ça va divinement, diaboliquement ! Ce diable de Balthazard envoie pour Henri des bonbons, des bouquets, des pourboires : Henri lui-même triomphe des *colles* que lui pose un collègue en métallurgie et semble un jeune homme très charmant et très fort : il a conquis, en même temps que la fille, ses amies, le beau-père et les domestiques, mais c'est trop ! Il s'est brûlé à ce jeu ; il aimait, de la première heure, et son cœur se ligue avec sa conscience : mentir, non ! non ! Il tâche à avouer qu'il est pauvre, qu'il épouserait sans dot. L'épouserait-on s'il était dans le dernier dénuement ?

— Oui, dit la fiancée.

— Sans doute, acquiesce l'excellent Gonthier. Et Henri va précipiter sa confession. Mais son beau-père de demain aime mieux qu'il ait de la fortune. Et le malheureux aime, aime !... Il s'en ira ! Il s'en ira malgré les justes reproches de la bonne fripouille Balthazard, qui s'est ruiné pour lui, mais qui acceptera immédiatement de servir les intérêts de l'autre amoureux, Herbert, moyennant finances. Il s'en est allé, avouant par lettre qu'il est *purée*, qu'il ne connaît rien à la métallurgie, qu'il gagne cent francs par mois — quand il les gagne — et qu'il est si malheureux, si malheureux !... Tant pis ! Berthe épousera l'imbécile Herbert : on ne s'obstine pas, dans les œuvres de Tristan Bernard !

Vous pensez bien que cela s'arrangera : juste le temps de voir le magasin de meubles où Henri est entré comme vendeur, d'admirer la stupidité du garçon de magasin, la patience d'un vieux client, la frénésie désespérée d'Henri, et toute la famille Gonthier arrivera par petits paquets, et il y aura la scène entre Henri et Berthe, avec accompagnement de téléphone, échange de tendresses courroucées et amusées, et le dénouement délicieux et attendu, le mariage de la tourterelle dorée et du tourtereau désargenté, et tout le monde sera heureux : le sympathique coquin Balthazard a trouvé une situation magnifique dans la maison du délaissé Herbert.

J'ai dit la fortune de cette pièce claire, nuancée, rebondissante, cordiale, narquoise, moderne et éternelle, où il y a le cynisme des *Pieds nickelés*, la nonchalance de *Triplepatte*, la sentimentalité d'*Amants et voleurs*, avec la pire honnêteté. Cela tient de Marivaux et d'Octave Feuillet, des *Fausses Confidences* et du *Roman d'un jeune homme pauvre* de Dickens aussi : c'est tout aimable. Et c'est du meilleur Tristan Bernard.

Est-il utile d'ajouter que jamais André Brûlé — Henri — n'a été aussi jeune, aussi brillant, aussi délicat, aussi passionné, et que ses pudeurs de brave enfant engoncé dans l'escroquerie, de franc garçon englué dans le mensonge et ses fantaisies de vendeur d'ébénisterie ont été aux nues et au cœur ? Henry Krauss est tout fin et tout rond dans le personnage du papa Gonthier ; André Lefaur est majestueusement stupide en fiancé évincé ; Cazalis est merveilleux de rouerie inconsciente et de muflerie dévouée en Balthazard ; Cousin est un garçon de bureau mieux que nature ; Térof est hilare, et M. Gallet imposant.

Mme Alice Nory est une délicieuse Berthe, farce, enjouée, gamine ; Mlle Goldstein, amusée et réfléchie ; Mlle Greuze, très joliment voyou ; Mlle Claudie de Sivry, camérière familière, ont toutes les grâces. Mme Aël et Mme Bussy, glorieusement appétissantes, sont tout sourire et toute majesté. Et je suis obligé de ne pas citer tous les soldats et soldates d'élite qui mènent à la victoire cette comédie parfaite de fond et de forme.

Et le succès ? « Il fallait un calculateur, dit Beaumarchais, ce fut un danseur qui l'obtint. » Comment dire mieux que le succès est incalculable ?

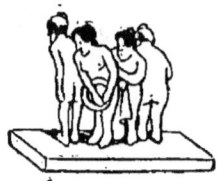

THÉATRE ANTOINE-GÉMIER. — *L'Ange gardien*, pièce en trois actes, de M. André PICARD ; *le Monsieur au Camélia*, un acte, de M. Jean PASSIER.

M. André Picard a l'âme la plus tourmentée qui soit et la sensibilité la plus hérissée : il met du rare dans les conflits les plus simples et les intrigues les plus vulgaires ; il souffre avec ses héros et ses héroïnes et ne les sacrifie qu'avec des larmes, il a une perpétuelle émotion et n'ose choisir entre le vaudeville et la tragédie. Son *Ange gardien* pouvait être violemment comique ou atrocement douloureux, affreusement grand, et il y a, dans son agencement et ses péripéties, de l'hésitation, de la lenteur, du non fini — ce qui n'est pas l'infini.

Contons.

Thérèse Duvigneau est une empêcheuse de danser en rond (je n'ose pas emprunter à Willette et au général vicomte Cambronne un qualificatif plus imagé). Veuve après deux ans et demi de mariage avec un ivrogne brutal et peu aimant, elle est plus vieille fille qu'un vieille fille toute simple. Héritière, avec un de ses cousins, d'un château plus ou moins historique, elle n'a jamais voulu vendre sa part et a voulu rester copropriétaire, histoire d'irriter et d'exaspérer son cousin Frédéric Trélart, sa cousine Suzanne Trélart et leurs invités, car les Trélart sont très mondains et extrêmement hospitaliers. Elle rôde, surveille, contrôle, aussi sévère pour la poussière des meubles que pour les mœurs de ses hôtes : elle est chez elle. Dédaigneuse et hargneusement austère, elle passe, en robe grise, auprès des joueurs de *bridge*, se laisse injurier gratuitement — car ses hôtes ne sont pas polis — et ne quitte pas des yeux le manège de sa cousine Suzanne et du beau peintre Georges Charmier : elle assiste aux séances de pose, survient dans leurs tête-à-tête, les sépare même sur un canapé et survient au moment même de leur étreinte pour faire jouer l'électricité et les séparer, ainsi que l'archange armé d'une épée flamboyante dont il est question dans la Genèse. Entre temps, elle a rabroué de la bonne façon, devant le monde, un brave garçon, Gounouilhac, qui s'est avisé de l'aimer : elle n'aime personne, ne veut aimer personne, elle est méchante, méchante, méchante, méchante !

Si méchante ! Charmier et Suzanne s'affolent à l'idée que leur faute est découverte : ils accusent le sympathique Gounouilhac, mais ce n'est pas lui qui a tourné le bouton électrique : c'est Thérèse. Elle fait mieux qu'avouer, elle se vante de son acte, et proclame sa loi : Georges et Suzanne se sépareront sur l'heure, Georges partira sans délai, faute de quoi le terrible époux, Frédéric Trélart, saura tout — et comment ! Épouvantée, Suzanne s'enfuit, en excursion. Et restés seuls, en une explication nuancée, véhémente, passionnée, Georges et Thérèse s'abordent, s'injurient, se confessent : l'une dit ses peines, ses rancœurs, ses colères, sa misère sentimentale ; l'autre s'attendrit et s'excite à la fois, séduit, par fatuité ordinaire, par sentiment et par curiosité : c'est une impossibilité, une gageure, un miracle : il vole un baiser qui lui est rendu presque automatiquement, s'énerve, prend Thérèse, qui résiste et veut s'envoler, la retient à terre, solidement et l'emporte, mi-défaillante et extasiée, aux pires et plus essentielles réalités.

Et elle ne dénonce pas sa cousine : mieux, elle ne paraît pas au salon. Suzanne finit par savoir que Georges est resté plus de dix minutes avec l'austère Thérèse, et, après une conversation nuancée, angoissée, pathétique, entre le tendre et discret Gounouilhac et Georges Charmier, enthousiaste, ledit Gounouilhac a le cœur brisé. Georges est plus enthousiaste que jamais : à Thérèse, accablée à son tour par Suzanne, il offre son cœur et son nom. Mais l'ange gardien déchu touche au fond même du désespoir et de la douleur : elle a discerné, dans la caresse de Georges, une trahison, un piège, le désir d'un gage, une horrible vanité. Quel dégoût ! Et même, lorsque le séducteur s'humilie, s'offre et supplie, elle ne peut accepter : elle est exigeante, par timidité, et son effacement si long veut des revanches : elle demande une fidélité éternelle ; mais, loyalement, le peintre ne peut pas la promettre. Thérèse partira, retournera dans sa province, reviendra, l'âme diminuée, à sa tâtillonnerie menue, à son amertume désolée ; le bon Gounouilhac ira, le cœur brisé, retrouver sa petite amie du Havre, et Georges et Suzanne continueront à exercer leur adultère consacré et sacré.

Le dernier acte de cette pièce est poignant, a de la grandeur et je ne sais quelle abnégation : il a été fort applaudi.

Le drame qui, pour rien, serait très comique, se passe dans un monde bizarre, d'une moralité plus que douteuse, et où la blancheur grise de Thérèse fait tache. Après le péché, elle pourrait rester ; mais, hélas ! elle a des remords ! Ne cherchons d'ailleurs pas le symbole de cette anecdote, simple comme un proverbe, subtile comme une charade dramatique, trouble comme un symbole, fort bien habillée, et d'un style plus précieux que sûr.

M. Gémier y est charmant de sincérité gauche, d'éloquence involontaire, d'émotion qui veut sourire, de grandeur dans le renoncement : M. Pierre Magnier est un Charmier irascible et tendre, avantageux et passionné ; M. Colas est un mari tout rond et MM. Rouyer et Maxence sont des *bridgeurs* de ton monté. Mme Madeleine Carlier est une Suzanne frivole à souhait, joliment apeurée, gloussante et criante ; Mmes Rafaële Osborne et Léontine Massart sont excellentes et délicieuses en des rôles trop courts, et Mme Dinard prête à une servante la plus opulente poitrine. Quant à Mme André Mégard, elle a donné au personnage de Thérèse Duvigneau un éclat discret, sourd, enveloppé, une magnificence pathétique et sauvage dissimulée sous une chrysalide poussiéreuse, toute douleur contenue, toute fièvre sous globe : c'est du très grand art. Quand lui sera-t-il permis de jouer du François de Curel, *l'Envers d'une sainte*, par exemple, qui a certains points de ressemblance avec *l'Ange gardien?*

Le spectacle commence par un acte inoffensif de M. Jean Passier, *le Monsieur au camélia*, qui évoque les fantômes de Marguerite Gautier, d'Armand Duval, de M. Duval, et où Mlle Lavigne fait, avec sa drôlerie ordinaire, des imitations un peu outrées de Mme Sarah Bernhardt.

***

M. René Lenormand, qui a donné au théâtre des Arts ces *Possédés*, qu'on n'a pas oubliés encore, fait applaudir et critiquer au petit théâtre de l'infatigable Durec, un drame africain qui contient un cas de conscience militaire et qui est âpre, saccadé, rare : *Au désert*. L'admirable et effarant *Intérieur*, de Maurice Maeterlinck, avec sa classique fatalité, et *le Drame de Three Corners bar*, de Pierre Lecomte du Nouy, complètent le spectacle. Cette dernière pièce est rauque et tragique : on n'y voit que gitanes, assassinats, erreurs judiciaires et cow-boys, et l'auteur, qui joue en personne, y imite, à lui seul, une meute entière de chiens sauvages, à la perfection.

THÉATRE DE L'ŒUVRE (salle Femina). — *La Sonate à Kreutzer*, pièce en quatres actes, de MM. Fernand Nozière et Alfred Savoir (d'après le roman de Léon Tolstoï).

M. Nozière n'aime pas l'Amour. Il lui avait déjà dit son fait, vertement, à la fin de *Maison de danses :* aujourd'hui, il unit son ironie dolente, mélancolique et sensuelle, au tempérament véhément et quasi sauvage de M. Alfred Savoir pour blesser à mort le petit dieu malin : les deux auteurs, au reste, nous le présentent tout méchant ou tout bête, sans flèches et sans ailes.

La Sonate à Kreutzer est une pièce âpre, forte, d'une douleur presque unie, d'une souffrance et d'une dureté volontaires et constantes : c'est le *knout* moral et presque physique.

En écrivant sa nouvelle, Tolstoï voyait ses personnages dans la lumière sainte : il s'agissait de savoir si la Grâce leur manquait ou non.

Ici, les tristes héros sont abandonnés à leurs propres forces, c'est-à-dire à leurs pires faiblesses : ce ne sont que des créatures sans Créateur, tout instinct, toute brutalité, toute misère, toutes larmes ; ils ne sont pas intéressants. Et c'est un jeu, un jeu cruel pour MM. Nozière et Savoir de buter, brouiller, martyriser et écraser ces fantoches, victimes sans mérites et bourreaux sans éclat.

Qu'est-ce, en effet, que le barine Pozdnycheff ? Un gros garçon qui s'est marié à trente-cinq ans, après l'existence ordinaire et frénétique des lourdes orgies de Russie : il est obtus et pesant. Il aime sa jeune femme Laure comme un ours aimerait une colombe, lui passe la main dans les cheveux avec la légèreté d'un régiment de cosaques traversant une serre, la meurtrit de ses baisers, l'écrase de sa présence harcelante, éternelle. Il n'est pas plus tôt dehors qu'il revient, tant il est dévoré de l'hydre de la jalousie. Et la pauvre Laure, romanesque et poétique, se meurt de peur et de dégoût : sa mère ne la réconforte pas. A peine si un jour, un ancien ami de son mari, le fat et grotesque virtuose Troukhatcherwski, lui apporte, un peu contre le gré de Pozdnycheff, l'éploi perdu des rêves en jouant *la Sonate à Kreutzer* qu'elle écoute fervemment, fiévreusement, de tout son être.

Elle revit, de cette caresse de musique, et n'est plus la blanche loque veule et lasse que nous avons pleurée d'avance. Hélas ! son affreux époux, plus jaloux que jamais, d'une défiance effrénée, veut l'emmener au fin fond des pires steppes : elle résiste. La défiance de l'époux devient plus atroce : il joue comme un chat-tigre avec ce rat musqué de Troukhatcherswski, le confesse, le vide, le chasse, et la malheureuse Laure, bafouée, menacée, privée de tout idéal, vide le flacon de morphine qu'elle a enlevé au virtuose ! De la chambre à coucher à côté, elle prévient son mari qu'elle va mourir empoisonnée : il ne bouge pas. Elle résiste : il s'obstine. Enfin, à un dernier cri, il enfonce la porte : hélas ! il n'est pas trop tard, Laure respire encore !

Hélas ! oui ! La désespérée guérit ou semble guérir, et l'effroyable Pozdnycheff a l'air de se laisser accabler par sa belle-mère et sa belle-sœur Véra, qui lui reprochent d'avoir poussé sa femme au suicide, mais humilié, outragé, il a son idée : il ne croit pas, ne veut pas croire que Laure a songé sérieusement à mourir : elle voulait seulement se rendre intéressante ! Patience ! Patience ! Il se réconcilie avec sa femme, accepte même de rappeler à la maison le pianiste Troukhatcherwski. Et c'est ici que l'ironie des deux auteurs devient féroce — en marge de Tolstoï : le porteur d'idéal, le messager d'au-delà, l'archange harmonieux et passionné est un cuistre, le lâche des lâches, menteur, phraseur, toute mollesse, tout néant. Il s'installe, se vautre, se laisse aimer nonchalamment. Le mari le voit, le sert et part : il reviendra !

Il revient à l'issue d'une soirée donnée par le virtuose dans l'appartement familial — dans quel monde sommes-nous, Seigneur ? — affole et chasse à nouveau l'amant qui jouait une fois de plus la *Sonate à Kreutzer* déjà entendue, terrorise et prête mille agonies à sa misérable épouse, l'empêche d'appeler du secours en faisant défiler devant elle des domestiques et des supplices, la réduit aux pires plaintes et aux plus dégradants mensonges avant de l'appeler à une suprême étreinte où il la serre d'un peu près sur sa rude poitrine : la pauvrette tombe étranglée, et le meurtrier essuie quelques larmes.

La férocité voulue de ce drame s'aggrave de la médiocrité des personnages : le rêve croule sous l'horreur comique de ses représentants ; Laure est une nymphomane, le virtuose est un misérable, le mari est une bête féroce, les autres sont des bêtes, tout court. Il faut un peu comprendre autour et au-dessus de l'action : il y a une profondeur amère, et qui se désintéresse absolument des lois dramatiques et du public : c'est très curieux et du meilleur temps de l'Œuvre, des temps héroïques : vous y trouverez le symbole, l'outrance, le souci du style et la désespérance finale. On frémit, on applaudit, on pense. On pense peut-être un peu trop. Mais Lugné-Poé, qui joue le rôle de Troukhatcherwski, déploie une telle fantaisie compassée, une telle outrance dans la muflerie lyrique, une telle facilité de frousse et de fuite qu'on est tout réjoui et qu'on admire, en gaieté. Et c'est si triste puisque c'est la faillite du songe et de l'idéal. Arquillière — c'est le mari — est admirable de jalousie, d'inquiétude, de férocité sournoise, de barbarie absolue et meurtrière ; Louis Martin et Shœffer sont excellents, sous des barbes blanches et brunes, et Luxeuil a les plus beaux favoris du monde.

Mme Favrel joue une mère éloquente, aimante, excitée et un peu naïve ; Mlle Devimeur est une jeune sœur dévouée et vibrante, et Gabrielle Dorziat — Laure — sait incarner, merveilleusement, le pire ennui, la pire nostalgie, le plus grand désespoir et le plus impossible espoir : elle meurt, en plusieurs fois, avec la plus artiste vérité ; elle met du mystère et de l'éternité dans la niaiserie sentimentale : c'est très beau.

Et ne nous frappons pas : cette *pièce pour marionnettes*, comme dit Maurice Maeterlinck, si éloquente, si dure qu'elle soit, ne tue ni l'Amour, ni la jalousie, hélas !

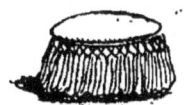

THÉATRE DE LA PORTE-SAINT-MARTIN. — *Chantecler*, six actes en vers de M. Edmond ROSTAND.

Entendons-nous, tout d'abord : je ne sais rien, je ne veux rien savoir du bruit qui s'est fait, depuis des années, autour de *Chantecler*, des millions de trompettes et de buccins qui ont sonné et fait tonner sa gloire préventive et ses plus disparates échos de sa réputation préalable d'événement national et mondial. Si l'*Enéide*, de Virgile, et l'*Africaine*, de Meyerbeer, furent moins impatiemment attendues, si la vie publique fut bouleversée et suspendue en son honneur, la faute n'en est pas à l'auteur, au poète.

M. Edmond Rostand s'est toujours fort peu soucié du décor vivant et mouvant que font les créatures humaines, en totalité, leurs opinions et leurs désirs : il arrête le monde à son horizon — et c'est beaucoup — et écoute l'Univers en s'écoutant. C'est toute bonté, toute noblesse, toute beauté, toute harmonie, toute licence, toute sévérité. Car, pour les plus petites choses, l'auteur du *Bois sacré* veut être parfait et parfaitement content de soi : il est son critique et son juge, et, en présence de tous les dangers, devant toutes les ruines et tous les canons, ne livrera ses actes, vers par vers, que lorsque le moindre hémistiche, la dernière syllabe, auront sonné franc à son oreille tyrannique, à son cœur obstiné, à son âme en exil.

Il ne convie pas le public : il le laisse venir, comme à regret. Son rêve, habillé et paré, frémissant, chantant, languissant, acéré, large, lumineux, léonin et félin, l'a amusé : qu'il vous amuse ! Peu lui chaut ! C'est un rêve qu'il eut, au hasard d'une promenade, une vision de basse-cour qui grandit, grandit, des jours et des années, au creuset démesuré du lyrisme de Rostand, de son ingéniosité minutieuse, tourbillonnante, épuisante, de sa richesse verbale infatigable, acrobatique et déconcertante, un rêve réel et irréel, réaliste et idéaliste, qui mûrit, mourut, revécut, s'éternisa, sans contrôle, au gré de la fantaisie du poète, en famille, dans des jardins de songe, des marbres, des vasques et des lis, au seuil des pays où Don Quichotte lutta contre d'effroyables géants qui se muèrent méchamment, à la fin, en ailes de moulin à vent.

Des ailes ! Les voyez-vous, dans un mirage ? Vous les allez voir — de près...

Les trois coups viennent d'être frappés : on va lever le rideau ! « Pas encore ! » Et Jean Coquelin vient réciter un prologue devant la large vague rouge drapée par Lucien Jusseaume. Un prologue ? Oui ! Ce n'est pas un monologue : derrière chaque vers spirituel et profond du récitant, on entend, on sent la vie vraie et simple : les cloches sonnent, les enfants vont à l'église, les gens vont au marché : c'est dimanche ; la ferme — c'est une ferme — est purgée des hommes : il n'y a plus que les braves bêtes.

Les voici : elles sont gigantesques : vous vous y attendiez, n'est-ce pas ? et cela ne vous trouble point. Un merle se balance et joue de sa queue dans une cage d'aigle royal ; un chien tire sa chaîne dans une niche qui suffirait à un rhinocéros, et des poules, de la taille d'une cantinière de « horse-guards », gloussent précieusement. Le merle raille et le chien gronde et bénit. On s'entretient du maître et seigneur du lieu (côté volaille), le coq Chantecler, qui a l'œil et la crête, l'autorité, la puissance et l'esprit de gouvernement. Le voici qui s'approche, lentement, majestueusement, le grand-maître, sévère, mais avantageux, impérial, mais se laissant caresser. Un coup de fusil éclate : un bond — et un merveilleux faisan tombe dans la cour : plus de peur que de mal ! Le bon chien Patou cachera le fugitif, poursuivi par des chiens braques qui seront trompés et égarés par le merle subtil. Mais ce n'est pas un faisan, c'est une faisane ! Son plumage rouge et or est usurpé — et le bon pacha Chantecler tique et plastronne, au grand déplaisir de Patou, chien philosophe et chaste. Le merle, homme du monde, est allé prévenir la pintade, qui tient un salon académique, de l'arrivée miraculeuse d'une faisane écarlate et diaprée dans ses murs, et la snobinette pintade veut avoir à une de ses réceptions du lundi cette oiselle d'élite. Elle l'invite et, du même coup, invite le coq dédaigneux et réservé, qui refuse. Et Chantecler couche ses poules, veille de haut sur le soir qui tombe, sur la paix de son royaume, empêche les poussins d'aller à l'aventure. Hélas ! il est amoureux, amoureux de la faisane, qui fait sa sucrée, qui veut le faire marcher et l'entraîner chez la pintade ! Il n'ira pas ! il n'ira pas ! La nuit tombe tout à fait et le coucou sonne et s'éveille, cependant que des oiseaux de nuit répondent à sa chanson et se coalisent.

Ils se coalisent tout à fait. Ils sont là, en pleine nuit, répondant à un appel de mal et de crime, en allumant, à tour de rôle, leurs yeux d'or fauve, de feu d'enfer, de vert-de-gris, de soufre vert : il y a là des grands-ducs plus ou moins petits, le petit scrops, le chat-huant : ils ont admis le merle et la taupe et le chat. Ils conspirent suivant les règles, échangent leurs chants de guerre et d'extermination, leur haine frénétique de la lumière, du jour et de la beauté, crachent des yeux et du bec, exhalent leur férocité et, si j'ose dire, leur obscurantisme effréné : il leur faut tuer le coq Chantecler qui aime le soleil, qui est majestueux et aimé — et le petit scrops a un moyen : il ouvrira la volière où un amateur a enfermé cent espèces de coqs exotiques — et parmi eux un coq de combat armé d'éperons d'acier : il s'agit seulement de faire paraître Chantecler au *five o'clock* de la pintade.

Un cocorico tout faible trouble le conciliabule : les oiseaux nocturnes s'égaillent : le jour va venir et aveugler leurs yeux métalliques. Et Chantecler paraît, Il n'est pas seul : la faisane sautille devant lui, mutine et rebelle. Le coq reste galant, mais il n'a pas le cœur à la bagatelle : il est à son devoir. Mais, passionné, il avoue à la faisane le secret qu'aucune de ses poules n'a pu lui arracher, son secret plus que royal, mieux que divin : c'est lui — il en est honteux — qui, entrant fortement ses ongles dans l'*humus* qu'il s'agit de féconder, dresse sa tête dans le ciel, chasse d'un cocorico les ténèbres, place par place, de la plaine et du mont, fait disparaître le rideau d'ombre tissé sur la métairie et les prés, éloigne — sans les éteindre — les étoiles, fait lever, ici et là, le soleil joyeux et nourricier, revêt la terre de labeur et de joie ; c'est lui qui éveille le ciel et le sol, c'est lui la clef sonore de la vie — et il s'y tue puissamment, harmonieusement ! Il donne, au fur et à mesure de ses cris lyriques, la preuve de son quotidien miracle — et la faisane est transportée d'un enthousiasme de catéchumène voluptueuse.

Hélas ! elle va chez la pintade ! Chantecler ne l'y suivra pas !

Si ! Le pauvre merle le félicite si maladroitement, l'admire tellement en baladin, là où il voulut être dieu, qu'il ira chez la péronelle ! Il y a du danger, une conjuration, un assassin, la lutte, enfin, la lutte ! Il y va, de ce pas !

Et nous voici chez la pintade, dans un potager. C'est la grande, grande réception : les oiseaux les plus huppés, les plus grands — jars et oies — se rencontrent avec les hôtes les plus illustres, les plus exotiques, les plus inespérés, coqs d'Inde, d'Astrakan, des Hébrides, avec des queues immenses ou absentes, des plumages effarants : la pintade ne se tient pas de joie et exulte d'orgueil. Chantecler vient, pour la faisane — et le risque de mort. Hautainement modeste, rudement simple, il dit son fait au paon fort prétentieux, décadent, allitératif, aigu et péremptoire, défend la rose contre ces coqs en pâte et artificiels, la France contre tout, entreprend le combat, au nom de la rose, envers le coq de combat, et au moment où il est harassé, où il va mourir, défendant toute cette assemblée persifleuse et lâche contre un épervier qui pointe, il reprend courage et vigueur, sort vainqueur de la lutte, prouve longuement au merle qu'il n'a ni parisianisme ni légèreté et, faisant claquer ses plumes, quittant un monde d'envie, de papotage et de haineuse médiocrité, s'en va, comme Alceste, au désert — ou plutôt il suit la faisane dans la forêt libre, dans la forêt immense.

Hélas ! c'est une bien étroite forêt ! (Vous pensez ! avec l'échelle ! des lapins de deux mètres, des champignons d'une toise !) La nuit, la libre et merveilleuse nuit des bois s'épand sur la Nature. Le coq et la faisane vaquent à leurs amours. Mais il y a des embûches ici et là : un filet de braconnier, des pièges. Un lapin dort en rêvant tout haut ; les oiseaux se rappellent leur grand frère saint François d'Assise, — et une humanité inassoupie veille sur le sommeil des êtres. Un seul des habitants, le passager Chantecler, se souvient du jour qu'il doit éveiller, à l'insu de sa compagne la faisane, reçoit le fidèle Patou, téléphone au merle dans les liserons. On va l'endormir. La faisane est jalouse : des crapauds viennent choisir le coq pour roi, lui offrent un banquet contre le rossignol monotone. Mais, dès qu'il a entendu le chant du rossignol, Chantecler est ravi et indigné. Il y a dans la forêt la même méchanceté qu'au potager ! Les batraciens conspirent contre la plus suave harmonie ! Mais, à écouter le rossignol, à converser avec lui, à travers le sublime, à laisser tuer l'oiseau merveilleux par une balle imbécile, il a laissé le soleil se lever sans l'avoir appelé ! La faisane, femelle orgueilleuse et avide, triomphe. Mais non ! Le coq n'abdique pas ! Il est resté de son chant dans les airs. Il retournera à son poulailler, malgré vent et marée ; la faisane se laissera prendre pour le suivre, humble et captive ;

la vie, le travail, la lumière vivront, et, si Chantecler n'éveille plus le soleil, il éveillera les hommes de labeur : une mélancolie active, aimante et fière régnera sur le monde.

C'est consolant, triste, un peu précipité et confus. Il n'y a pas là la Mort qu'aime d'amour Edmond Rostand et qui est nécessaire à son amour fervent de la vie : c'est un peu hésitant, un peu bourgeois. C'est la conclusion logique d'une pièce qui n'est pas « du théâtre », où le troisième acte, trop personnel, trop littéraire, tout en facettes, en allusions, en caricatures, en agressions directes, en jeux de mots, en coq-à-l'âne, en allitérations, en calembours dignes du marquis de Bièvre et de Commerson, a semblé bien long et bien lointain, où la fantaisie règne sans fin, où le caprice et l'inspiration, le développement, le morceau de bravoure ne souffrent pas de limite, où tout est pailleté, pointillé, feuilleté, ciselé, haché menu dans un délice endiablé, dans un délire d'azur !

Il est bien difficile de démêler, en quelques heures, le symbole d'une pièce qui a été établie, défaite et refaite pendant des années : nous y pouvons saluer l'amour de la nation, de la clarté, le mépris du persiflage, l'horreur de la haine et de l'envie en matière de littérature, la plus belle générosité et le plus gratuit amour de la simplicité. C'est fort éloquent, séduisant, imprévu, émouvant.

Mille cris, mille bruits, des millions de plumes, du sublime, de la drôlerie, de la poésie à foison, un entassement de gemmes plaisantes et vivantes, d'humour ailé et surailé, une invention trop facile et trop subtile, jaillissante et renaissante, un paradoxe espiègle, profond, serti de beautés éternelles, de l'Esope-Platon, de l'Aristophane-Byron, du La Fontaine-Hugo, du Jules Renard-Grandville, voilà le tableau de cette chasse aux étoiles et au soleil.

C'est de la féerie un peu amère, c'est du travesti, ce n'est pas « l'ample comédie » de La Fontaine, ce n'est pas le microcosme, ce n'est pas la goutte d'eau où l'univers est enclos tout entier, passé et futur, dans un reflet et des microbes, c'est la goutte d'eau de Cagliostro, un peu truquée, mais si riche et si prophétique !

Quand le public aura secoué un reste de stupeur, il sera charmé, séduit, — pour longtemps ! Il y a de si beaux décors d'Amable, de Paquereau, de Jusseaume, ce tapissier du Rêve ! Il y a des costumes des Mille et une Nuits ! Il y a la conviction touchante et léchante du chien Patou, Jean Coquelin ; il y a le prestige profond, sonore en dedans, tout en nuances, de Guitry-Chantecler, qui joue en coq du Walhalla ; il y a la malice délicieuse et incessante du parfait merle Galipaux, la majesté aiguë du paon Dauchy, la cruauté luisante des nocturnes Dorival, Mosnier, Renoir, les plus bavants crapauds, les coqs les plus somptueux; un pivert de l'Académie — et quels jars, quels chapons, quels canards !

Et si Mme Simone, enfiévrée, alliciante, puis dévouée, ne sait pas fort parfaitement dire le vers, elle est merveilleuse et pathétique d'allure et de costume ; Mmes de Raisy, Frédérique, Lorsy, Henner sont les poules les plus grassouillettes et les mieux disantes ; Mme Leriche est exquise, hilarante, tout comique et toute finesse dans le personnage de la Pintade, et Marthe Mellot — le Rossignol — qu'on ne voit pas, qu'on entend de tout son cœur, qu'on écoute de toute son âme, a une voix de nuit, de ciel, de futur où il y a toute nostalgie et toute espérance, toute harmonie et toute pensée : c'est de la plus pure beauté.

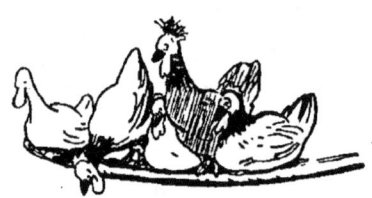

BOUFFES-PARISIENS (Cora Laparcerie). — *Gaby,* comédie en trois actes de M. Georges THURNER.

Mme Cora Laparcerie a le plus joli esprit et la plus fine fantaisie : après les éclatantes débauches d'esprit et de chair de cette triomphale *Lysistrata,* elle nous donne une pièce d'une moralité mieux qu'exemplaire, d'une tonalité plus que discrète, d'un agrément janséniste. Mais n'est-ce point un spectacle de saison et ne sommes-nous pas en carême ?

Gaby, c'est Mme Rondet, la jeune, charmante et parfaite épouse d'un industriel de province un peu lourd. Parisienne, musicienne, instruite, élégante, elle est un peu étranglée dans ses désirs et ses aspirations : elle n'a qu'un décor étroit, un entourage de braves gens un peu trop braves et trop simplets, de bellâtres trop stupides ; elle ne s'ennuie pas, cependant, puisqu'elle est mère de famille. Pourquoi faut-il qu'un jeune homme séduisant et irrésistible, le jeune docteur Jean Séguin, revienne, sans le faire exprès, de Paris pour lui rapporter l'air, l'enivrement, le *je ne sais quoi* de la capitale ? Car il paraît qu'il y a encore une épidémie de *parisine* en province, et je l'ignorais! Pourquoi faut-il que ce Jean ait rendu à Gaby un service signalé en chemin de fer, dans ces chemins de fer où l'on tue ? Pourquoi faut-il qu'il ait la plus grande élévation d'esprit, le cœur le plus réservé et le plus sincère, qu'il avoue son amour malgré lui et qu'il ne devienne pressant que parce qu'il est oppressé du sentiment de l'impossible ? C'est un assaut d'éloquence, de passion qui implore, de tendresse qui refuse : rien n'est plus honnête, c'est de l'héroïsme de sous-préfecture.

Hélas ! L'amour triomphera, un instant, du moins ! Dans sa maison paternelle, Jean se laisse arracher son secret par le vieux médecin Séguin, son père ; par son admirable maman : désolation, objurgations ! Mais voici Gaby elle-même, qui, si bonne mère, si merveilleuse épouse, inestimable perle de la petite ville, apporte avec elle et en elle tous les germes de corruption : la vieille Mme Séguin, bouleversée et maudissante, ne tarde pas à éprouver sa séduction et elle bénirait peut-être cet adultère !...

Mais le troisième acte est là — et un peu là ! — pour tout remettre en place et pour attester la victoire de la Vertu. Car, au moment où Gaby va abandonner sa petite fille et chercher, sous d'autres cieux, en compagnie de Jean, les plus coupables et les plus traditionnelles délices, voici Rondet, qu'on a déjà vu rôder à l'acte précédent. Sait-il ? ne sait-il pas ? Mystère ! Mais ce bourgeois brutal et sans raffinement, ce provincial épais parle si bien au séducteur honteux, exprime en termes si inspirés, si touchants, si émouvants son amour pour sa femme, sa croyance en elle, son estime, son besoin d'elle, que le charme coupable est rompu. Gaby, toute prête à partir, ne se laissera pas enlever.

A l'austère devoir pieusement fidèle,

elle filera la laine et gardera la maison. Son rêve de liberté et de large amour, Paris et le reste, ce seront d'obscurs souvenirs ; elle fera litière, si j'ose dire, de sa beauté et de la jeunesse ; bourgeoise bourgeoisante, elle ne régnera que sur sa petite ville, sur sa fille et son époux. Jean se mariera ailleurs. Et voilà !

C'est très gentil et très sympathique, pas très nouveau, un peu trop en demi-teinte et en nuances, plus fait pour le roman que pour le théâtre, un peu uni, mais très honorable.

M. Henry Roussel (Jean) a de la fougue, de l'émotion, de la conviction, une flamme grise et la plus édifiante contrition ; M. Gaston Dubosc (Rondet) est un mari pathétique, énigmatique, rude et sensible ; M. Hasti (le docteur Séguin) a eu la coquetterie de laisser son genre hilarant et d'interpréter non sans grandeur un rôle de composition ; M. Pierre Achard est élégant ; Mme Marie Laure (Mme Séguin) est sincère, attendrie, apeurée, émouvante, et Mme Cora Laparcerie-Richepin (Gaby) déploie toute la gamme de son charme, de sa voix harmonieuse dans toutes les nuances de la majesté, de la gentillesse, de l'inquiétude, de l'hésitation, de l'abandon, de la reprise, de la résignation.

11 février 1910.

THÉATRE NATIONAL DE L'ODÉON. — *Antar*, pièce en cinq actes, en vers, de M. CHEKRI-GANEM, musique de Rimsky-Korsakow.

Il y a du bon, dirait Georges Courteline, pour le lyrisme, l'héroïsme et la lumière ; ce n'est plus, de théâtre en théâtre, que force, vaillance et chevalerie ; au Vaudeville, *la Barricade*, démolie quelques jours par l'inondation, enseigne plus violemment que jamais un courage civique et bourgeois ; à la Porte-Saint-Martin, *Chantecler* clame sa foi et son orgueil, et voici que le second Théâtre-Français fait venir, à grands frais, de l'Orient de mirage et de magie, la légende la plus brave et la plus claire, la plus claironnante, la plus fière et la plus dolente, roidie d'enthousiasme et parfumée d'amour, parée de poésie pensante et guerrière, fleurie de roses et de fer, enveloppée d'une musique ailée, sonnante, voluptueuse et rauque.

Antar est une épopée élégiaque, un conte d'azur et de pourpre, un drame profond : M. Chekri-Ganem, par une touchante courtoisie envers sa seconde ou sa troisième patrie, a écrit sa pièce en vers français, qui ont de la couleur, de l'énergie, de la grâce, qui ont souvent la plus classique beauté et sont rarement inférieurs aux vers de comédie d'Augier, de Pailleron, de Doucet, de Legouvé et du très regretté Casimir Delavigne.

Il est à peu près inutile de résumer le sujet d'*Antar*, cette rapsodie éternelle où les Arabes ont condensé leur rêve éclatant et leur action frénétique, leur sensualité brillante et cavalcadante, leur soif de chansons et de sang, leur besoin de sentiment berceur et de gloire équestre ; le maître Dinet a, depuis des années, traduit en admirable peinture bleue les exploits du héros.

Même avec toute l'exaltation de son atavisme, M. Chekri-Ganem ne pouvait offrir, sur une scène, les combats singuliers et multipliés, les assauts, les dévouements d'Antar, chevalier errant, pâtre génial, poète au désert et dans la mêlée, faiseur de miracles, et quelque peu mythe solaire ; il l'a humanisé, a remplacé les batailles par des récits ; c'est un raccourci éloquent, vertigineux, un peu philosophique et lent, mais d'une radieuse et généreuse beauté.

Nous voyons donc, en des temps très anciens, des hordes d'Arabie, pâtres à bâtons, pasteurs improvisés soldats, amener un captif : c'est le chef Zobéir, qui pressurait les peuples et avait enlevé Abla, la fille de l'émir Malek : Zobéir a été défait et pris par un étrange sang-mêlé, à la fois parent de l'émir et très plébéien, Antar, paresseux et musard, qui s'est avisé de faire la guerre et de vaincre : pourquoi ? Son triomphe est agréable à son frère Sheyboub, à ses frères les bergers, au peuple, dont il est : il est dur au paresseux émir Malek, au sinistre jeune émir Amarat ; lorsqu'il vient, bondissant, timide et joyeux, très subtil et très ingénu, demander sa récompense, lorsque, sous les murmures des bergers, le vieux Malek est obligé de lui accorder la main de celle qu'il a sauvée, on lui impose d'impossibles épreuves : qu'il apporte une couronne plus introuvable que la Toison d'or, qu'il s'empare de la Perse invincible. Antar accepte : le génie n'est-il pas un, poétique et militaire, et, les ailes de l'Amour et du Désir aidant, n'a-t-il pas à lui la terre et les cieux ? Il va !

Cinq ans ont passé — sans nouvelles. Amarat presse le faible Malek de lui donner sa fille Abla, restée sans emploi ; mais une rumeur approche : Antar est vivant. Antar a défait les monstres réels et irréels, accompli tous les prodiges ; Amarat ne peut plus que le faire tuer traîtreusement par Zobéir, aveugle, qui croit avoir eu les yeux crevés par l'ordre d'Antar. Et le voici, Antar, modeste dans sa gloire quasi divine, toujours fin poète, amoureux forcené ; il rassure sa fidèle amante qui a peur d'avoir vieilli ; souffre impatiemment les fêtes, fantasias, diffas et danses qu'on lui prodigue à l'occasion de ses noces qu'on ne peut plus différer : l'amour, bien, très bien, et la guerre ! Il y a des ennemis, tout près, à combattre ; il a besoin de sa femme — et de son monde.

Hélas ! il a des ennemis plus proches ! Sa première nuit d'amour est fatale : Zobéir, qui le reconnaît à sa voix, lui décoche une flèche empoisonnée. Zobéir meurt dans l'impénitence finale du désespoir, en apprenant que jamais Antar n'aurait consenti à lui ravir la lumière du jour ; mais Antar, le grand et pur Antar, n'en mourra pas moins : il meurt à cheval, sans faire semblant : il accepte la fatalité, mais il ne faut pas que sa femme Abla soit triste, il faut que ses soldats partent sous son ombre vivante pour avoir la confiance qui guide et la vaillance qui triomphe. Debout sur son cheval de lumière, contenu par son armure, abaissant insensiblement les yeux sous son casque qui étincelle, Antar meurt sans mourir. Qu'est-ce qu'un trépas terrestre ? Ses ennemis d'ici et d'ailleurs le croiront, le sauront toujours vivant !

C'est d'une majesté martiale dans la mélancolie. Et, en somme, c'est très sobre et très haut.

André Antoine a habillé cette *sirvente-cantilène* de décors simples et grandioses, de ces foules bigarrées, criantes et souples dont il a le secret, d'un cheval hiératique, d'un serpent géant et de danses où Mlle Napierkowska se vêt de pourpre changeante, de rubis pâlissant et éclatant, d'améthyste fondante, dans des gestes d'une souplesse de forêt vierge, d'une harmonie d'elfe, d'une science de houri et de péri.

C'est un spectacle de splendeur tragique, d'exotisme sans âge, avec une musique célèbre que Gabriel Pierné dirige avec feu. Mais le feu est partout : Mme Ventura (Abla) est embrasée de l'Aurore et du Désir ; Mmes Céliat et Colona-Romanno flambent harmonieusement ; M. Bernard (Sheyboub) tonne et fume, même alors qu'il raille ; MM. Coste, Denis d'Inès, Bacqué, Chambreuil, sont autant de tisons, d'étincelles ou de profonds fumerons sous la cendre ; M. Grétillat (Amarat), bout de haine sournoise et tâche mal à éteindre sa colère orgueilleuse; M. Desfontaines (l'aveugle Zobéir) est consumé du feu intérieur qui jaillit — et comment ! Enfin, Joubé (Antar) est la flamme même, flamme de pensée, flamme d'activité, flamme d'amour : il rayonne, consume, est consumé, irradie en expirant, est toute éloquence, toute sincérité, toute poésie. Saluons l'éclatante et féconde révélation d'un grand et sincère artiste tragique et lyrique.

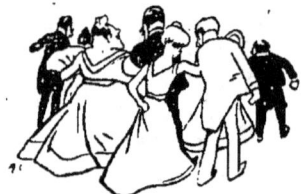

COMÉDIE-FRANÇAISE. — *Boubouroche*, pièce en deux actes, en prose, de M. Georges COURTELINE (première représentation à ce théâtre); *l'Imprévu*, pièce en deux actes, en prose, de M. Victor MARGUERITTE; *le Peintre exigeant*, comédie en un acte, en prose, de M. Tristan BERNARD.

Georges Courteline est chez lui dans la maison de Molière. C'était son droit et son devoir d'y amener un de ses meilleurs amis, le gros Boubouroche, avec sa maîtresse Adèle, ses camarades de café, sans parler du café lui-même. Ce déménagement, périlleux comme tous les déménagements, a fort bien réussi. Ce drame intime et universel, d'une saveur si profonde et d'une joie si amère, cette satire débordante de bonté, de pitié, d'une observation comme mouillée et d'un comique abondant, classique, humain et gentiment surhumain, cette coupe de vie et de vérité où tous les mots, toutes les situations, toutes les secondes de silence portent en plein joie, en plein souvenir, en pleine réflexion et en plein cœur, ce chef-d'œuvre, donc, a retrouvé sur la scène du Théâtre-Français son triomphe coutumier, inévitable et fécond.

Je n'ai pas à rappeler l'épisode, l'acte du café où Ernest Boubouroche étale, entre une manille et un manillon, son cœur généreux et son âme exquise, et où un vieux monsieur de malheur, délateur et prétentieux, vient souffler sur sa candeur, sa confiance et sa molle naïveté et jeter le soupçon en sa sérénité massive et secourable. Tout le monde a sous les yeux et dans les oreilles le second acte où l'infidèle Adèle prouve clair comme le jour à Boubouroche qu'elle est innocente, que le jeune homme trouvé dans une armoire n'est qu'un secret de famille et qu'on ne peut se mettre martel en tête pour un monsieur qu'on ne connaît même pas ! Triomphe de la rouerie, de la perversité, de l'inconscience féminine — car Adèle finit par être de bonne foi ! Et, Adèle, c'est Mme Lara, admirable de naturel, de tranquillité presque *gnangnan*, de cruauté douce, d'éloquence bourgeoise, de calme au bord du précipice ; Dehelly est un placide gigolo-gentilhomme ; Siblot est un vieux monsieur bien disant, patelin, archaïque et canaille à souhait ; Décard est parfait en garçon de café qui bâille, et Silvain (Boubouroche) cartonne, bedonne, biberonne, plastronne, crie et pleure comme un homme : il joue de tout son cœur, au naturel, et est formidable et pitoyable. Ah ! qu'il est triste que Catulle Mendès n'ait pas vu cette vivante apothéose de Courteline qu'il avait si heureusement sacré prince des jeunes poètes comiques !

L'Imprévu est un drame plus noir. Dans un château des bords de la Loire, parmi des snobs mâles et femelles, plus ou moins méchants et vicieux, vibrent et souffrent deux femmes et deux hommes ; le docteur Vigneul aime Hélène Ravenel, qui l'adore ; Mme Vigneul adore Jacques d'Amblize, qui l'aime. Mais Pierre Vigneul et Hélène ne se sont pas avoué leur secret, tandis que Jacques et Denise Vigneul sont amant et maîtresse. Très nobles tous deux, ils sont décidés à partir ensemble, à ne plus se joindre de nuit, furtivement — leurs châteaux sont voisins — à être, pour toujours, l'un à l'autre. Pour toujours ! Hélas ! Dans un dernier rendez-vous, au moment où elle a engagé l'éternité de son amour, Denise entre dans l'éternité pour tout de bon : fébrile, énervée, brisée par sa passion, elle succombe à une embolie, au seuil de la chambre à coucher.

Et c'est épouvantable, atroce ! A peine si Jacques, anéanti, a pu faire prévenir par sa vieille nourrice la vaillante et admirable Hélène —

et déjà le docteur Vigneul est là, hagard, flairant le malheur et la honte. Il trouve le cadavre de sa femme, s'abat, se relève, effroyable ! Alors... alors, défaillante et sublime, Hélène Ravenel a une invention désespérée : elle s'accuse : c'était elle qui était la maîtresse de Jacques, et si Denise est morte, c'est en venant la chercher précipitamment, et de l'émotion d'avoir surpris une scène violente ! Pierre touche au fond même de la douleur ! Et Hélène, donc ! Ils s'aimaient et il est contraint de la mépriser, de ne plus la voir : elle incarne l'horreur même, puisque sa faute, son crime ont tué Denise ! C'est l'abîme. Mais Jacques n'y tient plus : il n'accepte pas ce sacrifice ; il salit justement la morte, pour sauver les probes vivants ! Pierre et Hélène seront heureux dans la douleur, puis dans la joie. Et tous se courbent sous la fatalité. Le rideau tombe.

Les lecteurs de ce journal connaissent assez la générosité, la délicatesse, la courageuse sentimentalité de Victor Margueritte pour que je n'insiste pas sur les qualités de cœur et de style, sur la finesse et la subtilité un peu ténue et rapide de cette pièce, qui, comme son titre l'indique, surprend un peu — mais veut-elle mieux ? Elle se passe dans un monde un peu étrange, où Mlles Gabrielle Robinne et Provost, délicieuses, MM. Grandval et Le Roy s'agitent de leur mieux, et où Mme Lherbay est parfaite de dévouement. M. Raphaël Duflos (Vigneul) est douloureux et passionné ; M. Dessonnes (Jacques) a de la grâce, de l'accent, de la fatalité, du désespoir et je ne sais quel morne courage ; quant à Mmes Leconte et Berthe Cerny, elles rivalisent de tact dans la tendresse et l'émotion, de charme dans la vie et dans la mort ; Cerny (Hélène), héroïque et vibrante d'amour contenu, souveraine dans la honte imméritée et le sacrifice ; Leconte (Denise), tremblante de passion, suivie dans la caresse, touchante, admirable, et se brisant toute comme une viole précieuse et une harpe éolienne, harmonieusement !...

Assez pleuré ! Voici *le Peintre exigeant*, de Tristan Bernard. Et qu'il est exigeant, le gaillard ! Sans plaques, sans croix, sans médaille d'honneur et sans prestance, cagneux, gibbeux, nain et glabre, malpropre et inélégant, le sieur Hotzeplotz s'est imposé aux époux Gomois comme portraitiste officiel parce qu'il a du génie, étant étrange et surtout étranger, comme dit le divin Rostand. Sous couleur de mieux étudier philosophiquement la physionomie de ses honnêtes hôtes, il déboise et saccage leur domaine, démolit les meubles, fait déshabiller complètement leur femme de chambre, prodigue les observations les plus désobligeantes et les grossièretés les plus cruelles. C'est le dernier des tyrans — et les Gomois, terrorisés, obéissent par snobisme. Est-ce encore *Sire* du bon Lavedan ? Eh ! oui ! Car Hotzeplotz n'est pas méchant : ce n'est ni un coquin, ni une gouape, c'est un fou. Fou d'orgueil, fou de faux art! Mais gentil et tutélaire! Alors qu'il pourrait épouser la charmante Lucie Gomois, il la fait donner, la donne à un petit imbécile de cousin pour qu'elle reprenne le sourire, qu'elle redevienne le sourire qu'elle était, pour pouvoir l'éterniser sur une toile définitive. Après quoi, il s'émeut du bras d'un ouvrier qui décloue une tapisserie, et pour pouvoir mieux rendre ce bras, qui est tout l'effort, toute la peine du prolétariat, il chasse tout le monde de ses yeux, du jardin, de la propriété, de l'univers : il est le Rêve et l'Illusion.

C'est extrêmement divertissant. M. Georges Berr est inénarrable : cet Hotzeplotz qu'il nous présente, narquois, cassant, convaincu, implacable, est plus qu'une caricature : il règne, plane, voltige, soigne une toile comme avec une flèche caraïbe : c'est un sauvage d'art, un Aïssaoua et un Groenlandais. M. Siblot (Gomois) est ahuri et déférent à pleurer, M. Grandval est pathétiquement insignifiant et MM. Hamel et Lafon sont très bons. Mme Thérèse Kolb est enthousiaste dans la résignation, Mlle Yvonne Lifraud pleure exquisement et sourit comme une rose, Mlle Dussane a deux mots à dire, mélodieusement, et un carré d'âme à montrer, bien en chair.

Et Tristan Bernard, qui n'a pas voulu faire la satire des impressionnistes, pointillistes et intentionnistes, qui a été l'ami de Vuillard, de Bonnard, de Lautrec, de Vallotton, de Rippl Ronaï et de Peské, nous donne une joyeuse et bonne leçon : c'est — ou ce sera — de l'histoire et restera, avec *Boubouroche*, au répertoire, au musée de la Comédie-Française.

21 février 1910.

THÉATRE DU GYMNASE-DRAMATIQUE. — *La Vierge jolle*, pièce en quatre actes, de M. Henry BATAILLE.

La belle chose!

Dans l'acclamation unanime, dans le long émoi de cette foule saisie, conquise, écoutant de toutes ses oreilles et, si j'ose dire, de toutes ses entrailles, dans le respect d'une salle mal disposée devant une parole inattendue de vérité et de grandeur, dans le culte soudain de Parisiennes et de Parisiens en présence d'une révélation de douleur et de grâce divine, dans l'enthousiasme religieux, un peu étranglé d'angoisse, d'une quasi-élite sceptique admise en un vivant sanctuaire de sensibilité et de sublimité, il y avait une sorte de miracle, le plus rare et le plus haut : c'est que *la Vierge folle*, ce drame si puissant, si serré, si direct est, avant tout, une pièce de poète ; c'est que, remontant le courant de ses triomphes de théâtre, Henry Bataille, retrouvant toute sa poésie, fondait ensemble son âme lyrique et élégiaque, sa mélancolie et sa tendresse secrète, son génie de l'inconscient et de l'inexprimé, sa pudeur et sa fougue, son horreur et sa passion, et qu'il nous apparaissait, tout d'un coup, avec tous ses dons et dans toute sa force, en tragédie, en mélodie, en monodie.

C'est que, en exprimant, en épuisant son cœur tourmenté et harmonieux, l'incomparable récitante de Baudelaire et de Mallarmé a apporté à son auteur la suavité et la vérité, et que le drame cruel et terrible a pris à la poésie quelque chose d'éternel et d'auguste, de nouveau et de classique, d'humain et de divin, un délice amer et puissant, l'aile de la fatalité et l'aile de l'obstiné sacrifice.

Les lecteurs de ce livre excuseront ce préambule et cette sorte d'*ouverture :* j'ai voulu seulement leur donner la physionomie, le portrait sincère, le *crayon* d'une représentation historique et unique qui aura des lendemains, par centaines, d'une émotion, d'une admiration, d'une fièvre qui, sans parler des vagues d'applaudissements, mettaient dans tous les yeux les plus nobles larmes.

Au triomphe, maintenant !

Personne n'est plus malheureux que le duc de Charance : il souffre dans son orgueil et dans sa race ; il confie à l'abbé Roux, ancien précepteur de son fils, sa honte de père : sa fille Diane, si belle et si pure, a été abominablement souillée, à dix-huit ans, par un quadragénaire, l'illustre avocat Marcel Armaury : elle a été sa maîtresse, et le demeure. Des lettres enflammées et précises l'attestent. Que faire ? L'abbé n'hésite pas : il faut éviter le scandale, enfermer l'enfant coupable dans un *in pace* lointain, la réduire par les humiliations et les austérités, lui raser la tête et extirper d'elle toute idée charnelle et mondaine. La duchesse, qui est frivole, tremble mais accepte. La jeune Diane accepte un peu moins. Mais, auparavant, il faut se débarrasser de l'effroyable séducteur : qu'on ne le revoie plus, plus jamais ! Avec une simplicité de caste, le duc suppose que la femme d'Armaury — car Armaury est marié — a couvert ses amours infâmes. Il l'a convoquée : la voici. La voici, confiante, souriante, affectueuse. On la glace d'un accueil outrageant, on lui montre les lettres atroces, et la malheureuse, blessée dans ce qu'elle a de plus cher et de plus secret, s'épouvante et s'affaisse, si bien que

M. de Charance, tout à l'outrage fait à sa maison, a une sorte de pitié, sans songer à l'abominable et mortelle blessure de l'épouse qui s'en va, s'en va ! Non, certes ! on n'entendra plus parler d'Armaury ! Elle le gardera si loin, si loin ! Et il n'y a plus qu'à s'expliquer avec l'enfant perdue, cette Diane, hier encore Dianette, qui reste têtue et fière, fin de race et obstinée dans le crime, femme-enfant et démon-né, qui avoue gentiment des horreurs et ne veut pas de châtiments, qui, jetée à genoux par son père qui l'appelle « saleté », ne se rend pas, et à qui il faut des supplications pour murmurer, d'une voix absente, qu'elle ira au couvent.

Elle n'ira pas. Nous la retrouvons, au deuxième acte, dans le bureau de l'avocat, à son cou. Elle s'est enfuie, avec sa femme de chambre et deux valises. Elle est toute joyeuse, toute en mots d'oiseau, toute en gentillesses, toute en caresses. On va partir : voilà ! Où ? Qu'importe ? Elle s'est donnée ; elle se sacrifie. Que Marcel sacrifie sa situation, ses clients, son avenir, son honneur, la dignité du conseil de l'Ordre dont il fait partie, qu'est cela ? Vivre, jouir de la vie, se bécoter comme des pigeonneaux, n'est-ce pas le rêve ? L'auto va venir et ce sera le voyage au pays du Tendre, le saut dans l'infini ! Mais voici un coup de sonnette : c'est Mme Armaury, Fanny, qui accourt. Elle a reçu une lettre anonyme : elle sait tout. Sans se laisser prendre aux mensonges puérils de son époux, elle enferme Diane, confond l'infidèle, le supplie de renoncer à son projet insensé, le presse, l'implore. Hélas ! voici le danger qui accourt : le frère de Diane, le saint-cyrien en délire Gaston de Charance a reçu, lui aussi, une lettre anonyme et accourt. Sublime, Fanny fait croire au visiteur imprévu qu'elle est là depuis longtemps, qu'elle sert de secrétaire à son mari, le confond et le raille et lui présente un Armaury plus innocent que le lis le plus pur. Mais la passion veille et gronde : quand tout est arrangé, la trompe de l'auto rugit comme le cor de Don Luis de Silva. Marcel vivant, Marcel sauvé n'a plus qu'une idée : la clef, la clef, dont Fanny a bouclé Diane, la clef d'aventure et de volupté. Il la demande, affreusement, à voix basse, tandis que l'épouse rédemptrice amuse l'ennemi. Et, bouleversée et souriante, hésitante et fataliste, Fanny ne veut pas entendre : enfin, elle cède et tente l'épreuve. Horreur ! L'auto part à toute vitesse : Armaury a trahi, abandonné son admirable compagne qui s'abat en gémissant, en avouant sa torture et sa misère et qui s'alliera aux Charance pour une vengeance éclatante et désespérée.

Et, après ces deux actes de mouvement, de sentiment aigu et dévorant, voici le troisième acte, l'admirable et surhumain troisième acte. C'est à Londres, dans un grand hôtel. Marcel est traqué. Insulté par

Gaston de Charance, il a refusé de se battre. Il veut vivre, garder et défendre sa débile proie. On lui dépêche un ambassadeur, l'abbé Roux, qui échoue puisqu'il parle d'intérêts là où il s'agit de passion, qui discute, qui oppose l'idéal divin à la volonté et qui n'est pas de force, armé d'au-delà, avec un adversaire qui est libéré de toute croyance. Mais voici Fanny qui veut s'indigner et qui ne trouve pas de reproche, Fanny qui n'est pas morte du coup terrible que lui a porté la fuite de son mari et qui est là, toute simple, toute petite, toute malheureuse.

Mais comment rendre son discours, si simple et d'un lyrisme terre à terre et éthéré ? Comment rendre toute la tristesse, toute l'étreinte de mots, tout l'éploi, tout l'envol de cette femme qui dit à son mari qu'il ne l'a jamais aimée, jamais désirée charnellement, qu'elle le sait, qu'elle en a toujours souffert et que son amour à elle, oh ! son amour, dépasse l'univers et les cieux, qu'elle est sa chose et sa part de paradis ici-bas, qu'elle ne lui demande que de revenir à elle un jour, plus tard, n'importe quand, blessé, malade, vieilli, pour qu'elle ait au moins une espérance, une image de piété, un réconfort, une illusion, quelque chose qui soit à elle, dans la réalité ou l'illumination. Et c'est si touchant, si pur dans le vain désir, si ange gardien et si femme, si humble et si grand qu'il n'y a rien de plus beau et de plus saint : c'est une élégie et une hymne, un *lamento* et un cantique ; on a envie de crier — et l'on ne peut que pleurer, en communion. Quand elle évoque ses espoirs de jeunesse taris et son pauvre espoir vacillant de recueillir un vieillard flétri en restant la même, elle fait passer par toute la salle et par delà le théâtre, dans l'infini, le souffle de l'amour malgré tout, indestructible et invincible. Et de quel cœur; après avoir chassé son mari lourd d'amour honteux et trouble, pressé de retrouver sa pauvre petite amante, de quel cœur Fanny pourra fouailler et chasser ces Charance qui ne pensent pas à sa détresse à elle, qui ne songent qu'à leur souillure à eux, qui ne conviennent même pas de la perversion et des dispositions spéciales de la jeune Diane au vice ! Et de quel cœur, après le départ des chasseurs dépités dont elle s'est séparée, elle s'évanouira, anéantie, après avoir été courageuse, dolente, sublime et furieuse, après avoir sauvé l'infidèle, heureuse de tomber en son nom, dans son image, pour lui.

Mais son œuvre n'est pas terminé. La précaire et violente volupté de Diane et de Marcel se précipite dans les transes : Marcel ne veut pas avoir peur et Diane ne veut pas laisser son amant aux dangers. Elle a, en outre, des ressouvenirs de son éducation religieuse, entre deux baisers en argot, et une veilleuse lui rappelle les vierges folles qui dissipèrent l'huile de la lampe, n'assisteront pas au festin divin et ne verront pas la face de l'Epoux. Et Fanny surviendra encore pour apprendre à son triste époux qu'il est guetté dans la maison, dans le couloir mêmes, pour recevoir le terrible Gaston qui s'est glissé dans l'appartement et qui clame, qui injurie le séducteur, qui l'appelle, qui le fait venir. Mais ce n'est pas Marcel qui mourra. Après avoir affreusement admiré la grandeur de cœur et d'âme de l'épouse trahie, après avoir arraché son revolver à son frère forcené, Diane n'a plus rien à connaître sur terre : elle impose une dernière épreuve à son amant, se fait dire qu'elle est encore la plus aimée et que le sacrifice de Fanny ne compte pas pour ce quadragénaire affolé : alors, elle qui, en des mois d'attente et de fraude, en huit jours de caresses effrénées, a épuisé sa part de joie et sa quotité de vie, elle, qui ne veut plus exister socialement, moralement, librement, prend le revolver de famille et se tue gentiment. Le pauvre Marcel ne peut que pleurer à la lune et crier : « C'est une pauvre petite fille, une pauvre petite fille de rien du tout ! »

Après ? Eh ! mon Dieu ! que vous faut-il ? N'avez-vous pas là le drame le plus violent, le plus plein, le plus magnifique ? La pauvre nature humaine est secouée de tout son long — et l'on n'en peut plus ! Vous avez touché le fond même de la douleur, le paroxysme de la passion involontaire et presque animale, tout l'orgueil, toute la révolte, toute l'horreur merveilleuse de l'abnégation. La maîtrise d'Henry Bataille, affirmée par *l'Enchantement, la Femme nue* et *le Scandale*, se fixe ici, règne et rayonne : c'est admirable.

Ne nous arrêtons pas à des longueurs et à d'autres inutilités, à des *mots*, à des subtilités, ne reprochons pas à l'abbé Roux (c'est l'excellent Armand Bour qui joue le rôle en grand artiste) de porter indiscrètement l'habit de camérier secret, de se promener à Londres en *monsignor* romain et d'être un peu trop dur et trop cruellement onctueux; ne reprochons pas au duc de Charance (André Calmettes) d'être un gentilhomme d'avant-hier, insolent, rogue et grossier; à Gaston de Charance (Monteaux) de manquer de naturel et d'être tout d'une pièce : ils ont tous de l'émotion, de la fureur, de la tristesse et sont des entités.

Juliette Darcourt est une duchesse toute molle et d'un savoureux comique rentré, Mmes Copernic et Valois sont des soubrettes délicieuses, MM. Bouchez, Dieudonné, Legrand et Barklett sont excellents.

Diane, c'est Monna Delza, échappée d'une fresque de Botticelli, virginale, gamine, enamourée, évaporée, avec des yeux d'ange, orgueilleuse dans la volupté et la mort, exquise et fatale. Il est inutile de dire que M. Duményi (Marcel Armaury) est égal à lui-même et à la perfection ardente et dolente.

Pour Berthe Bady (Fanny Armaury), j'ai cru dire, en passant, sa fascination mélancolique, son charme incessant et comme involontaire de résolution, de renoncement, d'amour honteux et tutélaire, de force amère, de grâce souveraine et nostalgique : elle fait entendre une voix, des voix dont nous nous défendons et qui amènent le ciel secourable et la terre nourricière, la famille et les souvenirs qui attachent, une voix de cœur, intime, harmonieuse, qui prend, qui tient.

Mais des mots ne suffisent pas à ce miracle vivant qu'est Berthe Bady dans *la Vierge folle*, au miracle vivant, saignant et pensant qu'est ce drame triomphal, cette pièce de poète.

25 février 1910.

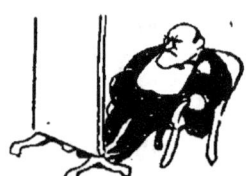

THÉATRE DE LA RENAISSANCE. — *Une Femme-passa...*, pièce en trois actes, de M. Romain COOLUS.

La huitième plaie d'Egypte, d'Asie, de France et d'ailleurs, c'est une femme du monde qui danse, qui sait danser, j'entends qui danse comme Zambelli, Trouhanowa, Napierkoswka ou Cléo : rappelez-vous l'aventure de la princesse Salomé, qui fut si fatale ! Mme Suzette Sormain, qui danse à ravir, ne peut — et pour cause — s'offrir ou se faire offrir la tête de saint Jean Baptiste, que d'aucuns appellent Iokanaan : elle n'a pas de tétrarque sous la main ou sous les pieds. Elle ne peut que capter le cerveau et le cœur du capitaine Héricy, un des héros du Tonkin, de Madagascar, de Sikasso et de l'Ouadaï ; le cœur et le cerveau du professeur Jean Darcier, docteur éminent, spécialiste des maladies nerveuses : le premier, Don Juan de cape, de brousse et d'épée, n'a jamais eu pitié des femmes ; le second, bénédictin scientifique, s'en est tenu, pour les choses de l'amour, à son exquise épouse, *associée* merveilleuse et chaleureuse, tendre et dévouée : Suzette bouleverse cette fantaisie et cette harmonie. C'est en vain que, au cours d'une soirée chez les Charlines, Simone Darcier s'aperçoit du manège et tâche à protéger, à emmener son mari : le mal est fait. Comme l'astrologue qui se laisse tomber dans un puits, le neurologue s'est laissé tomber dans un cas — un cas de neurasthénie.

Et comment ! Ce vigoureux et laborieux quadragénaire s'est tassé, aigri, lassé, affaissé : il a des impatiences d'enfant gâté et de vieillard gâteux, va dîner et souper en ville, et se permet même — horreur ! —

d'aller au théâtre. Et il lui suffit d'un mot de sa maîtresse, d'une promesse de rendez-vous pour le jeter dans une joie folle, dans une crise de familiarité affectueuse, dans une hilarité d'adolescent ; le docteur n'a pas eu de jeunesse et son équilibre n'est pas solide ! Hélas ! quelqu'un vient troubler la fête : un client — et quel client ! C'est l'irrésistible et papillonnant capitaine Héricy, devenu une loque vacillante, secouée du désir de tuer, du besoin de se tuer ! Et c'est une femme qui l'a mené là, à force de le berner, de l'épuiser, de se dérober ! Héricy est jaloux, en outre : il a trouvé une lettre enflammée !... Vous savez que la femme est Suzette Sormain, que la lettre est de Darcier : le drame n'éclatera pas encore. Le docteur n'écrira pas d'ordonnance pour ne pas se trahir : il n'a pas peur, mais il a la mauvaise fièvre de se rendre compte de son malheur à lui. Tout à l'heure, il confondra, il injuriera, prostrera l'hypocrite Suzette en la traitant de *saleté* — ce qui devient un mot de théâtre — mais il n'y tiendra pas, et ira voir ce qu'elle fait de sa nuit.

Il n'en revient pas — et ne revient point. L'admirable Simone devient folle : son époux s'est-il tué ? A-t-il été assassiné ? Pas d'indice ! Un visiteur ! C'est Héricy ! Peut-être est-il un messager de bon ou de mauvais augure : dans son émoi, Mme Darcier cite le nom de Suzette Sormain. Bon ! bon ! Héricy repassera : il a compris ! Et lorsque le triste Jean Darcier a regagné le bercail pour repartir loin, très loin, fourbu, vidé, désespéré, le capitaine le confond, l'outrage, se jette sur lui : hélas ! il est si faible qu'une crise l'abat : il faut le soigner ! Voilà donc ce qu'une petite femme de passage, de passade et de passe a fait d'une magnifique intelligence et de la plus martiale énergie : deux ruines ! Darcier qui n'est plus que l'ombre de son ombre s'en ira cacher sa déchéance ! Non ! Non ! Dans une très belle scène, Simone pleure, supplie, pardonne, relève : le savant redeviendra lui-même, par le travail, par le foyer, le médecin fera son devoir et oubliera sa maladie en soignant, en sauvant ses malades : la mauvaise femme n'a fait que passer : elle n'est déjà plus !

Cette crise est traitée nerveusement et fortement : Romain Coolus a écrit une pièce sobre, nette et simple : pas de mièvrerie, pas de jeux, pas d'afféterie. C'est d'un style sûr, pur — et très théâtre. Dans de pittoresques et heureux décors de Lucien Jusseaume, les personnages s'agitent à la perfection : M. Bullier est très cordial et très comique ; MM. Berthier, Trévoux, Laforest, Cognet et Gambard sont excellents ; Mmes Camille Delys, Jane Sabrier, Jahde et Stylite sont charmantes ; Mlle Dorchèze fait une très curieuse silhouette de doctoresse, et Mme Catherine Laugier est la plus dévouée, la plus délicieuse des amies. L'effroyable Suzette, c'est Mlle Louisa de Mornand, qui, de sa danse, de son sourire, de sa voix, est l'ensorcellement même. M. Capellani (Héricy) montre tragiquement quel veule néant la passion peut faire d'un guerrier; M. Tarride (Jean Darcier) est charmant, puissant, jeune, amoureux, puis vieillit avec une impressionnante rapidité, des élans, une fougue hystériques, un accablement et un désespoir de très grand art.

Et Simone Darcier prend la figure et l'âme de Marthe Brandès. C'est dire si le rôle est tenu et si toute la flamme de tendresse, d'angoisse, de délice honnête et tutélaire, de navrement et de rédemption brille et irradie, magiquement, dans la belle et brave pièce de M. Romain Coolus.

25 février 1910.

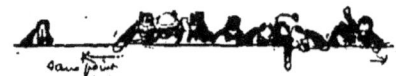

THEATRE RÉJANE. — *La Flamme*, pièce en trois actes, de M. Dario Niccodemi.

M. Signoret a fort brillamment débuté, avant-hier soir, dans l'emploi de pince-sans-rire. Après la chute du rideau sur le troisième et dernier acte du drame de M. Dario Niccodemi, il s'avança et prononça solennellement.

— Mesdames, messieurs, la pièce que le théâtre Antoine...

Mme Réjane vint précipitamment et gentiment lui faire rentrer le *lapsus* dans la gorge.

Mais ce n'était pas si bête! Un peu exagéré, tout de même. Le Théâtre-Libre, un soir quelconque, ou mieux, un vague théâtre d'avant-garde, un bon petit théâtre à côté...

C'est que, après le noble et grand triomphe du *Refuge*, l'an dernier, M. Niccodemi s'est un peu trop abandonné à sa nature, qu'il a péché par excès de confiance en soi et de conscience — dirai-je littéraire? qu'il a marché tout roide et tout fort, sans assez éclairer sa lanterne. Il nous a donné trois actes violents, en raccourci — et ils semblent longs — une action simpliste qui est pleine de complications et de subtilités, une tragédie cinématographique qui n'est pas sans obscurité. Familier des tropiques, commensal du soleil, camarade des volcans, parent du Stromboli et du Chimborazo, l'auteur se croit en communion avec nous, Parisiens de pluies et de brumes : il imagine que nous sentons la chaleur lourde, électrique, mauvaise conseillère, atrocement tyrannique de la Sicile où il situe son fait divers ; eh ! est-ce qu'un décor, à la cantonade, nous souffle, à nous, le paroxysme et la folie ? est-ce qu'une paysanne pittoresque qui passe, la cruche à l'épaule, nous rend un paysage embrasé, magnifique et maléfique ? Est-ce que, même, trois ou quatre palmiers sur toile ont pu jamais nous évoquer les fièvres et le *cafard* de la brousse africaine ? Nous ne pouvons prendre chaque personnage qu'en soi, sans nous arrêter à la latitude et à la température ! Et, au reste, *la Flamme* pourrait brûler et dévorer aussi bien à Nanterre ou à Palaiseau qu'à Taormine !

Or donc, voici, dans une villa de Sicile, un jeune couple, M. et Mme Dauvigny, et la jeune femme, en secondes noces, du père de Geneviève Dauvigny, Françoise Vigier. Geneviève crève de jalousie : elle a cru démêler une intrigue entre sa belle-mère et son mari. Il est vrai qu'Antoine Dauvigny est un ami d'enfance de Françoise, qu'il l'a peut-être aimée de loin, jadis, mais pouvait-il unir sa misère à sa pauvreté ? Il a été sincèrement heureux de la voir épouser son patron, son protecteur, son père adoptif, dont lui-même devenait le gendre ; mais voici que ses sentiments secrets se réveillent et se révèlent, sur un mot méchant de sa femme : il se confesse à Françoise, qui résiste, qui lui rappelle ce qu'il doit à son bienfaiteur, qui est toute pudeur et tout sacrifice ; ils seront malheureux tous les deux, voilà tout ! Mais la panthère déchaînée qu'est Geneviève a appelé d'urgence son père. Vigier débarque, farouche et muet : il ne répond pas aux saluts et rumine d'atroces projets.

Le voici dans l'exercice de ses fonctions d'inquisiteur et de bourreau : il tâche à arracher des aveux à Françoise et à Antoine, séparément, puis il les confronte. Un peu trop vite pénétré de l'astuce du pays, il feint de s'adoucir, de se lasser, d'abdiquer, arrache à sa femme et à son gendre un lamento d'amour, une fervente et mélancolique déclaration, puis se redresse, hideusement : ainsi, c'était vrai ! Horreur ! Il cassera tout, s'en ira avec sa fille, et lui, qui aime encore — et comment ! — lui qui est trahi par ses créatures, souffrira de longs jours, toute sa vie, et sa fille aussi ! C'est un inacceptable sacrifice : Françoise et Antoine sont acculés au renoncement. Les Dauvigny fileront purement, simplement, sur l'heure.

Mais, tout de même, Geneviève est un peu trop ce que, dans la première version de *Boubouroche*, Georges Courteline appelait « un petit chameau ». Elle écrase de dédain et d'invectives son héroïque belle-mère, submerge de sarcasmes et de menaces son mari plein d'abnégation : ah ! ils auront une jolie existence, les uns et les autres ! Humiliation constante pour Antoine, humiliation, servitude et torture pour

Françoise, que le barbare Vigier gardera étroitement dans le plus sauvage exil. Une seconde avant le départ sans retour, Dauvigny n'en peut plus : il supplie Françoise de l'arracher à son cauchemar, de partager sa vie errante et misérable; elle se débat encore, refuse, mollit, se laisse emporter enfin. Hélas! c'est une fuite brève : une carabine qui se trouve là, providentiellement, permet à la sauvage Geneviève d'abattre sa belle-mère, d'éteindre la mauvaise flamme. Il n'y a plus que de la nuit.

Cette pièce brutale et nuancée fera verser des larmes et M. Niccodemi retrouvera sa veine admirable; il a assez d'avenir pour qu'on se permette envers lui quelque sévérité. Je lui souhaite, au reste, pour sa pièce présente, le plus long succès : l'interprétation le mérite. Vargas (Antoine Dauvigny) est chaleureux, sincère, ému et véhément; Claude Garry (Vigier) est terrible d'attitude, tragiquement trompeur, angoissé, éloquent et douloureux; Bosman est un bon domestique et Mlle Diris une accorte soubrette.

Mlle Rapp est une image charmante de Sicilienne ; Mme Sylvie (Geneviève) garde, dans sa fureur infinie, sa grâce, sa force et sa vérité, et est harmonieusement forcenée, et Réjane (Françoise) est un miracle de résignation et de charme, d'amour contenu et débordant, de poésie triste, de fatalité. C'est admirable.

Si gnoret n'a pas de rôle, mais, comme vous savez, il s'en fait lui-même, au moins un soir.   *28 février 1910.*

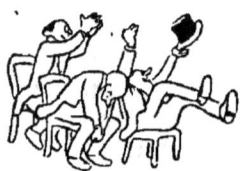

THEATRE ANTOINE-GÉMIER. — *1812*, pièce en quatre actes, en vers, de M. Gabriel NIGOND.

Après avoir usé d'une prose savoureuse, caressante et simple pour chanter le Berry, ses gens et George Sand, après avoir fait le meilleur emploi du vers ample et aisé, souple et comique pour railler Hercule dans *Keroubinos*, à la veille de faire jouer, toujours en vers, une *Mademoiselle Molière* (en société avec feu Leloir), M. Gabriel Nigond nous donne, en vers encore, une pièce historique et philosophique, violente, dolente, amère, éloquente et tragique, une image d'Epinal en noir et rouge, volontairement simple, morne et atroce.

1812 ! L'année du destin ! ce n'est pas un « admirable sujet à mettre en vers latins », voire en vers français. « Des vers ! disait Danton à Fabre d'Eglantine dans la charrette du bourreau, nous en ferons d'ici huit jours plus que nous en voudrons ! » 1812 ! L'horreur déborde et submerge toute poésie : « Il neigeait ! » écrit Victor Hugo — et c'est tout ! Cette ruée de gloire joyeuse, d'héroïsme entraînant qui se brise contre les éléments, cette marche de parade qui s'arrête court devant un incendie et qui devient une fuite à tâtons, dans des rafales et des assassinats, cette misère soudaine, étroite et géante, la faim, la soif, le froid, la médiocrité, la bassesse du danger, la mort sournoise qui guette les plus braves et les plus grands, la poursuite harcelante des cosaques couchés sur leurs chevaux-loups, la vermine envahissante, la trahison des hommes et des choses, du feu et de la glace, voilà le bilan de la lutte entre le génie divin de Napoléon le Grand et le mysticisme fataliste d'Alexandre de Russie, du duel entre l'Occident en marche et l'Orient rétrograde, jusqu'au moment où l'Empereur des Français fuit ce cauchemar, menacé dans Paris même par le coup de main génial du général Malet — et ses soldats continuent à errer, à mourir sans lui !...

Cette épouvantable épopée n'est pas scénique : c'est un cinématographe d'enfer. M. Gabriel Nigond ne nous a offert ni l'incendie de Moscou, ni le passage de la Bérézina ; nous n'avons que des épisodes — et c'est bien assez.

Dans un village lorrain, règnent l'enthousiasme et l'angoisse : c'est la levée en masse. Les conscrits de plusieurs classes sont appelés ensemble, jusqu'aux infirmes — ou presque. Les deux fils Archer vont partir : l'aîné, Jean, dit Janet, s'en va simplement, magnifiquement. Jusqu'au dernier moment il forge et bat l'enclume ; le cadet, François, est moins décidé.

Leur mère, la cornélienne Catherine, se résigne à l'absence, malgré les blasphèmes et les hurlements de la vieille Mautournée dont le fils ne revient pas de l'armée : le père Faroux vante l'Empereur et le jeune Claudin, tout frêle, reviendra pour sa fiancée Annette, tandis que Jean Archer rejoindra, plus tard, sa promise Francine. Mais Francine est aimée de François Archer qu'elle aime ! Quand les conscrits seront rassemblés sur la place, au bruit des tambours et des clairons, un appelé manque : c'est François qui a pris la fuite : il est déserteur !

Dès lors, nous vivons le poème du regretté Victor de Laprade, *Pernette ou les Réfractaires ;* mais Francine ne se contente pas d'aller porter des provisions dans les bois, à l'insoumis épuisé et traqué ; elle le reçoit à la maison, à l'insu de la mère Archer ! Un beau soir, sur la dénonciation du vieux traître Faroux, les gendarmes cernent la demeure, fouillent, furettent ; la mère Archer, réveillée, leur fait, inconsciemment, découvrir la retraite de son fils, qui bondit, mais trop tard. Une carabine de maréchaussée l'étend sanglant et la mère ne peut que demeurer seule auprès du cadavre ou du quasi-cadavre de François, car le malheureux respire encore !

Voilà pour le déserteur ! Voyons pour le brave guerrier ! Et c'est la Russie : un mal blanc ! C'est la suprême horreur de la déroute, la débandade, le lent et pénible grouillis des débris de toutes armes, des épaves plus ou moins armées des corps d'élite et de la ligne, chevau-légers, lanciers, grenadiers, fantassins; tout est gelé, tout roulé, tout meurt. Une cantinière au grand cœur ranime les blessés qui lui plaisent et chante aux étoiles absentes, au ciel en congé sa foi dans les armes françaises et son culte pour Napoléon. Surviennent nos vieux amis Claudin et Jean Archer, dit Janet, l'un soutenant l'autre. Et, après de belles paroles de pitié, d'héroïsme, de désolation et de grandeur, les boulets qui font rage rasent les deux bras de Janet, qui était en mal de dévouement. Et ce sont encore de beaux vers, tristes.

Puis, c'est le retour au village, trois ans après, après les humiliations de la captivité et les hasards du vagabondage à travers les routes. La Mautournée exulte d'avoir retrouvé son fils sain et sauf : qu'adviendra-t-il à la Catherine ? Voici Claudin, tout neuf, tout frais, qui saute au cou d'Annette. Mais Jean ? Il n'ose venir : il est tout honteux; il n'a plus de bras ! Et quand il vient, ne pouvant ni étreindre, ni boire, quand il voit que son frère le déserteur, bien portant, rose et gras est l'amant, le mari de Francine, il voudra mourir sans pouvoir se détruire, partir sans pouvoir ouvrir la porte et restera, par pitié, auprès de sa mère, inutile, incapable d'effort, paquet vivant et souffrant, laissé pour compte de la mort et de la gloire, fantôme opaque et incomplet.

Eh ! monsieur Nigond, il se souviendra ! Il aura des récits immortels et sera l'idole de son village, l'étendard magnifique et criblé, déchiré, qui atteste et éternise la Patrie ! Il ne forgera plus, de ses bras ! Mais je n'insiste pas : vous n'avez pas voulu, n'est-ce pas ? faire l'apologie du déserteur en regard du martyre du soldat ? C'est une aventure que vous avez contée en vers éloquents, faciles, bien frappés, parfois sonores et héroïques. Bien ! Vive l'Empereur !

Et mettons à l'ordre de l'armée Jeanne Cheirel, cantinière épique, maternelle, vibrante, touchante, qui a toute la pitié du roman russe, toute la bravoure des chansons de geste, Jeanne Even qui est une mère tremblante et digne, pleine de tendresse et d'autorité, Yvonne Mirval, qui est une amoureuse tendre, décidée et énergique, Jeanne Fusier qui est toute gentille et tout aimante, Léontine Massart, qui a buriné en deux tons éloquents la silhouette de la Mautournée qui déteste et adore avec feu pour son fieu. Louons civilement le chaleureux et sincère déserteur Georges Flateau (François), et présentons les armes à Lhuis, un Claudin cordial, jeune, exubérant, puis joliment épuisé ; à Maxence (le père Faroux), patriote jusqu'à la délation ; à Saillard, Marchal, Marcel André, Kerguen et Dujeu, soldats malheureux, et à Firmin Gémier, qui est simple, de bonne volonté, de belle souffrance, de sublime désespoir. Relisons *la Guerre et la Paix*, relisons surtout *Victoires et Conquêtes*, et M. Gémier nous ferait plaisir si, dans un des beaux décors de Bertin, il remplaçait les images de Georgin, qui datent de 1840 — et nous sommes en 1812 — par des estampes à un sol, en couleurs, de la rue Augustin.

1er mars 1910.

THÉATRE SARAH-BERNHARDT. — *La Beffa*, drame italien en quatre actes, en vers, de M. Sem BENELLI adaptation, en vers français, de M. Jean Richepin).

En dépit de ce que le nom de Mme Sarah Bernhardt et sa carrière parmi les *Fédora*, *Théodora* et autres *Tosca* sembleraient indiquer, la *Beffa* n'est pas une femme : c'est ce que nous appelons une *blague*, une *très, très sale blague*, une *brimade*, un mortel affront. Et si vous songez que la chose se passe à Florence au début du seizième siècle, au moment où la jeune Renaissance apportant de Grèce, en un magnifique chaos, la poésie, la science et l'art, soufflait, avant tout, une liberté de mœurs, un dérèglement insensés, où les pires instincts, aiguisés jusqu'au paroxysme, s'alliaient à la plus pernicieuse culture et à une finesse byzantine, où la perfection croissait dans la plus élégante pourriture, où le crime, le génie, le brigandage, le sacrilège et la débauche étaient étroitement unis, vous voyez que c'est une belle fête !

Et c'est une fête pour Sarah Bernhardt. Après avoir interprété — comme vous savez ! — *Lorenzaccio*, voilà qu'il lui est donné d'incarner la faiblesse pensante, la haine désarmée et puissante, l'amour trahi, méprisant et veillant, la cruauté souriante, la rage indéfectible, la ruse sauvage d'un seigneur débile et efféminé, d'un bouffon cauteleux et tyrannique, fourbe par rancune et méchant, méchant, jusqu'à se dégoûter lui-même, voilà qu'elle a à exprimer le ressentiment d'un cœur mort, qui ne vit plus que pour l'horrible et hypocrite flamme de dévastation, qu'elle n'existe plus que contre quelqu'un, et que c'est une âme perdue dans la désespérance finale, et qui s'escrime contre la force triomphante, qu'elle symbolise l'honneur aboli qui mange, mange son bourreau : subtilité, férocité ! Elle est bien un être du temps des Médicis et un Médicis même, comme nous les peint Pierre-Gauthiez : un amphibie orné, ambigu, armé, saoul de volupté et de désirs, implacable, souple, avide, léopard, serpent et chacal.

La pièce de M. Sem Benelli triomphe inlassablement en Italie ; elle est ingénieuse dans son invention de tortures et son ingénieuse brutalité ; c'est tortueux et sûr, pathétique et direct, calculé et terrible : la finesse nationale y trouve son compte, ainsi que le goût de l'amour et l'amour de la *vendetta*.

Voyons la très fidèle, très habile et très poétique adaptation de M. Jean Richepin.

Gianetto Malespini a été atrocement humilié par son rival Néri Chiaramantesi, qui, non content de lui ravir sa maîtresse, la belle courtisane Ginevra, l'a fait, aidé de son frère Gabriel, coudre dans un sac, plonger trois fois dans l'Arno, non sans le faire larder, à très petits coups de dagues et d'épées. Grotesque aux yeux de tous les Florentins et de toutes les Florentines, honteux de l'existence que son ennemi lui a dédaigneusement laissée, publiquement lâché et lâche, Gianetto affecte de ne pas se souvenir et offre lui-même, lui, victime, un souper de réconciliation. Il n'empoisonnera pas ses bourreaux : ce serait trop peu pour sa haine. Il se laisse railler et presque battre, encore ! Mais il boit et fait boire et engage un pari avec Néri. Il le défie d'aller dans un cabaret, en casque et armure, le glaive nu, dans l'habit et la pose d'un croisé, d'un chevalier errant. Le pari est tenu. Et, tandis que Néri part en guerre, le doux rêveur qu'est Gianetto fait prévenir les buveurs du cabaret que Néri Chiaramantesi est fou furieux et avise le souverain Laurent le Magnifique de certains propos séditieux du même Néri. On va rire.

Et l'on rit ! A Ginevra, affolée de la crise de folie de son nouvel amant, Gianetto se présente, couvert des habits de ville de Néri, la presse, la reprend, la caresse de mépris cependant que le dit Néri qui s'est échappé, revient, l'écume à la bouche, interroge, s'épouvante, menace : il est repris par les valets, des estafiers du Médicis ! Quand il est dûment lié, Gianetto s'intéresse atrocement à son sort, pour le faire écumer, le touche, l'embrasse : il est tellement son ami ! Ah ! il faut bien le soigner ! Il tient à sa peau et à son âme !

On le soigne ! Et comment ! Attaché par les quatre membres aux bras et aux pieds d'une rude chaise, les fers au cou, aux jambes et aux poings, Néri, détenu dans la pire des maisons de fous et de force, est dûment exorcisé et réduit à *quia*. Il s'agit de savoir s'il est possédé ou seulement dément. Et son frère Gabriel est revenu de voyage et s'agite. Gianetto tourmente son ennemi enchaîné, l'accable, l'excite. Mais voici une aide : c'est une ancienne fiancée de Néri qui l'aime dans sa détresse et veut le sauver. Restée seule avec lui, Lisabetta le calme, le console, tâche à lui donner de l'espoir : qu'il fasse le fou, on le laissera à elle comme une chose inexistante — et Néri fera le fou. Il le fera merveilleusement, trompera jusqu'au médecin, mais ne trompera pas Gianetto qui, à la lueur de sa haine, voit vivre et durer une haine perspicace et atroce, qui, du souvenir de la *beffa* qu'il a subie, voit lever la *beffa* suprême qui vengera la *beffa* qu'il inflige au faux dément. Mais il s'agit bien de cela. Il le délivrera, envers et contre tous et contre soi ! Et, dès que Néri est libre, dès que Néri est dehors, Gianetto se laissera secouer par la plus épouvantable joie : on ne l'a pas deviné, lui seul va jusqu'au fond de sa férocité : il rit, rit, rit, en dément qu'il est ! Sa *beffa*, sa *beffa*, à lui, est du dernier cercle de l'enfer !

Car — vous l'avez deviné — lorsque Néri viendra poignarder Gianetto chez Ginevra, c'est son propre frère, Gabriel, qu'il tuera sous l'habit de son ennemi, et, fratricide, insensé, inhumain, il clamera sa plainte de bête sous l'œil enfin satisfait de Gianetto vengé.

C'est un peu violent, brutal, raffiné, voire enfantin. M. Sem Benelli a dû beaucoup souffrir pour arriver à cette maîtrise dans la *morbidezza* et la perversité, dans l'amour patient du mal et je ne sais quel sadisme dans l'usure de la loi du talion. Le robuste et saint Jean Richepin a dû bien s'amuser à rendre ces mièvreries sanglantes, mais il est tout apostolat : il adapte pour son plaisir, comme il fait des cours publics et des conférences pour jeunes filles. Et c'est du très bon travail.

Peut-être le public français n'aura-t-il pas pour *la Beffa* la frénésie séculaire de l'Italie : la neurasthénie n'est plus à la mode et la lâcheté n'est pas populaire.

Mais Sarah Bernhardt est si belle ! Jeune, trépidante, sournoise, traîtresse, elle ment avec passion et sourit pour mordre : sa douleur intérieure et secrète éclate dans ses périodes et ses silences, dans ses gestes de joie et de fausse pitié : elle est extraordinaire de ravissement infernal, bruyante, volcanique à la fin du troisième acte : c'est de la plus effroyable beauté. Et Marie-Louise Derval est impérialement belle, d'un charme souverain et caressant et si harmonieux dans ses terreurs ! Et Seylor est pure dans son verbe, qui est comme un chant ! Et Misley est angélique et délicieuse ! Duard est un docteur plaisant et grotesque à souhait, Worms est le plus suave, le plus éloquent, le plus dévoué des écuyers ; Laurent est un frère généreux et passionné ; Maxudian a de la majesté et de la bonhomie ; enfin, dans le rôle écrasant de Néri, Decœur a une satisfaction de belle brute, un orgueil de bravache avantageux, une rage de bête traquée, un abattement chaleureux, une dissimulation de prisonnier, une fureur de vaincu sanguinaire qui donnent le frisson.

Et le public est remué, ému, terrorisé par ce drame où il y a des sentiments effrénés, des costumes admirables, des tentures, des voûtes bien reproduites, des sérénades, des cris, des lames, des armures, de la fatalité voulue — et, en travesti violet pourpre, sous une perruque noire et un voile de faiblesse et de méchanceté, les yeux, la bouche, la grande voix et le grand cœur de Sarah Bernhardt.

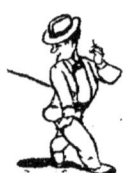

BOUFFES-PARISIENS-CORA LAPARCERIE. — *Le Jeune Homme, candide* comédie en deux actes, en prose, de M. Pierre MORTIER; *Xantho chez les courtisanes*, comédie en trois actes (dont un prologue) en vers, de M. Jacques RICHEPIN, musique de M. Xavier Leroux.

Ce qu'il y a d'extraordinaire et d'inattendu dans les deux petits actes de cet ironique et brillant Pierre Mortier, c'est que le titre n'est pas menteur : il s'agit bien d'un jeune homme candide — et comment ! Ce Gaston qui a peur de la liberté de propos et de gestes de sa fiancée Madeleine, par ailleurs sa cousine, qui brise son mariage, qui se laisse prendre aux fadeurs sournoises de Mlle Évangéline Tambour, élève du Conservatoire, qui se laisse escroquer un baiser furtif et terrible, qui se laisse menacer par le frère Martial Tambour jusques aux justes noces, inclusivement, qui se laisse taper et cocufier par son ami La Bréautière, prince du Pape (*sic*) et roquentin, qui laisse embrasser sa cabotine de femme par le cabot Saint-Éloi, qui reçoit chez lui une Totoche en jupe courte qui danse « Caroline », c'est une preuve suffisante d'excessive candeur.

Il finit par se reprendre et se révolter, par retourner à l'amour de sa cousine Madeleine, divorcée de son côté et mieux élevée, à l'ancienneté, par ne plus trembler devant la colichemarde du frère-bretteur

Marius, par divorcer et épouser sa première fiancée. C'est gentillet, avec des *mots* de revue, de la bonne humeur et de l'*humour*,

M. Rozenberg est excellent dans le rôle de La Bréautière ; M. Henry Lamothe est délicieux de bonne volonté et d'ahurissement en Gaston ; M. Arnaudy est sagacement féroce et M. Régnier a de l'aisance.

Pour Mlle Juliette Clarens, dont c'était la rentrée aux sites de son premier triomphe, elle a été émue, mutine et charmante. Mlle Marie Calvill, pleine d'autorité doucereuse et cynique, Mlle Alice Vermell, les jambes nues et le corps en toute aisance, donnent de l'air et du ton à ce proverbe moderne d'un très jeune auteur qui a le plus joli passé et le plus riche avenir.

Xantho chez les courtisanes est, comme son nom l'indique, une initiation très spéciale, une descente aux enfers de volupté, une incursion de l'honnêteté en mal de plaisir dans les gouffres les plus savants de la caresse opportuniste et licencieuse. Mais l'art de Jacques Richepin n'est pas brutal : il ne nous introduit pas tout de go dans les arcanes du baiser, dans les écoles d'étreinte et de stupre gracieux de Corinthe : ce sont les trois Grâces elles-mêmes, Thaïs, Aglaé, Euphrosine, qui, toutes dolentes de leur béatitude et de leur éternité dans le délice des champs élyséens, soupirent vers les joies de la terre, et, doucement, en vers évocateurs, souples, ailés et fléchissant un peu des charmes d'ici-bas, elles nous ramènent à Corinthe, où l'on enseignait la beauté et les suprêmes plaisirs. Saluons ces déesses bien disantes et parfaites, Mlles Florise (Euphrosine), exquise, céruléenne et nostalgique ; Moriane (Aglaé), délice à peine vivant et si pensif ; Marie Marcilly, majestueusement mélancolique et tendre.

Et voici les courtisanes, en pleine action. Mais comment détailler ces leçons de choses et de gestes, ces dessins de pensers soumis et galants, ces raffinements présentés en raccourci, de vers souples, faciles et qui font tout pour rester chastes dans la vérité la plus éperdue ?

Myrrhine, grande-prêtresse de l'Aphrodite des jardins et des chambres closes, reçoit, après avoir congédié, un instant, ses actives élèves, la matrone Xantho qui voudrait savoir comment retenir et garder son fugace époux Phaon. Vous dire comment, un moment après avoir appris les premiers éléments, après avoir mi-accueilli, mi-repoussé l'irrésistible Lycas, Xantho assiste, derrière un rideau propice, aux ébats de son mari Phaon, qui redevient un ancien chevrier, avec l'omnisciente Myrrhine ; comment elle s'éprend, de rage, de la plus atroce passion pour le beau Lycas ; comment Lycas, pour avoir épuisé sa force de passion, de tendresse et de courtoisie avec des esclaves noires, ne peut répondre aux prévenances de Xantho voilée et qui veut confondre son volage époux, je ne le pourrais pas même en le désirant violemment. Tout finit très bien : à peine si Phaon a été infidèle : il a trouvé dans sa faute — mais est-ce une faute ? nous sommes en Grèce ? — une vigueur nouvelle et des sciences sans fin : sa femme, sans péché, malgré elle, se révèle à lui, en enlevant un à un ses sept voiles de mystère : ils seront très heureux.

Mais il ne s'agit que de l'atmosphère opiacée, des aromates, des étoffes, des corps charmants et à demi dévêtus, des danses endiablées et divines où la chair a l'air de tourner pour débrider l'âme et où le mouvement, la ligne, l'insinuation vont jusqu'à l'évanouissement et la petite mort ! Mlle Esmée a été la danseuse de cette extrême frénésie. Mlle Calvill a une majesté alliciante, une sincérité, un sourire merveilleux, Mmes Vermeil, Mielly, Florent, Mancel, Yval, de Beaumont, Stamani, etc., sont les corps les plus délicieux, les yeux les plus éloquents, les voix les plus profondes.

M. Henry Lamothe est un Lycas avantageux, énamouré, las, très pathétique et très amusant ; MM. Arnaudy, Trévoux, Régnier, Frick sont excellents et élégants ; M. Hasti (Phaon) a le comique comme involontaire et profond, savoureux et sûr de son personnage, en même temps qu'une certaine émotion, et Mme Cora Laparcerie (Xantho) a de la pudeur, de l'héroïsme, de l'horreur, du penchant, de la passion, de la rage et la tendresse la plus mélancolique.

Tout cela, dans de bons vers faciles, amples, gais et sûrs, dans des décors aimables et superbes, dans de la musique langoureuse et savante — mais ce n'est pas mon rayon — est un gage multiple de durée et de triomphe : tout le monde — enfin — voudra et pourra aller à Corinthe, à la Corinthe de Cora.

17 mars 1910.

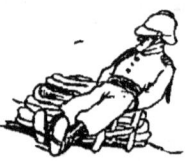

THÉATRE DES VARIÉTÉS. — *Le Bois sacré*, comédie en trois actes, de MM. Gaston Arman DE CAILLAVET et Robert DE FLERS.

Que la grande ombre sereine et blanche de Puvis de Chavannes me pardonne : la comédie-ballet qui a, hier, triomphé aux Variétés, ne m'a pas évoqué un instant son chef-d'œuvre pensant et nostalgique. Au reste, *le Bois sacré* de MM. Caillavet et de Flers n'a ni loir.-

tain ni mystère : c'est la direction des Beaux-Arts, direction toute fantaisiste (puisque, ces temps-ci, c'est un sous-secrétariat d'État), et qui stupéfierait le bon M. Marcel, ferait sourire l'exquis Henry Roujon, le charmant et regretté Gustave Larroumet, scandaliserait Turquet et Castagnary, et tuerait net — si ce n'était fait depuis longtemps — l'immarcescible Sosthène de La Rochefoucauld, qui mettait des feuilles de vigne aux statues et cadenassait le sourire de la Joconde — ou presque ! Eh bien, vicomte, on s'embrasse, on chante, on danse, on *flirte* aux Beaux-Arts, en 1910, on s'y excite, on s'y pâme : l'ambition, la grâce, l'à-peu-près, la pantomime et l'outrance y dansent un cancan où ne manque même pas une musique offenbachique ! Et, tout de même, vous ne seriez peut-être pas si indigné que cela, mon pauvre Sosthène, puisque les deux auteurs survivants du *Roi* disent son fait à la République, raillent l'ignorance des ministres démocratiques (fantaisie ! vous dis-je, fantaisie !), font de l'antiféminisme galant, prêchent la vie de famille saine et franche — oh ! avec des accrocs ! — prônent les charmes de la campagne — avec un enthousiasme très parisien, — qui caricaturent avec bonheur le snobisme exotique, le ballet russe, et jusques à l'âme slave, chère à Eugène-Melchior de Vogüé, qui ont même, à la suite de Mme Marcelle Tinayre, des *mots* sur la Légion d'honneur des femmes, et (peut-être) des hommes de lettres... Tenez, Sosthène, vous leur donneriez le cordon noir de Saint-Michel, comme dans le tableau de M. Heim, grand-père de notre Duményl !

Mais ces moralistes satiriques n'en ont cure : décorés tous deux, naturellement — on ne blague le ruban rouge que quand on l'a — ils auront le grand succès d'argent, d'esprit, de joie, de rire et de sourire, avec une pièce-revue, une pièce gigogne, aisée, lâchée, pailletée, pimentée, honnête, au fond, élégante, fine, froufroutante et tourbillonnante, jouée à la perfection — et quelle perfection, vivante, intense, heureuse !

Donc, Francine Margerie est une des premières romancières du temps. Elle est très simple et très heureuse et imagine à loisir. Terriblement popote, elle se console des adultères et des incestes qu'elle échafaude en aimant bêtement, depuis quatorze ans, son magnifique bêta de mari, Paul, homme d'épée, de sport, de grand air. Elle a horreur des distinctions honorifiques et n'admet que la paix des champs. Pourquoi faut-il qu'un hasard de cabinet de lecture lui fasse trouver dans un tome des *Mémoires de la duchesse de Dino* une lettre d'amour ? Pourquoi faut-il que l'auteur de cette missive vienne chez elle pour organiser une représentation au bénéfice des anciens premiers prix du Conservatoire, et que cet auteur soit la femme légère et frivole du directeur des Beaux-Arts, Champmorel ? Pourquoi faut-il qu'un étrange comte russo-napolitain, le colonel-danseur Zakouskine, soit là pour s'être reconnu dans un des héros de Francine — et comment ! — et fasse une impression immédiate sur l'inflammable et électrique Adrienne Champmorel ? Et pourquoi faut-il, surtout, que, par jalousie contre sa rivale, Mme de Valrené, qui va être décorée, Francine, soudainement, aspire à l'étoile de Napoléon, qu'elle retourne son époux, déboucle ses malles, se décide à intriguer, à faire intriguer et à envahir le Bois sacré, la direction des Beaux-Arts ?

Nous y voici, au Bois : il y a des lauriers et des verdures de Beauvais ; la sous-Excellence Champmorel, béate, ignare, monumentale ; un huissier contempteur du présent et ancien suisse à Saint-Roch ; des attachés fort détachés de tout savoir ; un grand désordre et une paresse souveraine. Mais ne détaillons pas : Francine vient solliciter Champmorel, qui la presse — et qui le gifle ; Adrienne désire véhémentement Paul qui se refuse ; l'irrésistible et volage Zakouskine tâche à se disculper, par pantomime et danses, d'une infidélité certaine que ladite Adrienne ne veut pas encaisser ; Francine, pour retrouver sa croix, engage son mari à être aimable envers la surintendante, et, de fil en aiguille, Paul Margerie se laisse aller, embobiner et lier. Sa « bonne figure de distribution de prix » s'unira au museau d'écureuil d'Adrienne — et voilà un beau dévouement. Quant à Champmorel, repoussé par Francine, il se consolera avec Mme de Valrené : horreur ! la voici : c'est un vieux monsieur !

Et comment conter le troisième acte ? C'est la répétition du divertissement en l'honneur des lauréats du Conservatoire : Champmorel y prononce un discours, Francine s'aperçoit de son infortune et reçoit la croix d'honneur, Paul et Adrienne y échangent les adieux de Titus et de Bérénice et les adieux de Fontainebleau. Francine et Paul se réconcilient, se retrouvent et se reprennent, redeviennent tout simples et campagnards, au point que la romancière renonce à son ruban si chèrement gagné, mais, avant ce dénouement ironique et charmant, quelles comédies, quelle danse inouïe de Zakouskine et d'Adrienne, quel chahut rythmique, voluptueux, canaille, satirique et chaleureux, en costume, en œillades, en pointes, d'un comique qui trotte, qui bondit, qui souligne ! Quelle pétarade de *mots*, de gestes, quel spectacle, quelle parade, quelle parodie philosophique, mondaine et presque sociale !

Les danseurs sont Max Dearly et Ève·Lavallière — et ils parlent. La sûre fantaisie de Dearly, fine dans la pire outrance, juste et quasi justicière, sa fatuité candide et chantante, la gaminerie innocente et pimentée de Lavallière, ses yeux, sa bouche de lis, ses jambes de péri et son baiser congénital n'ont pas besoin de commentaire : c'est le chef-d'œuvre, c'est la nature. Nature aussi, ce Paul Margerie d'Albert Brasseur, ouvert comme une fleur, solide, tout costaud, tout offert, sucre de pomme, et si facile au bonheur ! Nature, majestueusement, merveilleusement, en grand artiste, Guy (Champmorel), si à son aise dans la pourpre démocratique et la sérénité conjugale ! nature, le gaffeur prédestiné et trop dévoué des Fargettes (Prince) ! nature, l'huissier réactionnaire et dédaigneux Benjamin (Moricey) ! nature, MM. Avelot, Dupuis, Charles Bernard, Girard, Didier et Dupray ! Et Mmes Marcelle Prince, Chapelas, Debrives, Fraixe, etc., sont délicieuses et vraies.

Mme Jeanne Granier (Francine) est un miracle de charme, de simplicité, de pétulance, d'inconscience, d'injustice, de jolie émotion, de gentil dépit — et son rire, vous le connaissez ! Et il serait incroyable, n'est-ce pas ? que dans cette pièce épicée et savoureuse, on ne parlât pas de caviar : c'est le gigantesque M. Strub qui en parle à la perfection — en russe.

*
* *

Le noble auteur d'*Electre*, Alfred Poizat, vient de faire applaudir à *Femina* une tragédie d'honneur et de devoir, *Sophonisbe*, que Mme Bartet voulait interpréter, et qu'elle interprétera un jour, et, aux Mathurins, M. Charles Simon, l'un des auteurs de cette inoubliable *Zaza*, a vivement intéressé un public chaleureux aux péripéties commerciales et sentimentales de la maison *Doré sœurs*. Saluons les traînes des robes parisiennes et les voiles africains, classiques et nouveaux.

21 mars 1910.

THÉATRE ANTOINE-GÉMIER. — *La Bête,* pièce en quatre actes, de M. Edmond FLEG.

Mlle Lucienne Esselin a vingt-quatre ans, tous les dons et toutes les vertus. C'est « la bonne fée » de Boischarmant. Entre sa mère et son admirable grand-père, le docteur Bussière, octogénaire et entomologiste — depuis l'admirable article de Mæterlinck sur M. Fabre, l'entomologisme se porte beaucoup — elle épand ses bienfaits sur le village, ne se marie pas et semble « aimer l'horreur d'être vierge » chère à l'Hérodiade de Mallarmé. Son cousin germain, Guillaume Bussière, partage son temps entre les plus rares études scientifiques et la pire débauche, mais ce jeune homme indifférent fronce le sourcil en apprenant qu'un de ses anciens amis, Pierre Marcès, est dans les environs et qu'on le reçoit : ce Pierre est le plus méchant des hommes, aigri par sa misère passée et tombé du génie au vice torturant et amusé, en compagnie de son complice le peintre Claude Patrice, qui, par hasard, est là aussi. Et, en effet, fat, plat, insolent, Marcès tient tête à tous les sarcasmes de la jeune fille, s'invite, s'installe, domine Mme Esselin, ensorcelle le docteur. Une mystérieuse visiteuse endeuillée vient prévenir Mme Esselin : Marcès est l'indignité même, séduisante, irrésistible ; il a fait un pacte avec Patrice pour réduire Lucienne au rôle de jouet : qu'on prenne garde ! Et c'est la propre mère de Marcès ! Horreur ! On chasse l'infâme. Mais il a tout entendu et, sans hésiter, il s'empare de la vierge-fée, étouffe ses cris, l'entraîne, la prend de force — et comment !

Oui, comment ! Car Lucienne a pris goût à son tourment et à sa honte. Ses sens se sont éveillés, tout-puissants ; elle est l'esclave ravie, l'épouse-maîtresse de Marcès. Elle reçoit ses amis tarés, ses anciennes maîtresses, sourit à tous et à toutes, et, la nuit, se livre à tous les caprices, à tous les raffinements de son bourreau dépravé. Elle est la proie humide et froissée, la bête pantelante, un réceptacle de volupté charmé, grouillant et goulu. Son cousin Guillaume, devenu grand homme et — enfin ! — amoureux d'elle, tâche à retrouver dans ce gouffre un peu de la fée-vierge d'hier, d'il y a deux ans : il y parvient et Lucienne se secoue, crie son dégoût et sa lassitude ; mais le monstre, Pierre Marcès, revient dompter sa femelle : elle s'abandonne et son sexe lui remonte au cerveau. Heureusement, Marcès n'a pas son compte de délices : il lui manque le piment de la jalousie. Il lance son Claude Patrice, retour de l'Inde, comme M. Brieux, sur sa femme, oblige Lucienne à lui faire bon visage, à se laisser émouvoir par lui, écoute, caché, tel Néron, leur discours, et ne paraît que lorsque le peintre va étreindre la pauvre bête : c'est bien, très bien : il a vibré !

Et le bon Guillaume, qui ramène la mère de Lucienne, qui ramène à la misérable et passive brute sa pureté première, sa famille irritée, le calme saint du village enchanté, se brise ou se briserait au pouvoir cynique et malsain du démon Marcès, à son priapisme incisif, à ses évocations de stupre, à son argument — dirai-je *ad hominem ?* — du lit soudain étalé, du lit glorieusement crevassé, éventré et souillé, si lui-même, le bon Guillaume, n'entraînait pas, n'emportait pas brutalement sa cousine écartelée entre le vice et la vertu ! Et Marcès ricane : la fugitive restera sa chose : elle a sa marque, son sceau, ses morsures : elle aura faim et soif de lui.

Et il en est ainsi, malgré tout. A Boischarmant, redevenue fée enseignante et jeune fille, Lucienne repousse la mère de Marcès, mais n'ose se donner à Guillaume, dans la crainte que le geste ne lui rappelle, ne lui rapporte son être de bestialité passive dans le même temps que le souvenir, l'empreinte, l'étreinte de son triste époux. Il faut que Marcès vienne lui-même, qu'elle se dépouille de sa terreur, qu'elle puisse le recevoir, l'entendre sans l'écouter, pour qu'elle s'aperçoive qu'elle ne subit plus son ascendant, que la bête est morte en elle, qu'elle recouvre sa virginité d'âme et — presque — de corps et qu'elle peut se donner, en bon ange, à l'angélique Guillaume. Et le mauvais ange Marcès s'en va, foudroyé, en proférant de vagues et vaines malédictions.

Telle est cette pièce symbolique et biblique où les luttes du mal et du bien revêtent un costume moderne, où l'on dit des *mots* parisiens et où l'on vante même telle ou telle marque bien moderne, telle ou telle maison consacrée. Il y a eu, de-ci, de-là, un peu de flottement et d'hésitation, des inexpériences et des morceaux de bravoure un peu préparés et presque inutiles, une distinction d'esprit trop constante et assez maniérée et comme une certaine naïveté dans le profil perdu du vice et l'ombre portée de ses manifestations, mais il y a du pathétique, de la subtilité, de la sincérité, de la flamme et jusqu'à une atmosphère de lubricité coupable et, d'ailleurs, condamnée.

Mais qu'importe en une parabole ? Dans la réalité, un être aussi méchant que Pierre Marcès tuerait et ne s'effacerait pas ; mais n'est-ce pas l'ange déchu de la Bible qui se laisse accabler ? Et Lucienne, sous la caresse de Guillaume, ne se souviendra-t-elle pas de Pierre ? Revoyez *l'Empreinte*, de M. Abel Hermant ! Mais nous assistons à une *moralité*, à un drame symbolique et éternel où la chair, la chair serve est un véhicule de l'esprit de Dieu, de l'âme éparse, et qui triomphe à son heure, en famille.

M. Edmond Fleg a eu des interprètes ondoyants : si, dans le personnage de Pierre Marcès, M. Gémier a été implacable, câlin, sournois, félin, formidable et lâche, un Karagheuz-Tartufe, un Don Juan-vampire, un Satan-Taupin, M. Rouyer, un Claude Patrice pleurard, pitoyable et d'une audace tactile un peu brusque, Henry Roussell est un Guillaume d'abord riant, puis bouillant, et d'une ardeur assez monotone ; M. Clasis fait une jolie figure d'entomologiste ; MM. Flateau et Saillard passent trop vite, excellemment.

Mmes Jeanne Even (Mme Esselin), Léontine Massart (Mme Marcès) sont dignes, pathétiques et charmantes ; Mmes Mirval et Lécuyer passent, délicieusement ; Mlle Jeanne Fusier est une gamine qui saute, danse, pépie et palpite, et Mme Andrée Mégard (Lucienne) est tout esprit et tout chair : elle a des yeux de martyre, des bras d'étreinte, une chair où il reste de la volupté, de la crainte où stagne du désir, de l'inconscience qui se repent : c'est moderne, antique, réel.

4 avril 1910.

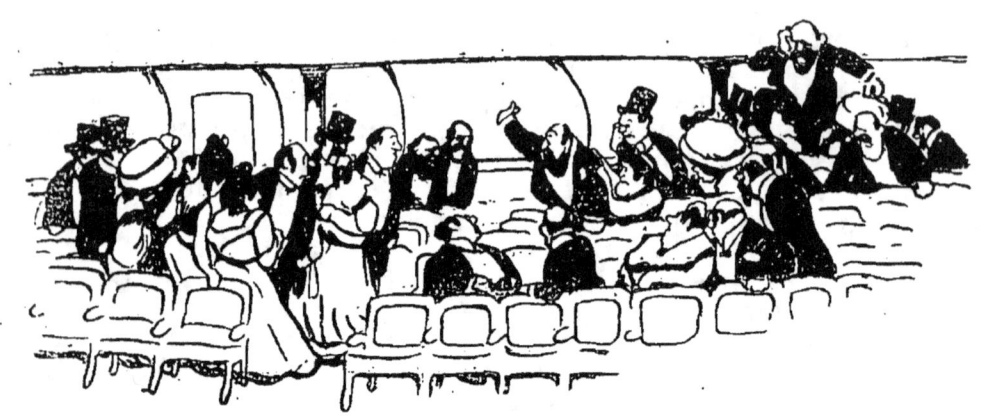

THÉATRE DES NOUVEAUTÉS. — *Le Phénix*, pièce en trois actes, de M. Raphaël VALABRÈGUE : *On purge Bébé*, pièce en un acte, de M. Georges FEYDEAU.

Non content de devoir, comme ses mythiques congénères, renaître un jour de ses cendres, *le Phénix* de M. Raphaël Valabrègue a mis vingt-quatre années à se produire à la rampe. Mais depuis que la race maudite et sacrilège des critiques dramatiques ne fait qu'une bouchée des plus larges efforts et ne bénit pas les auteurs qui ont œuvré des siècles pour la faire bâiller quelques heures à peine, qu'importe le temps, hélas !

Donc, le phénix en question, c'est ce brave docteur Delamarre qui, chaque été, se donne un mois de congé, va le passer dans les Alpes ou les Pyrénées, présente un faux docteur Delamarre (son fidèle ami Ducastel), se présente lui-même sous des pseudonymes variés, fait un doigt ou une main de cour à des dames diverses, se les *envoie*, si j'ose dire, quitte à les épouser plus tard ; se permet des différences au jeu qu'il paiera le lendemain et, crac ! fait disparaître au bon moment son personnage d'emprunt au fond d'une crevasse complaisante! Plus de fiancé ! plus de débiteur ! Et il n'y a plus que l'honorable et grave docteur Delamarre !

Le malheur est qu'il est tombé, cette fois, à Allevard, sur la fille d'une tireuse au pistolet qui fait mouche à tout coup, que cette tireuse, Mme Prune — rien de l'héroïne de Loti — est une ancienne maîtresse de son beau-père, M. d'Outreval, que tout le monde se retrouve à Paris, que d'Outreval doit épouser Mme Prune, que le fidèle Ducastel, arrêté pour avoir assassiné les fausses incarnations de Delamarre, né peut épouser la belle sœur de Delamarre, en l'honneur de laquelle il a été héroïque, parce qu'il est un fils naturel de d'Outreval ; que la terrible Prune joue de son revolver à tout bout de champ et qu'il faut trois actes — trois grands actes — pour que Ducastel ne soit plus le frère de sa fiancée et qu'il l'épouse ; pour que d'Outreval n'épouse plus Mme Prune et pour que le docteur Delamarre revienne totalement à ses malades, à sa charmante épouse Cécile, et renonce à ses déguisements, à ses frasques et à sa phénicité.

Louons Mme Caumont (Mme Prune), exubérante et à répétition ; la charmante Carlix, l'exquise Louise Bignon, Mlles Parys, Jenny Rose et Delys, MM. Coquet (Delamare), Gorby (Ducastel), Landrin, Minard, Choisy, Lauret et Grelé, et Germain, qui reste lui-même — et c'est tout un orchestre, à lui seul, de fantaisie et de gaieté.

Si le personnage principal de l'*Iphigénie à Aulis*, d'Euripide, n'est autre que le vent, l'âme de la pièce de M. Feydeau est, si j'ose dire, un seau de toilette, sans parler de deux pots de chambre qui meurent à la cantonade, à la fleur de l'âge. Cette farce est effroyablement comique. Il s'agit, au propre, d'un bébé qu'on purge, que l'on purge pour de vrai. Et tout disparaît devant cette opération qui tarde à être miraculeuse. Mme Follavoine ne s'habille pas pour rester plus servilement mère, met son seau sur les fauteuils et le bureau de son époux, traîne son peignoir sale et lâche, ses sandales, ses bas tombants, ne parle que de la matière et de son angoisse d'une noblesse intime, néglige ses cheveux et ses invités. C'est à mourir de rire. Et ça devient tragique : l'invité de marque, directeur au ministère de la guerre, doit boire l'eau dépurative pour mettre l'enfant en confiance, l'enfant tonne, rue, ne boit rien, et l'invité apprend, pour rien, qu'il est cocu : sa femme s'évanouit, l'amant éclate et bat ! Mais comment conter cette pantomime, pour ainsi parler, farcie de *mots*, de gestes, et qui n'est pesante que pour s'affirmer moliéresque ?

Cassive est épique et inoubliable de naturel, de justesse à peine appuyée dans le rôle de la mère ; Marcel Simon est parfait en père martyr ; la petite Lesseigne est un gosse très rigolo et M. Germain est la plus délicieuse et la plus majestueuse des ganaches. Georges Feydeau, grand maître du Rire, a triomphé, une fois de plus, *in materialibus*. Ajoutons que, officier d'administration de territoriale, il a fort spirituellement blagué le sous-secrétariat d'Etat à la guerre. Si on lui donnait le troisième galon ? Il a bien mérité de la joie nationale !

13 avril 1910.

THÉATRE DU VAUDEVILLE. — *Le Costaud des Epinettes*, comédie en trois actes, de MM. Tristan BERNARD et Alfred ATHIS.

C'est le *Soupeur inconnu*.
Ou plutôt, c'est l'éternel héros de Tristan Bernard, se déhanchant entre le vice et la vertu, entre la fatalité et la veine, veule, gentil et *gnangnan*, loupeur, gouape et pis, au demeurant le meilleur fils du monde. De son observation et de sa fantaisie, de petits faits pittoresques et parfois inutiles, recueillis avec amour, l'auteur d'*Amants et voleurs* orne, sertit, soutache et charge sa philosophie optimiste et ironique : le Hasard mi-partie, mauvais et bon, s'offre et dispose ; les événements se coalisent et se neutralisent — et tout finit bien, à cause de l'adorable et merveilleuse paresse du fécond Tristan qui ne peut rester trop longtemps sur un sujet, à cause de sa tendresse incurable qui ne peut imaginer des êtres trop ignobles ou trop malheureux — et voilà la raison d'une délicieuse mollesse, d'un arbitraire exquis, d'un mouvement sans rigueur dans la technique dramatique et la psychologie de M. Bernard. (Alfred Athis me pardonnera de ne pas parler de lui : le collaborateur profond, savant et délicat de Tristan Bernard est pour lui un autre lui-même et je l'en félicite de tout cœur.)

Et *le Costaud des Epinettes*, qui a ému et charmé, aurait pu, pour son triomphe, se restreindre à son troisième acte, plein, varié, tragique et alangui, très Grand-Guignol en ce temps où le Grand-Guignol s'installe partout — et au Théâtre-Français. Mais MM. Bernard et Athis ont tenu gentiment à préparer ce drame intime, à éclairer leur lanterne sourde, à détailler leur horreur et leur délice. Merci.

Nous passons donc le premier acte dans un brave caboulot de chevaux de retour, apprentis-repris de justice, chevaux de retour et autres poulains : c'est du bon monde. Or, tandis qu'on fête l'ami La Tanche, frais revenu de la prison de Fresnes, un monsieur élégant vient demander M. Doizeau, qui sert de comptable, de temps en temps, au patron du lieu, l'oncle Tabac. Il s'agit d'un *coup* — et le type est là : c'est Gabriel, un dur et un solitaire. Et comme c'est simple ! Il ne faut que *buter* une grue qui ne veut pas se séparer de lettres compromettantes pour un député qui fut jadis son amant ! Rien du tout, quoi !. Mais, quand il apprend qu'il faut lier conversation avec la personne et l'empaumer avant, le Gabriel s'excuse : il n'est pas causant ! Le *turbin*, soit ! Le *pallas*, nib de nib ! Gomez, le monsieur élégant, en resterait comme deux ronds de frites, et l'entremetteur Doizeau serait chocolat s'ils ne s'avisaient pas de recourir à l'oncle Tabac : justement, ce bistro a quelqu'un dans son garde-manger, un ancien riche, Claude Brévin, qui lui doit deux mille francs et qui, après quatre cent dix-neuf métiers et trente mille malheurs, est *sec* et *sans un*, prêt à tout. Il est moins prêt depuis qu'il s'est restauré, grâce à la générosité de Tabac : il a des bouffées d'honneur et d'héroïsme. Mais tant pis ! il consent au crime pour payer ses dettes. Et il ira au souper de centième où il trouvera sa victime.

Nous y voici. Défilé de courtisanes huppées, décolletées, endiamantées, d'auteurs plus ou moins grotesques, d'acteurs paonnant, de *mots*, d'à-propos, de *chichis* : hors-d'œuvre et entremets. Voici surtout Claude Brévin, le costaud des Épinettes, en habit loué, surveillé étroitement par son sanglant *manager* Doizeau. Il rencontre un ancien ami, Valtier, qui le réconforte un peu et rassure son honnêteté plus qu'hésitante. Mais Claude, entre sa vie d'avant-hier, son néant d'hier, son horreur d'aujourd'hui, frémit atrocement à la vue de chaque femme qui entre : est-ce celle-là qu'il doit tuer tout à l'heure ? Un moment, il saute de joie : sa victime présomptive, Irma Lurette, a la fièvre : elle ne viendra pas ! La voilà : une toilette — et quelle toilette! — a eu raison de son malaise ! Déjà Claude est touché : le bongarçonnisme faubourien et un tantinet mélancolique d'Irma va l'achever. Mais, hélas ! la courtisane l'agonit d'injures parce qu'il éloigne d'elle, en une colère nerveuse, un banquier bien intentionné. Tant pis pour elle ! Elle n'est qu'une fille vénale et malapprise ! Elle ne le suit (ou l'emmène) que pour un rubis offert ! Tant pis ! Tant pis ! Tant pis !

Nous voilà chez la pauvre Irma. Les domestiques ont été savamment éloignés. La malheureuse est un peu embarrassée, un peu charmée de ce drôle de type qu'elle a emmené. Elle ne le connaît pas ; il lui a donné une bague, il dit qu'il est riche, mais sans conviction. Elle ne l'aime pas et ne se donnera pas à lui. De fil en aiguille, par besoin de parler, elle se confesse à ce passant : elle n'a pas de chance et n'en aura jamais, elle est une bonne fille méconnue et qui se défend — d'avance. L'infortuné Claude avoue à son tour, avec rage, qu'il est pauvre. Qu'importe ? Ah ! la vie n'est pas drôle ! La mort non plus ! Tandis qu'Irma est dans sa chambre à coucher et revêt un peignoir, le sieur Brévin redevient (ou devient) le Costaud des Épinettes : il éteint l'électricité et prépare ses instruments. Mais qu'est-ce? Une ombre! Claude l'étreint, la renverse : un cambrioleur, peut-être un assassin ! Le meurtrier officiel a sauvé sa victime d'un surineur de hasard ! Et la triste Irma est tellement saisie d'épouvante, après avoir renvoyé l'intrus, qu'elle s'évanouit, qu'elle a besoin des soins de Claude, qu'elle est une toute petite fille de rien. Alors le Costaud n'en peut plus : il crache et pleure sa honte, dit ce qu'il était venu faire. Horreur ! horreur ! Mais vous voyez que tout se termine — si c'est finir — en attendrissement, en douce : pardon général! amour partagé! Le hideux et tremblant Doizeau, qui habite au-dessus, a entendu la chute d'un corps : il reçoit les lettres compromettantes, donne les dix mille francs, prix du sang, et le billet pour Bruxelles qui doit éloigner l'assassin de l'échafaud : ai-je besoin d'ajouter que c'est précisément à Bruxelles que se rend la tournée dont fait partie Irma et à laquelle Claude va s'adjoindre ? N'empêche que Doizeau a frémi du cynisme du Costaud : tout est bien !

Et tous ces gens-là sont très gentils : il n'y a pas un seul vrai coupable : les voleurs aiment bien leurs pères, le bistro ne refuse pas un verre de vin ou un « ordinaire » et le cambrioleur a peur de sortir seul la nuit ! Ah ! mon vieux Tristan ! et vous, mon cher Athis, faites des apaches et des honnêtes gens à votre image ! Mais c'est de la littérature !

Claude Brévin, c'est Louis Gauthier, parfait de colère, de tendresse, d'angoisse, pathétique et simple ; Lérand est merveilleux dans sa silhouette aiguë du sinistre Doizeau, et Joffre magistral dans son personnage d'oncle Tabac. Jean Dax est un cambrioleur discret, poli et pittoresque ; MM. Levesque, Baron fils, Luguet, Léry sont très amusants dans des figures épisodiques ; Larmandie (Gomez) est coquettement sinistre, Pierre Juvenet est joliment honnête, spirituel et courageux ; Lecomte est un Fresnard effréné, Ferré un lutteur qui a le sourire et le mot, MM. Keller, Faivre, Duperré, Lacroix et Vertin sont excellents.

Il faut louer les charmantes Carèze, Dharblay, Farna, Fusier, Lyanne et Gipsay, la parfaite Cécile Caron, l'inénarrable Ellen-Andrée. Mais — il faut être juste pour tout le monde — Mlle Lantelme vient de gagner — pour de bon — ses éperons. Gamine, populacière, outrancière, argotique, rosse, cavale qui secoue ses glands d'or comme d'incommodes liens ou brave petite âme qui s'évade de son passé et de son métier, qui retrouve et reconquiert sa tendresse et son sentiment, à la fatigue, elle a eu des mines, des gestes, des rires, de la fièvre, de la peur et de la joie, à nouveau, qui sont, en détail et en bloc, une révélation. Grâce à elle, Irma Lurette est un peu là! Et l'on ne peut imaginer une seconde qu'on la tue! Lantelme est une grande artiste et — ce qui est plus rare — une grande artiste en pleine jeunesse, en pleine vie, en pleine action.

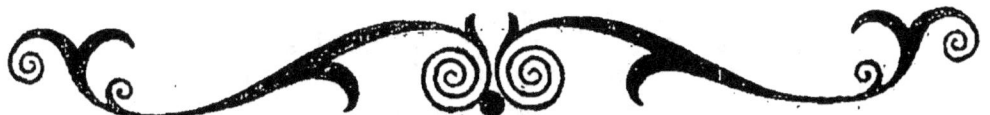

THÉATRE SARAH-BERNHARDT. — *Le Bois sacré,* pantomime en deux tableaux, sur un poème rythmé de M. Edmond ROSTAND, musique de M. Reynaldo Hahn.

Ah ! la radieuse antiquité ! Le parfum de pureté, de charme et d'harmonie qui enveloppe les pires tumultes de la Grèce, le sentiment — sentiment aussi parfait que la pensée — qui voile et glorifie les œuvres de chair et les sourires, la grâce aisée et ailée qui drape les attitudes, les sommeils et les réveils !

Là tout est ordre et beauté...

Lorsque le fervent et lointain Pierre Louys, qui sut retrouver si magnifiquement l'âme d'Alexandrie, de Corinthe et d'Athènes, se demanda s'il pouvait exister, en notre temps de progrès ouvrier et de civilisation bourgeoise, *une volupté nouvelle,* il imagina des poètes et des courtisanes — et c'est tout un, n'est-ce pas, Claude Farrère ? — qui ne *s'épatent* de rien en notre confort vertigineux et notre vitesse démoniaque, qui regrettent de luxueuses recherches et, finalement, ne goûtent qu'une découverte, qu'une conquête : la cigarette !...

Mais ce ne sont que des hommes et des femmes. Restent les dieux, les dieux de l'Olympe et du Taygète, les dieux tout-puissants sous le contrôle de la Fatalité, les dieux tout aimables, formidables de suavité et d'enchantement, passionnés d'aventures, de miracles et de sérénité, de métamorphoses terribles et souriantes, les dieux au caducée, les déesses aux yeux de violette, au croissant d'or, au casque d'argent, troupe toute armée, toute aimante, souveraine et farce, élite de délice enivrée d'ambroisie, d'hymnes et de sacrifices, les déesses et les dieux qui avaient besoin, pour vivre, des chants d'Hésiode, de Sophocle et de Virgile et qui sont morts avec le grand Pan, en un jour de brume inélégante et obscurantiste.

Eh ! non ! ils ne sont pas morts ! Un peu traqués, un peu dédaigneux, ils voguent sur la terre comme aux temps où ils émigrèrent en Egypte. Ils hantent le bois sacré que nous peignit l'immortel Puvis de Chavannes et que, après lui, Lucien Jusseaume, qui sera immortel, nous orna, nous noua féeriquement et divinement. Dieux en exil, ils devisent des grandeurs passées ; le bon Louis Ménard n'est même plus là pour leur tresser des couronnes: ils sont abandonnés, invisibles comme un simple Gygès, et, s'ils ont de l'esprit et de la gaieté, c'est que M. Edmond Rostand est là, dans un joli élan de piété et de pitié, dans un beau mouvement de fantaisie amusée et profonde, dans un geste exquis de raccommodeur de siècles, de civilisations, d'ères et de cycles, d'Empyrées et de ciels. Vous pensez bien, mortels, que, dans nos jours disgracieux, ces habitants de l'Olympe en non-activité par retrait d'emploi ne peuvent se contenter d'une simple cigarette pour se réconcilier avec notre engeance : il leur faut plus gros gibier et plus gros feu.

C'est une automobile, une brave *auto* qui les ravit et les ranime, une auto en panne, montée par deux amoureux : les amoureux ont avivé les cœurs des dieux et l'auto, remise en action par cet excellent Vulcain, les emmène en voyage...

Mais comment détailler la gaminerie pensante et rêveuse, la légèreté élégiaque, la joliesse majestueuse de ce poème ?. Comment louer la diction superbe et attendrie de ce magnifique Brémond qui est le récitant, l'évocateur, et qui, lui-même, sort, un instant, de l'Olympe ? Et si les deux amants, M. Guidé et Mlle Marcelle Péri, sont divinement en chairs et en os, MM. Decœur (Vulcain), M. Krauss (Mercure), M. Maxudian (Pan), M. Cauroy (Morphée), MM. Duard, Worms, Luitz ; Mmes Jane Méa (Vénus), Marie-Louise Derval (Hébé exquise) ; Mlle Pascal (Junon) ; Mmes Desroches, Ringer et Lysia, les jeunes Debray et Schiffner sont une couronne scintillante de dieux et de déesses païens à damner tous les saint Antoine et c'est un spectacle charmant, lointain, rare, d'une beauté sonore, discrète et voilée à laquelle une musique savante de Reynaldo Hahn apporte un bruissement éolien, d'une volupté en sourdine, d'une demi-ironie teintée, d'une saveur pieuse et proche qui touche, pâme et dure...

Et pour que ce soit, tout à fait, un soir de poésie, la grande Sarah Bernhardt reprend ce rôle de Jacasse, si jeune, si joli, multiple et ému, dans ces adorables *Bouffons* de Miguel Zamacoïs : vous avez encore dans l'oreille la chanson du vent, vous avez dans l'esprit, lecteurs, l'article vibrant que Catulle Mendès consacra, d'enthousiasme, à cette fantaisie parfaite et parfaitement enjouée qui a retrouvé son premier triomphe.

Voilà une belle journée d'art qui aura les plus délicieux lendemains : les vers vont refleurir sur les lèvres des hommes, les femmes vont redire un poème d'amour : Mme Sarah Bernhardt a bien mérité d'Apollon, de Cupidon et d'Hébé !

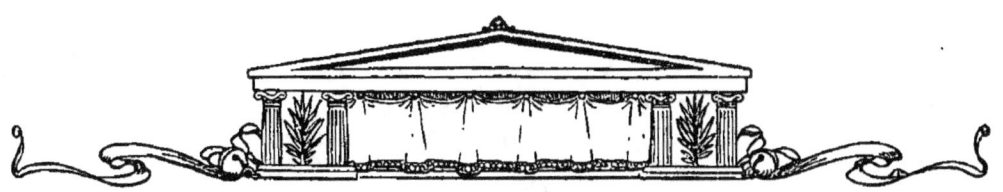

THÉATRE NATIONAL DE L'ODÉON. — *Coriolan*, drame en trois parties, de William SHAKESPEARE (traduction de M. Paul SONNIÈS.)

Parmi les hommes de guerre qui portent les armes contre leur patrie, Coriolan a toujours eu une moins mauvaise presse que le connétable de Bourbon ou cet étourneau d'Alcibiade : c'est qu'il n'est presque pas traître. S'il accepte, si, même, il propose de marcher sur Rome à la tête des armées volsques qu'il écrasa jadis, c'est que ses ingrats compatriotes l'ont banni et ruiné, que, de son métier, il est général et général vainqueur, et qu'il ne sait pas faire autre chose. Sont-ce, d'ailleurs, des compatriotes qu'il vient réduire à *quia* ? Qu'y a-t-il de commun entre sa grande âme patricienne, son génie de bravoure et son cœur de lion et cette plèbe lépreuse, pleine de fiel et de vermine, baveuse et lâche, vile et méchante ? Au reste, dire que, avant ou après sa victoire de Corioles, Caius Marcius traite le peuple comme poisson pourri serait singulièrement affaiblir sa pensée. Voici comment il parle aux électeurs : « Que demandez-vous, chiens ?... Quiconque se fie à vous trouve des lièvres quand il voudrait trouver des lions, et des oies quand il voudrait des renards ; vous n'êtes pas plus sûrs, non, que le charbon de feu placé sur la glace, ou les grêlons exposés au soleil. » Par une coïncidence curieuse, mais pas très rare en ce moment, les abords de l'Odéon étaient occupés par des foules que haranguait l'illustre citoyen Renaudin et, par les bribes de discours qui traversèrent les murailles, je dois avouer qu'il était bien plus poli que le Romain Caius Marcius.

La lutte éternelle entre le génie et la sottise, les excitations sournoises des tribuns Silanus Velutus et Junius Brutus, la grasse et joviale sagesse du sénateur Menenius Agrippa, la tendresse, et l'éloquence de la mère de Coriolan, Volumnia, et de son épouse Virgilia, les scènes populaires de faim, d'émeute, de vote et de révolte, les scènes militaires de luttes, de sièges, de mort et de triomphe, les festins et les conspirations ont été admirablement comprises et rendues par le délicat et profond poète qu'est Paul Sonniès : il a découpé, avec une habileté précise, l'intégral chef-d'œuvre de Shakespeare en vingt-six scènes poignantes, ironiques, sarcastiques et cruelles : son éloquence personnelle a pris l'éloquence shakespearienne par la gorge et lui a fait rendre tous ses sons, tous ses mots : c'est de la lave frémissante où l'invective, le dégoût, la rage galopent, crachent, foudroient : c'est terrible !

Et André Antoine, incomparable metteur en scène, a su enfermer et encadrer, en un décor unique, et presque sans entr'acte, les vingt-six décors changeants et renaissants de *Coriolan*, les rues de Rome, la maison de Coriolan, la maison d'Aufidius à Antium, la tente du général, le Sénat de Corioles, etc. Et rien n'est plus grand que la colère de Coriolan et son lent attendrissement devant les supplications de sa mère, de sa femme et de son enfant qui emportent sa rancune mortelle contre son autre mère, l'ingrate Rome. C'est très bien joué. Romuald Joubé est un Coriolan sauvage, passionné, pathétique ; M. Lou Tellegen est un vibrant et généreux Cominius ; M. Bernard est un ample, merveilleux, délicieux et tendre Menenius Agrippa ; MM. Chambreuil, Desfontaines Denis d'Inès, Grétillat, Coste, etc., etc. — ils sont cent — sont excellents ; Mme Grumbach est une mère d'une sincérité criante et d'une puissance dramatique fort touchante ; harmonieusement pitoyables et douces, Colonna, Romano et Véniat, etc.

Et cette pièce peuplée et tumultueuse, héroïque et fière, hérissée de piques, de triques, de trompettes et de tambours, veut le succès le plus antique, le plus moderne, le plus pittoresque et le plus édifiant.

COMÉDIE-FRANÇAISE. — *Le Songe d'un soir d'amour*, poème théâtral en un acte en vers, de M. Henry BATAILLE.

On n'aime qu'une fois. Que les sens, la chair, le démon de la vie, le vain désir d'échapper à tous les jeux du désespoir nous secouent et nous semblent revêtir d'une nouvelle casaque de forçat sentimental, nous retrouvons sous ces couleurs notre vieux cœur troué, notre pauvre âme morte : tout est souvenir et comparaison ; nous nous retrouvons lorsque nous voulons nous oublier, et la plus profonde apparence de volupté fond à la mélancolie irrésistible et persistante du délice passé : il n'y a ni deux baisers ni deux étreintes !

Voilà le poème d'Henry Bataille. Poème dramatique ? Non, heureusement, non ! Qu'il y ait deux messieurs en habit noir dans cette tragédie élégiaque et un salon cossu et chargé, qu'une dame — c'est Cécile Sorel — soit la plus réelle, la plus élégante, la plus vivante des femmes adorables en activité de séduction, qu'il y ait là des vases massifs et des lampes pesantes, ce n'est que rêve, évocation, désespoir armé, ce n'est que vapeur de tristesse et d'éternité, ce n'est que nuance de larmes...

Qu'un M. Henri, célèbre par ses vers, plus célèbre par l'éclat d'une liaison notoire et par la rupture de cette union libre, soit appelé, cajolé et pressé par une citoyenne éprise de ce roman, en mal de passion littéraire et qui veut surtout entendre parler de *l'autre* sur l'oreiller et faire faire le parallèle, si j'ose dire, des caresses ; qu'un fantôme trop vrai, qu'un fantôme agissant s'en vienne traverser cette idylle faisandée, que ce fantôme féminin — et plus que féminin — empêche le susdit Henri de parler et d'écrire, qu'il lui coupe toutes déclarations et toute inspiration, qu'il effeuille des roses, avance des pendules, baisse des abat-jour, raille, soupire, défie, qu'il — ou elle — finisse par emmener son amant défaillant et accablé, ce n'est pas étonnant, ce n'est pas effrayant. Mais, dans le drame si court, dans la quasi-pantomime, dans la récitation à la fois gamine et lyrique, il y a la poésie tourmentée, rare et familière de l'auteur de *la Chambre blanche* et du *Beau Voyage* ; il y a sa terreur secrète et son infini et le frisson d'ici et d'au-delà qu'il adapte ou veut adapter à la scène, avec ses ailes et son cri... L'apparition est-elle morte ? Est-elle vivante ? Cette pure image est-elle celle d'une traîtresse ? Nous ne le saurons jamais, comme nous ne pouvons savoir, dans la fluidité et la souplesse des vers, si c'est du vers ou de la prose : Lamartine, Musset, Poe, Baudelaire, Mallarmé, Jules Renard même, peuvent se retrouver en ce trouble harmonieux, en cette cascade mélancolique, fine, auguste et ironique au plus creux de la douleur.

C'est divinement joué. M. George Grand, poète un peu étoffé, a une jolie tristesse, fait un bel effort pour se ressaisir et pour échapper à l'obsession, est éloquemment possédé et repris ; M. Alexandre ne fait que passer, excellemment ; j'ai dit le *los* de Cécile Sorel, fée mondaine et désolée, admirable de noblesse câline et de gentillesse impériale et royale.

Quant à Julia Bartet, blanche, hiératique et molle de tendresse, voilée de lumière, de fleurs, de gaze, impondérable, errante, elle est le mystère et le miracle : de sa voix d'ailleurs, de son geste de rêve, de ses attitudes de tendresse et de sommeil, elle a replacé ce *songe* dans les nuages les plus émouvants : ange gardien, femme attachée à la chair, Muse et maîtresse — mais comment put-elle être infidèle ? — elle a atteint la plus humaine et la plus inhumaine beauté et comme un sublime de sensualité ailée.

Et cette parabole en habit noir et en robe rose nous donne les mots de passe du paradis : Eternité, Fidélité !   *26 avril 1910.*

THÉATRE DE LA RENAISSANCE. — *Mon ami Teddy*, comédie en trois actes, de MM. André RIVOIRE et Lucien BESNARD.

C'est tout plein gentil. MM. Rivoire et Besnard viennent de découvrir l'Amérique. Et quelle Amérique brillante, lettrée, artiste, armée de goût et de volonté, tacticienne et triomphatrice, charmante et irrésistible ! Ce n'est pas seulement pour n'avoir pas à saluer son prénom que l'ex-président Roosevelt a fui, en même temps que Paris, cette pièce patriotique et yankee : il en serait mort d'émotion, d'orgueil et de reconnaissance.

Touchant rectificateur de légendes, André Rivoire, auteur de *Il était une Bergère* et du *Bon roi Dagobert*, s'est attaqué à la légende de l'oncle Sam, brutal et grossier, et le réaliste attendri qu'est Lucien Besnard lui a emboîté le pas. Ils nous ont donc présenté leur ami Teddy Kimberley, lauréat de l'Université d'Harvard, presque aussi érudit que M. Morton Fullerton et ayant à peine un peu plus d'accent que lui — pour la convention théâtrale. Introduit par le dessinateur humoriste d'Allonne dans le salon de sa cousine Madeleine, mariée au député influent Paul Didier-Morel, il condamne d'un seul coup d'œil et de peu de mots les jeunes filles, plus ou moins divorcées, qui y pépient, et une pendule faussement attribuée à Falconnet ou à Le Roy : cet oiseau rare, cet aigle étoilé, ce lynx d'*Union-Jack* sait tout et voit tout : l'empire de la torrentielle et tumultueuse Mme Roucher, présidente de la République de la veille et perpétuelle Égérie en disponibilité sur le barbu et nul Didier-Morel, la déplaisante assiduité du bellâtre secrétaire d'ambassade Bertin auprès de Madeleine Didier-Morel, enfin et surtout la grâce, la dignité, la perfection de ladite Madeleine. Il écarte le Bertin, cause tout son saoul avec Madeleine et déclare sereinement à son ami d'Allonne qu'elle est la seule jeune fille de céans et qu'il l'épousera. Il a été un peu odieux envers tout le monde et personne ne répondra à l'invitation qu'il a faite à la ronde, mais voici qu'il donne aux protecteurs du Louvre (dont Didier-Morel est président) un tableau de Rubens, *la Vierge aux Orties*, qu'il leur a enlevé moyennant 80 000 francs. C'est beau, la fortune ! On ira, en troupe, dans sa villa de Deauville. Quel bon garçon !

Mais ce solide, cordial, franc et éloquent garçon est un général d'armée : à Deauville, il arrange tout, comme innocemment, pour la réussite de ses affaires : il enferme Didier-Morel avec la présidente Roucher dans un petit cabaret, leur prouve qu'ils sont faits l'un pour l'autre, mais, quand la démonstration est faite, quand les Didier-Morel sont décidés à divorcer, voilà que ce brave et familier Teddy a travaillé pour un autre, pour ce Jacques Bertin, secrétaire de pacotille ! Que de diplomatie perdue ! Que d'efforts naïfs perdus ! Pourquoi le cœur lutte-t-il contre l'esprit ? Mais, n'est-ce pas ? il fallait un troisième acte ?

N'insistons pas sur les incidents qui le peuplent et dont le détail est délicieux et émouvant. Vous savez que Teddy mettra à la porte, par la persuasion et en faisant des effets de poings, l'hésitant et mollet Bertin, qu'il convaincra de son amour la bonne Madeleine, déjà plus qu'à moitié conquise, et que la pièce se terminera à souhait, sous la bénédiction du papa Verdier, père de l'ex-Mme Didier-Morel, du vieux domestique Dominique et de l'humoriste d'Allonne. *All's right ! Hip hip ! hurrah !* Et l'on applaudit de tout cœur !

Car, un peu lente, pas très rebondissante et se complaisant assez à des effets sûrs mais répétés, cette comédie, plaisante, honnête, cordiale et charmante, plairait à Scribe, à Meilhac et Halévy, aux admirateurs de leurs plus récents et plus réputés successeurs ; gentiment ironique, elle fait l'éloge de l'amour, de l'énergie et même de l'argent bien employé, ce qui ne gâte rien. Ce ne sont que braves gens, et tout le monde est heureux.

L'interprétation est parfaite. Il faut mettre hors de pair Mme Cheirel (la présidente Roucher), bourdonnante et tourbillonnante, d'une autorité bonhomme, d'une prétention souriante, si vivante, si gaie, si vraie : c'est une très grande artiste. Et Abel Tarride est admirable dans le personnage de Teddy : sympathique, timide, puissant, volontaire, robuste et fin, ému et gauche, il a composé une silhouette inoubliable et définitive avec un accent et une âme. MM. André Dubosc (Didier-Morel) est important, imposant et comique ; Victor Boucher (d'Allonne) est amusant et preste ; Capellani (Jacques Bertin) est élégant et spirituellement fat ; Berthier (Verdier) est touchant et bonhomme ; Cognet est le plus vénérable des vieux serviteurs et Savin et Jacks parlent très bien l'anglais (goût *yankee*).

Mme Yvonne de Bray (Madeleine) est très joliment railleuse, vibrante et attendrie ; Mlles Gisèle Gravier, Stylite, Valois, Silvaire rivalisent de caquet et de joliesse, sans oublier Mlle Irène Bordoni qui, tout charme et toute séduction, joint à sa grâce physique et morale le plus rare génie — celui du zézaiement.

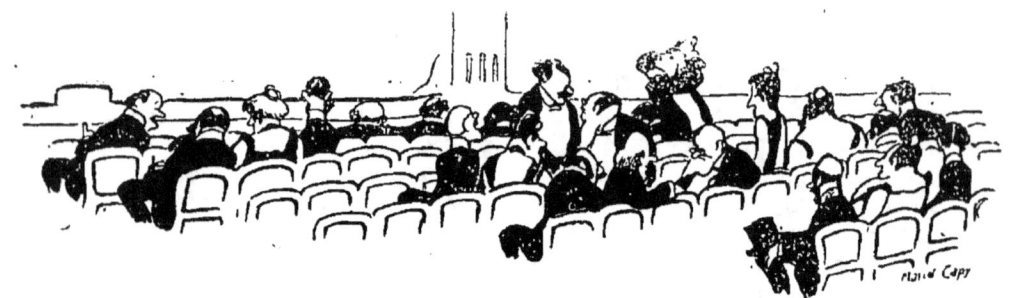

THÉATRE NATIONAL DE L'ODÉON. — *Mademoiselle Molière*, pièce en quatre actes, en vers, de Louis LELOIR et de M. Gabriel NIGOND.

Rien n'est plus respectable, sympathique et touchant que le nouveau spectacle poétique du second Théâtre-Français : l'un de ses auteurs n'est que tendresse et l'autre, hélas ! le pauvre Louis Leloir, n'a pu prendre sa part des applaudissements émus et renaissants qui ont salué son testament artistique, la posthume apologie de sa profession et sa profession de foi pathétique et dramatique. Une sorte de majesté douloureuse et cependant sereine entourait l'œuvre et évoquait, sous l'agonie du Maître des maîtres comiques, le spectre myope, long et pointu du sociétaire arraché trop tôt à sa chère Comédie-Française et aux Lettres consolatrices.

Ceci posé (comme on dit à l'École polytechnique qui, paternellement, *donna* furieusement dans le succès du drame), feu Leloir et M. Gabriel Nigond nous offrent, en pied et en âme, Jean-Baptiste Poquelin de Molière. Tâche héroïque et terrible ! Cet homme dont on ne connaît pas, même à Chantilly, de portrait certain et dont on n'a que trois ou quatre signatures diverses, cet homme qui déconcerte, en dépit de Taschereau, les historiens et les exégètes, qui a tout vu, tout dit et tout prédit, en dix ans de travail précipité, cet homme qui est le secret et la somme de l'humanité, domine tout le théâtre — et lui échappe. Il s'enveloppe si bien dans le sac de Scapin qu'on ne peut démêler l'auteur du *Misanthrope* et celui de *Mélicerte*, celui du *Sicilien* et celui de *Don Garcie de Navarre*. Son œuvre, c'est le Grand Livre de la Vie, dont parlait son maître, René Descartes : qu'on y puise la farce, l'amertume, la fantaisie, la liberté, le bon sens, la résignation et la vertu : c'est un microcosme en relief et à facettes de joie !

Mais le montrer, lui ! Louis Leloir qui l'avait beaucoup joué, qui avait vu représenter un grand nombre d'à-propos d'anniversaire, n'a pas hésité : Gabriel Nigond, qui aime l'imagerie pittoresque, attendrie et dolente, a accordé sa lyre flexible et facile, tressé ses couplets de bravoure incessants et d'un effet sûr : nous n'avons pas eu, à la scène, toutes les infamies débitées sur Armande Béjart dans la *Fameuse comédienne* et autres pamphlets ; par une pudeur trop louable, les deux collaborateurs ne nous ont pas dit que Molière avait été, à vingt ans de distance, l'amant de la vieille Madeleine Béjart et le mari de sa trop jeune sœur Armande et n'ont pas insinué, comme tant d'autres (et le distingué Serge Basset), qu'il était le père de sa femme. Pas d'inceste! Merci!

On parle peu d'Armande, au premier acte. Nous sommes à la campagne, aux environs d'Avignon, et c'est très *Roman comique* et — déjà ! — *Capitaine Fracasse*. Les comédiens de la troupe de Molière ont faim et n'ont plus foi en leur chef ; en dépit de son amie dévouée et tutélaire, Catherine Debrie, ils vont déserter. En attendant, ils dépouillent plaisamment le gâte-sauces Pampelonne de son panier de victuailles. Molière paraît, dit le *los* de son art, réduit les rebelles, s'attire la haine du confident de Mazarin, Roquette, en lui refusant son cheval, s'attire l'adoration du capitaine La Thorillière, qui aime le théâtre, et s'endort, au clair de lune, en proférant des vers lyriques qui l'auraient profondément étonné, car le xviie siècle méconnaissait la nature et la sensibilité descriptive...

Maintenant, nous sommes à Paris. Le temps de voir Roquette demander la tête (ou le théâtre) de Molière à Mazarin, le temps de voir Molière demander audit cardinal le paiement d'une note paternelle, le temps d'entendre Mazarin tousser et défaillir pour ne pas répondre, le temps d'écouter Molière gourmander et repousser Armande Béjart qui le harcèle, et, déjà, nous savons qu'Armande veut aimer Molière malgré lui, que Molière l'aime et, par un sacrifice sublime, la fidèle Catherine présidera à leur mariage. Le roi aussi, d'ailleurs, car, entre temps, Louis XIV est entré, a servi de valet de chambre à l'acteur qui s'habille en Mascarille, dans le bureau même du ministre, a loué son art et ses productions et lui a donné une salle nouvelle.

Hélas ! les années ont passé, l'enthousiasme d'Armande aussi, qui a abandonné depuis trois ans son époux plus quadragénaire que jamais et qui n'a plus que son génie et la poupée de sa petite fille Madeleine ! Mais c'est le jour de la Saint-Jean, fête de Molière. Fête mélancolique. La Thorillière revient des Flandres sans apporter l'autorisation de jouer *Tartufe*, etsi Lulli fait jouer le menuet du *Bourgeois gentilhomme*, si La Fontaine improvise un facile et laborieux pastiche sur le sauvetage d'un chien martyr, si l'infatigable Catherine est là, si la petite Madeleine embrasse gentiment son père, Armande n'est pas là... Armande ! Hé ! elle vient, froufroutante, inconsciente, exquise, ensorcelante, et Molière se laisse aller à la joie jusqu'au moment où il sent que ce n'est pas l'épouse qui est retournée à l'époux, que c'est la comédienne à l'assaut d'un rôle et caressant l'auteur ! Ce n'est pas tout ! Armande veut chasser Catherine qui l'a injuriée jadis, et ce pauvre benêt de génie chasserait sa grande amie si La Thorillière ne surgissait pas à temps pour confondre l'infidèle, non sans avoir tué ce jésuite de Roquette qui avait pris la femme de Molière, moins par amour que par haine du mari.

Dès lors, il ne s'agit plus pour Molière que de mourir, ce qu'il fait non sans soubresauts, quintes et autres éloquences, refusant, au prix d'une sépulture en terre sainte, de renoncer à son art, s'endormant au son de l'entrée du *Malade imaginaire* et rendant, enfin, les yeux obscurcis, justice à la sublime Catherine qu'il prend pour sa seule femme, cependant qu'il ne reconnaît pas Armande tant réclamée, Armande venue trop tard et qui pleure un moment.

J'ai dit le succès de cette pièce constamment et ingénument touchante, parfois pleurarde et anachronique, qui n'a pas de profondeur, mais qui est si gentiment plane et imagée. Ne nous demandons pas si Molière a souffert exprès et si sa douleur privée n'était pas la volontaire rançon et la source de son génie : n'était-ce pas à cette époque qu'on publiait *l'Art d'être malheureux ?* Attendons l'*Armande Béjart* de Maurice Donnay.

Louons M. Desjardins, qui est, comme toujours, émouvant, varié et parfait en Molière : il plaisante, tonne, vibre, étouffe magistralement ; M. Grétillat est un chevaleresque et chaleureux La Thorillière, M. Vargas un effroyable et cauteleux Roquette, M. Bernard est tout simplement admirable de bonhomie en La Fontaine ; M. Maupré est un Louis XIV jeune, brillant, souriant, d'une majesté à croquer ; M. Desfontaines est un Mazarin très comique et un peu forcé ; M. Stéphen, le plus burlesque des patronnets, et MM. Coste, Denis d'Inès, Bacqué, Chambreuil, etc., excellents.

Armande c'est Mlle Ventura, harmonieuse, angélique et démone, fatale et puérile ; Mlle Barjac a de la grandeur, de la grâce mélancolique, une autorité éloquente et de l'âme dans le personnage de la sublime Catherine ; Mlle Kerwich est délicieuse sous le bonnet de la bonne La Forêt ; la petite Fromet gazouille joliment ; Mlle Devilliers est exquise et Mlles Véniat et Lyrisse aussi. J'allais oublier M. Savry, qui a eu beaucoup de discrétion et de noblesse dans son interprétation du curé de Saint-Roch, qui tâche vainement d'arracher Molière au théâtre tyrannique, au théâtre dont on vit et dont on meurt, au théâtre profane et créateur, au Théâtre-Dieu ! *14 mai 1910.*

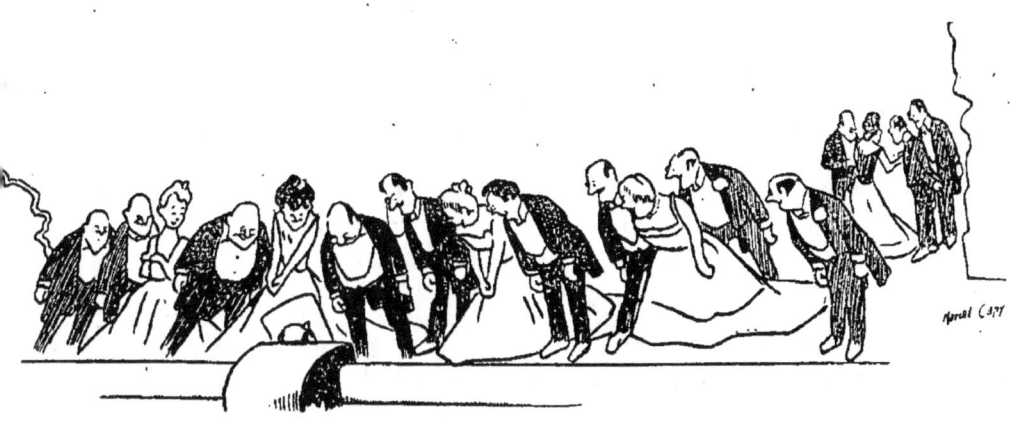

THÉATRE ANTOINE-GÉMIER. — *La Fille Elisa*, pièce en quatre actes, tirée du roman d'Edmond DE GONCOURT, par M. Jean AJALBERT (reprise) ; *Nono*, pièce en trois actes, de M. Sacha GUITRY (première représentation à ce théâtre).

Lors de sa création et de son interdiction en 1890, lors de sa reprise en 1900, *la Fille Elisa* consistait essentiellement en la lecture d'une lettre d'amour faite d'une voix mouillée par l'inoubliable Eugénie Nau, en une épuisante plaidoirie nuancée, outrée et mugie par André Antoine et en une pantomime d'agonie d'Eugénie Nau, déjà nommée, tant à la cour d'assises qu'à la maison centrale.

Nous avons, aujourd'hui, un tableau de plus, au début, celui de l'estaminet public, féminin et martial des abords de l'Ecole militaire, où rien ne manque, ni les filles en peignoir, ni les soldats, ni les querelles, ni même la négresse traditionnelle, sans parler d'un inénarrable invalide qui a connu l'empereur un peu jeune, car les uniformes sont du plus strict 1900 (les fantassins ont le collet et la soubise rouges). Cette tenue moderne n'empêche pas le fusilier Tanchon d'être aussi simple et aussi fervent que devant — et Élisa retrouve pareillement sa lointaine candeur et sa vaine soif de pureté sainte.

Si elle tue son tourlourou pour sauver son âme devant un *bistro* au lieu de vagabonder idylliquement et tragiquement parmi les tombes fleuries du petit cimetière du bois de Boulogne, nous avons le morceau d'éloquence ampoulé et sincère, creux et vibrant, puissant et monotone de l'avocat, nous avons un cri de bête nouveau et terrible, au prononcé de la condamnation à mort, et un très beau mutisme, un bestial effort, une ruée de sentiment et tout l'afflux du sentiment et du désespoir, dans la prison perpétuelle, lorsque Élisa se voit abandonnée de tous et de sa mère, et qu'elle n'a plus que le ressouvenir chevroté de sa pauvre lettre d'amour.

Élisa, c'est Suzanne Desprès, en bois, en fer, en nerfs, en larmes, effroyable de tendresse raidie, de pudeur hystérique, de passivité tragique ; Jeanne Éven (la mère d'Élisa) est gentiment crapule ; Yvonne Mirval (Marie-Coup-de-Sabre), est étonnante de vulgarité dramatique et comique ; Jeanne Fusier est très digne en sœur de charité et de chiourme ; Léontine Massart, Vernon, Zerka, Lambell, Greyval et Lécuyer ont une verve et un brio inouïs, M. Saillard (Tanchon) est très cordialement naïf et enamouré ; M. Marchal (l'invalide) est purement exquis. MM. Clasis, Rouyer, Colas, sont parfaits, et M. Firmin Gémier, dans son rôle écrasant d'avocat, est admirable de courage, d'ironie, de force, de vérité et de lassitude.

Avec *Nono*, nous sortons du noir. Ce petit chef-d'œuvre de cynique et de sensibilité voilée où tout rebondit, situations et *mots*, où tout est fantaisie et vérité, où tout est joie, avec une pointe de mélancolie, a été aux nues. On a ri, à ailes déployées !... Je n'ai pas à conter cette petite anecdote où un brave homme de poète emprunte sa maîtresse à un jeune ami et la lui rend après deux mois, en gardant l'argent de son entretien et en demeurant délivré de son vieux *collage*, indépendant et riche.

On a ri — inextinguiblement. Il faut dire que Sacha Guitry, l'auteur en personne, est admirable d'autorité et de comique comme involontaire, que M. de Guingand est frénétique et irrésistible, que rien n'est plus amusant que M. Marchal, que Mlle Lambell est plaisante, que Mme Léontine Massart est pathétique, touchante et déconcertante et que Mme Charlotte Lysès est d'une fantaisie tourbillonnante, toujours renouvelée, et d'une distinction telle qu'elle fait joujou avec les pires horreurs et que lorsqu'elle dit — avec quelle suavité ! — «Je m'emm..... ! », elle semble avoir plus de branche, plus de branches de lauriers que le général vicomte Cambronne !

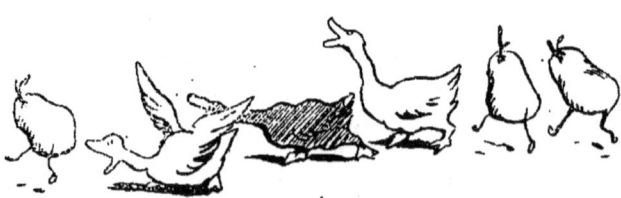

THÉATRE SARAH=BERNHARDT. — *Vidocq, empereur des policiers*, pièce en cinq actes et sept tableaux, de M. Émile BERGERAT.

Il n'y a pas plus plat coquin que François-Eugène Vidocq. Il commence par voler son père, par déserter en Autriche et en France : forçat évasionniste, il trahit ses camarades ; sous-mouchard et chef indigne d'une bande de traîtres, il a juste assez d'imagination pour organiser un complot contre sa propre existence, et un gigantesque vol pour faire *pincer* les menus coupables; industriel en papier et en carton, à Saint-Mandé, il ne sait pas exercer son métier d'honnête homme, retombe à la contre-police, aux filatures, aux renseignements faux, au chantage et, surtout, aux vantardises : sa jactance d'ancien dentiste de grand chemin alimente un tas de folliculaires en mal de copie sans l'enrichir lui-même et il meurt à quatre-vingt-deux ans, en 1857, en se décernant un brevet de vertu civile et militaire et en affirmant que, sans ses malheurs, il aurait pu être un autre Kléber !

Le poète Émile Bergerat, qui a autant d'indulgence que de fantaisie et qui se soucie de l'histoire comme le poisson de Pisistrate de la pomme du berger Pâris, le Bergerat des *Ballades et Sonnets*, a pétri cette âme de boue et en a fait un composite de Jean Valjean et de Jacques Collin, de Sherlock Holmes et de M. Claude. Ce n'est, d'ailleurs, qu'un épisode, une anecdote.

Nous sommes en 1819. Le sieur Vidocq, policier, vivrait fort heureux en compagnie de sa vaillante femme Annette et de son fils intelligent et travailleur Gabriel s'il pouvait être légalement le mari de l'une et le père de l'autre : il lui faut sa réhabilitation. Ah ! être, non plus un instrument méprisé, un outil précieux et piteux, mais un homme ! Justement, il s'agit de retrouver un collier de la duchesse de Berry, égaré par une de ses dames d'honneur, la marquise de Madiran. Sera-ce l'occasion de l'apothéose judiciaire ? Entre temps, le ci-devant galérien se déguise en Napoléon pour amuser son gamin qui a été premier en histoire — ce qui fait fuir un garde du corps (oui, un garde du corps !) qui est venu le chercher de la part du ministre Decazes.

Vous sentez comme il le met dans sa poche, Decazes, l'ancien galérien ! Il lui montre une perle du collier, retrouvée d'avance à Saint-Germain, lui prouve que l'objet a été non perdu mais volé, que le vol est délicat et intime, confesse la marquise de Madiran et devine sous le frac d'un de ses danseurs — qui n'est pas le danseur inconnu — la casaque (*sic*) d'un de ses camarades de chaîne.

En avant, les travestissements! Sous l'habit de *cockney*, il pénètre dans l'antre des receleurs; le maître de relais de poste (sans chevaux),

Arigonde, attache le complice, le garde-chasse Utinet ; danse avec la jeune Léocadie qu'on lui a en vain présentée comme cul-de-jatte, trouve le rosaire dans le court-bouillon ; sous l'habit d'un vénérable prêtre, à l'hôtel Madiran, il convainc la marquise atterrée que son heureux soupirant, le comte de Casagoras, n'est que le galérien basque Salvador, et il arrêterait sur l'heure le bandit si l'infortuné époux, le marquis de Madiran, colonel des gardes du corps (où avez-vous vu, mon vieux Bergerat, un colonel de gardes du corps ?) si le colonel-marquis, donc, ne survenait pas ! Et le Salvador, qui a si bien coupé le collier avec des cisailles, a une lettre accablante pour la marquise et il faut que le marquis ne sache rien !

Il ne saura rien. C'est en vain que, arrêté après une lutte terrible, Salvador aura envoyé son esclave Léocadie porter la lettre-talisman au colonel, de garde à l'Élysée-Bourbon : le prestidigitateur Vidocq embobinera le marquis, bonapartiste de la veille et royaliste dévoué ; il lui fera croire que cette missive est un document politique, un appel aux armes, lui en substituera une autre et tout sera bien : les Madiran seront heureux, Vidocq réhabilité et le guitariste Salvador pourrira au bagne.

Cette pièce, honnête et simple, éloquente et malicieuse, pittoresque et mouvementée, est amusante et reposante : elle permet à l'éclatante Marie-Louise Derval de révéler ses dons de charme, d'émotion et de douleur dans le personnage de Charlotte de Madiran et à Andrée Pascal de dessiner une silhouette exquise, sauvage et passionnée, magnifique. La parfaite Renée Parny (Annette) est accorte, rieuse, harmonieuse et héroïque. et, sous ses oripeaux de mégère, Jeanne Méa a l'air d'un Goya.

M. Jean Worms (Salvador) est le plus séduisant, le plus élégant des bandits ; M. Duard (Arigonde) est un forçat chaleureux et touchant ; M. Guidé (Madiran) a de la dignité et de la grandeur ; M. Luitz (Decazes) est très secrétaire d'État ; M. Andrieux est un garde-chasse spirituellement ahuri, et M. Bussières est excellent sous ses déguisements de police, quoiqu'un peu inattendu, lorsqu'il prête les intonations de Dumanet, Pitou et autres Polin à un aristocratique garde du corps (on a rang d'officier, monsieur, et Lamartine fut des vôtres !). Quant à Jean Kemm (Vidocq), s'il a vingt centimètres de trop pour chausser la redingote et le chapeau de Napoléon, il est admirable de force, de tendresse, de rage, d'humilité léonine, d'onction traîtresse, de volonté et de simplicité. Son masque tragique et mobile, sa grande voix, son geste puissant et sobre, son autorité sous tous les déguisements, sa majesté, si j'ose dire, ont fait merveille : il a prêté une vie réelle et cordiale à une fantaisie, en prose, de poète ; il a fait mieux qu'incarner Vidocq : il l'a régénéré ! Et le petit Debray (Gabriel) est énergique et charmant.

THÉATRE FEMINA (Saison d'été, direction Richemond). — *Bigre !* revue en deux actes et quatre tableaux, de M. RIP.

En ces temps où la charité est si durement persécutée, M. Rip ne risque pas grand'chose ; il est impitoyable avec une outrance joviale et forcenée, avec des éclats de voix et des éclats de rire énormes et la plus allègre sérénité. Dans la revue au titre à la fois prometteur, comme on dit, et modéré, dont il effare les pudiques tréteaux du théâtre Femina, il commence par sourire de la maison même, ce qui ne lui permet pas la moindre indulgence pour des immeubles et des personnages moins limitrophes, si j'ose m'exprimer ainsi.

Il taille en pièce M. Mayol, pour changer, et le *puzzle*, l'innocent et absorbant *puzzle*, déchire l'opérette viennoise, blesse à mort le duel, damne Dieu lui-même, assomme du même coup M. Adolphe Brisson et Mmes Cora Laparcerie, Polaire et Régina Badet, Mlle Lantelme, et le docteur Doyen, M. Duez et M. Maurice Rostand, les cantatrices mondaines et les apprenties, l'inévitable Alexandre Duval et le Champ de Mars, que sais-je encore ? Il faut dire tout de suite que celles des victimes qui étaient dans la salle prenaient le pire plaisir à leur propre étripement, et je n'ai pas de chance : c'était la première fois que je voyais une revue de M. Rip, il n'y avait aucun des traits, injustes au reste, et féroces, dont, paraît-il, il me larda des années durant ! Ça ne m'empêche pas de constater sa fougue, sa verve, son bonheur d'expressions, d'à-peu-près et autres calembours, la grâce de ses couplets, la souplesse de son vers, sa grivoiserie à l'eau-forte, et jusqu'à une certaine profondeur morale et sociale, voire une excellente critique des conférences en termes précis, d'une éloquence incisive et si amusante !

Je n'en jette plus : voilà assez de lauriers pour tant de chicotin amer et de vitriol à rimes. Je ne sais si *Bigre ! ! !...* aura place dans l'*Histoire de la revue de fin d'année* de M. Robert Dreyfus ou de ses successeurs : ce n'est pas de l'histoire, même de la petite histoire en chansons, et M. Rip s'attache moins aux événements qu'aux personnalités — et c'est très personnel et très littéraire, de temps en temps. Ça se termine par la moins attendue des parodies de *Chantecler*, où le coq est remplacé par un clairon d'infanterie (rien de *Lili*), où le chien permute avec un chien de quartier, où la pintade devient colonelle, où le rossignol se mue en chanteuse de café-concert à soldats, et où les crapauds sont figurés par les *troubades* en personne, qui psalmodient gravement :

*Depuis qu'nous somm's sous les drapeaux,
C'te femm'là nous porte à la peau !*

On a beaucoup ri et on rira terriblement, un peu longuement tout de même, car il y a des longueurs et des choses inutiles.

C'est délicieusement joué par Le Gallo, qui charge à peine ; par Mlle Spinelly, qui, en travesti, en *arpète*, est effroyable de malice, de vérité, d'outrance presque tragique ; par Mlle Dyanthis, qui est harmonieuse et farce ; par Mlle Barda, agréable et fine ; par l'étonnant Hasti, brigadier de police qui fait rire par ordre, auteur ahuri et docile, clairon avantageux ; par M. Arnaudy, qui, tout de même, a un peu *cherré* dans son personnage d'Adolphe Brisson ; par Mlles Léger, Perret, Franka, Renouardt, Dalbe, Williams, Rossi, Figus, MM. Marius, Herté, etc., etc. Et gardons des éloges de luxe pour les petits et petites Livettini, Willem, Walter et Dormel, délurés et savants, et pour l'incommensurable Koval, qui, entre toutes ses incarnations hilares et géantes, est hallucinant en cantatrice mondaine, bas décolleté et girafique à crier, qui a une voix de tête à un kilomètre de ses épaules. Ah ! j'allais oublier : on danse, dans *Bigre ! ! !...* comme partout. Et comment ! C'est Mlle Spinelly...

COMÉDIE-FRANÇAISE. — *La Fleur merveilleuse*, pièce en quatre actes, en vers, de M. Miguel ZAMACOÏS.

Comme nous avons eu peur ! Le premier acte de la pièce de M. Zamacoïs était tout noir, tout noir : ce n'étaient qu'auberge ténébreuse et sanglante, coups de pistolet, coups de poignards, tentative de viol, pleurs de mères, plaintes hagardes de fou, sans parler du tonnerre et des éclairs qui font rage, à la cantonade, et d'une diablesse de gitane, échappée des œuvres de Jean Richepin et de Xavier de Montépin ! Heureusement, des ténèbres, nous sommes allés à la lumière, de l'âpre Artois à la grasse et bonne Hollande — et l'exquis Miguel, lâchant l'asphodèle pour la violette, la violette pour le myrte, le myrte pour la pensée, est arrivé enfin à la tulipe triomphale et symbolique qui était le couronnement, pour ainsi parler, de son effort et de son rêve.

Déroulons donc l'imagerie qui a plu et qui a charmé et où les talents de peintre, de monologuiste et de poète de l'auteur ont jeté des valeurs un peu faciles mais sûres, des tons savamment pâles, des grouillements avantageux, des couplets rebondis, la plus roublarde naïveté, la grâce la plus touchante, une mélancolie de tout repos et la graine, si j'ose dire, des plus pures et des plus douces larmes.

L'auberge sanglante n'est pas à Peyrebeilhes : elle jouxte Arras. Nous n'y rencontrons pas encore M. de Robespierre : nous ne sommes qu'en 1636. Mais un orage diluvien amène dans la société des malandrins qui y gîtent : un gentilhomme ruiné, M. de Blancourt ; son valet Romain, qui tire bien au pistolet et empêche son maître d'être égorgé ; la triste veuve Régine et son fils Gilbert, qu'un chagrin d'amour a rendu fou et qui errent de compagnie sur les routes, avec leur cocher Gobelousse, à la vaine recherche de l'infidèle et l'égyptiaque bohémienne Speranza, vagabonde aux pieds nus, que l'hôte inhumain Médard voudrait envoyer aux cinq cents diables ! Pour avoir laissé entrer et se chauffer la romanichelle qui est devineresse, comme toutes les romanichelles, pour l'avoir empêchée d'être tuée par son ancien soupirant Ziska, pour avoir fait tuer ledit Ziska par ses camarades, la noble Régine est assurée du dévouement exaspéré de Speranza, pour avoir cravaché le chevalier de Blancourt qui, ivre, la pressait un peu, elle peut compter sur la rancune de ce peu scrupuleux gentilhomme. Et Speranza voit, dans les cartes, qu'elle guérira Gilbert le taciturne, à son grand dam à elle, car elle l'aime ! Déjà !

Et nous voici dans Haarlem, cité toute blanche et rouge, tintante, carillonnante, joviale, active et buvante, où tout respire l'aise et la gaieté, Tout, excepté Gilbert, qui, cependant, est moins fou et moins sinistre, et qui se laisse interroger par un trio de grâces hollandaises, la délicieuse Griet Amstel, et ses amies Mietje et Alida. Il se rappelle une chanson jadis écrite par lui, parle, conte. Un miracle va peut-être lui rendre la raison. Hélas ! il ne s'agit, en ce pays, que de tulipes ! On donne tout son bien pour une tulipe rare ! On s'entre-tue pour la couleur d'une tulipe ! Et l'odieux Blancourt peut venir demander la main de Griet Amstel, le vieil Amstel, exaspéré d'être vaincu dans un concours de tulipes par l'ignoble Jacob Teylingen, ne donnera sa fille et sa fortune qu'à celui — connu ou ignoré — qui lui apportera la plus belle tulipe, la tulipe imbattable, la fleur merveilleuse.

Vous voyez la suite : la sainte Régine, qui a surpris une lueur dans l'œil de son gars dément en présence de Griet, veut lui assurer le prix : c'est la surhumaine Speranza qui lui apporta la fleur introuvable, germée d'une graine séculaire et mystérieuse, en se sacrifiant héroïquement.

Mais voici une jolie scène : tout Haarlem, processionnellement, a admiré la merveille : Griet vient à son tour. Gentiment, elle demande à emporter le trophée, à le donner à un ami d'enfance. Et, quand elle comprend que la mère veut la prendre en holocauste, pour tâcher à sauver son fils, elle se rebelle : ça n'est pas bien ! Quoi ! disposer d'elle ainsi ! L'abandonner à un maniaque ! Horreur ! Vous sentez bien que, consulté le magnanime Gilbert donnera la fleur à Griet, ne voulant pas d'un amour contraint et forcé ! Mais Griet, déjà touchée, n'est pas loin : elle entend que Gilbert l'aime, qu'il s'est sacrifié, qu'il est tout près d'être régénéré par elle — et elle rapporte la fleur. Apothéose !

Que nous importent, dès lors, les manigances de l'épouvantable Blancourt qui, après avoir cru écraser la fleur sauvée par le providentiel et divin valet Romain, veut, au dernier moment, à l'instant du triomphe, prouver que Gilbert est fou et qu'on ne donne pas sa fille à un aliéné ? Nous savons que ça finira bien ! Mais il y avait, au quatrième acte, un si copieux mouvement de foules, des costumes parfaits et chatoyants, des drapeaux, des tambours, de la musique, un géant et un admirable décor de Jusseaume ! Les kermesses sont si demandées ! Et c'est ainsi que cette pièce de peintre est un musée présenté en vers faciles, avec du Meissonier, du Roybet, du Juana Romani, du Terburg, du Joseph Bail, du Rembrandt un peu clair, du Teniers assagi, du Van Ostade en demi-teinte, et de l'Hobbema. Nous avons même Franz Hals, en personne, et c'est Roger Alexandre qui lui prête des couleurs et de l'accent.

L'accent, le véritable et respectable *assent* est représenté par M. Georges Berr (Gobelousse), étincelant de verve et de comique; M. Silvain est un majestueux, éloquent et tutélaire bourgmestre ; M. Raphaël Duflos (Blancourt) a une élégance bravache et fatale ; M. Siblot (Van Amstel) a de la bonhomie railleuse et de l'ivresse puissante ; M. Dessonnes (Gilbert) est mélancolique à souhait et passionné harmonieusement ; M. Ravet est un beau bandit ; M. Croué (Romain) un valet au grand cœur ; M. Grandval (Jacob) est un bien faible fourbe tulipier, etc., etc. : ils sont cent !

Il faut louer hautement Mlle Géniat (Speranza) : elle a une sincérité, une bonté, un courage, une grâce mélancolique et sacrifiée, une fatalité battue qui sont admirables; il est inutile de dire que Mlle Leconté (Griet Amstel) est toute jeunesse, tout charme et toute émotion ; que Mme Louise Silvain (Régine) est douloureuse, tragique, fière et émouvante ; que Mlles Lifraud et Provost sont un double délice ; que Mlles Bergé et Bovy sont exquises en travesti ; que Mlles Hébert et Beauval sont des servantes à croquer, etc., etc. Et ce spectacle est très séduisant, très moral, très reposant, très agréable.

23 mai 1910.

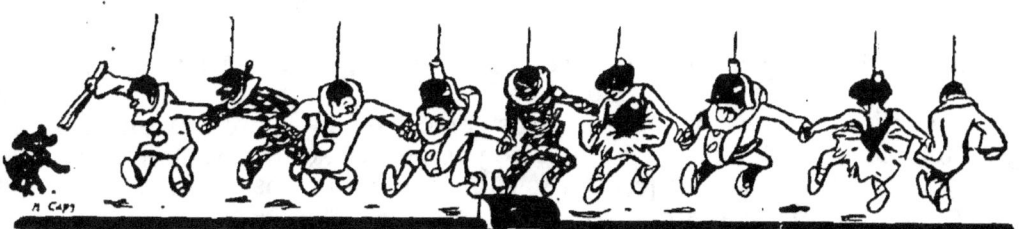

THÉATRE DE L'AMBIGU-COMIQUE. — *Bagnes d'Enfants*, drame en quatre actes, de MM. André DE LORDE et Pierre CHAINE (d'après le roman *En Correction*, de M. Edouard QUET).

Après avoir été instruit devant les cours et tribunaux, le grand et douloureux procès des colonies pénitentiaires, des prisons de jeunes détenus, de l'enfance abandonnée ou coupable, de l'autorité paternelle, répressive et tyrannique, est évoqué — et comment ! — par la Grand'-Chambre du Parlement, séant en cet Ambigu qui, jouxte la rue de Bondy, a réformé tant d'arrêts du Grand et Petit-Châtelet et rendu l'honneur — avec quels applaudissements ! — à tant d'illustres victimes et autres pauvres condamnés.

Sur un acte d'accusation, précis et noir, de M. Edouard Quet, l'avocat général Pierre Chaine et le procureur général André de Lorde ont édifié un réquisitoire si habile, si éloquent, si généreux, que, dans l'émotion unanime, les prisons de gosses ont été virtuellement démolies, leurs directeurs et gardiens exécutés à mort et que, pour un peu, le parricide aurait été déclaré d'utilité publique ! Encore faut-il noter que, par une modération louable, on ne nous a pas montré les petits prisonniers à la tête à moitié rasée présentés jadis par Steinlen et Zo d'Axa, à la mode d'Aniane, que nous n'avons pas vu les joies des soixante jours de cachot en cave, avec la camisole de force et les fers aux pieds, chantés par M. Quet, et que, si nous avons eu des râles, nous n'avons pas aperçu les rats des cellules de punition. Il y a eu assez d'horreur, de compassion, d'émotion, de larmes, pour un triomphe de première instance, d'appel et de cassation.

Frémissez, enfants d'hier, spectateurs de demain, lecteurs sensibles et humains ! Voici. Pour avoir bu quelques bocks, dépensé quelques louis, souri à quelques fillettes et cassé une glace dans un bouis-bouis de Montmartre, le jeune Georges Lamarre, potache de seize ans, en rupture de *bachot*, est condamné par son implacable bourgeois de père à six mois de correction paternelle. Naturellement ! Ce n'est pas difficile : il suffit de le demander à un président de tribunal ! En dépit de ses supplications, en dépit de l'indulgence de son oncle, le malheureux adolescent est *emballé* en l'absence de sa mère, ligoté, garrotté, enlevé par deux affreux drôles : c'est pesé ! En route pour Montlieu !

Montlieu, ce n'est pas un paradis terrestre ! Les gardiens ont des gourdins, le directeur ne songe qu'à ne pas nourrir ses pensionnaires, les faire travailler à force, les punir à foison, tromper les inspecteurs : c'est un chacal tigré, bien secondé par sa digne épouse, sucrée et carnassière. Les pupilles sont abêtis de persécutions et de terreurs : Georges est en bonnes mains !

Et c'est l'horreur de l'horreur. Voici la cour de la prison où, pieds nus, en pantalon de droguet, la face bleue de froid et verte de faim, les cheveux tondus, les enfants punis font alterner, sous la trique des gardes-chiourmes, le pas gymnastique et le pas accéléré, bouche cousue et yeux saignants; voici Mme la directrice qui offre à d'élégantes amies le spectacle de ses esclaves ; voici la rentrée des colons, minuscules et géants, de quatre à vingt ans, faisant sonner leurs lourds sabots et suer leurs doigts las et leurs têtes rasées ; voici des luttes, des conciliabules, des injures, des sous-entendus et des ruses. Et voici la pire horreur : il y a eu un complot ! On veut s'en aller ! Un détenu, l'Idiot, sous un prétexte, emmène trois ou quatre gardiens. Il n'y en a plus que deux, qui rient, qui s'apeurent, qui s'épouvantent en voyant que les reclus ne jouent plus, ne parlent plus, qu'ils se sont tapis à terre et que leurs yeux luisent. Ils ont peur, peur, peur. Les enfants se taisent, se taisent... L'angoisse sourd et sue... Et c'est la révolte, les gardiens renversés, blessés, les gosses en fuite... C'est très émouvant...

Hélas ! les évadés ne vont pas loin ! Le tocsin sonne, les gendarmes battent les buissons, les paysans livrent les enfants, pour la prime, et, malgré le dévouement d'une petite fille, le triste Georges se pend dans une grange, pour ne pas retourner au trou, cependant que sa mère affolée et son père repentant viennent le rechercher. Nous n'assistons qu'à une partie de leur désolation parce qu'un brigadier de maréchaussée leur cache l'état civil du suicidé.

Ce drame, où la pitié et l'attendrissement vont jusqu'au sadisme, a été acclamé. Il est joué avec chaleur et férocité. M. Laurent (Georges) est élégant, dolent, pitoyable ; M. Strény (l'Apôtre) est sublime ; M. Chevillot (l'Idiot) est fort intelligent ; M. Andréyor (le Directeur) est joliment sinistre, et MM. Dalleu, Liézer, Kalfayan, féroces ; M. Colas (le père) est parfait de méchanceté et de désespoir ; M. Gouget est un oncle pitoyable ; MM. Schultz, Poggy, Colsy, Renaz, Stamovitz sont poignants ou plaignants. Mme Léontine Massart (Mme Lamare) est douloureuse et aimante; Mme Talmont (la directrice) est élégamment odieuse; Mlle Renée Leduc est une petite fille de tête et de cœur, délicieuse.

Enfin — et avant tout — il faut citer la troupe anonyme des prisonniers, résignée, saccadée, grondante et scandante, qui apporte à cette pièce une vision de limbes infernaux, de souffrance jeune, imméritée et atroce, une valeur documentaire et justicière, une vérité sociale et humaine qui passe la rampe et va toucher le cœur et l'âme du spectateur et — qui sait ? — du législateur !

2 juin 1910.

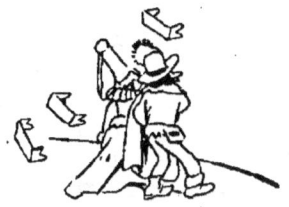

THÉATRE DE LA RENAISSANCE (saison belge). — *Le Mariage de Mlle Beulemans*, comédie en trois actes, de MM. Frantz FONSON et Fernand WICHELER.

La triomphante exposition de Bruxelles déborde jusque sur notre boulevard Saint-Martin et, en vérité, en cet épanouissement de saisons russes et italiennes, il nous manquait une saison belge! Convenons que la bouffonnerie d'observation appuyée et de candide malice de MM. Fonson et Wicheler est très amusante et plaisante, qu'elle a beaucoup plu et qu'elle plaira. Elle est exotique et honnête, lointaine et proche, et a déchaîné, à l'Olympia de Bruxelles, l'enthousiasme délirant des gens de Schaerbeck et de Molenbeck, qui n'aiment rien tant qu'être gentiment blagués.

Voyons l'histoire, la simple histoire. Le jeune Parisien Albert Delpierre a été placé par son papa dans les bureaux du riche brasseur brabançon Beulemans, à cette fin d'apprendre le belge — et vous verrez que c'est exact — et le commerce. Là, il est l'objet de mille vexations : il n'est pas du pays, c'est un « Fransquillon à la pose » qui n'a pas la grasse nonchalance de l'accent de terroir et qui emploie des mots prétentieux — et trop français. Seule la jeune Suzanne Beulemans, qui travaille *sur* le même bureau, lui est amicale et douce, très camarade, mais camarade seulement, parce qu'elle doit épouser, tout naturellement, son ami d'enfance Séraphin Meulemester. Et tout le monde est à *cran :* le père Beulemans n'a pas été élu président d'honneur de son syndicat, ce pourquoi il est agoni par sa revêche épouse, cependant que le gentil fiancé Séraphin propose, sans rire, à Albert, de reprendre à son compte une vieille maîtresse à lui, un petit bâtard à lui, pour lui permettre d'épouser Suzanne. Albert refuse avec indignation : il aime la fille du patron ! Et il jure, comme de juste, la discrétion d'honneur.

Mais que nous fait l'affabulation ? Tout est dans les caractères, les silhouettes un peu forcées, le soupçon de caricature de ces solides fantoches !

Le second acte, qui tient dans la lutte de M. Beulemans et de son bouton de col, de sa crainte de sa femme et de leur vieille affection, dans la conversation entre Suzanne et Albert, sur le propos d'un bec de gaz, et où ils découvrent leur amour, sur un entretien entre le père Beulemans et le père Meulemester où le dernier esquive tout soupçon de dépense et de dot, sur un dialogue entre Suzanne et Séraphin où la première renvoie — si exquisement ! — le premier à son faux ménage et à son brave gosse ; le second acte, donc, est une merveille bourgeoise, caustique, attendrie et bonhomme dont rien ne donne l'idée — car il faut l'accent !

Et le *trois*, pour enchaîner ! Je n'ai pas à vous dire qu'Albert épouse Suzanne après avoir fait nommer son beau-père président d'honneur ! Mais ce n'est pas une victoire française, c'est une nouvelle conquête belge ! Car le jeune Albert Delpierre n'est plus poseur, n'est plus fransquillon, parle belge à la perfection et avec des dons d'orateur que lui eussent enviés MM. Frère-Orban, Malou, Van den Pereboom et Volders !

C'est si gentil, si frais, si gros, si massif jusque dans le sentiment qu'il n'y a qu'à être touché et à applaudir ! *Saison belge,* c'est un peu court pour ce vaudeville, quand il y a Maeterlinck, Verhaeren, Eckhoud Giraud, Gille, Gilkin, etc. ! Mais c'est si amoureusement joué ! Mlle Lucienne Roger (Suzanne), délurée et innocente, tyrannique et tendre, est délicieuse ; Mme Brenda (Mme Beulemans) a l'autorité la plus aiguë et la plus caressante, et Mlles Vitry et Adriana ont le beau sans-gêne des servantes limitrophes.

M. Jules Berry (Albert) est séduisant, dolent, farce et très parisien pour Laeken ; M. Morin (Séraphin) est cordialement grotesque ; M. Amleville (le père Meulemester) est rondement et glorieusement mufle; M. Frémont a de l'allure ; MM. Mylo, Marmont, Vitry, Dural, Andé, Janssens, Leunac et Penninck sont vivants de vérité! Enfin, M. Jacque (le père Beulemans) a du génie. Rond, cordial, résigné, soupçonneux, droit et cagnard, il est tout l'accent et toute la bonhomie de la pièce. Lorsque, dans une neuve et familière formule, il cita les auteurs de la pièce, il avait conquis Paris. Et la douane pouvait venir : on était un peu là !

8 juin 1910.

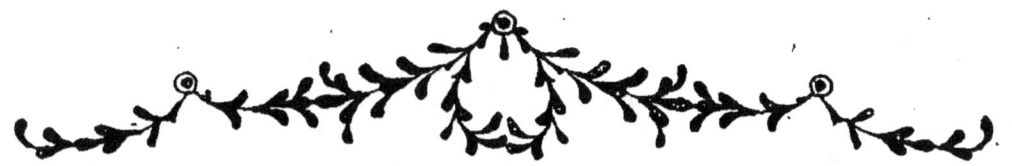

COMÉDIE-FRANÇAISE. — *Un cas de conscience*, pièce en deux actes, en prose, de MM. Paul Bourget et Serge Basset; *les Erinnyes*, tragédie antique en deux parties, en vers, de Leconte de Lisle, musique adaptée d'après la partition de M. J. Massenet (première représentation à ce théâtre).

Aimez-vous les médecins ? On en a mis partout. Pour moi, qui partage à leur endroit l'avis de Molière, je les vois avec plaisir à la scène ; pour la plupart, ils goûtent tant le théâtre ! Et vous sentez, vous savez bien que Paul Bourget étend sa passion du sacerdoce jusques à la fonction du praticien, et que, puisque nous sommes au spectacle, le doux et habile Serge Basset amenuise l'horreur du dénouement de la nouvelle à peu près célèbre d'où est tiré le sévère et angoissant *proverbe* que nous donne la Comédie !

Un cas de conscience ! Les deux collaborateurs sont modestes ! C'est un cas-gigogne, qui en fait éclore une nichée, tout autour de lui, et, à la fin, c'est sur une conscience infinie, sur une explosion de conscience que le rideau tombe, triomphalement. Mais ne discutons pas : contons.

Dans un château perdu au fond d'une province, un vieux gentilhomme, le comte de Rocqueville, agonise d'une attaque d'urémie compliquée de crises morales. Pour être moins sûr de mourir sans délai, il a fait venir aux côtés du docteur Poncelet, son antique médecin ordinaire, le jeune spécialiste Odru, chef de clinique de l'illustre Louvet, et, en une sorte de consultation, le vieillard Poncelet confie au jouvenceau Odru les secrets de la famille : le comte est surtout malade d'avoir appris une très ancienne trahison de sa femme, de savoir qu'u de leurs trois fils n'est pas de lui, sans pouvoir mettre un nom sur le bâtard. Mais il n'y a pas d'erreur : l'intrus, c'est le second, Robert. *Motus !* naturellement ! On est entre confrères ! Et le bon Poncelet s'en va, car il n'aime pas les histoires. Hélas ! elles viennent ! elles viennent péniblement ! Car le moribond Rocqueville se fait traîner au salon, éloigne ou chasse sa femme, qui veille farouchement sur lui et claustre ses derniers moments, objurgue Odru d'adresser des dépêches pressantes à ses trois enfants.

Le docteur refuse. Cas de conscience. Mais le malade insiste. Ce refus le tuera. Nouveau cas de conscience. Au risque de la vie, Rocqueville, marchant et écrivant par miracle, ahanant, suant, épuisé, trace lui-même les lignes fatidiques. Il ne s'agit plus que de porter les télégrammes à la poste, pour convier les fils au chevet du père en partance, du malade en furie, du criminel en exercice. Car le comte médite de se venger de sa femme coupable par une déclaration atroce, de la déshonorer devant ce qu'elle a de plus cher, en déshéritant le fruit de l'adultère, en semant la pire haine et le plus odieux mépris. La comtesse a deviné la conversation et le complot, elle qui fait un siège si étroit autour de son vacillant et tragique époux, elle qui ne veut pas rougir devant ses enfants ! Odru ne se laisse pas entamer : il ira à la poste, tout seul, à pied.

Il y est allé. Les trois Rocqueville sont annoncés. Le moribond, de plus en plus enragé et moribond, demande à sa femme le nom du bâtard : c'est sa dernière chance pour n'être pas déshonorée : il se contentera de déshériter le malheureux. Autre cas de conscience. La comtesse refuse, se traîne à genoux, implore, offre sa souffrance, ses remords, ses larmes. Rien. Mais l'impitoyable agonisant s'évanouit sérieusement. Le docteur, qui a tout entendu, accourt. Ne pourrait-on pas laisser expirer tranquillement ce quasi-cadavre qui ne peut renaître que pour peu d'instants, instants de torture torturante et scélérate ? Christine de Rocqueville n'a pas plus tôt interrogé le médecin qu'elle s'effondre en pires larmes : le crime partout, le crime ! Elle s'abandonne à sa destinée, à l'affreuse fatalité ! Le vieux seigneur, dûment saigné, se réveille à demi : déjà, il a serré dans ses bras son aîné, le capitaine Georges, son dernier-né, le polytechnicien André. Derrière — car il n'a pas trois bras — il ne reste que le diplomate Robert... Le comte sait, sait,... Tragique, il s'avance sur l'intrus, le toise, le flaire ; déjà, les mots de révélation et de malédiction vont sortir de cette bouche d'outre-tombe, mais les deux *vrais* fils se précipitent : ils aiment tant leur frère. Et, dans un semblant d'effort pour embrasser l'enfant adultérin, le comte s'abat, muet et quelque peu apaisé et compatissant : espérons que Dieu aura pitié de cette âme !

Dans la nouvelle, M. de Rocqueville va jusqu'au bout de son idée. Mais les malheurs qu'il déchaîne ne sont pas le fait du médecin. Le médecin n'a à être ni juge, ni Dieu, ni bourreau. Ici, la fin est reposante — et il est temps ! Ce drame de Grand-Guignol et d'enfer, angoissant, énervant, qui triture les entrailles et l'âme jusqu'au spasme, avait besoin d'une conclusion humaine, sinon chrétienne, pour sembler à sa place au Théâtre-Français. Il est très émouvant, très serré, à l'étau. Mme Renée du Minil est une comtesse tyrannique et tyrannisée, hautaine et haletante, dolente, suppliante, avec autant d'autorité que de douleur ; M. Siblot (le docteur Poncelet) a de la bonhomie ; MM. Joliet et Falconnier sont les plus nobles des valets; MM. Gerbault, Basseuil et Normand sont des fils pathétiques ; M. Paul Mounet (le comte) sait souffrir, faire souffrir, mourir en plusieurs fois, torturer, ahaner, s'évanouir et pardonner avec une férocité et des faiblesses augustes, et M. Roger Alexandre (le docteur Odru) a une jeunesse stricte et chaleureuse, une sincérité brave, une fermeté harmonieuse et catégorique qui lui assurent le plus sérieux avenir, sinon dans le concours d'agrégation, au moins au sociétariat du Théâtre Français.

Et la Maison de Molière a — enfin ! — inscrit sur son fronton et sur ses tablettes de gloire ces admirables et effroyables *Erinnyes* qui attendaient depuis près de quarante ans. Je ferais injure à mes lecteurs en résumant cette divine et sanglante condensation d'Eschyle, la tragédie antique et sauvage de l'aède des *Poèmes barbares* présentant, en moins de deux heures, l'assassinat d'Agamemnon par sa femme Klytaïmnestra, le meurtre par Orestès de sa mère et de l'amant de Klytaïmnestra. C'est de l'histoire. C'est de l'épopée dramatique, de la plus haute, de la plus stridente, de la plus rare. Ne nous arrêtons pas aux costumes saugrenus, à un minimum de musique où Massenet n'est pour rien. Et si le chef-d'œuvre paraît trop sanglant et trop nu (Leconte de Lisle était de l'île Bourbon), attendons l'harmonieuse *Iphigénie* du pauvre et grand Moréas et la mélodieuse et rauque *Dame à la faulx* de Saint-Pol-Roux : c'est pour bientôt ! Louons Mounet-Sully (Agamemnon), Paul Mounet (Orestès sublime), Louis Delaunay, Mayer, Alexandre ; acclamons Mme Weber (Kassandra), qui est le verbe, la douleur et l'harmonie dans le désespoir ; Louise Silvain, terrible, affreuse, qui arrache la pitié et l'admiration dans son personnage épuisant de Klytaimnestra ; Delvair, qui met son âme dans ses cris ; Lara (Elektra), qui a du cœur et des larmes, et Gabrielle Robinne (Kallirhoé), qui est tout charme et toute suavité et qui apporte un rayon de soleil cendré dans cette affreuse nuit d'Argos, peuplée de fantômes méchants et tentaculaires.

4 juillet 1910.

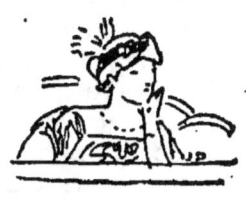

COMÉDIE-FRANÇAISE. — *Comme ils sont tous !* comédie en quatre actes, en prose, de MM. Adolphe ADERER et Armand EPHRAÏM.

L'aimable familiarité du titre de la nouvelle comédie du Théâtre-Français, son air mi-partie, — thèse et proverbe, — le nom et la carrière de ses deux sympathiques et honorables auteurs, le temps même de sa naissance aux chandelles, très tôt dans la demi-saison et très tard dans l'année, un peu avant le roses d'automne, tout donne la note du succès réel qui a accueilli une pièce distinguée et facile, gentiment ironique et sincèrement émue, d'un sentiment profond et moral : on sourit, on s'attendrit, on vibre même — et cela durera et ce sera justice.

Justice un peu partiale, tout de même — et je ne puis m'en plaindre, même en ce moment où le vent est à la sévérité la plus draconienne, car si MM. Aderer et Ephraïm préconisent la plus large indulgence, une indulgence conjugale, à l'usage des dames, en faveur de leurs pauvres gens de maris, une indulgence civile et martiale, universelle et touchante : c'est pour l'enfant ! Et l'époux est un autre enfant dont il faut faire quelqu'un, un homme, voire un homme public ! Et voilà comme nous sommes, nous autres, tous les hommes, car *ils*, c'est nous !

Contons l'anecdote. Le sénateur Ménard a deux filles, Laure et Ginette. Laure, mal mariée, trompée et revêche, a divorcé, non sans prendre un grand dégoût du sexe fort : elle excommunie tous les mâles, en bloc, et les donne au diable, sans confession. Or, sa sœur Ginette s'éprend « du plus beau cavalier de la cavalerie française », le comte de Latour-Guyon, capitaine de cuirassiers. Cet écuyer cavalcadour, bien éperonné par sa préfète de cousine, embrasé lui-même, se déclare, et se déclare, en outre, libre de tout engagement, car Ginette, jeune fille pure mais avertie, un peu type de Gyp, un peu américanisée à la douce, veut une couronne et un mari bien à soi : le capitaine jure et jure. Il n'a oublié que sa grande liaison, sa maîtresse secrète et terrible, la baronne de Chanceney, femme d'un député rallié. Mais la comtesse n'est pas si terrible : elle crie, pleure, tempête et se résignera, tout cela dans des flots de musique militaire, car l'acte se passe à la préfecture de Seine-et-Manche, le jour de la réception d'un ministre, et cela nous offre un général de brigade sans officiers d'ordonnance, des colonels, des professeurs, des instituteurs, un proviseur, des inspecteurs, des uniformes, des robes et des *mots* à l'avenant.

Donc voici Ginette mariée, comtesse, mère de famille et heureuse. Si heureuse ! Trop heureuse ! L'amère Laure empoisonne sa joie : il faut attendre et faire attention ! Le délice d'avoir un époux parfait et un poupon magnifique de trois mois, la belle affaire ! Tous les hommes sont volages ! Et, en effet, qu'est-ce qui tombe sur le coin de la figure et du cœur de Latour-Guyon ? La baronne de Chanceney, amenée par la bonne préfète qui ne savait rien, la baronne qui ne fait pas de scène à son ex-amant et qui, à petits coups, le retourne comme un gant, le réenchaîne à son char, solidement. Et allez donc !

Ginette met du temps à s'apercevoir de son infortune. Il faut que sa douce sœur lui ouvre les yeux, grand comme une porte cochère, que ce délicieux et hilare Chanceney lui avoue que Latour-Guyon ne met jamais les pieds au cercle où il est censé passer ses soirées pour qu'elle se résolve à croire à son malheur. Un moment, elle songe à apprendre — une politesse en vaut une autre — au baron qu'il est aussi à plaindre qu'elle, mais il ne comprendrait pas ! Son mari revient : elle le confond, se lamente, reprend l'infidèle ; elle le berce du souvenir de leur nuit de noces, tout est arrangé ! Patatras ! En demandant un serment, elle s'avise de parler de sa dot : le capitaine avait des dettes, avant les justes noces ! Révolte, indignation, fureur ! On se raidit, dans des crises de nerf, dans des crises de dignité, dans des sanglots, dans du silence — ce sanglot viril. On divorcera, madame, on divorcera !

Et l'on ne divorce pas. Mais il faut que la préfète vienne à Paris, à cette fin d'enseigner le pardon des injures à Ginette et la façon de considérer les hommes comme des pantins dont on tire la ficelle, il faut que Ginette, jeune savante, arrache une lettre d'adieu de la baronne, et tout s'arrange : le ménage est *rabiboché*, aura du bonheur un peu effiloché, un peu mélancolique, avec un rien de doute, de remords et de dédain. Et c'est la vie !

Le public a applaudi. Que toutes ces dames et tous ces messieurs se soient reconnus dans ces généralisations un peu arbitraires, qu'on ait été déchiré et secoué à la folie, ce n'est pas la question : cet exemple de grammaire conjugale et humaine, cette leçon de choses de ménage a plu, diverti et touché ; l'ordonnance un peu lente de la comédie, son style excellent et parfois attendu, son honnêteté voulue et non sans finesse ont fait songer déjà — et ce n'est pas un mince éloge — à une pièce du répertoire.

L'interprétation est éblouissante : jamais on ne fut habillé d'une façon si suave, si ample, si étroite, si magnifique. Mlle Provost (la baronne de Chanceney) était un poème de plumes et de soie, et sa coquetterie agaçante, sa fureur plus ou moins feinte, sa grâce perverse et sa résignation orgueilleuse ont fait merveille. Mme Renée du Minil (la préfète) a de l'autorité, de l'entrain, de la conviction et la plus généreuse mélancolie ; Mlle Bovy est étonnante en un rôle d'épouse justicière et patoisante qui, après avoir tué son coureur de mari, cherche un nouveau conjoint ; Mlle Dussane (Laure) parvient à être charmante en un personnage insupportable, et Mme Piérat (Ginette), tour à tour espiègle et conquise, persifleuse et aimante, épanouie et tendre, accablée, frémissante, résignée et spirituellement hautaine, a connu les acclamations.

M. Georges Grand (Latour-Guyon) a de la prestance, de l'accent, de la fatuité, de la faiblesse et du désespoir ; M. Léon Bernard (Chanceney) est un fantoche puissant et classique ; M. Numa a de l'aisance, M. Jacques de Féraudy du sifflement, MM. Le Roy, Garay, Lafon, Guilhène et Gerbault ne font que passer, mais le font très bien ; MM. Décard et Berteaux aussi. Et c'est une excellente soirée de paix, de conciliation et d'optimisme: tout le monde applaudira MM. Aderer et Ephraïm, sauf les suffragettes et les vitrioleuses. Mais on vitriole beaucoup ces jours-ci. *10 septembre 1910.*

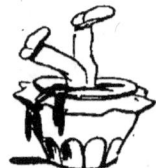

THÉATRE ANTOINE-GÉMIER. — *César Birotteau*, pièce en quatre actes et cinq tableaux, de M. Émile FABRE (d'après Honoré DE BALZAC).

Balzac est un bloc. Ses héros, ses héroïnes, leurs aventures, leur volonté et leur fatalité, le décor naturel, sentimental et social, le détail technique, les discours et les silences tout fait corps, balle et boulet, vérité, lyrisme et histoire, tout est serti dans la lave éclatante, féconde et unique du romancier, tout est partie intime et profonde de l'épopée, et les épisodes les plus saisissants, les figures les plus durement frappées, les âmes les plus hautes et les plus rares, sont prisonnières de cette éloquence dévorante et descriptive, de cette philosophie enflammée et précise, de cette innombrable et vivante armée, de ce peuple, de ce paysage, de ce monde inoubliables que l'auteur de *Louis Lambert* a su créer de sa vie fiévreuse et lucide et rendre immortels de sa trop prompte mort.

Cela dit, je suis tout à fait à mon aise pour admirer, avec le public, le drame ou mélodrame émouvant, aigu et large que M. Émile Fabre a écrit en marge de *Grandeur et Décadence de César Birotteau*. C'est poignant. L'honneur, qu'il soit commercial ou militaire, est un ressort vital, une fin et un idéal : la bataille pour la boutique est plus âpre que pour une couronne — et, débarrassée de toute la menuaille de manuels Roret, qui mettait en joie Hippolyte Taine, la nouvelle pièce du théâtre Antoine est fort pathétique.

Nous découvrons César Birotteau au jour même de son apothéose. Propriétaire et fondateur de la parfumerie *A la Reine des Roses*, juge consulaire, adjoint au maire de son arrondissement, chevalier de l'Ordre royal de la Légion d'honneur — la chose se passe en 1819, — père de la charmante Césarine, bon chrétien, bon époux, fidèle serviteur des Bourbons, heureux et hardi spéculateur sur les terrains de la Madeleine, il ne songe qu'à s'agrandir, à attester son honnêteté triomphante, à déployer son faste naïf: il fait construire, meubler, donne un bal gigantesque. Heureux, généreux, excellent, il a tout à espérer, rien à craindre. Hélas! Son notaire est une canaille qui lui a amené, comme associé plus ou moins en titre, d'autres canailles, un faux banquier et un ancien employé à lui, Birotteau, Adrien du Tillet, qui lui a volé trois mille francs et qui a tâché à lui souiller sa femme, l'admirable Mme Birotteau.

Au sein des splendeurs et des félicités de façade, le notable commerçant voit arriver l'ennemi croissant et infini, le créancier : ses capitaux sont employés et la spéculation le mange : peu à peu l'inquiétude le saisit et, lorsque les coups les plus inattendus et les plus affreux l'auront touché, lorsque son notaire sera en fuite avec ses fonds, lorsque ses disponibilités se seront évanouies, un spectre affreux, celui de la faillite, se présentera à ses yeux d'honnête homme, à son cœur pur, à son esprit borné. La faillite ! non ! non ! Il lutte ! Il luttera! Il mentira à ses amis et à ses ennemis, acceptera l'argent de son caissier, demandera à son fidèle et délicieux ancien commis Popinot de se sacrifier pour lui, ira solliciter, à travers champs, les pires usuriers et les plus effroyables banquiers, remuera ciel et terre; et, lorsque tout a été inutile, lorsque sa femme même n'a pu, au prix de la pire humiliation, lui éviter la honte de commerce, c'est en prononçant le *Pater* et en se crucifiant lui-même qu'il signera son bilan, qu'il se remettra à l'injustice des hommes et à la sublime pitié de Dieu. La scène est d'une grandeur un peu apprêtée, d'une intimité assez déclamatoire, mais elle porte — et c'est très bien.

Vous savez la suite et la fin : Birotteau, recueilli par le caniche

Popinot, travaille avec acharnement, pour payer intégralement tous ses créanciers: il a son concordat; il veut sa réhabilitation, sa croix, son honneur. Il y arrive, grâce aux efforts de sa femme et de sa fille, grâce surtout à la stratégie de son oncle Pillerault, à la tactique de Popinot, qui arrachent cent mille francs au triste du Tillet.

Et c'est la victoire. Le tribunal de commerce proclame la gloire de César. César revient dans sa boutique en triomphateur. Des fleurs, des discours, des embrassades ! L'héroïque Popinot épousera la charmante Césarine, mais Birotteau, le pur et symbolique Birotteau, est épuisé ; à peine s'il peut remercier, balbutier, s'attendrir. Il s'empare de ses livres, les parcourt jusqu'à la fin... Ils sont en règle. « Payé !... Payé !... Payé !...» clame-t-il, en un délice délirant, et il s'abat sur ces témoins de sa probité : il a payé, lui aussi... C'est la mort dans l'apothéose.

Cette pièce, si profondément édifiante et morale, si touchante et si noble, un peu lente, par respect, fort pittoresquement habillée, a ému et saura émouvoir pendant longtemps. Elle est jouée avec âme. Mme Archaimbaud est une Mme Birotteau d'une chaleur, d'une sincérité, d'une simplicité, d'une autorité exquises; Mlle Jeanne Fusier (Césarine) a la plus fine, la plus franche ingénuité affectueuse; Mme Eugénie Noris a de la rondeur combative, Mme Yvonne Dinard de la rondeur compatissante. Mlles Miranda et Bastia sont charmantes. M. Janvier (Pillerault) est admirable de bon sens, de subtilité, de tristesse contenue et de malice agressive ; M. Clasis est éclatant de sympathie et de dévouement, M. Lhuis (Popinot) a été acclamé pour son héroïsme claudicant, son activité spirituelle, sa cordialité infinie ; M. Rouyer (du Tillet) est un fort comique coquin; M. Céalis un coquin crapuleux et pas mauvais diable, M. Préval un coquin fort coquet, M. Marchal un Gobsek inouï, M. Marquet un fort digne prêtre. M. Saillard a de l'élégance, M. Méret de la branche et MM. Dumont, Cailloux, Maupain, Piéret, Dujeu et Noël sont excellents. Quant à Firmin Gémier, il est étonnant et merveilleux. De César Birotteau, il exprime la vanité satisfaite, la considération pour les dignités et les dignitaires, la bonté, l'angoisse, l'effroi croissant, la terreur devant les responsabilités, la loi et les juges, le fétichisme pour tout ce qui est ordre et régularité, la douleur, la résignation frémissante, l'agonie de la dignité, l'anéantissement vivant. Peut-être, en ses magnifiques trouvailles, a-t-il un peu exagéré en se signant longuement et trop bas devant son bilan; peut-être a-t-il été trop mime et presque bestial en étreignant, en happant, en lappant dans son grand-livre les preuves de sa réhabilitation, mais c'est si habile et si *théâtre* ! Et qui pourrait souhaiter à son pire ennemi de jouer *César Birotteau* au naturel ? *7 octobre 1910.*

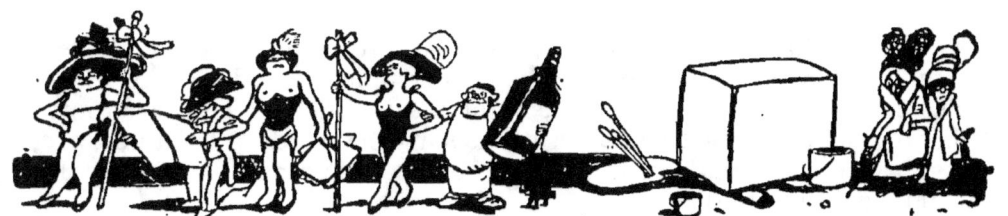

THÉÂTRE DE L'AMBIGU-COMIQUE. — *Ces Messieurs*, comédie en cinq actes, de M. Georges ANCEY. (*Première représentation à ce théâtre.*)

La belle et forte pièce de M. Georges Ancey, âpre, ironique, humide d'émotion et de passion secrète, d'une écriture si sûre et si ample, a retrouvé à l'Ambigu, avec un caractère de sérénité, le succès qu'elle avait connu au Gymnase, il y a cinq ans, après avoir triomphé à Bruxelles aux temps où quelque chose nous arrivait encore du Nord, voire la lumière !

Comme nous allons vite ! On se demandait hier, on se demandera comment cette comédie a pu paraître dangereuse, comment elle a pu être interdite par la défunte censure ! A cette époque où tout ce qui touche à la religion est devenu sympathique et attendrissant, nous ne pouvons pas discerner dans *Ces Messieurs* la moindre tache anticléricale !

Cette étude de mœurs de province, ce drame d'âmes, ce conflit entre les devoirs de famille et les besoins d'une sensibilité terrestre et extra-terrestre, ce duel entre le bon sens et le mysticisme, cette lutte entre le réel et l'irréel plus ou moins matérialisé, tout a une sincérité, une vigueur, un lyrisme et jusques à un comique à la fois très distingués et irrésistibles. C'est très profond et très *théâtre*, même pour les rudes populations des abords de la place de la République.

Je n'ai pas à conter cette comédie déjà classique, la pénétration, l'enveloppement de la famille Censier par le clergé, en dépit de l'opposition de Pierre Censier, de sa femme et de ses enfants trop jeunes, le facile succès du nouveau curé, l'abbé Thibault, éloquent et jeune, sur la veuve inconsolée Henriette, privée même de son unique enfant et amenée par les épreuves et les deuils à une religiosité coupable où se mêlent les macérations et les béatitudes, où les corps et les âmes se rencontrent, dans de l'encens et des cantiques ; l'envoûtement céleste et humain de l'illuminée qui se dépouille, entasse fondations sur fondations, crèches sur basiliques, pour plaire à Dieu et à son prophète ; son désespoir, sa rage, sa fureur de cœur et de sens lorsque l'abbé Thibault doit quitter sa cure de Sérignez et aller à Versailles, ses désirs de représailles et de violent scandale, et comme il est difficile à son frère Pierre de la ramener de sa colère à la raison, de son ciel maladif à la saine terre, de son idéal à la famille reposante, de son trouble amour à l'amour des siens et de leurs enfants.

Cette action est, on le sait, très habillée, très vivante. Il y a des scènes de famille laïque, de famille sacerdotale d'une intensité criante, de l'intimité brûlante et cette scène fameuse de la réception de l'évêque où les pompiers présentent l'arme, où les enfants chantent la *Marseillaise catholique* devant un colonel en tenue. Heureux temps ! Mais c'est du rétrospectif.

Ces messieurs, ce sont l'abbé Thibault, dont Pierre Magnier incarne avec un relief, une magnificence et une autorité admirables, la prestance, l'agrément, l'éloquence et les hésitations sentimentales, morales et ambitieuses ; l'abbé Morvan (Etiévant), brave homme de saint, missionnaire et sauveteur, négligé et méprisé pour ses vertus ; l'abbé Nourrisson (Gouget), jésuite à l'Eugène Sue, méchant, onctueux, envieux et avide ; l'abbé Roturel (Chevillot), qui fait des vers pour serpents d'église, et Mgr Gaufre, dont Signoret a fait une figure exquise de finesse, de résignation aux biens temporels et aux pauvretés spirituelles, d'une force d'administration, de sagesse et de bonhomie dignes des meilleurs temps de l'Église. Il faut louer, parmi les laïcs, M. Monteux (Pierre), qui résiste avec chaleur ; MM. Lorrain et Harment, qui sont joliment timides; M. Blanchard, colonel de cavalerie édifiante et sacrée ; MM. Habay, les petits Lecomte et Gros, qui sont charmants, et la petite Gentès, qui est étonnante.

Parmi ces dames, à défaut de Mlle Henriette Sauret qui, poétesse passionnée et charmante, se réserve pour d'absolues créations, il faut parer du laurier sacré Mmes Bérangère et Petit, qui sont exquises de gentillesse et de rosserie ; Irma Perrot, merveilleuse de vérité aiguë ; Vartilly et Vassort, sorcières pittoresques ; Blémont, ronde et fervente; Clasis, Frantz et Delys. Henriette, c'est Mlle Franquet, qui a été admirable, émouvante, parfaite d'extase et de furie, d'élan religieux et de nervosité charnelle, d'harmonie et de désespoir. C'est une très belle artiste.

Et le drame de l'auteur de *la Dupe* et de *l'Ecole des veufs*, cette école de veuves et de dupes, douloureuse, animée, violente, comique, parfaite de forme et de ton, retrouve une vie nouvelle, parmi des applaudissements sans haine, sans crainte, et toujours renaissants.

12 octobre 1910.

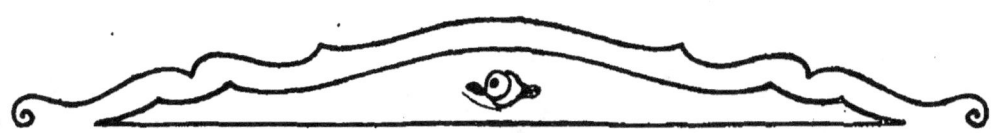

VAUDEVILLE. — *Le Marchand de bonheur*, comédie en trois actes, de M. Henry KISTEMAECKERS.

Lorsque ce pauvre M. de Voltaire écrivait, sans rire :

J'ai fait un peu de bien : c'est mon meilleur ouvrage,

il était en proie à une de ces crises de vanité dont il ne se défendait pas assez : on ne fait pas le bien, on ne fait pas concurrence à la Providence, on ne contrecarre pas la Destinée, et, si le bien se fait par vous, comment savoir si c'est le Bien — ou le Mal ? La plus exquise intention, la plus scrupuleuse délicatesse morale peut-elle quelque chose contre la Fatalité, contre tous les chocs de la vie, contre la misère de la nature humaine, contre l'instinct de haine et d'amour ? L'argent est une force aveugle et le bon riche doit être aveugle, passer après avoir semé ses bienfaits, ne pas revenir à ses champs de victoire, ne pas savoir ce que sont devenus ses obligés, sous peine de mécomptes et de remords : on ne peut être dieu qu'un tout petit instant.

Voilà, je crois, la philosophie désenchantée de la nouvelle œuvre dramatique de M. Henry Kistemaeckers, qui a été chaleureusement accueillie au Vaudeville, qui a de l'entrain, de la vie, de l'émotion et de la nouveauté. « Le marchand de bonheur », c'est le jeune René Brizay, dit « le petit chocolatier », fêtard infatigable et sentimental, inépuisable ami, millionnaire charmant et mélancolique, en mal d'ennui, d'enthousiasme et de gentillesse. Il ne vend pas le bonheur, il le donne — et il en est cependant le mauvais marchand, comme nous l'allons voir. L'action s'ouvre dans la loge de la célèbre actrice Monique Méran, un soir de répétition générale : il y a là l'ancien amant de cœur de Monique, l'équivoque et méprisable *cabot* Barroy, l'auteur neurasthénique Fortunet, il y a bientôt la foule d'élite des admirateurs — car il y a eu triomphe, — et, parmi eux, le jeune Brizay, déjà nommé, le vieil et sinistre multimillionnaire Mourmelon, des hommes du monde et autres *tapeurs*, des femmes de lettres, des inutiles des deux sexes, des inventeurs, que sais-je ? Félicitations, embrassades, présentations, maquignonnages... Monique résiste à l'antique et implacable céladon Mourmelon, au jouvenceau René Brizay, mais voici le petit chocolatier qui donne cent mille francs à l'aviateur Ferrier, qui donne un hôtel et une rente princière à une petite figurante de rien du tout, Ginette Dubreuilh, qui est entrée par hasard et a parlé de sa détresse, — et tout cela pour rien, pour le plaisir du miracle ; René et Monique partiront ensemble, en une admiration réciproque.

Ils sont heureux. Pas si heureux que ça, tout de même. Fastueux et magnifiques, ils souffrent en secret. René voudrait épouser Monique, mais il ne lui pardonnerait pas Barroy s'il savait... Et Monique est accablée de lettres anonymes ! D'autre part, le jour même où il a convié le ban et l'arrière-ban de Paris à un envol (ou survol ou contrevol) superbe, le petit chocolatier reçoit les reproches et les malédictions préalables de la femme de l'aviateur Ferrier. Et il ne s'aperçoit pas que Ginette, devenue femme à la mode, l'aime d'une reconnaissance éperdue qui est devenue passion pure et furieuse. Mais l'effroyable et caduc Mourmelon a vu la chose : il faut que Ginette lui appartienne ou il ruinera à blanc le coquebin Brizay. Ginette supplie et ricane : tant pis ! tant pis ! qu'elle réfléchisse ! Et le pauvre marchand de bonheur, ignorant ces affres, a en vain empêché Ferrier de voler ; on saccage ses pelouses, ses hangars ; la foule de ses invités le pille et le bafoue. Ferrier vole par honneur, pour soi, et se fracasse. Cri atroce, malédiction légitime de sa femme ! On le sauvera, mais déjà le petit chocolatier est atteint au cœur.

Et que sera-ce lorsqu'il verra l'odieux Barroy serrer dans ses bras la triste Monique ! Mais ce n'est pas ce qu'il croit. Monique est touchée, après une scène pénible, de savoir que les lettres anonymes n'étaient pas de ce Barroy qui vaut mieux que sa réputation. Mais alors ? Et on avait affirmé à René que Barroy était toujours l'amant de la vedette. Qui, on ? Mais Ginette, parbleu ! Ginette, désespérée de voir Brizay épouser une femme qu'elle croit indigne de lui ! Ginette, possédée de gratitude et d'un démon d'adoration ! Ginette, qui ne veut pas perdre son bienfaiteur, son sauveur, son dieu, et qui, dans la candeur perverse de son âge et de son être, a cru, elle aussi, faire le bien ! Elle le fera. Et comment ! Car, après s'être abîmée, après avoir reçu son pardon, ne croyant plus à rien et sans espoir, elle deviendra la maîtresse du hideux Mourmelon et sauvera René sans qu'il en sache rien.

Telle est la morale, un peu déconcertante, mais scénique et pathétique, de la pièce de M. Kistemaeckers. Peut-être aurait-il mieux valu voir le marchand de bonheur ruiné et achetant son bonheur à lui pour rien, dans la misère, avec Ginette. Mais c'est une autre histoire. La comédie du brillant et abondant auteur de *Lit de cabot*, des *Amants romanesques*, de *l'Instinct*, de *la Rivale* et d'*Aéropolis* a sa thèse, son éclat, son mouvement et ses applaudissements. Il y a des phrases bizarres, du style mou, mais au théâtre !...

L'interprétation est fort brillante. Aux côtés des vétérans glorieux et jeunes de la scène française, d'un Lérand, nerveux et ferme, goguenard et attendri, d'un Joffre (Mourmelon), catégorique, tyrannique et majestueusement sinistre, d'un Jean Dax (Barroy), cynique, menaçant, avantageux, au demeurant le meilleur fils du monde; de MM. Baron fils, Maurice Luguet, Brousse, Baud, Lecomte, Chanot, etc., etc., un débutant (ou presque), M. Edgar Becman, a fait sensation dans le personnage de René Brizay. Élégant et fin, plein de feu, de tact, de dédain et de noblesse, il tient de M. Le Bargy et de M. de Max : il en a la voix, le geste et un peu d'exotisme. Il ira loin.

C'est aussi une artiste peu connue jusqu'ici, Mlle Terka Lyon, qui incarne Monique Méran. Elle a de la grâce, de la sensibilité, une tenue harmonieuse et de la voix, Mme Marie Marcilly a de la sincérité, une tendresse vibrante, et pousse un admirable cri; Mmes Dherblay, Leduc, Berthe Fusier, Loriano et Isabelle Fusier sont pittoresques et charmantes ; enfin, dans le rôle disputé de Ginette, Mlle Lantelme a fait des prodiges. Désemparée, *gnangnan* et fataliste simplement sous ses loques du premier acte, amèrement triomphante, et se débattant rageusement, au *deux*, pantelante, accablée, désespérée au *trois*, elle a été d'une vérité éclatante, intense, humaine. Et quand, après s'être confessée, après avoir ramé des bras dans l'infini et le néant, elle a essuyé ses yeux à la fin et s'est résignée, presque gaminement, à l'étreinte sans joie, elle a symbolisé magnifiquement la vie, la vie médiocre et quotidienne qui remet, hélas ! le sublime au pas et qui répare, ric et rac, à la petite semaine, les merveilles inespérées et les mauvais miracles.

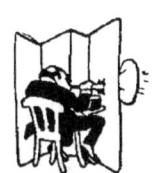

COMÉDIE-FRANÇAISE. — *Les Marionnettes*, comédie en quatre actes, en prose, de M. Pierre Wolff.

« L'homme s'agite et Dieu le mène. » La femme aussi. Mais ce n'est pas le Dieu de Bossuet, c'est le petit Dieu de M. Artus. Et la pièce de M. Pierre Wolff n'est pas aussi terrible que son titre — son titre nouveau — pouvait le faire craindre. Que tout ne soit, parmi les êtres vivants, qu'automatisme et inconscience, égoïsme, prétention et faiblesse, que tout soit représentation, parade et duperie, voilà une thèse philosophique connue et trop connue, et qui n'est pas très scénique : au théâtre, le déterminisme le plus convaincu se nomme fatalité.

En outre, comment prêter à l'auteur du *Ruisseau* une intention aussi désespérante ? Il a fait *le Secret de Polichinelle,* et non *les Polichinelles,* qu'Henry Becque a laissés pour jamais à l'état de reliques amères, frustes et grandes. Il a lâché, voici des temps déjà, son masque rosse pour un masque rose ; il n'est qu'attendrissement, indulgence, optimisme dans l'observation, jusque dans le trait et le *mot,* voire dans le pire parisianisme; il a réconcilié le boulevard et le bonheur, Montmartre et la morale, l'union libre et les vierges quadragénaires (en collaboration avec Gaston Leroux) ; il a accordé son pardon à la pire sottise (avec M. Courteline) ; il est, enfin, tout pathétique, tout sensible et tout aimant.

C'est dire qu'il prête à ses marionnetttes le pouvoir de se commander, de se diriger, l'une par l'autre, en zig-ziag, sous le pouvoir discrétionnaire de l'Amour, de la bonne fantaisie et de la douce raison, qu'il leur prête de la chair, du cœur et de l'âme, qu'il leur prête surtout le don des larmes, ce qui, bien mieux que le rire, est le propre de l'homme et de la femme, le don des larmes qui se communiquent et qui font communier les spectateurs et les acteurs, des larmes des cerfs aux abois, des biches en agonie, des larmes rédemptrices et triomphales. Car la comédie émouvante et émue de M. Pierre Wolff a été fort chaleureusement accueillie.

Elles sont, au reste, de très bonne compagnie, ses marionnettes, et du plus pur faubourg Saint-Germain. Jugez-en.

Sur le coup de ses trente-trois ans, le marquis Roger de Monclars a été condamné par sa noble mère à épouser, sous peine de mourir de faim, — il avait des dettes, — une jeune pensionnaire de province, empêtrée et gauche, Fernande. Léger, fat et un peu *mufle,* il ne pardonne pas à son épouse de lui avoir été uni par force : elle lui semble ambitieuse, insignifiante, odieuse. Il l'accable d'avanies et de dédains, lui expose, simplement, son dessein de la négliger comme un colis encombrant. Et la pauvre enfant ne pourrait que mourir de douleur si un ami inconnu, Pierre Vareine, ne lui permettait pas de se rappeler ses souvenirs de couvent, si, surtout, son oncle, M. de Ferney, entomologiste distingué (je vous avais dit il y a huit mois que ça se porterait beaucoup cet hiver, l'entomologiste), ne lui suggérait point, par l'exemple des insectes, la pensée de se rebiffer, de lutter, de conquérir l'époux rebelle.

Un mois a passé. Monclars est allé rejoindre une maîtresse, Mme de Jussy, à Montreux. Il est revenu. Il assiste, ce soir, à une fête terriblement mondaine, donnée par l'impénitent et délicieux Nizerolles, grand amant, enfant à cheveux gris et auteur de tragi-comédies pour marionnettes. On y joue, on y soupe, on y *puzzle*, on y farandole (si j'ose dire), on y *flirte* et on y médit. Au moment où l'on s'y attend le moins, voici venir Fernande de Monclars — mais quelle Fernande! Merveilleusement élégante, divinement habillée et diaboliquement dévêtue, un peu trop cynique pour être sincère, elle entre, séduit, règne. Son époux, scandalisé, est déjà pris. Mais il résiste. Elle résiste. Elle laisse Roger souper avec sa maîtresse. Elle se résigne elle-même à souper à la table du ténébreux Pierre Vareine. Seul, le bon oncle Ferney a deviné que sa nièce n'aime que son volage époux. Mais à quand l'aveu?... Et si l'on va trop loin...

Et l'on va trop loin. La passion légitime du marquis est exaspérée par l'indifférence de sa femme, et celle-ci se trouble dans son jeu. Heureusement, Vareine est fou et téléphone à Fernande, en pleine nuit, de venir le rejoindre: Roger qui revient à propos — parbleu! — entend tout, fracasse le téléphone, meurtrit sa femme, s'abandonne à sa douleur : tout est sauvé! Il méprisait l'épouse innocente, il adorera celle qu'il croit adultère, se reprochera son aveuglement, et sa furie même poussera sa flamme au paroxysme !

C'est l'affaire du quatrième acte, lorsque l'inépuisable Ferney aura rajusté aux mains tremblantes de la pure et repentante Fernande les fils du pantin Roger : elle ne cédera pas, acceptera les soupçons, la séparation, que sais-je ? et ce n'est que dans un baiser passionné et définitif qu'elle avouera, sans paroles, son amour et son pardon. Et l'oncle qui a tenu les ficelles laissera ces braves enfants à leur bonheur et retournera à d'autres hannetons, plus *nature*.

La philosophie gentille et immédiate de ce proverbe en quatre actes, sa psychologie simple et compliquée, son imagerie et sa musique — car on y danse et on y chante, — son entrain, son écriture appliquée, son émotion à la fois parisienne et à l'allemande — c'est la *gemütlichkeit*, dans toute sa séduction presque physique, — sa subtilité facile et morale, son babillage, ses morceaux de bravoure (il y a des tas de monologues et de couplets, d'*effets* et d'habiletés aimables), tout a charmé, avec des longueurs.

Georges Grand (Roger) y étale un détachement élégant, une impertinence, puis une fougue, un désespoir des plus véhéments; M. Alexandre (Pierre Vareine) y est sentimental avec tact et passionné avec férocité ; M. de Féraudy (Ferney) a une finesse toute ronde, toute aiguë toute providentielle, qui a rappelé M. Got, en mieux; MM. Paul Numa, Jacques de Féraudy et Lafon rivalisent d'élégance et de fantaisie;

M. Granval est fort comique, et Léon Bernard (Nizerolles) est tout à fait remarquable de jeunesse attiédie, de demi-résignation, de cordialité primesautière et mélancolique, d'âme, enfin.

Fernande, c'est Mlle Piérat, qui a été parfaite, qui a étonné, touché, séduit. Sa pudeur outragée, son impudeur malaisée, le combat de son pauvre cœur, son inélégance charmante, son élégance malgré soi triomphale, ses sourires, ses cris, ses larmes, tout est d'une grande artiste qui comprend, vibre et compose. Mlle Gabrielle Robinne (Mme de Jussy) est belle et harmonieuse à damner les saints; Mlle Maille est étincelante et superbe; Mlles Provost et Jane Faber sont éclatantes, et Mlle Fayolle a les malices et artifices d'une fée Carabosse très droite, très belle, et qui finit par avoir un cœur excellent.

Mais Pierre Wolff est un sorcier si humain qu'il n'a voulu dans sa pièce ni monstres ni héros... Des marionnettes en bleu et or, avec un rien de noir et, parfois, un soupçon d'auréole !...

27 octobre 1910.

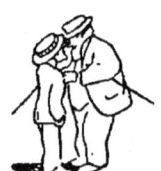

THÉATRE DE LA PORTE-SAINT-MARTIN. — *L'Aventurier*, pièce en quatre actes, de M. Alfred CAPUS.

Epique, héroïque, immense et légendaire, par nature et par définition, armé d'éperons et d'ailes, le mot *aventurier* a pris un caractère auguste depuis que, dans un discours que tout le monde n'a pas oublié, l'empereur d'Allemagne en a paré et sacré Napoléon le Grand. L'aventurier rêve et agit, combat et règne, fait des mondes, des océans, des civilisations et des morales à son image, à la mesure de son énergie et de sa volonté : il est pratique, lyrique, prédestiné, providentiel.

Dans l'aimable et émouvante pièce qui vient de triompher à la Porte-Saint-Martin, Alfred Capus ne nous a pas — est-il besoin de le dire ? — présenté son personnage sous tous les aspects que je viens de dénombrer. L'auteur de *la Veine* a du goût, de la modération et de la sobriété. Il laisse les tropiques et leur outrance au torrentueux Marinetti, abandonne l'horreur coloniale à François de Curel, qui nous donna cet admirable *Coup d'aile*, ne suit pas les conquistadors sur la galère d'or de José-Maria de Heredia et ne nous présente, enfin, son héros qu'en famille.

Car il entend prouver seulement que le miracle prend la figure qui lui chante, que les plus honnêtes gens ont besoin d'autres gens, que l'irrégularité et la fantaisie peuvent venir en aide aux choses les plus droites, les plus régulières et sauver la vertu même, que la force s'impose à la grâce, que le cœur crève la cuirasse — et c'est déjà bien. Ajouterai-je que la démonstration est faite avec autant de finesse que de maîtrise et que l'optimisme final, fatal et attendu, s'achète au prix de l'observation la plus piquante, la plus mélancolique et la plus savoureuse ? Mais contons.

Nos pères et grands-pères ont connu l'*oncle d'Amérique*. L'Aventurier, c'est *le neveu d'Afrique*. Il débarque chez son oncle Guéroy, non sans avoir été annoncé. C'est la honte de la famille. Il a fait des dettes, les 419 autres coups, que sais-je ? Il s'en est allé chez les nègres pour se refaire une autre vie, c'est-à-dire pour achever de crever. Et voilà-t-il pas que non seulement il n'est pas mort, mais encore qu'il tue des gens, qu'on parle de lui dans les journaux — et comment ! Il met en danger l'empire noir de la France ! Vous voyez la désolation de son brave oncle usinier de l'Isère, de son cousin Jacques Guéroy, sous-usinier et ancien vice-major de l'École polytechnique, de sa cousine Marthe Guéroy, etc.

Mais voici l'aventurier, Etienne Ranson, en bottes, en *sombrero*, en trique, moustachu, basané, cicatrisé. Accueilli avec une réserve certaine et une pointe d'effroi, il calme vite son brave homme d'oncle : il a payé avec intérêts tout ce qu'il devait dans le pays et donne au vieux Guéroy une quarantaine de mille francs dont il avait reçu partie. On l'invitera à déjeuner, mais pas aujourd'hui : on attend le préfet. Il se trouve que le préfet est l'ami d'enfance d'Etienne et qu'il a à lui parler. Il arrive que ledit Etienne raconte sa vie de découvreur de *placers* d'or, de chasseurs d'éléphants, de dénicheur de caoutchouc à sa cousine Marthe, à sa petite cousine Geneviève, sœur de Marthe, — et qui commence à l'intéresser. Et l'on est en famille.

L'intimité s'est resserrée, à Paris. Etienne, objet d'une interpellation, arrêté arbitrairement — nous sommes au théâtre — a fait tomber le ministère et est devenu une bête curieuse et une puissance, ce qui est tout un. En confiance, sa cousine Marthe lui fait une confidence : elle et son mari sont ruinés, l'usine de l'Isère perdue, si l'aventurier ne les sauve pas : on a perdu à la Bourse. Mais le brave Etienne a tout juste le pauvre petit million dont il est besoin — et il a été dur à gagner, si dur ! Il s'attendrit tout de même en se rappelant des souvenirs de jeunesse avec Marthe. Il s'attendrit tout à fait en s'apercevant, en avouant qu'il aime Geneviève, et se sacrifiera avec feu, mais, hélas ! n'apprend-il pas que cette Geneviève est fiancée au député André Varèze ! C'est

André Varèze qui a demandé et obtenu son arrestation à lui, Ranson ! Ça n'a pas d'importance ! Mais il ne veut pas donner son argent pour rien. Bonsoir ! bonsoir !

Et les événements s'aiguisent. Les Guéroy donnent une grande fête pour célébrer la chute d'un ministère ou la constitution d'un cabinet (ça se ressemble) et, entre temps, Jacques Guéroy va se tuer : il ne peut, en effet, rien demander à son père, qui ne sait rien et qui ne pourrait rien, en outre. Geneviève, qui a découvert la lettre d'adieux de son beau-frère, s'affole : il n'y a qu'un recours, Etienne Ranson. Et il ne vient pas ! L'heure passe... Mais il arrive, Etienne. Il reçoit le choc, dirai-je, en plein cœur ? Il se défend. Qu'a-t-on fait pour lui ? La famille ? Elle a été jolie pour lui, la famille ! On l'a laissé peiner et crever dix ans en pleine brousse ! On l'a méprisé ! On le reconnaît maintenant comme outil de réparation ! Alors, alors, la pauvre Geneviève finit par s'apercevoir qu'elle aime ce grand gaillard d'aventure et de hasard ! Elle le dit, à peine, à peine... Et Etienne, l'irrégulier, arrache des mains du régulier, du polytechnicien André, le revolver déjà armé !

Ce n'est pas fini. Il faut que Ranson force la porte de la famille, de la société, remonte le commerce et l'industrie de ses cousins. Ça se fait très gentiment. Le député Varèze se pique, renonce à la main de Geneviève, épousera une baronnette, Lucienne, et Etienne, vainqueur de tout et de tous, même de son oncle tyrannique, régnera sur l'Isère, sur toutes les usines et sur Geneviève.

Ce sec résumé ne peut donner une idée de la philosophie, de la fantaisie, du génie de formules et de mots de l'auteur. On le connaît. On le reconnaît ici, dans toute sa verve, dans la pire verdeur de son audacieuse moralité.

Il plaît et fait penser. Il fait sourire et pleurer. C'est gentil et profond.

C'est merveilleusement joué. Guitry (Etienne) est admirable de tenue, de gouaille, de faux cynisme, de vertu fière, d'attendrissement viril, de révolte, d'orgueil, de force, enfin ; Jean Coquelin (Guéroy) a une vanité, une pétulance, une bonhomie de premier ordre ; Signoret (Jacques) a le plus beau désespoir ; Pierre Magnier (Varèze) la plus belle importance, Juvenet la barbe la plus administrative et la plus élégante, MM. Mosnier, Angely, Person, etc., sont excellents.

Il faut louer Mme Gabrielle Dorziat, exquise de jeunesse, de fraîcheur, de grâce, d'émotion trouble et de tendresse dans le personnage de Geneviève ; Emilienne Dux, parfaite de tact, de sensibilité honnête et tragique sous les traits de Marthe ; Juliette Darcourt, baronne d'une élégance spirituelle, pointue, terrible ; Jeanne Desclos, ingénue avertie, volontaire, très nouvelle d'accent, de geste, de voix et de cœur ; Mmes Delys, Grési et Netter. C'est un ensemble délicieux.

Et la pièce de Capus, morale et hardie, familiale et narquoise, démolissante et reconstituante, classique et romantique, aura la plus belle carrière. N'oublions pas le décor de Jusseaume, qui nous montre un Dauphiné accidenté et des montagnes qui incitent aux montées, aux escalades, à l'aventure, enfin ! *4 novembre 1910.*

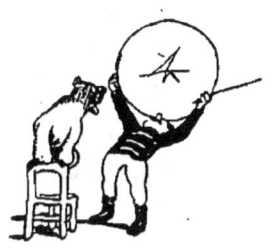

VAUDEVILLE. — *Montmartre*, comédie en quatre actes, de M. Pierre FRONDAIE.

Souvenirs d'enfance ! La butte sacrée ! le nombril du monde ! Mânes de Rodolphe Salis, de Mac Nab, de Jules Jouy, d'Albert Tinchant, de Brandimbourg, mânes du grand Allais et du bon Émile Goudeau, ne tressaillez-vous point à ce titre : *Montmartre ?* Mais ce n'est pas votre Montmartre de blague et de rêve, de poésie et de gaminerie, de folie philosophique et de sagesse outrancière, de beuverie ailée, de tabagie dansante, que M. Frondaie nous a amené au boulevard : il est terriblement jeune, M. Frondaie, et le Montmartre qu'il a connu est un pauvre Montmartre de vadrouille voyoute, de licence coloriée, de noce exotique, de délire et de *chahut* à goût américain.

Tel quel, il est encore hanté d'ombres lyriques puisque son air reste chargé d'effluves, de mystère, de charme et de séduction, puisqu'il inflige la nostalgie, qu'il attache, retient, appelle, qu'il consume, qu'il tyrannise. Peut-être y a-t-il, à la cantonade, un dialogue divin de Villiers de l'Isle Adam et de Charles Cros ; peut-être le rire de Louise France répond-il aux boutades de Marcelin Desboutins : en tout cas, nous sommes dans une atmosphère sursaturée d'électricité, d'un pouvoir secret et d'une force diabolique.

Nous sommes au Moulin-Rouge, côté jardin. Il y a là toutes ces dames et tous ces messieurs : on boit, on tâche à rire, on marche, on tâche à marcher, on fume, on s'offre. Des fredons de valses plus ou moins lentes viennent vous assaillir, des femmes font leur compte, des couples se forment, les gardes bâillent. Parmi les étoiles de libre-échange qui brillent en ce lieu, un astre — un astre noir — surpasse les autres en éclat et en fantaisie : c'est Marie-Claire, un peu tzigane, un peu panthère, très sauvageon et très *ohé ! ohé !* qui n'en veut faire qu'à sa tête — et à ses sens. Elle a un fort *pépin*, le *béguin* sérieux, le coup de cœur, quoi! pour un jeune croque-notes, Pierre Maréchal, qui est sentimental, poli et rive-gauche. Elle l'aime d'amour, mais ne veut pas quitter son cher Montmartre, toujours en fête et en trépidation. Il faut un emportement du musicien, fou de rage parce que cette troublante Marie-Claire s'est laissé présenter le grossier milliardaire Lagerce qu'il a connu au lycée, pour qu'il oblige cette grisette nouveau-siècle à quitter la Butte et à venir avec lui au bout du monde, de l'autre côté de la Seine, rue de Lille.

Les deux amants sont les êtres les plus heureux du monde : ils vivent dans la gêne la plus artiste et la plus cordiale, avec des compagnons choisis, le violoniste Parmain et son exquise femme Charlotte. Maréchal a fait un opéra superbe qui attend la gloire et la fortune. En attendant Marie-Claire s'ennuie. Charlotte Parmain est trop honnête, trop popote. Elle a invité, *en catimini*, deux anciennes compagnes de Montmartre qui, par la verdeur de leurs propos et leurs propositions non équivoques, mettent en fuite la vertueuse Charlotte et, par suite, son noble époux. Mais Pierre Maréchal n'a pas le temps de s'indigner : son vieil ami, le caricaturiste Tavernier, vient de lui apprendre que son opéra va être joué. Alors, c'est la joie, c'est la fête : on va aller sabler le champagne à Montmartre! à Montmartre! « Veine ! » rugit Marie-Claire. « Désolation ! » pleure Pierre. Lutte, glorification, excommunication de Montmartre. Marie-Claire y va. Pierre reste. Hélas !

Car Marie-Claire devient une grande cocotte, se laisse entretenir pontificalement par le hideux Lagerce — et nous la retrouvons à Ostende qui est un Montmartre d'été, sur la plage. Ce ne sont qu'élégances, diamants, perles, tziganes. Mais on apprend que Maréchal n'est pas loin, en plein triomphe. Marie-Claire veut le voir, le voit, est abreuvée de mépris par lui et sent qu'elle l'aime, qu'elle l'aime!... Elle le suivra malgré lui, d'autant qu'ils sont surpris, que l'odieux Lagerce accuse son ancien condisciple de faire un marché, de vouloir, avec sa maîtresse, ses parures et ses richesses. Alors, alors, Marie-Claire jette à la figure de son tyran un collier de perles d'un demi-million: cette rançon se brise; les hommes et les femmes se jettent sur les perles détachées : « Picorez les poules ! Voici des graines ! » crie la Montmartroise — et en route vers l'amour !...

Des années ont passé. Le Moulin-Rouge est toujours à sa place. Et Marie-Claire y est toujours. Elle n'a pu rester en ménage. Il lui a fallu les ailes du Moulin, la joie factice, la *vadrouille*. Le soir où Maréchal célèbre, décoré, vient par surprise et la revoit avec une émotion atroce, elle ne le reconnaît qu'à peine. Est-ce jeu ? Est-ce grandeur d'âme ? Est-ce désir de ne pas troubler une existence bourgeoise, et considérable ? N'insistons pas. Pierre pleure ; Marie-Claire rit. L'un travaillera et sera de l'Institut. L'autre fera la noce et mourra au ruisseau. *Tout va des mieux*, comme on disait là-haut, aux temps héroïques.

Espérons qu'il en sera de même pour la pièce de M. Frondaie. Elle est jeune et sincère, avec des formules, une profondeur parfois facile, du convenu et de l'attendu. Elle a des lenteurs et un rien de provincialisme, un lyrisme court et une sorte de moralité latente qui n'est pas désagréable. Il y a là-dedans du mouvement, du sang et de l'âme. Des décors d'Amable et Cioccari — sous le règne de Porel — font flamber les ailes rouges du Moulin et illuminent des halls et des promenoirs. C'est assez magnifique. Et, sans compter les figurants, il y a quarante artistes en pleine action. Louis Gauthier (Pierre Maréchal) a de la chaleur, de la douleur, de la noblesse; Lérand (Tavernier) a la plus belle sensibilité en peintre rosse, Jean Dax est un Lagerce de magistrale muflerie, Lacroix (Parmain) a de la distinction, Baron fils est très comique et MM. Brousse, Vertin, Baud, Faivre, etc., sont excellents. Il faut louer M. Ferré, qui dessine largement une excellente silhouette d'amant de cœur et M. Suarès qui a été fort joliment pittoresque et mélancolique sous le dolman bariolé d'un tzigane.

Ai-je à vous dire que dans le rôle de Marie-Claire, Polaire s'est surpassée ? Elle se surpasse toujours. Ça passera. Elle a eu de beaux couplets, de beaux gestes, une belle passion, une belle indifférence : c'est toujours le criquet, le friquet, la guêpe, le papillon, la libellule, le hanneton, la péri. Elle a été un peu femme : c'est beaucoup. Ellen Andrée a été tout à fait étonnante en vieille catin pratique : c'est un Goya, un Constantin Guys — et je ne sais de plus fol éloge. Mme Berthe Fusier a été joliment et finement inquiétante, amère et philosophe. Mme Lola Noyr est très plantureusement spirituelle et drôle, Mme Dherblay est joliment comique, Mmes Farna, Piernold, Sylvès, Géraldi, Loriano sont exquises et Mme Georgette Armand, dans un personnage de petite femme courageuse, artiste et honnête, a une grâce pudique, un dégoût strict et un tact, voire une harmonie qui font le pont entre ce Montmartre de crime et de prédestination et le boulevard où, comme on sait, règnent l'ordre et la vertu. Et c'est délicieux.

24 novembre 1910.

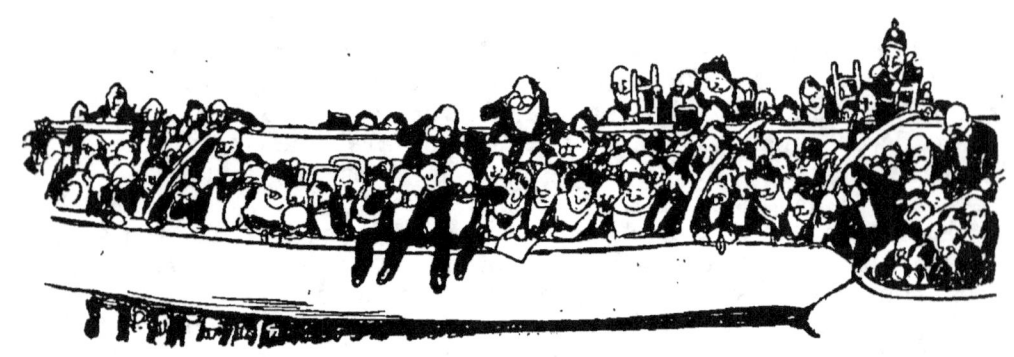

THÉATRE DES ARTS. — *Le Carnaval des Enfants*, pièce en trois actes, de M. Saint-Georges de Bouhélier.

C'est « la Morte du mardi gras ». Des masques, des souquenilles, des flonflons courent et se traînent autour d'une agonie — et les âmes sont déguisées aussi, les cœurs *itou*. La chose se passe dans la boutique et l'arrière-boutique d'une pauvre lingère : c'est la poétique violente, le pathétique brutal de M. Saint-Georges de Bouhélier. On connaît le génie précipité, tumultueux et bouillonnant de l'auteur du *Roi sans couronne*, de *Tragédie royale* et de *la Victoire* : il aime noyer la suprême noblesse dans la plus minable trivialité et inversement; il aime d'amour la détresse et la maladie, le hoquet, le sanglot, le soupir — et cela ne laisse pas d'être angoissant, puissant, vivant. Tranchons le mot : en passant par Tolstoï, Ibsen et Mæterlinck, Bouhélier s'affirme le Shakespeare des Batignolles.

Le drame symbolique, populaire et funambulesque que, pour sa prise de possession du théâtre des Arts, enrichi et embelli, M. Jacques Rouché a monté dans des décors simples et nobles de Maxime Dethomas et avec une singulière recherche de discrétion et de demi-obscurité, ce drame, donc, immense et intime, atroce et poignant, qui fait râler et penser, nous offre l'ultime calvaire de l'infortunée Céline. Elle est couchée dans l'alcôve vitrée de son magasin, cependant que sa fille aînée, l'adolescente Hélène, se laisse conter fleurette par le maître d'études Marcel, que sa fille cadette Lie tâche à jouer, que l'oncle Anthime geint et qu'il annonce que, en présence des troubles cardiaques de la malade et de la misère de la maison, il a fait appel aux deux vieilles sœurs de la lingère. Elles arrivent lentement, pauvres, provinciales, et sinistres. Et quand elles sont là, la pauvre alitée clame : « Je ne veux pas les voir ! Je ne veux pas les voir ! »

Comme elle a raison, la malheureuse ! Car il advient qu'elle va mieux, qu'elle peut causer gentiment avec le voisin Masurel et qu'elle veut rire même de son costume de Pierrot. Mais, à côté, des ombres familiales s'agitent. Les sœurs Bertha et Thérèse ont révélé au coquebin Marcel que la jeunesse de Céline n'a pas été sans reproche, qu'elle est fille-mère et que ses deux filles n'ont pas le même papa. Horreur et désolation ! Céline agonit de reproches ces austères harpies, mais, hélas ! Marcel est ébranlé : il abandonne la dolente Hélène qui repousse sa mère mourante : le fiancé lui tient plus à cœur que l'auteur de ses tristes jours. Alors, la martyre montre qu'elle est belle encore, se dépoitraille, proclame le droit à l'amour et à la vie, se lève pour prouver son dire et, comme de juste, tombe roide pour ne se relever point.

Et le troisième acte nous présente tout l'arsenal des désolations : Hélène se désespère de n'avoir pas été assez tendre avec sa mère défunte, la petite Lie veut la rejoindre au ciel, un garçon boucher s'attriste de n'être pas payé ; l'oncle Anthime se lamente d'être dérangé par des masques ; les tantes Bertha et Thérèse ne peuvent se consoler de n'avoir pas assez torturé leur sœur décédée. Et la jeune Hélène s'en va avec le jeune Marcel enfin reconquis : la triste histoire de sa mère recommencera. Et Lie en fera autant quand elle sera grande. Et les tantes seront aussi méchantes. Et l'oncle boira — car il boit. Et les masques feront de la musique. Et c'est terrible, profond, puéril comme les choses éternelles, mieux qu'honorable et pas définitif, pour parler la langue des cénacles.

Mlle Véra Sergine a été admirable dans le rôle de Céline : elle a des gestes de souffrance, d'amour maternel, d'amour tout court absolument déchirants, un orgueil de chair mourante très beau et une mort merveilleusement brusque. Mlle Cécile Guyon s'est révélée dans le personnage d'Hélène avec une passion, une horreur et un repentir, un désir de vie saisissants ; les tantes, Gina Barbieri et Mady Berry, sont parfaitement effroyables, et cette vieille cabotine de Mona Gondré, qui a bien douze ans, est merveilleuse d'émotion, d'inconscience et de métier — déjà ! M. Durec (Anthime) est fort pathétique et varié, M. Dullin (Masurel) a du sentiment, M. Gaston Mars (Marcel) a de la chaleur, la jeune Choquet a de la drôlerie, et les masques (où nous retrouvons Manon Loti) font un joli défilé d'épouvante.

30 novembre 1910.

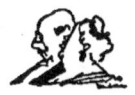

THÉATRE DE L'ATHÉNÉE. — *Les Bleus de l'amour*, comédie en trois actes, de M. Romain Coolus.

C'est un succès de gaieté, d'émotion amusée et furtive, de jeunesse et de claire philosophie, de vie, enfin, qui se contient, qui éclate et qui finit par triompher — avec la pièce.

La nouvelle comédie de M. Coolus est toute militaire : *les Bleus de l'amour*, ce ne sont pas les chocs et autres *gnons* que nous recevons du petit Dieu, ce sont bel et bien les conscrits, voire même les inconscients réfractaires de la grande armée du Pays de Tendre, les jeunes gens qui pratiquent l'imitation de Jeanne d'Arc et qui, comme Stéphane Mallarmé le disait :

Aiment l'horreur d'être vierges...

Vous savez qu'à l'Athénée ça ne dure pas : *la Cornette*, de M. et Mlle Ferrier, consentait elle-même à l'hymen. Mais contons.

Dans son château des bords de la Loire, la comtesse de Simières, quinquagénaire pétulante et éclatante, débordant de sang, de tendresse, de fierté, la comtesse de Simière, donc, n'est pas heureuse. Depuis des années, elle doit unir sa nièce chérie Emmeline à son bon neveu Bertrand, et ce Bertrand-là n'aime que ses chiens, ses chasses, ses terres et ses bois : il est digne de toutes les fleurs, de tous les orangers, et, sans avoir prononcé de vœux, ne veut pas démordre de sa pureté rustaude. Il faut le déniaiser, — et ce n'est pas facile! Heureusement, voici venir un autre neveu, le fêtard Gaspard de Phalines, qui a besoin d'argent. Ce brillant mauvais sujet s'est marié en Amérique, a plaqué sa femme de l'Ohio, et fait si irréductiblement la noce qu'il initiera bien l'Hippolyte tourangeau aux finesses des bars parisiens et au contact des nymphes de Montmartre. Après, ça ira tout seul. Mais, précisément, ce Gaspard de la nuit ou des nuits a tout ce qu'il faut dans son auto : un ami et une actrice. On fera passer l'actrice pour la femme de l'ami, on les invitera à déjeuner, Bertrand s'allumera sur la jeune enfant, et, une fois la flamme allumée...

Il arrive que Bertrand est de plus en plus froid; que celui qui s'allume, c'est le jeune fils d'un président de cour plébéien qui rêve d'unir ce rejeton à la noble famille des Simières-Phalines ; que la douce Emmeline, ingénument, délicieusement, avoue à son cousin, le méchant Gaspard, qu'elle aimerait plutôt un homme dans son genre que tout autre homme, que Gaspard s'énerve de cette confidence, qu'il se laisse embrasser par une camériste et l'actrice précitée et que, de dépit, la furieuse et fiévreuse Emmeline sonne la cloche pour annoncer qu'elle épouse n'importe qui, le nommé Alfred Brunin, fils du président précité.

Mais ce coquebin fuit avec l'actrice qu'il prend pour une femme mariée : la bonne comtesse enverra Bertrand, qui se repent de son indifférence, se préparer un peu à Paris. Non ! Gaspard s'est interrogé et a laissé parler son cœur; il sait qu'il aime sa cousine, mais il n'est pas digne d'elle ; il a *soupé* de la fête. Il fera une fin, tout seul. Et l'excellente tante Simières s'aperçoit que sa nièce aime Gaspard. Horreur ! il est marié ! Et on ne divorce pas dans sa maison. Il n'est pas marié. Il n'a jamais été marié. Il n'y a pas d'Ohio, pas d'Amérique. Gaspard épousera Emmeline qui a tout entendu — et ils feront un tas d'enfants !

J'ai dit que cette comédie, parfois un peu bondissante, un peu lente, cordiale, touchante, gaie, a eu un succès sincère et profond qui tiendra longtemps. Elle a des grâces classiques, rappelle Labiche et La Fontaine (*le Carnaval d'un merle blanc* et *la Coupe enchantée*) et certains contes de Théodore de Banville. Et il y a un entrain terrible.

C'est Augustine Leriche qui mène l'affaire tambour battant, fanfare en tête. C'est une femme-orchestre. Elle est toute action, toute frénésie, tout rire, toute éloquence, tout cœur : on a acclamé la comtesse de Simières. Alice Nory (Emmeline) est délicieuse de charme, de colère, de jeunesse et de vérité et s'habille comme les Hermengarde de légende ; Andrée Barelly a de la finesse et de l'accent dans un rôle de cabotine stupide, et Maud Gauthier est la plus aguichante des caméristes passionnées.

M. Victor Boucher (Gaspard) est parfait d'aisance, de mélancolie, d'élégance et de séduction désabusée. Cazalis est un Bertrand impayable de rustauderie gentille ; Gandéra est un jeune robin très snob, très incandescent et très enveloppant ; M. Gallet est un intendant magnifiquement barbu et d'une conscience plus magnifique ; M. Térof est un président fort comique. M. Rolley est très amusant et M. Borderie fort correct. Il faut mettre au tableau le chien Jupiter qui sait ne pas aboyer et les décors de MM. Fournery et Deshayes qui nous font admirer un château à peu près historique et des bords de Loire peuplés et égayés de soleil.

C'est un succès habillé, historié, simple et lumineux.

11 décembre 1910.

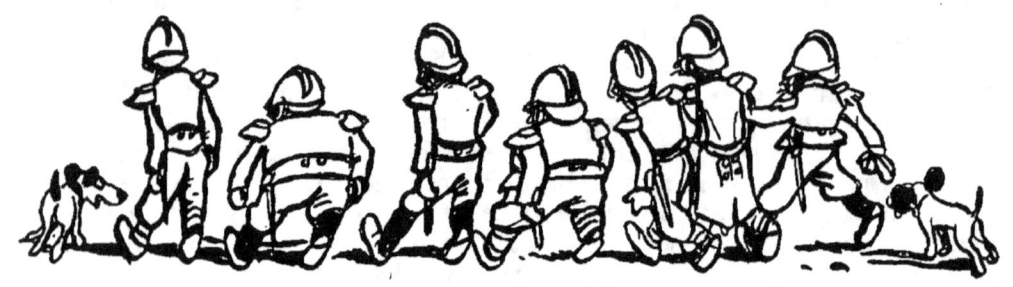

THÉATRE NATIONAL DE L'ODÉON (*Matinées du samedi*). —
Les Affranchis, pièce inédite en trois actes, en prose, de Mlle Marie Lenéru.

C'est très beau. C'est très dur. C'est un drame immense et intime, moderne et éternel, où le duel entre la pensée et la chair, entre la volonté et le désir, entre la philosophie et le besoin prend toute sa rigueur, toute son horreur, toute sa misère : proprement, c'est *Grandeur et Servitude humaines*. Nous connaissons, au *Journal*, Mlle Marie Lenéru : c'est ici même que, à la suite du concours littéraire de 1908, a été publié cet étrange et inoubliable poème en prose *la Vivante*, et il faut louer, avec l'ombre tutélaire de notre pauvre et grand Catulle Mendès, Mme Rachilde, Fernand Gregh, et *la Vie heureuse*, qui imposèrent, sous le consulat dévoué d'André Antoine, cette œuvre implacable et frémissante à un public parisien. Il faut louer aussi le public — ou l'élite — qui a applaudi, non sans la plus noble émotion, ce théorème enthousiaste et déchirant, cette démonstration lyrique et désenchantée.

Il s'agit de l'histoire d'un surhomme et d'une petite fille. Le surhomme, Philippe Alquier, professeur illustre en Sorbonne, ne croit à rien, nie la vertu, gourmande seulement sa vertueuse femme de n'avoir pas assez de coquetterie, se soucie peu de ses enfants, se moque de l'opinion publique en accueillant sous son toit sa belle-sœur, abbesse toute-puissante des Cisterciennes, chassée par les lois scélérates, lui, athée et amoral — et voici que soudain, sur le coup de sa quarante-cinquième année, il est forcenément troublé par l'arrivée d'une petite novice de l'abbesse, la toute jeune Hélène.

Il l'enseigne, elle le saisit : à ce jeune esprit ignorant et tout possédé de Dieu et de la règle il révèle le monde, l'univers, la science (nous sommes au théâtre, ça va vite et sans preuves) ; quant à elle, elle n'a que son âme, son feu, sa fièvre, sa jeunesse qui consument l'ascète.

L'abbesse est, après des siècles, l'héritière de cette abbesse de Fontevrault qui traduisit si galamment le terrible *Banquet* de Platon, mais Mlle Lenéru l'a lu de plus près ce livre sublime et presque infâme : entre la pure Hélène et l'effroyable Philippe il y a un appel d'âme et un appel de corps, et, selon la fable et l'expression du philosophe antique, ce sont les deux moitiés du même être qui se veulent rassembler, qui se cherchent et qui se trouvent.

Ils ont beau lutter, ces deux êtres: celui qui a été tout esprit et qui n'a fait œuvre de chair que physiquement, celle qui n'a respiré que l'encens, suivi que la plus stricte observance et qui a adoré sans jamais penser. Il l'a convertie et presque pervertie : elle n'est plus vierge que de corps. Et, après s'être refusés l'un à l'autre, successivement, pour les autres, pour les principes, pour leurs sentiments les plus secrets, les voilà qui sont à l'image l'un de l'autre, *affranchis* de tout, foulant aux pieds famille, religion, devoir. Mais ils sont trop pareils : c'est, décidément, trop la moitié l'un de l'autre, la jeunesse qui vient rejoindre la gloire et l'expérience et lui infuser une âme neuve. C'est trop beau ! L'humanité, sous les espèces de Dieu, sous l'habit de l'abbesse, sépare et désunit cette perfection : le devoir, l'étroit devoir terrestre ramènera le professeur à ses élèves, à son épouse, ramènera la nonne à ses œuvres, à la Terre sainte, aux lépreux. C'est le sacrifice : il n'y a pas d'*affranchis*, il n'y a que des esclaves, esclaves du doute, esclaves de l'idéal — et les plus hautes pensées ne nous défendent pas des pires misères. Voilà la conclusion odéonienne, mais je m'en tiens à mon sens platonicien.

J'ai dit combien cette pathétique, haute et profonde illustration, ce style lointain et nerveux, la grandeur de la pensée avaient touché et frappé. L'œuvre est magnifiquement et héroïquement servie par Desjardins (Philippe), serein et torturé, par le fougueux Joubé et le loyal et sage Desfontaines. Mme Gilda Darthy (l'abbesse) a de la majesté et de la férocité. Mlle Sylvie est admirable d'attitudes et d'émotion contenue ; Mlle Ventura (Hélène) est douloureuse et résignée à souhait ; Mme Guiraud est sympathique, Mme Osborne élégante et bien disante, Mlle de France fort simplement puérile.

Et cette tragédie pensante et spontanée, qui s'apparente aux plus sévères chefs-d'œuvre, nous pénètre pour son auteur, qui, comme on sait, n'a pas tous les trésors de la vie et qui, dans une méditation passionnée et décuplée, mêle l'existence, le rêve, le possible et l'impossible. Cette féerie réaliste, condensée, amère, éloquente et algébrique nous emplit donc, pour Mlle Marie Lenéru, d'une pitié sombre et magnifique, où s'inscrit la plus stricte admiration et la plus radieuse envie !

12 décembre 1910.

GYMNASE. — *La Fugitive,* pièce en quatre actes, de M. André Picard.

C'est *la Course du flambeau,* à quelques étages au-dessous. Ce serait même *la Course de la chandelle,* tant il est question de voluptés réelles et solides, maternelles et filiales, si la sensibilité délicate et inquiète, le scrupule incessant, la nuance artiste et morale de M. André Picard n'avaient pas enveloppé cette aventure d'une atmosphère d'émotion, de noblesse, de bataille et de sacrifice, voire d'héroïsme. Et on a été touché et l'on a applaudi.

Sachez donc que, après avoir lutté pour ses filles, et après les avoir casées, Marthe Journand, quadragénaire peut-être, mais fort belle encore et le cœur vibrant d'avoir été si longtemps contenu, se laisse aller à des idées de vagabondage à deux, de tourisme idyllique et élégiaque : un archéologue costaud, Georges Mariaud, veut lui enseigner, sur place, l'emplacement des Pyramides, les distances des cataractes et les dissemblances des scarabées : en route pour l'Égypte ! Mais, veuve depuis des temps, elle n'est pas libre : elle est esclave de ses enfants, sinon de son âge. Aimer, maman ! êtes-vous folle ? Et nous ? M. de Faramond a traité âprement ce sujet dans *le Mauvais Grain.* M. Picard est moins rustique ; il est aussi cruel. Car l'une des filles de Marthe a épousé le notaire Léon Ourier, qui n'est pas poétique. Elle accepte les hommages et les doléances du jeune prodigue Edmond Danver, dont son croque-notes d'époux est conseil judiciaire.

Et, lorsque Marthe revient du pays des Pharaons et de Mariette-bey, lorsqu'elle demande des explications à sa descendante, l'aimable enfant lui dit : « J'aime. Tu aimes. Nous aimons. » Et la veuve Journand aime tant l'amour qu'elle protège — ou presque — les galanteries de M. Danver.

Mais ce gentilhomme fait des bêtises, et le tabellion Léon en a assez. Il sait, et ne veut pas en savoir davantage. Froid, mesuré, tâtillon, il a un cœur. Il aime sa femme. Il demande à sa belle-mère qu'il appelle mère, d'être son alliée. Hélas ! a-t-elle l'autorité morale d'interdire à sa fille ce qu'elle se permet ? Elle est libre, soit ! Mais, n'appartient-elle pas à sa nouvelle famille ? Douairière sans douaire, en se donnant à quelqu'un, elle est adultère à son passé, à son présent, à son futur. Elle n'existe plus. Elle a trahi ses devoirs en ne surveillant pas son enfant, en se donnant du bon temps, quand elle ne devait plus qu'être duègne et *camerara mayor*. Et l'amoureuse Marthe courbe la tête, ne la relève que pour arracher Antoinette à son indigne soupirant. Et puisqu'elle doit donner l'exemple, elle le donnera !

Elle le donne, non sans en être priée. Les Ourier sont en Suisse et Antoinette va être maman. On adjure la pauvre Marthe de se résigner à son rôle de grand'mère. Elle est encore toute chaude d'amour, toute frémissante d'aspirations et de désirs. Le bonheur est à la porte, sûr et durable. Elle hésite. Un appel de son amant l'emporte, mais un cri — qui n'est peut-être pas sincère — de sa fille la rappelle. Elle a abdiqué. Elle est esclave, elle est finie !

J'ai dit le succès de cette pièce sympathique et d'écriture distinguée. On y a acclamé la sincérité, la vérité, le naturel, la pétulance, l'émotion de cette grande artiste qu'est Jeanne Cheirel, l'égoïsme agréable et joli d'Yvonne de Bray, les charmes et l'élégance de Mmes Marthe Barthe, Frévalles, Fleurie, Louise Marquet, Alice Walser et Blanche Guy, l'autorité passionnée de M. Claude Garry, l'émotion de M. Gaston Dubosc, la désinvolture de M. Charles Dechamps ; et MM. Arvel, Berthault, Labrousse, Dieudonné et Laferrière sont excellents. Des décors honorables de M. Amable rehaussent la qualité de cette pièce morale et grave qui ne peut désespérer que les dames ayant dépassé l'âge canonique. Mais, tant que la bulle *Quam singulari* ne se sera pas prononcée sur cette question, les mères pourront mener leurs filles au Gymnase avec confiance. Et qu'elles se remarient, légalement, après les avoir mariées. Elles auront la paix — et nous aussi.

13 décembre 1910.

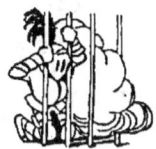

THÉATRE ANTOINE-GÉMIER. — *La Femme et le Pantin*, pièce en quatre actes et cinq tableaux, de MM. Pierre Louys et Pierre Frondaie.

M. Pierre Louys est un écrivain magnifique, et c'est ici même, je crois, que parut ce petit chef-d'œuvre de sensualité rêvante et de sadisme alangui qu'est *la Femme et le Pantin*. C'était au temps où l'on n'abusait pas de toutes les Espagnes, où Séville avait du lointain, Cadix du mystère, où Barrès seul régnait sur Tolède et où le Greco n'était pas tombé dans le domaine public. L'adaptation de cette tragédie muette par M. Frondaie a de la grâce et du pathétique, et a fort bien réussi. Vous connaissez l'aventure. Un don Juan un peu las, don Mateo Diaz, quitte sa maîtresse, la belle Bianca Romani, pour une petite cigarière de Séville, Concha Perez, qui l'a séduit en chantant et en raillant une pauvre gitane qui ne dansait pas assez bien à son gré ; elle lui a paru piquante et il va voir comme elle est cruelle !

Et cependant elle l'aime ! Mais elle est si fière de son petit corps, de son petit cœur, de son âme libre ! Elle veut se donner d'elle-même, toute. Elle désespère l'infortunée Bianca, et, quand elle s'est promise à Mateo, elle s'en va, s'en va parce que cet homme riche a donné de l'argent à sa mère et a semblé l'acheter ! Horreur !

C'est à Cadix que l'ex-don Juan la retrouve, dansant pour vivre dans une guinguette à matelots et donnant des répétitions assez dévêtues pour des touristes anglais. Mateo écume de rage et de jalousie brise la porte, chasse les clients, mais la petite ballerine le bafoue et l'accable : elle est vierge. On peut être vierge et nue, tout de même ! Et l'autre reste tout bête.

Il a pu, grâce à Dieu ! la retirer de son bastringue et la mettre dans ses meubles, voire lui louer ou lui acheter un bel hôtel avec une grille. Le soir de la prise de possession, Concha, selon son habitude, déclare forfait, se fait embrasser furieusement par l'éphèbe Morenito, et le lamentable Mateo Diaz, nargué et enragé, s'abat comme une masse, pantin lourd et cassé, devant la grille symbolique, dans un passage de masques.

Mais le pantin a du ressort : lorsque Concha vient le relancer chez lui et lui cracher de nouveaux sarcasmes, il commence par où il aurait dû commencer, la roue de coups, la laisse pâmée et ravie ; elle est à lui, plus vierge que jamais, et à jamais pantelante et soumise.

Il n'y a pas un abîme trop grand entre le style somptueux, les descriptions merveilleuses de Louys et les réalisations toujours un peu brutales des décors et de la mise en scène. Le drame est réel — et fort bien joué. M. Gémier est un Mateo très convaincu, très vibrant ; il n'est pas joli, joli, mais il sait être très pantin. Il se souvient d'avoir joué *Ubu roi*. MM. Rouyer, Saillard, Lluis, Marchal, Piéray, Dumont sont aimables, violents, caressants, excellents.

Mme Dermoz a de l'abatage, du *chic*, de l'émotion ; Mme Bade a de la bonhomie, Jeanne Fusier a de la fantaisie, Zerka de la diablerie ; Mmes Miranda, Noizeux, Batia, etc., sont exquises. Mais l'événement, ce devait être, ça été Régina Badet. Le rôle de Concha, très convoité, comme on sait, lui a été donné par droit de conquête. Elle a été tout à fait jeune, tout à fait désintéressée, tout orgueil et toute fantaisie, comme une pigeonne, comme un cabri ; elle a chanté, miaulé, parlé, dansé en ange et en démon, a dévoilé des trésors de lis et de rose, de candeur et d'agilité ; elle a été l'aile et le poignard, le poison et la rose. Et il ne faut pas oublier, en cette Espagne, la guitare de M. Amalio Cuenca, qui fait des prodiges et qui nous amène un peu du pays de Zuloaga et de Perez Galdos. *18 décembre 1910.*

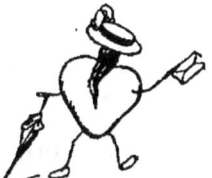

THÉATRE SARAH-BERNHARDT. — *Les Noces de Panurge*, pièce en cinq actes et six tableaux, en vers, de MM. Eugène et Édouard ADENIS.

C'est tout gentil, tout aimable et tout frais. Et le théâtre a fait les plus grands frais pour nous offrir un spectacle admirable. On rit au carrefour, on rit à table, on rit du juge et l'on rit du sergent. Vous me direz que c'est assez facile. Vous me direz... mais vous m'en direz tant que j'aime mieux noter, en codicille, qu'on rit partout, voire dans un couvent.

Ce n'est pas tout Rabelais. Ce n'est pas tout Panurge. Nous verrons, cet hiver, le *Pantagruel* débordant du regretté Jarry et de Claude Terrasse. Les frères Adenis, qui sont les plus sympathiques des frères, n'ont pas eu l'ambition de mettre à la scène la moelle, les images, les symboles, les mystères, les indécences et les amphigouris de l'inextricable philosophe de *Gargantua*. Ils ont fait du pantagruélisme sans Pantagruel. Et leur Panurge est si gentil, si bénin, qu'il est à croquer.

C'est un bon escholier qui raille à peine les Sorbonnards et les archers, qui ne fuit sur les toits que pour le plaisir, qui hésite à épouser avec la plus gaillarde cabaretière, le cabaret le plus achalandé, et qui n'est pas loin de s'attendrir lorsqu'il s'aperçoit que la jeune pucelle qui vient de le sauver de la prison et de la hart, n'est autre qu'une certaine Bachelette, avec laquelle jadis il joua, enfantelet, aux abords de la Loire dorée. Mais voici que des amis, le lettré Rondibilis et l'ymagier Cahuzac, lui apportent le redoutable arrêt de je ne sais quelle sorcière : il sera cocu ! Il fuira toutes les femmes : adieu ! adieu !

Mais il reste les farces : il s'agit de permettre au noble parrain de

Bachelette, le seigneur de Basché, de battre et martyriser l'huissier Chicanou, au nom des coutumes des noces tourangelles, où l'on brime les invités : rien de plus simple ! Panurge fera semblant d'épouser Bachelette ! L'huissier sera terriblement fustigé ! Et de rire !

Et les noces se font. Cortège merveilleux et comique ! Entrées truculentes ! Mais ne voilà-t-il pas qu'un vrai prêtre, ennemi de Panurge, s'est substitué au faux desservant, et que le mariage est valable et excellent ? Cependant que le Chicanou est rossé, la gente Bachelette et le sournois Panurge vont prendre, en une demi-teinte d'émotion, leur parti de leur délice, lorsqu'une dernière crainte chasse le sinistre époux de son plaisir légal. Une épouse ! Oh ! oh ! Cocu ! Ah ! ah !

Réfugié dans un monastère franciscain, battu et content, satisfaisant à sa goinfrerie, il est rejoint par un moinillon qui n'est autre que Bachelette, et, ne boudant plus contre son cœur, il revient à Paris, empêche son épousée d'obtenir l'annulation de son mariage, est heureux envers et contre tous et nous invite à en faire autant.

Cela ne se passe pas sans défilés, costumes, ânes, chevaux, litières, fontaines et autres splendeurs. Les vers ne cassent rien, mais ont leur mérite et leur sincérité. C'est très plaisant, très vivant, très allant.

Distribuons des palmes et des couronnes à M. Krauss (Basché), qui a de la rondeur et de la fureur ; à MM. Chameroy, Térestri, Duard, Darsay, Philippe Damorès, Cintract, Bussières et Degui, etc., etc. — ils sont cinquante — qui sont épiques, violents et hilares ; à M. Maxime Léry, qui est un Chicanou de vitrail burlesque ; à Mlle Andrée Pascal, qui est exquise d'ingénuité délicieuse en Bachelette; à Mlle Cerda, qui a des formes et de l'accent ; à Mmes Lacroix, Alisson, Prévost, Marion — elles sont mille — qui sont charmantes; à Mlle Sohège qui est le plus divin patronnet, et enfin à M. Félix Galipaux (Panurge), qui est étonnant de verve, de prestesse, de pétulance, qui, jusqu'à l'âge de Mastuvusalem, aura quinze ans, et qui, à son génie d'acrobate, joint une jeunesse de sentiment et un brio éblouissants.

Les décors de MM. Bertin, Amable et Cioccari, les costumes, tout donne à cette illustration en marge de Rabelais une note chatoyante qui va de Robida à Henri Pille et ressemble à un éternel ballet. Et l'on a applaudi fort légitimement.   *21 décembre 1910.*

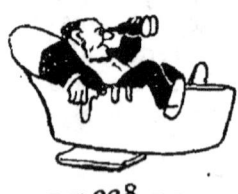

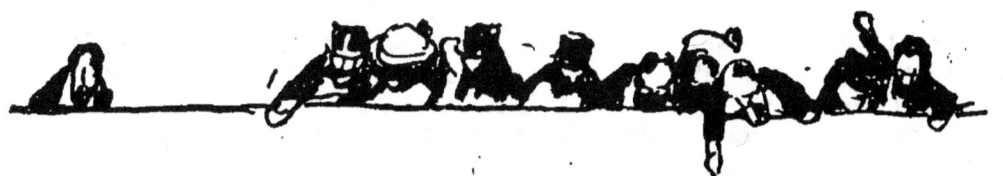

THÉATRE NATIONAL DE L'ODÉON. — *Roméo et Juliette*, drame en deux parties et vingt-quatre tableaux, de William SHAKSPEARE, traduction intégrale de M. Louis DE GRAMONT.

Nous n'avons pas vu Footitt. Ces temps-ci, c'était toute la question de l'Odéon, tout Antoine et tout Shakspeare. Le grand effort littéraire de Louis de Gramont, l'immense effort artistique d'André Antoine, la tragique suavité de l'œuvre du grand Will, tout disparaissait derrière l'aube du clown national et international. Eh bien ! nous n'avons pas vu Footitt.

Avons-nous vu *Roméo et Juliette* ? La traduction intégrale, hélas ! en vers plus ou moins blancs, la mise en scène merveilleuse, les costumes éclatants, les décors ingénieux et beaux, les accords, la furie, la tristesse, la passion douloureuse du grand Berlioz, interprétées par l'orchestre Colonne avec l'harmonieux Gabriel Pierné, c'est d'une conscience, d'un ordre, d'une succession sans pitié. C'est beau à en mourir, avec les héros — et c'est assez écrasant. Je ne ferai pas l'injure aux lecteurs de ce journal de leur conter la touchante et atroce histoire de Juliette Capoletta et de Romeo Monteccio. Ces deux victimes des haines de leurs familles et de leur propre amour vivent dans tous les cœurs, cependant que leur tombeau de Vérone attire les touristes et les amants. Gramont a mis tous ses soins à rendre la fièvre, la férocité, la sauvagerie de l'époque moyenâgeuse à travers ce voyant et cet ignorant de Shakspeare, la fougue de Roméo, bravant les pires rancunes pour venir, sous un masque, à la fête de ses ennemis, tuant, malgré lui, le cousin de sa secrète fiancée, Tybalt, sauvage adolescent, sauvage amoureux, sauvage exilé — et M. Romuald Joubé a été plus sauvage que nature, électrique de jeunesse et de passion, romantique jusqu'à l'épilepsie. Juliette, elle aussi — c'est Mlle Ventura — a du sang, de la fureur, un peu plus d'extase que d'innocence, d'extase passionnée et gourmande : c'est que si, dans le texte, elle n'a que quatorze ans, elle sait qu'elle mourra jeune et veut cueillir son seul jour et sa seule nuit. Mais le duo d'amour à la fenêtre, mutin, câlin, enfantin, forcené et infini, le duo du lit, au matin, enragé et prédestiné, les entretiens avec frère Laurence où la magie et la mort viennent faire leur partie, la soif de mort pour le délice sans fin et la course au suicide, parmi le meurtre, ont toute leur puissance, leur grâce et jusques à leur naïveté grandiose et précipitée.

La nouveauté, c'est autour de cette intimité traversée, un incessant mouvement de décors pourtant monotones, une vie, enfin, qui s'agite et se consume.

C'est poignant, historique, légendaire, effroyable. Aux côtés des protagonistes, hissons sur le pavois la truculente, grésillante et pourpre Barjac, nourrice épique, l'aiguë Kerwich et la dolente Barsange, le noble Grétillat, le très noble Flateau, le bon Desfontaines, l'horrifique Person-Dumaine, le hideux Denis d'Inès, l'auguste Chambreuil, le galant Vargas et le délicieux Maupré. Gay a de la rondeur et Desjardins, qui s'est voué à représenter les grands hommes, a, à peu près, la tête de Shakspeare. Et, à défaut de Footitt, le jeune Stéphen a été funambulesque un peu plus que de raison.

Souhaitons le pire triomphe à ce spectacle habillé, paré, réaliste, fantastique, rythmique et caressant dans la terreur. Mais, à force d'avaler du Shakspeare *intégral*, ne finira-t-on pas, hélas ! à partager l'opinion de cette vieille canaille de Voltaire qui, après avoir inventé — ou presque — le grand Will, finit par en avoir assez, presque jusqu'à le vomir ?

Nous en reviendrons aux adaptations de Ducis.

22 décembre 1910.

THÉATRE DE L'ŒUVRE (*salle Femina*). — *Hedda Gabler*, drame en quatre actes, d'Henrik IBSEN, traduction du comte PROZOR. (*Première représentation à ce théâtre.*)

Ce fut, il y a dix-neuf années, une date, un événement, un monument de sensibilité et de snobisme, ce qu'on appelait alors un état d'âme, ce qui était un état de nerfs, une crise — et des crises. La Nora, de *Maison de Poupée*, avec Réjane, Hedda Gabler, avec Brandès, Ibsen, avec la complicité d'Antoine, de Porel, d'Henry Bauër et de Jules Lemaître faisandaient le tempérament de notre pays : la femme de Scandinavie et de fatalité, l'instinct, la perversité, la complication et la naïveté nous trouaient et nous enveloppaient de leurs phrases et de leurs trames.

Aujourd'hui... Mais contons.

Fille d'un officier général, adonnée à des exercices de force, de violence, d'hippisme et de tir, Hedda Gabler a épousé, par lassitude et par hasard, un benêt de savantasse, docteur d'hier, professeur de demain, Georges Tesman, qui n'a ni fortune, ni conversation. Après un voyage de noces, sans joie, rentrée dans son trou de Norvège, agacée de la visite d'une tante sans jeunesse et sans prestige, Hedda reçoit une amie de pension, Mme Elvstedt, femme d'un juge de paix, qui souffre atrocement ; il s'agit d'un camarade, Eylert Loevborg, sorte de génie qu'elle a sauvé des aventures et de l'ivrognerie, qu'elle a rendu au travail et à la gloire et qui l'a compromise. Ça s'arrangera : les Tesman l'inviteront et la médisance sera muselée. Mais il y a eu des choses entre Hedda et Eylert : mordue des mille serpents de la jalousie, de toutes les jalousies, enragée de n'avoir pu inspirer son ancien soupirant, de ne pas compter dans l'existence, d'être rivée à la médiocrité, Hedda n'a plus de mesure lorsque Eylert lui confie qu'il a fait un chef-d'œuvre sans égal sur l'avenir et lorsqu'il la taxe de lâcheté pour ne l'avoir pas tué jadis avec l'un des pistolets de son général de père. Elle brise le bonheur et la communion de ces deux âmes, Eylert et Elvstedt, défie le régénéré de boire, le rend à l'alcool et l'envoie faire la fête avec cette chiffe de Tesman et l'assesseur Brack, qui n'a ni grandeur, ni franchise. Ah ! elle n'a pas d'importance ! Eh bien, d'un héros, elle a fait un pantin désarticulé !

Ce n'est pas tout : au cours de sa randonnée de nuit, et parmi divers scandales, Eylert a perdu son manuscrit de lumière. Tesman l'a retrouvé, mais lorsque le malheureux, fou de honte, vient proclamer qu'il a déchiré son œuvre et finit par confesser qu'il a perdu son enfant, Hedda ne se résout pas à lui rendre le fruit de ses veilles et de ses rêves, puisque c'est l'enfant de cette Elvstedt — et elle est en mal de maternité. Elle ne peut que lui donner un des pistolets du général en lui disant de mourir en beauté, en beauté ! Et Hedda elle-même se tuera, après avoir brûlé le manuscrit d'idéal, après le suicide du héros, après des désillusions et du néant, pour n'être pas la proie de l'assesseur, après avoir vu que, grâce à des notes de Mme Elvstedt, le manuscrit revivra; il n'y aura que des cadavres de chair et de désespoir. Nous ne commenterons point cette œuvre et ces mystères. Il faut louer l'exaltation et l'accablement de Lugné-Poë (Eylert), l'insignifiance et l'habileté de Savoy (Tesman), l'astuce et la stupidité de Bourny (l'assesseur Brack), la grâce et l'émotion d'Ève Francis (Mme Elvstedt), la bonhomie de Mme Jeanne Guéret (la tante Tesman), le pittoresque de Mlle Franconi. Quant à Mlle Greta Prozor (Hedda Gabler), elle a Ibsen dans le sang, dans les yeux, dans ses frissons et autres mouvements du corps. Son père a traduit l'auteur de la pièce. Elle ne l'a pas trahi.   *10 janvier 1910.*

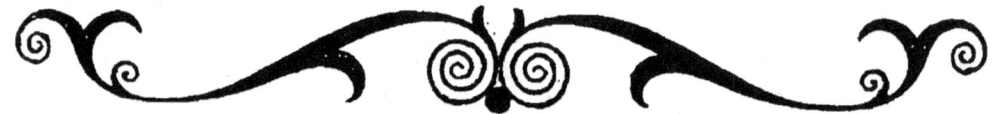

THÉATRE DE LA RENAISSANCE. — *Le Vieil Homme,* de M. Georges de Porto-Riche.

Ç'a été non une répétition générale, mais une cérémonie, une solennité, avec des allures d'apothéose. La Renaissance semblait un temple où l'on n'entrait pas pendant les actes qui se devaient entendre dans le pur silence : le texte était une infinie et diverse symphonie, et si la ferveur ne s'était pas muée en enthousiasme, si la constante admiration, si l'émotion et l'angoisse ne s'étaient pas soulagées par des tonnerres d'applaudissements, on aurait cru assister à un service divin et humain, avec les lenteurs d'usage : la fête dura cinq heures d'horloge. Mais la pièce qu'on attendit quinze ans et qui erra, incomplète, de théâtre en théâtre, fuyant sans cesse vers la plus rare perfection, la pièce, forte, ardente et désenchantée, terrible, et tendre, où le poète de *Bonheur manqué* versa toute son expérience des baisers et des meutrissures, toute sa science des pardons, des trahisons, des rechutes et des remords, tout son lyrisme et sa sensualité, son humour même et sa douleur, cette tragédie classique et biblique, cette parabole de caresses, de larmes et de sang, ce poème en prose rythmée et pure s'est imposé à Paris et à l'humanité, dans son texte et dans son esprit, dans sa fière intégralité.

Il parle aux nerfs, au cœur et à l'âme ; il mord et déchire.

Jugez. C'est une famille d'imprimeurs, à Vizille, dans les Alpes, une jeune famille : un père de quarante ans, une femme de trente-cinq, un garçon de quinze ans. Ils travaillent : ils sont heureux. Michel Fontanet dirige deux cents ouvriers et l'affaire sera bonne ; Thérèse Fontanet tient les livres avec passion et l'adolescent Augustin, fragile et fiévreux, s'occupe de la composition, fait des notices pour des rééditions romantiques et réalistes, lit, lit, rêve, s'exalte et surtout adore sa mère, dont il a le tempérament sensible, câlin et aimant. Il n'y a que cinq ans que les Fontanet sont dans la montagne et dans les affaires. Avant, c'était Paris et son trouble : Michel était terriblement infidèle et Thérèse atrocement malheureuse. L'époux s'est rangé, après la ruine, est devenu sérieux et garde ses trésors de tendresse pour son admirable femme et son bijou de fils : cette famille goûte toutes les sérénités et toutes les douceurs. A peine si, de temps en temps, dans la paix alpestre, Michel regrette le bruit des fiacres de la grand'ville, ce qui fait enrager son ladre de beau-père, le sieur Chavassieux.

Et voici que, dans cette ruche et cet ermitage, vient débarquer une vague amie de Paris, Brigitte Allin, femme d'un marchand de pâtes alimentaires, qui lui est indifférent, bonne mère de quelques moutards, bonne fille bien vulgaire, pratique et si facile ! La poétique Thérèse a tout de suite horreur de cette grosse et belle femme et ne tient pas du tout à la garder un instant sous son toit. Elle le dit tout net à son mari, qui a beau avoir fait peau neuve : est-ce que le « vieil homme » ne s'agite pas, ne renaît pas, ne grouille pas sous sa carapace d'imprimeur ? Elle se souvient de ses insomnies de jadis, de ses tortures, de ses mille morts.

Mais le petit Augustin insiste : il a pris de la santé à l'insolente santé de Mme Allin, il a retrouvé de son enfance à son approche, il est transfiguré, rose, heureux. Thérèse invite cette fâcheuse Brigitte, qui se laisse faire. Et à Dieu vat !

Trois semaines ont passé. Mme Allin est toujours là. Elle peint des amours Louis XV sur les murs, mange terriblement, sourit à tous, ne comprend rien à rien et est odieusement gentille et complaisante. Elle est maternelle à ce Chérubin romantique d'Augustin, qui aime l'amour, de loin, est espiègle avec Michel et ignore l'inquiétude, la haine et le mépris de Thérèse, qui la voudrait aux cinq cents diables. Et Michel, chez qui le « vieil homme » s'est réveillé tout à fait, lutine et presse la douce Brigitte. On fait de la musique, on remplace Bizet et Berlioz par Jacques Offenbach — et le jeu continue. Mme Allin finit par se laisser convaincre : le bouillant Fontanet la retrouvera à côté, dans sa propriété de la Commanderie.

Nous voici en plein dans le drame : Thérèse devine son malheur ! Tout, dans son intérieur, lui apporte un détail, une révélation, des feuilles et des fleurs froissées, des papiers découpés, des riens ; elle se déchaîne ; c'est une femelle en rage, une bête à qui on a pris son mâle ; elle secoue son père, tempête, rugit : elle chassera cette intruse, dont elle devine, dont elle vit amèrement le délice et le crime, elle chassera cette voleuse, elle chassera... Mais quelqu'un entre : le petit Augustin.

— Qui dois-tu chasser, maman ?

Et la mère a peur. Elle invente. Elle ment. Elle ment mal. Le triste Augustin veut la confesser et se confesse : il aime Mme Allin, il l'aime, de tout son être, de toute son âme : à sa sensibilité, il fallait un début éternel. Et c'est une passion d'enfer et de ciel. C'est du plus grand art et d'une beauté tragique ; la mère doit se forcer, se taire ;

l'enfant de seize ans est jaloux. S'il était jaloux de son père, s'il savait, il se tuerait. Alors, la mère étouffe l'épouse et l'amante, sourit aux deux coupables, demande à son mari de partir quelques jours pour que l'enfant ne sache pas, demande à sa complice de rester quelques jours pour calmer un peu la blessure du petit. Quel supplice !

Et l'inconscient Michel est heureux ! Il a fait une bonne affaire : on lui a apporté trois cent mille francs ! Il est content de lui, content des autres. Il fait des difficultés pour aller à Paris : c'est la bonne Allin qui l'en prie, mais il se fera payer sa complaisance. Le vieil homme est toujours là ! Le pauvre Augustin, après avoir dit tous ses rêves d'amour et sa religieuse ferveur de l'adoration, comprend que son père a été l'amant de sa déesse. Il mourra. Les deux époux se retrouvent et la sublime Thérèse va pardonner lorsque l'idée du fils absent, du fils qui est peut-être perdu dans la tempête, frappe au cœur la mère : c'est déchirant. Et la terreur dure, dure. Le père ment et veut se sauver : la mère reste mère. Elle ne veut plus songer aux trahisons dont son mari veut la distraire : elle crie, elle maudit, elle appelle. Et lorsque le frêle cadavre amoureux est apporté, elle ne peut même pas laisser mourir son mari ; ils pleureront ensemble et ramasseront dans un deuil inconsolé les noires miettes d'un amour sans foi.

Comment faire sentir, dans ce sommaire hâtif, la sensibilité, le désespoir, la finesse, la violence, l'emportement et la minutie de cette œuvre de fièvre et de patience, comment indiquer la richesse de sentiments, de *mots*, de *couplets*, la vérité d'observation, la cruauté et la pitié, la vie enfin, intime et débordante, secrète et éternelle de ce *cantique des cantiques* désabusé, de cet *Ecclésiaste* lyrique, de ce drame, enfin, où il y a tout l'amour et toute la peine ?

C'est admirablement joué. Tarride (Michel) est le charme et l'inconscience mêmes et il n'en émeut que davantage ; André Dubosc (Chavassieux) a dessiné la plus amusante silhouette de vieux grigou égoïste et paillard ; Mlle Liceney est sympathique et délicieuse, et Mlle Vermell est une pittoresque, âpre et délurée servante. Dans le personnage de Mme Allin, notre nationale Lantelme a été ébouriffante de naturel, de gentillesse, de gaieté et de bonne volonté. Quant à Mme Simone (Thérèse), elle est prodigieuse de force, de tristesse, de passion ; elle a des cris et des nuances inoubliables. Et, dans son rôle divers et écrasant d'Augustin, dans son travesti fatal, Mlle Jeanne Margel est admirable de mélancolie, d'enthousiasme, de gaminerie caressante et terrible, de prédestination, d'éloquence harmonieuse, de gestes, de mines, de silences. Dans le simple et majestueux décor de Lucien Jusseaume, elle me rappelait une pauvre petite inconnue qui, au cœur des mêmes Alpes, se suicida jadis à quatorze ans en laissant cette lettre : « Le plaisir de mourir sans peine vaut bien la peine de mourir sans plaisir. » Mais Georges de Porto-Riche croit à la peine, au plaisir, à la vie...   *11 janvier 1911.*

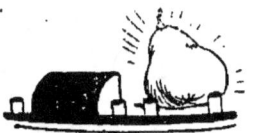

AU VAUDEVILLE. — *Le Cadet de Coutras,* de MM. Abel Hermant et Yves Mirande.

Ce n'est pas aux lecteurs de ce journal que j'ai à présenter les héros de la nouvelle pièce en cinq actes de MM. Abel Hermant et Yves Mirande. C'est de nos colonnes que s'égaillèrent, il n'y a pas trois ans, ce falot et impulsif Maximilien de Coutras, gosse dégénéré et charmant ; ce Gosseline, Pic de la Mirandole cynique et ingénu, et toute cette sarabande de fantoches mâles et femelles que nous avons retrouvés ce soir. La merveille est d'avoir pu faire une pièce de ce qui avait, par miracle, empli un livre — ou deux.

On sait, depuis trente années, l'incomparable aisance de M. Abel Hermant à tout saisir, à tout traiter, à faire de tout une chose à son ironie, à son esprit, à sa juridiction. A l'exemple de Platon, il a des personnages changeants, mais de tout repos (puisqu'il les fait et les défait à sa fantaisie) et qui disent son mot, ses *mots* et ses phrases sur le présent, le passé, l'avenir, l'Histoire, l'anecdote et la légende. En ces derniers temps, il s'est plus attaché aux choses du jour et de la veille — et cette *Chronique du Cadet de Coutras* s'emparait, à vif, des événements, des incidents, des potins, d'aventures brûlantes, d'aventures plus lointaines qu'elle animait, qu'elle mêlait, qu'elle mettait en œuvre et en action.

De là à les mettre en actes — et en cinq actes!... il n'y fallait que la vigoureuse jeunesse de M. Yves Mirande qui ne doute de rien, jointe à la subtilité mûrie de l'auteur d'*Ermeline*, qui doute de tout. Et cela donne un chaud-froid aristocrate et peuple, très jeune, un peu trop jeune, trop exactement tiré des articles que nous connaissons mais où il y a de la vie, du mouvement, du sentiment et de l'émotion.

Je n'ai pas à rappeler que l'adolescent et pauvre marquis de Coutras, confié par son oncle le duc au précepteur Gosseline, à peine adulte, fait avec lui les quatre cent dix-neuf coups, fréquente les hétaïres Irma et Lucienne, les fait fréquenter par son cousin Hubert, par son ami, le milliardaire Coco Sorbier, encore mineur, par son garde du corps, le frénétique Fauchelevent, camelot de tout ce que vous voudrez et qu'il a, comme il le dit lui-même, plus de délicatesse que d'honnêteté.

Il n'éprouve aucune répugnance à faire des faux ou presque — et a une grande peine à se savoir trompé. Vous savez aussi que Coco Sorbier est tuberculeux, que les trois amis, Gosseline compris, mousquetaires de la Troisième une et indivisible, vont aux houzards, que Coco Sorbier, après avoir fait arrêter Maximilien, meurt d'attendrissement entre ses bras, que Maximilien a été blessé au cours d'une grève non sans avoir tué son ancien ami, un ouvrier, et que la fortune de Sorbier va au cadet de Coutras et à Gosseline.

Au théâtre, les deux derniers actes, un peu montés de ton, ne nous donnent que l'agonie de Coco, discrète et distinguée, dans son petit château de garnison et à l'hôpital militaire, et l'apothéose du cadet de Coutras, médaillé pour avoir sauvé son capitaine.

Il y a des mots, presque tous les mots, même des chroniques qui ont perdu de la saveur, des remarques qui ont de la bouteille, des raccourcis qui exigent la lecture des volumes, mais ç'a a de l'allure et même de la gueule, car M. Mirande a accroché aux sarcasmes de l'auteur d'*Eddy et Paddy* des termes d'argot et de haulte gresse. On hésite entre le sourire et l'émoi : c'est très curieux — et assez long, assez menu, non sans hésitation.

Les décors sont parfaits et l'interprétation fort brillante : M. Jean Dax est un Gosseline un peu vulgaire mais fort ; M. Roger Puylagarde est un peu trop jeune et trop forcené en Maximilien, tour à tour trop féminin et trop mâle ; M. Becman est un Coco Sorbier très *coco* et très toussotant, M. Joffre est un duc épique à empailler vivant, M. Baron fils est un énergumène trop doux, M. Lacroix est fort gentil, MM. Luguet, Vertin, Charrot, Chartrettes, etc., etc., sont excellents.

Mme Jeanne Dirys est une Irma séduisante et attendrie, Mlle Ellen Andrée est la plus effarante des manucures, la plus inquiétante des marchandes à la toilette ; Mmes Théray et Vallier sont aussi duchesse et marquise que possible ; les deux Fusier sont charmantes. Enfin, il faut louer l'effort de Mlle Dherblay, qui a été exquise dans le personnage de Lucienne : elle remplaçait, au pied levé, cette délicieuse et poignante Annie Perey, qui se faisait une fête de créer ce rôle : elle a été, elle est encore à la peine ; qu'elle soit à l'honneur.

Mais pourquoi diable MM. Hermant, Mirande et Porel donnent-ils un pantalon de sous-officier à un garde-manège et une tenue de sous-intendant à un médecin principal ?

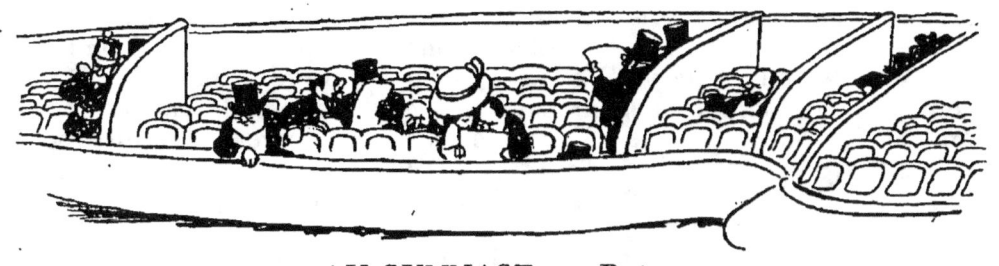

AU GYMNASE. — *Papa.*

Le duo Flers-Caillavet module triomphalement une romance panachée : « Ah ! quel malheur d'avoir un père ! »

Ah ! que j'aime le don des larmes ! Que j'aime les pleurs charmants, l'attendrissement souriant, l'émotion furtive qui, de fondation, élurent domicile au Théâtre de Madame et qui, hier, revécurent en une apothéose courante ! Avec leur escorte ailée de Pierre Wolff, d'Octave Feuillet, de Scribe, de Sedaine et de La Chaussée, les conquérants irrésistibles que sont Robert de Flers et Gaston A. de Caillavet s'adjugeaient un nouveau domaine, tout mouillé de rosée et de sentiment. On a ri, souri, éclaté, pleuraillé : il y en a eu pour la rate, le cœur et même le cerveau, et ces trois actes fort applaudis ont apporté jusqu'à de l'imprévu — ou presque — et de l'incertitude. Voici :

A Lannemezan, au pied des Pyrénées, le jeune Jean Bernard vit indépendant et respecté. Il chasse à sa soif, règne sur les paysans à qui il donne des conseils, est adoré du brigadier de gendarmerie, de son vieux serviteur Aubrun, du vénérable curé, l'abbé Jocasse, de la jolie soubrette Jeanne, fille d'Aubrun, et même de la troublante Georgina Coursan, à demi Moldo-Valaque et qui a le même accent que Max Dearly dans *le Bois sacré*. Tout ce petit monde qui lutte d'*assents* est parfaitement heureux et biblique lorsque deux messieurs d'âge débarquent dans le pays. Le bon curé Jocasse est là à point pour les confesser ou, plutôt, pour permettre au comte de Larzac, chef de la bande, d'éclairer sa lanterne — et la nôtre. Ce gentilhomme est, simplement, le père de Jean Bernard. Jusque-là, il ne s'en est occupé que pour parer à ses besoins matériels, mais tout à une fin, même la noce la plus élégante. Il va dételer après avoir reçu ce que M. Paul Bourget appelle sa « tape de vieux » et devient père avec transport, avec tant de transport qu'il a peur de son émotion : il se rappelle, en effet, la mère, délicieuse sociétaire de la Comédie-Française, des ivresses, que sais-je ? Il repart pour Paris, non sans avoir mandé son fils. Celui-ci n'est pas très heureux de quitter sa chère campagne, mais la romantique Georgina l'aime follement depuis qu'elle connaît son état d'enfant naturel !

Il ne le restera pas longtemps. Le voilà à Paris, le voilà vicomte, à son corps défendant, le voilà dans le salon de son diplomate de père, en compagnie de femmes élégantes et jouant au naturel le rôle de Papillon dit Lyonnais-le-Juste ! Et ça se gâte : le nouveau vicomte ne veut pas vivre la grande vie et prétend épouser tout de suite l'exquise Georgina. Ça, jamais ! C'est la fille d'un banqueroutier ! Jean s'en va. Et, naturellement, au moment où on l'attend si peu, si peu, voici Georgina, simple et digne, qui retourne le comte de Larzac comme une crêpe, qui s'impose à lui tandis qu'il l'éblouit elle-même de sa faconde et de ses manières. Ils retourneront ensemble à Lannemezan.

Et la double séduction continuera. Inconsciemment, la jeune fille et le vieil homme s'aimeront à travers et par-dessus le pauvre Jean qui se voit de plus en plus réduit à rien, piteux causeur et rustique amoureux. Il discerne le brillant, l'égoïsme, le papillonnement, la jeunesse nouvelle de l'auteur de ses jours, se sacrifie, oblige Georgina et Larzac à se déclarer, les jette doucement, doucement, dans les bras l'un de l'autre. Et, lui-même, il ne sera pas malheureux du tout : il épousera (ou n'épousera pas) l'exquise Jeanne Aubrun et restera dans ses montagnes.

Il faut imaginer là-dessus la plus riche fantaisie, de la philosophie, des traits, des *mots*, une atmosphère de tendresse et d'ironie, de l'entrain, de l'aisance, du je ne *sais quoi*. C'est un peu long, mais ça se tasse. Et c'est très public. L'interprétation est éclatante. Huguenet est un Larzac plastronnant, piaffant, épanoui, pétillant d'esprit et de cœur ; Gaston Dubosc est un prêtre bon, fin, pittoresque ; André Lefaur a dessiné merveilleusement un profil perdu de confident, de ganache sacrifiée et tendre ; Paul Bert (Aubrun) est montagnard et cocasse ; MM. Arvel, Berthault, Labrousse, Cosseron et Lafferrière sont excellents. Jean Bernard, c'est Louis Gauthier qui a des élans, de la jeunesse, de la mélancolie et de l'abnégation, mais il est un peu rustaud pour le fils d'une comédienne supérieure et d'un diplomate fameux.

Yvonne de Bray est extraordinaire de brio, de grâce exotique, d'humanité, de pétulance et d'honnêteté dans le personnage de Georgina ; Lucie Pacitty est extraordinairement sympathique sous la coiffe de Jeanne Aubrun ; Louise Bignon est parfaite et Mmes Blanche Guy et Claudia, qu'on voit trop peu, sont magnifiques.

J'allais oublier le héros le plus authentique de cette pièce : un chien, l'inévitable chien de toutes les comédies qui se respectent, un chien superbe qui fait le saut périlleux et ne revient que pour saluer, sans phrases !

11 février 1911.

A LA COMÉDIE-FRANÇAISE. — *Après Moi*, de M. Henri BERNSTEIN.

M. Henry Bernstein a de l'audace, de la férocité et même de la brutalité. Son théâtre est violent et direct comme un coup de poing. Il s'est surpassé dans la pièce nouvelle que le Théâtre-Français vient d'offrir, en répétition générale, à des auditeurs un peu médusés mais attentifs, un peu gênés de leur émotion mais émus et qui ont fini par applaudir, de tous leurs nerfs et non sans larmes. L'auteur de *la Rafale* et du *Voleur* était venu tout simplement s'installer chez Molière avec armes et bagages, avec ses *mots*, ses procédés, ses à-coups et ses coups, tout court.

Mais contons :

Nous sommes dans un château, près de Dieppe, chez le terrible raffineur Guillaume Bourgade. Des mazettes mâles et femelles flirtent et jouent au bridge ; une jeune fille charmante, Henriette Mantyn-Fleurion, s'essuie furtivement les yeux, en raison de l'indifférence de son éternel fiancé, le jeune James Aloy, dont le tyrannique Bourgade a été le tuteur, je crois, et qui songe plus à son yacht et à des croisières qu'à l'amour et au mariage. C'est en vain que Guillaume Bourgade le presse d'épouser sans délai l'exquise et malheureuse enfant, qu'il fait intervenir l'honneur et la parole du même nom, la mère du yachtsman, l'excellente Mme Aloy : James refuse et se défile, au risque d'un éclat. C'en est trop : Guillaume lui refuse la main et prévient la vieille Aloy qu'il lui parlera cette même nuit. Là-dessus, tout s'éteint dans le manoir : les hôtes se couchent, plus ou moins seuls. Et ce méchant garçon de James qui a affecté d'aller dormir dans son bateau, en rade, revient furtivement. Une ombre légère se dessine sur l'escalier en spirale : c'est l'irréprochable et divine Irène Bourgade, qui a trente-huit années de vertu et dix-sept ans de fidélité conjugale. Elle n'a qu'un instant à donner à James, juste le temps de le désespérer et de se retirer en beauté, mais elle le fait si bien et le jeune homme répond avec tant de poésie tacite et de désespoir muet que l'épouse impollue finit par s'abandonner et que, involontairement et du seul droit d'Amour vainqueur, ces deux êtres qui se sont attendus cinq ans, s'unissent en une étreinte éternelle. Nous nous expliquons maintenant la fureur de Bourgade et nous devinons la matière de l'entretien qu'il aura dans quelques instants avec la maman Germaine Aloy.

Eh bien, non ! Une simple tragédie passionnelle ne suffit pas à la fièvre d'Henry Bernstein qui veut tous les facteurs de vie et de mort. Ce que Guillaume Bourgade a à dire à Germaine Aloy, c'est tout simplement qu'il est un voleur, que, pour avoir voulu voir et faire grand, il l'a ruinée, elle et les siens, et que son trust des huiles a échoué au port. Il est même très étonné, dans sa morgue qui survit à sa fortune, que la bonne dame ne lui serre pas la main et qu'elle ait un tout petit peu d'amertume : ne lui donne-t-il pas un bon conseil en lui enjoignant — car il garde son autorité — de marier sans retard le jeune James à l'héritière Henriette. Au reste, n'est-il pas beau joueur ? Il a perdu : il paiera ; il va payer tout de suite. Il a son revolver sous la main. Et son vieil ami, son confident, son frère de cœur Etienne a beau se lamenter et avoir des expressions de dévouement antique, non, non ! il va se tuer, tout seul, là ! Mais ce n'est pas tout que d'être confident ! Il laisse des commissions à Etienne pour le faire ramasser mort, pour prévenir Irène, en douceur, pour lui faire remettre les trois cent mille francs de sa petite dot pour qu'elle puisse se faire sa vie, après lui.

« Après moi ! » Il songe encore à l'existence future et proche de sa femme, lorsque, stoïquement, il approche le pistolet de sa tempe. Mais une porte s'ouvre : une femme échevelée, dépoitraillée, se précipite, c'est Irène ! Le fier Bourgade arrête son œuvre de destruction, s'émeut: s'inquiète. Irène se doutait-elle ? Non ! Alors d'où sort-elle ? Et ce désespéré se reprend à la vie par une douleur nouvelle : sa femme le trompait ! Par une cruauté nouvelle : il la bat ! Avec qui le trompait-elle ? Par une sorte de sadisme, il avoue sa situation, sa détermination, son geste ! Mais non ! il veut savoir ! Et la malheureuse, qui n'aime pas son mari, qui le respectait, qui le vénérait, souffre mille morts à leur double honte et à son martyre à elle, car Guillaume la meurtrit et la brise: que risque-t-il ? Elle refuse de répondre, héroïquement. Eh bien ! il attendra : on a toujours le temps de se suicider !

Et, au troisième acte, par un beau geste inconscient, James se dénonce. Il est venu serrer le main du voleur et lui apporter son pardon ; mais n'a-t-il pas demandé des nouvelles d'Irène ? Bourgade *cuisine* le naïf sans en avoir l'air, le laisse se dédire et se vendre ; puis il éclate : il tient son voleur d'honneur, le vrai, le seul voleur, qui lui a pris sa femme, qui voudrait lui prendre sa vie, pour avoir la sérénité dans le crime ! Il appelle Irène. Il jouit effroyablement de la passion de ces deux êtres jeunes et purs l'un pour l'autre ; mais lui, lui ! Une jalousie presque posthume, pis que posthume, d'un sadisme dévorant, le possède et l'exalte : il a bien voulu, il a voulu que sa femme, après sa disparition, fût l'épouse de quelque chose de vague. Mais de quelqu'un, d'un quelqu'un certain, connu, halte-là ! Loque déjà courbée, forçat de demain, il a son instinct de bête, de mâle, s'il n'a plus le moindre de ses orgueils ! Le jeune James se cabre et proteste. Irène ne dit rien. Plus vieille que son amant, désolée d'avoir perdu sa jeunesse, pouvant reconquérir encore des années de joie, de plaisir et de douceur, elle se sacrifie avec dégoût, non sans cris : elle sera la compagne du vieux vagabond déshonoré qui ira traîner sa contumace sur des routes d'Amérique. Elle dit adieu à tout ce qui est beau ; elle ne sera plus rien que la chose de rien, de ce triste misérable sans courage, de ce mâle en qui ne survit qu'une abjecte jalousie ! Et le rideau tombe sur la désespérance finale.

J'ai raconté cette pièce avec des détails pour laisser à mes lecteurs le soin de la juger : je n'en ai pas le temps. Elle frappe, saisit, glace et étonne : elle échappe à la tradition, à la discipline du théâtre classique et romantique. C'est une tragédie avec toutes les règles ; mais quelle tragédie !

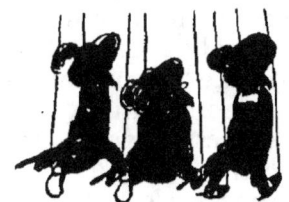

A LA PORTE SAINT-MARTIN. — *L'Enfant de l'Amour.*

La suprême vertu de M. Henry Bataille est, peut-être, de s'écouter et de n'écouter que soi. Il imagine, extériorise, bâtit des situations impossibles, prête des figures, des cris, des couplets et des jurons à des symboles, mêle des subtilités ailées aux plus inutiles grossièretés et fait de ce chaos pensant de la matière dramatique, pathétique, unique, irrésistible. Il pèse sur notre sensibilité, sur notre conscience, sur notre patience, même, et nous oblige à accepter un monde inconnu, trop haut jadis, trop bas aujourd'hui, nous entraîne en un tourbillon où il fait passer toutes les sensations, toute l'humanité, les colères, les audaces et les désespoirs, l'héroïsme et l'immoralité, et s'en va vers d'autres rêves pis que matérialisés, en nous laissant à notre accablement et à notre émotion.

Dans l'*Enfant de l'Amour*, l'auteur de *Maman Colibri* triomphe par le plus long ; il nous étreint jusqu'au malaise et ne tâche pas à nous amuser : ah ! ces quatre actes ne font pas un spectacle de carnaval ! Ils sont âcres et forts, troublants et parfois déconcertants, mais résolus ; ce n'est pas du théâtre, au sens universitaire du mot : Henry Bataille ne nous présente pas de *types*. Il nous offre des exemplaires d'humanité qui souffrent quand ils le peuvent, tant qu'ils peuvent, qui s'abandonnent à cœur-que-veux-tu, qui ont les revirements les plus inattendus et les plus neurasthéniques, qui sont de pauvres êtres, enfin, des hommes, des femmes, des enfants !

Voici la chose. Liane Orland est une grande hétaïre élevée au rang de riche femme entretenue. Maîtresse en titre du milliardaire Rantz, ancien directeur de journal, ancien propriétaire d'écurie de courses, député depuis vingt ans et dilettante mélancolique, elle reçoit la société la plus mêlée avec laquelle elle fait la fête pour se distraire et pour distraire son seigneur et maître. De temps en temps, à la dérobée, elle reçoit, entre deux portes, son grand fils, Maurice Orland, qu'elle a élevé en catimini, dont les vingt-deux ans accusent un peu trop sa quarantaine, et à qui elle donne quelque argent, non sans combler de robes sa petite maîtresse, la charmante midinette Aline. Le jeune Maurice attend à la cuisine que sa mère ait un instant, est tutoyé, d'assez haut, par le maître d'hôtel Raymond, et, malgré des délicatesses d'âme, en prend son parti : il est le petit moineau grapilleur, n'a pour lui que sa trop jolie figure ; on le désire sur sa bonne mine, on ne lui permet ni pudeur ni honneur. Et les pires calamités fondent sur Liane : son amant, son amour de dix-sept années, Rantz, s'est laissé nommer sous-secrétaire d'État aux postes et télégraphes ; c'est une trahison ! Lui préférer la République et le pouvoir, c'est lui signifier qu'elle n'existe plus ! Querelle ! Mots irréparables ! Douleur. Départ de Rantz. Larmes. Le petit Maurice revient. Ah ! il est bien gentil ! Il apprend à sa mère qu'elle a un fils, un fils qui l'aime, qui se rappelle toutes les rares circonstances où il l'a vue. Il reste quelque chose à la triste Liane ! Non ! M. Rantz revient. On renvoie Maurice. Mais le prestigieux sous-secrétaire n'est revenu que pour mieux s'en aller, plus dignement, en mufle grandiose. Horreur et solitude !

Nous voici dans la garçonnière de Maurice, au Palais-Royal, avec Raymond, un vague jockey, Bowling, qui a été mis à pied sur le propos d'une vieille escroquerie de Rantz qui lui a fait *tirer* un cheval à Auteuil, et la jeune Aline. Maurice attend la propre fille de Rantz, Nelly, vierge romanesque qui l'aime, qui doit se marier le lendemain, et qui veut le voir une seconde avant. Il congédie ses invités, reçoit la mélancolique fiancée, l'égaie, lui rend des lettres, lui promet une soirée d'innocente *vadrouille* : ce sera très gentil. Mais on frappe. À peine si le jeune homme a le temps d'expédier Mlle Rantz dans un café en face et d'accueillir en ses bras un paquet déchiré, pantelant, sanglotant : sa mère. C'est fini. Rantz l'a plaquée, lui envoyant cinq cent mille francs qu'elle a refusés, la rejetant, la fuyant ! Elle a voulu se jeter dans la Seine, se précipiter du haut de l'Arc de Triomphe ! Et, malgré les paroles gamines et câlines de son fils, malgré les gentils souvenirs et les consolations délicieuses qu'il fait jaillir de son cœur primesautier, l'amante obstinée s'empoisonne — ou presque ! C'est bien. Qu'elle laisse faire Maurice ! Il la vengera d'avance, et la mariera ensuite. Elle n'a qu'à s'aller coucher. Et lui, Maurice, ne se couche pas. Il a fait revenir Nelly Rantz et soupe avec elle, fraternellement, mais non sans avoir fait prévenir son sous-ministre de père que sa fille a été enlevée et qu'elle est quelque part, Dieu sait où !

Vous songez si Rantz se désespère ! Maîtresse délaissée ici, fille perdue ailleurs ! un discours à prononcer ! des gens à recevoir ! On annonce Liane Orland : il fuit et s'enferme. Scandale. Liane s'irrite, s'indigne, ameute des gens, se fait traîner par les domestiques : c'est douloureux jusqu'à l'écœurement. Et on expulse cette martyre de l'amour. Elle a laissé là ses souvenirs, ses bijoux, ses valeurs, mais son pauvre petit bâtard, son pauvre sacrifié, va la défendre et la déifier. Il est entré par surprise, le brave petit Maurice ; il reprend des papiers terribles, somme Rantz d'épouser sa mère, ne s'émeut ni de ses sarcasmes, ni de ses dédains, ni de ses injures, lui rappelle son *coup* d'Auteuil, lui avoue, en outre, qu'il détient sa fille, pure d'ailleurs, se laisse insulter, frapper, et ne perd contenance qu'en apprenant qu'il est le fils d'un garçon de café de banlieue ! Alors, il chancelle, demande grâce, offre tout. Pourquoi ? Qu'est-ce que ça peut lui faire ? Fils de catin, en face d'un voleur et d'un traître, est-il en état d'infériorité ? Evidemment — et je l'en félicite. — M. Bataille ne va pas à la brasserie, mais un limonadier est-il un forçat ? J'en appelle à Ponchon ! Quoi qu'il en soit, le hurlement plaintif de ce paladin, miroir à dames et champion de billard, sa désespérance, son néant retournent le terrible Rantz. Le bâtard ne lui demande plus que de voir sa maman. Il ira ! D'autant qu'on lui rendra sa fille intacte, d'avance !

Et c'est le sacrifice. Rantz va épouser Liane. Ah ! ils ne seront pas heureux ! Leurs vieilles querelles renaîtront ! Leur amour est dans la cendre ! Leurs dix-sept ans d'apprentissage sont entre eux ! Mais surtout, surtout, le sous-secrétaire ne veut plus voir Maurice. Ce n'est pas lui qui l'oblige au mariage ! Ce n'est pas lui qui... Qu'il s'en aille ! On lui fera 28 000 francs de rente, dans une mine d'anthracite, près de Chicago.

Et le pauvre petit, providentiel et exaucé, s'en ira, avec sa brave petite amie Aline, s'en ira, malgré sa mère, qui redevient, qui devient mère trop tard... Chacun sa vie !... Il a fait son devoir et plus que son devoir. Le devoir de sa mère est d'être heureuse. Le sera-t-elle ? Lui, il a la jeunesse, la beauté. Adieu !

Voilà ! Je n'ai pas pu noter, dans ce dialogue halluciné, les nuances, les lyrismes, les cris, les *mots*. Je n'ai pu indiquer la violence, les heurts et les à-coups. On a murmuré, de-ci de-là, à certains vocables. Ça s'en ira. L'impression est écrasante : Bataille assène son étrange et profond triomphe. Que veut-il prouver ? C'est *la Course du Flambeau*, à l'envers, c'est *Jack* et c'est plus, c'est de l'humanité, de la sensibilité hors des règles et des gonds, c'est de l'instinct, c'est un désir de vie, une ruée vers une jeunesse qui s'évanouit, vers un délice qui s'éloigne ; c'est la négation même de l'honneur, car tous ces gens n'ont pas d'honneur ; c'est frénétique et presque épileptique — et c'est de la vie, de la vie d'amphithéâtre moral et d'enfer terrestre. C'est, en tout cas, effroyablement poignant.

THÉATRE RÉJANE. — *L'Oiseau Bleu.*

Voici près de trois années que les Anglais et les Moscovites s'enivraient purement de la grâce, du charme, des mille significations morales, des infinies splendeurs décoratives et magiques de *l'Oiseau bleu*. Grand maître de la mélopée et du balbutiement, de la pensée à demi exprimée, du rêve vagissant et du sentiment ululé, poète unique de l'inconscient et de la fatalité, seigneur suzerain des limbes et de la voie lactée, M. Maeterlinck avait rendu leur enfance aux spectateurs les plus sceptiques et les plus endurcis en faisant pèleriner deux enfants parmi ce monde-ci et les autres mondes, entre ciel et terre, et plus bas et plus haut. En prêchant la pitié, la bonté, la résignation et je ne sais quel optimisme mélancolique, il avait fait œuvre de beauté, et, surtout, il avait fait communier son innombrable public dans l'amour de la famille, dans la sagesse dévouée, dans l'espérance, dans le goût de la vie et de la simplicité et même dans l'innocence.

C'est cette immense et dangereuse moisson verte et bleue que Mme Réjane ramena, sur une galère américaine, à notre décevant Paris. Et la femme du dramaturge, Georgette Leblanc-Maeterlinck, acclimata le chef-d'œuvre, créa et recréa des chœurs sans fin d'enfants, recruta à travers les crèches et finit par nous donner un spectacle inoubliable, qui fait pleurer et sourire à la fois, en une extase qui dure un peu trop, qui nous rend nos cinq ans, qui nous prête des ailes et qui nous ouvre tous les mystères, à la papa ! On a crié et béé au délice, on a été submergé de naïveté et de sublimité, ensemble, on a eu les larmes qui vous débarbouillent jusqu'au périsprit ; ç'a été un long triomphe unanime. Il y avait peut-être un peu trop de joliesses, de gentillesses, de prédestination et de prophétie, mais pourquoi bouder contre son extase ? Et il y avait des décors merveilleux, inattendus, qui avaient l'air de sortir de notre songe même : cette féerie alla aux nues et les enfants la mèneront jusqu'à leur ciel à eux, qui est le huitième, comme chacun sait !

La pièce est archiconnue. Dans une cabane de bûcheron, le petit Tyltyl, la petite Mytyl passent une nuit de Noël sans joie. Ils s'amusent à regarder les enfants riches d'en face manger des gâteaux, dans de la musique, lorsqu'une vieille mégère fait son entrée dans la pauvre demeure. C'est une fée. Elle commande aux deux enfançons d'aller chercher l'oiseau bleu qui donne la santé et le bonheur. Elle donne à Tyltyl le chaperon à diamant magique qui montre la réalité, fait sortir, sous leurs figures vivantes, sous leurs costumes appropriés, doués de la parole et de tous les sentiments humains, le pain de la huche, le sucre de l'armoire, l'eau du robinet, le lait de la jatte, les heures de l'horloge, le chien, le chat, le feu, la Lumière, enfin. Et en route !

La Lumière, bienfaisante et toute-puissante, prend la tête du cortège, la Fée prend à peine le temps de donner des vêtements magnifiques à tout ce petit monde — et déjà le chat, le pain, le sucre deviennent traîtres : ils ont peur de la mort ! Mais le chien veille et grogne, en sa folie de dévouement. Et les deux tout petits, un peu tremblants, mais forts de leur mission, vont chercher le volatile d'idéal. Ils sont dans la forêt, pas fiers, et voici que les arbres s'écartent, que les verdures disparaissent, que la terre s'ouvre, qu'ils retrouvent leurs grands-parents décédés, leurs petits frères et petites sœurs disparus, qu'ils s'attendrissent ensemble plus loin que la sensibilité humaine, qu'ils vont jusqu'au bout de l'émotion, qu'ils découvrent, même, que l'oiseau des bons vieux est bleu ; mais il devient noir à la lumière.

Il leur faut quérir un autre fétiche ailé et azuré dans le palais de la Nuit farouche, au milieu des épouvantements des Maladies, des Guerres, parmi les affres des ténèbres, mais ces oiseaux, si bleus sous le baiser du clair de lune, meurent à l'aurore, par brassées ! Ils vont le chercher dans le royaume de l'Avenir, au milieu des enfants à naître, mais là, il n'y a que des anges pressés d'être des hommes, des hommes utiles et vivants : pas d'oiseau bleu ! Pas d'oiseau bleu non plus au cimetière où il n'y a pas même de morts et où les feux follets font un ballet d'étoiles ! Pas d'oiseau bleu au jardin des Bonheurs où il n'y a que des voluptés saines, morales, simples et hautes, tristes seulement de ne pas voir plus loin que soi et à qui manque le rayonnement de la Lumière ! Et le cortège revient, harassé, fourbu, avant de se dissocier, avant que les éléments redeviennent éléments, les bêtes bêtes, les matières matières. Déchirement ! Et Tyltyl et Mytyl se réveillent dans leur lit, trouvent l'oiseau bleu au-dessus de leur tête, le donnent à une petite voisine — et l'oiseau s'envole !

Symbole ! Fable ! Ce sont *les Deux Pigeons*, c'est « l'homme qui cherche la Fortune et qui la trouve endormie à sa porte », c'est un *mistère* gentil et savant, plein de choses, lourd de pensées, éclatant de poésie, se jouant à travers les méandres métaphysiques, puéril jusqu'au miracle et d'une telle humanité qu'elle néglige Dieu, l'immortalité de l'âme et l'âme — même parce qu'il est tout âme !

Le ravissement est infini. Les décors de M. Wladimir Egoroff ont fait époque et révolution : ils sont uniformément délicieux. Ce n'est plus du théâtre, c'est de l'estampe changeante et vivante, c'est du ballet stagnant. Les costumes de Georgette Leblanc sont exquis. Les acteurs... Mais sont-ce des acteurs ? A part M. Delphin, officier d'académie, qui a su encore diminuer sa taille naine et qui, à force de labeur, a retrouvé très joliment et non sans autorité les sept ans, je pense, de son rôle écrasant; à part la pathétique grand'maman Daynes-Grassot, l'excellent grand-papa Maillard, la bonne fée Gina Barbieri, le rond Pain-R.-L. Fugère, l'aigu Sucre-Bosman, le terrible chat Stéphen, l'effroyable et magistral Temps-Garry, la serpentine Eau-Isis, le pleurard Lait-Diris, les parents exquis Barré et Méthivet, ce n'est que marmaille divine, depuis l'infatigable et intelligente Odette Carlia (Mytyl), jusqu'aux plus petits bonheurs, jusqu'aux plus mignons enfants à naître qui jouent comme des amours — qu'ils sont !

Citons, au hasard, — on les retrouvera, — Batistina Rousseau, Maria Fromet, Laura Walter, Maud Loti, Maria Dumont, Fleury, Borlys, Suzanne Bailly ; mais ils (ou elles) sont mille. Et il y a des danseuses, des étoiles, des heures : qu'elles m'excusent !

Louons la fureur de M. Aurèle Sydney (le Feu), la très remarquable, grondante, aboyante, éloquente et forte création du rôle du chien par le grand artiste qu'est Séverin Mars, et tressons nos éloges en couronne pour l'incomparable Georgette Leblanc, maîtresse du jeu, qui a formé toutes ces troupes d'anges, qui a présidé à toutes les illuminations, et qui, de sa splendeur de corps, de son arc d'âme, de son sourire de foi, du songe de ses yeux, a mis à la tête de cette lumineuse et profonde féerie une figure, un génie de Lumière qui ne s'éteindra point !

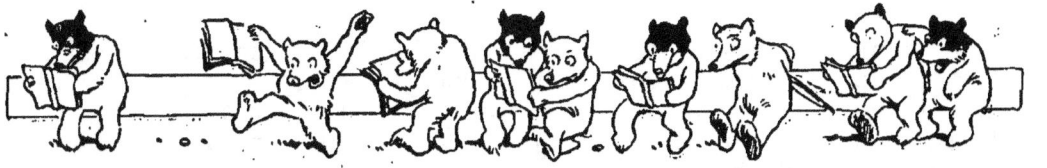

A L'ODÉON. — *L'Armée dans la ville.*

Les matinées inédites du samedi entrent en pleine action. La pièce de M. Jules Romains, chef de l'école unanimiste, a déchaîné des enthousiasmes et de la colère : on s'est presque compté et colleté ! C'est dire que le spectacle n'est pas indifférent. L'auteur de *l'Armée dans la Ville* est, après un des héros d'Edgar Poe, « l'homme des foules ». Il écoute, perçoit et rend leur grande voix et leur sourd murmure, fait vibrer leur âme lourde et secrète et méprise les individualités jusqu'au vomissement. Pour lui, les agglomérations se suffisent à elles-mêmes — et il nous le fait bien voir.

Donc, nous sommes dans une ville prise, ville indéterminée et confuse. Depuis dix mois, elle souffre en silence sous la botte du vainqueur. Dans la ville close et grondante, l'armée est entrée, bête géante et sonnante, et les deux blocs ont vécu depuis en face l'un de l'autre, en faisant le gros dos : l'un, humilié ; l'autre, victorieux. La pièce, au reste, s'ouvre magnifiquement. C'est la reprise d'un café, d'un pauvre petit café, par les bourgeois de la cité captive. Il n'y a pas de soldats, ce jour-là, pas le moindre soldat ! Ah ! que les murs nus semblent étincelants ! Ah ! que le vin a de nerf et de grâce ! Il y a de l'indépendance, de la liberté, de la patrie dans l'air et dans les verres ! On chante, on danse, on crie, on se déchaîne. Mais voici des fantassins ennemis qui entrent, revenant de la manœuvre, pestant et grommelant. Les bourgeois fuient. Et voici des cavaliers, furieux. Les gens de pied et les gens de cheval vont en venir aux mains par esprit de corps, lorsque de nouveaux citadins remettent en ordre la masse d'investissement. L'Armée se vante et se glorifie, s'exalte, pour écraser les vaincus et surtout pour s'affirmer : il y a là, entre autres, un très beau couplet qui a été acclamé et qui a porté aux nues son récitant inspiré, le soldat Hervé.

Dès lors, ça va moins bien. Nous sommes sous la tente du général en chef. Il est très mécontent et très las. Trop de violences, trop d'indiscipline ! Et les officiers supérieurs ne savent plus écouter, la main sur la couture de leur pantalon ! Le maire de la ville vient le voir, lui parler d'une fête locale qu'on va donner, inviter le général lui-même chez lui. Le général lui prouve qu'il connaît un complot tramé, qu'il a vent d'une trahison, mais accepte tout parce qu'il entend parler de chasse à courre et qu'il aime à tenter Dieu. Mais il prend à témoin son aide de camp qu'il fait une sottise.

Quelle sottise ! Les dames de la ville ont simplement projeté d'égorger chaque soldat et chaque officier séparément, à la table de famille. Les dames s'exaltent, sous la présidence de la femme du maire, Déborah et Judith exaspérée ! Les filles publiques offrent leur concours qui est déclaré magnifique ! Et le conseil municipal, qui hésite et *flanche*, est flétri d'importance par madame la mairesse qui incarne tout l'héroïsme, toute la rancune de la ville, qui va chercher le général ennemi dans son camp, qui l'oblige à venir chercher la mort, la mort qu'il pressent, la mort qui l'enserre ! Mais cet officier la prévient, cela ne servira de rien : il n'est rien, lui, le chef ! L'armée est tout et l'armée aura raison de la ville !

Il en est ainsi. Il faut beaucoup de mots, beaucoup de gestes, voire une comédie d'amour à la mairesse pour décider son écharpé d'époux à tirer un coup de revolver sur le général, cependant qu'on *zigouille* les soldats en détail. Mais le héros ne tombe pas d'un coup : il trébuche, se relève, clame et maudit ; il repousse les remords et les aveux passionnés de la triste Judith municipale. Elle n'est pas l'âme de la ville ! Il n'est pas, lui, le chef de l'Armée ! Son enveloppe humaine peut disparaître ! L'Armée reste ! L'Armée qui n'a pas péri entière, l'Armée dont il reconnaît les coups de fusil, les coups de canon, les clairons, les charges, l'Armée qui ne fera qu'une bouchée de cette ville assassine. Et il meurt, en apothéose, en entendant caracoler son cœur multiple : « Je suis vivant, crie-t-il, je suis vivant ! » Et il est le nombre !

Ce dernier acte, un peu haché et très long, a gêné. Des acclamations imprudentes ont amené des gloussements. Mais ces vers blancs — et rouges, le lyrisme, la fureur continue, la véhémence de tous les personnages, tout enfin, même les naïvetés, a de la gueule, de la force et de la forme. On se reverra.

Il faut louer la conviction énergique et désenchantée du général Joubé, la frénésie de la mairesse Dionne, l'effort éloquent et charmant de Mmes Barjac, Guyta, Dauzon, Delmas, Colonna-Romano, Didier, Rosay, Barsange, etc.; de MM. Desfontaines, Bacqué, Gay, Daltour fils, du très remarquable Chambreuil, de MM. Clamour, Coste, Jean d'Yd, Flateau, Person-Dumaine, Dubus, Denis d'Inès, etc., etc. — ils sont cent !

Et c'est, côté cour et côté jardin, une belle bataille !

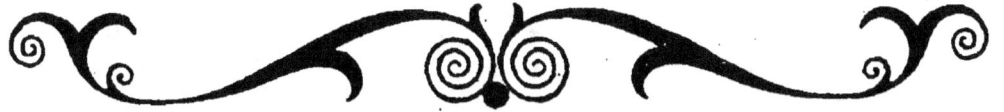

AU VAUDEVILLE. — *Le Tribun*, chronique, de M. Paul Bourget.

Voici un fait divers d'une intensité tragique et éternelle : un père a pris son fils en flagrant délit de vol. Affreusement héroïque, il fait chercher la gendarmerie. Les deux êtres restent ensemble, étrangers, ennemis, muets. Tout à son devoir, le père ne connaît plus l'enfant qui a failli et l'abandonne à son destin, à la prison, au bagne : la honte ne remonte pas. Tout à coup le jeune homme lâche une plainte, une demande désespérée :

— Papa, faut-il que je me tue ?

Et le justicier hésite, tremble, étouffe : la mort ? la mort ! il n'avait pas songé à cela ! Ses préjugés, ses idées, tout disparaît devant l'instinct, devant la tendresse sauvage de l'animal humain qui a donné la vie : il capitulera, avec armes, bagages, dignité et conscience. Et quand la gendarmerie viendra, il la renverra : elle s'est trompée d'étage ! Il y a là un silence angoissé, ahanant, affolé qui est plus éloquent que toutes les paroles et dont Lucien Guitry a fait une des plus belles choses du monde, une des plus grandes sensations de théâtre et de vie — et il a triomphé inoubliablement.

Mais à cette scène qui se suffit à elle-même et qui suffit à l'émotion de cette soirée et des soirées qui viendront, en nombre, M. Paul Bourget a soudé des scènes moins directes et deux actes de paroles, de théories et de démonstration qui pourraient être facultatifs.

Ce n'est pas que l'auteur de *la Barricade* ait voulu faire violemment œuvre sociale et polémique animée : son drame est intime et chante la famille pour elle-même. Prédicateur, il a choisi comme avocat du diable un socialiste de marque et de poids, un philosophe ou plutôt un professeur de philosophie (ce qui n'est pas la même histoire), nietzschéen et nihiliste, président du conseil des ministres, par surcroît, voulant supprimer absolument l'autorité paternelle, le mariage, l'héritage et ne reconnaissant que l'individu, la responsabilité personnelle.

Donc le citoyen Portal, universitaire incorruptible, président et ministre de l'Intérieur, a son jeune fils Georges comme chef de cabinet et n'en est pas très content. C'est fâcheux, car l'homme d'État, théoricien éloquent jusqu'à être nommé familièrement « le Tribun », est plein de projets et à la veille de réaliser ses chimères. Il va ruiner ses adversaires politiques, les ignobles modérés, grâce à un scandale de corruption sur les fournitures de la marine : on tient les coupables et un carnet de chèques secret livre les parlementaires et leurs tenants. Là-dessus, un vieil ami de Portal, un socialiste de la première heure, le bailleur de fonds des débuts, Claudel, a un malheur. Bijoutier, il s'est laissé voler un collier qui n'était pas à lui : c'est la faillite, l'expatriation, avec sa charmante femme et ses tout petits enfants. Et il n'y a rien à faire : les Portal sont glorieusement pauvres ! Voici le malheureux : il n'est pas tout à fait perdu et n'y comprend rien : il vient de recevoir cent mille francs, comme prémisses d'une restitution anonyme. D'où vient cet argent ? Il faut retrouver l'expéditeur — et le ministre convoque l'employé des postes, interroge, s'inquiète et s'agite.

Il y a de quoi ! Que trouvons-nous dans sa bibliothèque, au début du second acte ? La corruption, en double exemplaire ! Le terrible Moreau-Janville, corrupteur en chef, et le sous-corrupteur Mayence, son âme damnée, l'homme au carnet de chèques — et le carnet de chèques a disparu ! En présence du ministre, les deux aigrefins *crânent* : ils le croient complice et l'ingénu Mayence le lui dit, simplement. Portal l'étrangle à demi et le chasse. Mais les excuses ironiques de Moreau-Janville et son impudente sérénité apprennent au père la hideuse vérité : c'est son chef de cabinet, son fils Georges, qui a vendu cent mille francs l'arme, la preuve, le carnet de chèques, c'est lui qui a envoyé ces cent mille francs criminels à Claudel dont il aime la femme ! Et le théoricien, le socialiste, le vertueux amoral voit monter à l'horizon dans la chair de sa chair la trahison, la vénalité, toute l'horreur ! Il n'est pas responsable : il n'a jamais voulu peser sur l'instruction, sur l'éducation, sur la conscience de son fils ! Il livrera à la justice les trois coupables. Le temps de confesser Georges en cinq sec, à la laïque, et le procureur de la République est mandé dare-dare, par téléphone. J'ai dit le coup de théâtre qui termine cet acte, en fanfare. Le procureur arrive pour annoncer un non-lieu !...

Mais ce n'est pas fini. Nous n'avons vu que des individus : place, place à la famille, la famille, seul héros de cette pièce, la famille, panacée sociale de M. Bourget, la famille, cellule primordiale de l'édifice humain ! Car c'est cette conception romaine qui arrange tout en détruisant tout, au reste. L'excellente Mme Portal, trop tard maman, donne tout pour rembourser les corrupteurs, Portal tâche à ne plus songer à son fils, mais la nature est plus forte : il en arrive à se considérer comme solidaire et responsable : c'est sa faute.

« Et j'ai vu mon péché se lever contre moi ! » L'arrivée du bijoutier Claudel qui a retrouvé son voleur et son collier, qui sait d'où viennent les cent mille francs, qui sait la trahison de sa femme, qui sait la complicité morale du ministre, fait des reproches et des larmes. Il n'a pardonné, lui, qu'à cause de son petit garçon ! Portal ne frappera-t-il pas son fils coupable ? Il l'a déjà frappé et exilé ; il ne gardera pas son portefeuille ; il partira en croisière avec sa femme, après avoir embrassé Georges repentant et abandonné de sa maîtresse. Le bijoutier part, lui aussi, avec sa femme reconquise et ses enfants sauveurs. Le monde est si petit : tous ces gens se retrouveront. Portal, converti au culte de la famille, sera chef d'un cabinet conservateur après avoir commandé en chef un cabinet socialiste. Ce sera une autre pièce — la même peut-être — mais ce n'est pas M. Bourget qui l'écrira.

Il a écrit celle que je viens de conter avec une simplicité dépouillée : il n'y a même pas assez d'ornements et pas assez d'éloquence. C'est de confiance que nous devons accepter « le Tribun » ; nous ne le voyons pas en pleine action ; il est en conversations, pas en discours ; sur le gril, non en flammes. C'est un pauvre homme, un honnête homme dévoyé, qui manque d'idéal divin : l'auteur de *l'Etape* l'a peint avec un dessein de loyauté inattaquable, mais il l'a peint menu, étroit, vulgaire et sans défense. L'existence nous a réservé de plus pathétiques exemples. Le devoir civique doit l'emporter sur des traverses plus intimes. Je sais bien que Portal dit à un de ses collègues que la fuite de sa femme ne compte pour rien et que M. Bourget goûte une exquise ironie à montrer qu'une blessure personnelle a, pour un socialiste comme pour un autre, plus de cuisant que la blessure d'un autre. C'est là jeu de prince et facile.

En abandonnant pour une mésaventure, son poste de combat, l'irréductible tribun pourrait être taxé de désertion, mais il plante là aussi ses idées et alors ! Un professeur de philosophie, ça change !

Shakspeare fait dire à Henri V : « Ainsi, si un fils envoyé faire le commerce à l'étranger se conduit criminellement sur mer, son crime sera imputé à son père !... Non ! non !... le père et le maître ne sont pas responsables de l'état dans lequel meurent fils et serviteurs ! » Vous me direz que personne ne meurt dans *le Tribun* ; que Shakspeare est Shakspeare, et M. Bourget, M. Bourget ; que Shakspeare ne faisait pas de pièce à thèse et à portée politique ; que Paul Bourget fait pour un parti ce que Beaumarchais fit pour un autre parti... Mais je ne vous suis pas : l'auteur de *Crime d'amour* nous a simplement donné une anecdote qui a des conclusions, comme tout au monde.

Je ne saurais assez redire combien Lucien Guitry a été grand, poignant, magnifique. Sa confiance, sa foi, sa colère, son effondrement, son effort pour revivre, c'est de la beauté et la beauté même. M. Lérand a été, comme toujours, parfait dans un rôle de vieux professeur bohème, bienfaisant et tutélaire ; M. Joffre a dessiné un coquin tranquille avec majesté et M. Jean Dax une crapule bavarde avec agitation ; M. Mosnier a été un bijoutier héroïque ; M. Henri Lamothe (Georges) a du feu, de l'amour, de l'accablement et de la tendresse ; MM. Baron fils, Maurice Luguet, Vertin, Chanot et Guilton sont excellents.

Mme Grumbach (Mme Portal) est exquise de sensibilité grondante et de sensibilité douloureuse, Mme Henriette Roggers (Mme Claudel) est une femme adultère de vitrail, déjà pardonnée et si dolente ! Ellen Andrée est une vieille servante d'honneur et de dévouement digne de Balzac et d'Henry Monnier ; Mlle Terka-Lyon est une exquise postière, Mme Marcelle Thomerey est toute charmante. Pour que cette pièce de famille fût plus familiale encore, Lucien Guitry, après avoir essayé toutes les têtes des ministres d'hier et d'avant-hier, s'est fait semblable à son fils Sacha, autre triomphateur. Et le voilà qui a été premir ministre dans *la Griffe*, de M. Bernstein, le voilà premier ministre dans *le Tribun* ! Il piétine sur place. Mais je sais quelqu'un qui a pour lui un rôle d'empereur !

THÉATRE DE LA RENAISSANCE. — *La Gamine.*

C'est une très jolie chose que le premier acte de la nouvelle comédie de MM. Pierre Veber et Henry de Gorsse. Nous sommes à Pont-Audemer, chez les vieilles demoiselles Auradoux. Pour augmenter leurs petites rentes, elles ont pris un pensionnaire pour la saison, le célèbre peintre Delaunoy, membre de l'Institut, officier de la Légion d'honneur, qui les scandalise par son impiété et sa liberté et qui a fait une immense impression sur leur jeune nièce, Colette, dont les dix-huit ans sont impatients, dont la langue a des audaces et qui — abomination de la désoiation ! — vient de portraicturer, d'après nature, un homme tout nu, un homme de cinq ans ! Il faut la marier tout de suite. On la mariera au fils du notaire, le jeune benêt Alcide Pingois. Maurice Delaunoy, consulté par la pauvrette, l'engage à ne pas se laisser sacrifier et s'en retourne à Paris. Voici les fiançailles, le notaire, la notairesse, de braves dames, le bon curé. Il ne manque que la fiancée qui s'est donné de l'air et qui, pour ne pas épouser un type qu'elle ne peut pas aimer, s'est enfuie au bout du monde, — à Paris. C'est plein d'observation, de fantaisie, de légèreté, de détails exquis. Mais, enchaînons !

C'est à Paris que nous retrouvons Maurice Delaunoy, parmi des amis, le sculpteur Simoneau, le commissaire amateur Vergnaud et son jeune élève Pierre Sernin, né natif de Pont-Audemer, comme Colette elle-même. Il reçoit avec attendrissement un ancien modèle, Nancy Vallier, devenue sociétaire de la Comédie-Française, et lui donne rendez-vous dans la nuit. Mais voici une hôtesse imprévue, Colette fugitive, Colette vagabonde, qui demande asile avant d'aller se jeter à la Seine. Le peintre s'émeut un peu et cède ; le commissaire Vergnaud, revenu sur mandat, exprès pour rechercher la mineure disparue, s'émeut et ne recherche pas plus avant. Mais la triste Colette pleure parce que Nancy Vallier est revenue et que Delaunoy l'accompagne coucher.

Ça se précise, se précipite et se gâte. Maurice Delaunoy fait, comme de juste, pour le Salon, le portrait de Nancy Vallier — et ça défrise la jeune Colette. Elle confesse son *pays*, Pierre Sernin, en se confessant à lui ; apprend de lui qu'il l'aime en lui apprenant qu'elle aime le maître Delaunoy, — et c'est très délicat — ; les deux jeunes gens ne veulent pas se comprendre ; Delaunoy ne veut rien entendre non plus, car ses cinquante années sonnent terriblement à ses oreilles et à ses artères : c'est en vain que Colette agonit d'injures la douce Nancy : c'est *à l'œil* qu'elle dégrade son effigie ! Il faut que, dans un mouvement nerveux, elle se laisse aller à embrasser le compatriote Sernin pour que le maître vieillissant comprenne son sentiment : il chasse son élève et accepte le bonheur !

Hélas ! hélas ! Il va cuver sa félicité dans le décor ordinaire des quatrième actes — ai-je dit que les décors de Lucien Jusseaume sont charmants ? — et là, ça se décolle. Les vieilles tantes de Colette se sont mises à ses trousses, et son ancien fiancé, Alcide Pingois, passe par hasard, en galante compagnie, au Cap-Martin — car nous sommes au Cap-Martin — et le commissaire Vergnaud, en l'envoyant au Moulin-Rouge, l'a condamné à la noce à perpétuité. Mais ces dangers extérieurs ne sont rien : la blessure est profonde. Delaunoy qui veut épouser Colette a peur, peur d'elle et peur de soi. Colette épouse par obéissance et par indulgence : ce n'est plus ça ! Un hasard, la découverte d'un chiffon de lettre, inspire au peintre quinquagénaire un héroïsme joli : il renonce à Colette, la donne au jeune Sernin — et vieillira le plus lentement possible avec la fidèle Nancy Vallier. Et c'est mélancolique, gentil, consolant, un peu long — et ça finit bien en faisant un peu mal.

Cette pièce, écrite avec soin, d'une conscience qui se fait sentir dans ses outrances mêmes, est philosophique et traditionnelle : elle se dresse contre le prestige moderne des cheveux gris, mais elle y met le temps et nous rend sympathique le don Juan palmé en vert qu'elle doit abattre. Alors ? Il y a là un peu d'indécision et de lenteur, de flottement et de vague. Mais ça se tassera, ça doit déjà s'être tassé — et ça ira très bien.

La gamine, c'est Lantelme — et comment ! Cette Colette mal embouchée et de cœur profond, qui tire la langue et qui a des sursauts et des délicatesses d'âme unique, qui s'attendrit et qui se cache, est très amusante, très émouvante, et c'est une création véritable. Catherine Laugier est très élégante, très sincère en Nancy Vallier ; Cécile Caron est très curieuse, parfaite en vieille fille et Delys aussi, et Irma Perrot *itou* ; Vermell, Gravier, Guizelle, Faviel, Cardin, Carlovna et Margane luttent de charme, de simplicité et d'esprit.

Maurice Delaunoy, c'est M. Candé, qui a la plus grande autorité et le plus profond sentiment ; sa rentrée a été impressionnante : on retrouvait Guitry dans son ancien chez soi. M. André Dubosc (Vergnaud) est joliment fantaisiste, M. Capellani a un dévouement spirituel, M. Bullier a la plus chaleureuse jeunesse, M. Berthier a une onction savante, M. Cognet une bonhomie très fine; enfin, M. Victor Boucher a été tout à fait délicieux dans le personnage bégayant et divers d'Alcide Pingois.

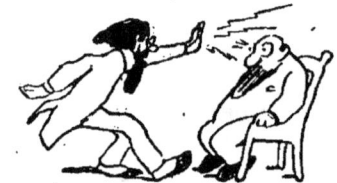

A L'ATHÉNÉE. — *Maman Colibri*.

Depuis sept ans, l'harmonieuse et douloureuse tragédie d'Henry Bataille est restée dans toutes les mémoires et dans tous les cœurs: c'est de l'histoire. C'est une date de passion, d'enthousiasme et d'amertume, de foi physique et sentimentale, d'inquiétude, de damnation et de martyre voluptueux. Mais l'auteur de *la Vierge folle* a trop bien parlé de sa constante intention, de son cycle, de son œuvre complète et à compléter pour que je me permette la moindre glose et la moindre louange.

Cette lutte de l'âge, du devoir et de l'instinct, de la liberté, du besoin d'aimer envers et contre tous, cette quête de souffrance et de dévouement, sous les couleurs de la joie, cette soif de se donner, cette apparence d'inconscience prêtée à l'abnégation et au sacrifice, cette grâce qui indispose jusqu'au malaise et qui est la grâce même, la misère de l'idéal, l'horreur du délire, l'étranglement du rêve, vous connaissez tout cela, si vous connaissez Henry Bataille, — et c'est dans *Maman Colibri* que vous trouvez, avec plus d'intensité et de netteté que partout ailleurs, son éternité, son immensité en présence des lois et de l'existence mortelle.

Vous vous rappelez le thème que Catulle Mendès commenta, en le chantant : à la veille de la quarantaine, trop jeune mère de grands enfants dont elle semble la sœur cadette, pépiante, gênée de ses ailes repliées, n'ayant pas assez d'amies pour tous ses sourires et ses rires, Irène de Rysberghe a adopté un nouvel enfant de chair et puise une jeunesse neuve dans les caresses d'un camarade de son fils, le vicomte Georges de Chambry. Richard de Rysberghe se doute de l'horrible chose. Le père Rysberghe aussi ; des scènes, des pièges. La pauvre Irène est chassée de la maison, abandonnée à son péché. Elle suit son triste petit amant qui est incorporé aux chasseurs d'Afrique — et c'est une idylle à Mustapha, la lamentable idylle d'un jeune homme qui s'ouvre à la vie, d'une femme qui se sent vieillir, qui se sent délaisser et qui abdique peu à peu, vite, en dignité. C'est le départ devant une jeune fille quelconque, mais jeune ; c'est la ruée vers la famille qui se dérobe, vers un fils marié dont la femme ne veut rien savoir, vers un mari très digne qui ne peut pas pardonner, vers la vieillesse, enfin, la vieillesse définitive et serve. Maman Colibri devient une grand'mère, à peine acceptée, un meuble d'affection tolérée, de tendresse humiliée.

Vous savez tout ce que cette aventure recèle de détails, de couplets, de poésie. Et ç'a été très bien joué. Kemm a une autorité, un sentiment profond et caché dans le personnage du baron de Rysberghe ; Marteaux est un fils indigné et attendri ; Puylagarde a de la fougue, de la passion, de la nonchalance — et une bien étrange ceinture d'uniforme. MM. Cazalis, Larmandie, Roch, etc., sont parfaits. Mlle Alice Nory a de l'espièglerie et du charme, Mlle Goldstein est exquise, Mme Fournier est très vraie et très intéressante, Mme Henriette Andral aussi, ainsi que Mmes Jane Loury, Dubreuil, Russy, Lindsay et Zorn, ainsi que les aimables petites moricaudes Lubineau et Decreq.

C'est Berthe Bady qui porte tout le poids, tout le cher fardeau de la pièce. Elle est admirable. Riante et gloussante, transfigurée de volupté, illuminée de la splendeur d'une jeunesse nouvelle et d'une nouvelle vie, se donnant toute et sans cesse, creusant à même la déception et la douleur, elle exprime, rythmiquement, toute la confiance et tout le désespoir, incarne le septième ciel et les derniers cercles de l'enfer, la joie animale et supra-terrestre et la pire déchéance consentie : c'est la vie elle-même — et quelle vie !

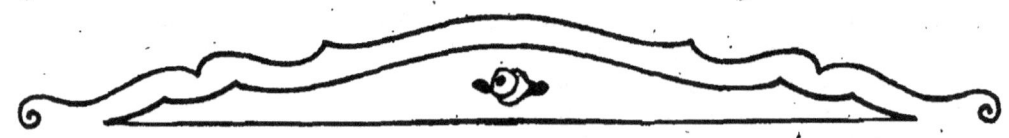

A L'ODÉON. — *Rivoli*.

M. René Fauchois est tout amour. Il s'éprend véhémentement des sujets qu'il rencontre au hasard de la fourchette, s'échauffe, s'inspire par auto-suggestion et nous sert son enthousiasme en ébullition : ça « rend » parfois. Ah ! les beaux soirs de *Beethoven* ! Mais ça peut aussi ne pas « rendre » ! *La Fille de Pilate* et *Louis XVII* avaient eu des douceurs pour l'auteur de *l'Exode*, et voilà qu'il se jette, les bras ouverts, le cœur débordant, vers Napoléon Bonaparte ! C'est un morceau plus difficile. Il ne veut pas être chanté en passant. Il exige le don de l'être entier, de la vie entière, du cœur et de l'âme, de la foi totale, de l'énergie absolue. La gentillesse de René Fauchois ne peut aller jusque-là. Il a découvert Bonaparte comme il a découvert Jean Racine — et c'est l'espace d'un moment. Il ne faut donc pas s'étonner si le téméraire dramaturge s'aveugle, s'obstine, se désarçonne, s'il erre dans les redites et piétine dans de l'attendu, avec la plus belle santé, au reste, et une bonne volonté qui rime.

Quelle aventure ! André Antoine reçoit *Rivoli* sur son seul titre : Fauchois va étudier et faire sa pièce en Italie, retrouver sur place, reconstituer, recommencer la victoire, redevenir, devenir Bonaparte lui-même jusques à vouloir jouer son héros en personne, sur le théâtre de la guerre et le second Théâtre-Français ! Il a le généreux dessein, l'admirable illusion de happer l'âme des foules errantes, dénudées et armées, des généraux avides et affamés, du chef maigre et prédestiné, des drapeaux, des canons, des chevaux, l'âme même de la liberté et de la conquête, l'âme de Bellone aussi qui, voici plus d'un siècle, régnaient sur ces plaines et sur l'histoire, et voilà un *mélo* sans action, un panorama sans largeur, pas même un cinématographe ! Et c'est une prose bourgeoise, ce sont des vers bourgeois !

Donc, nous voyons l'armée d'Italie, sans pain, sans souliers et sans peur. Il y a des propos sans atticisme et un relâchement très sans-culotte, de la neige et de l'ennui. Les généraux pestent contre leur nouveau chef, Buonaparte, qui est trop jeune ; mais le vieux Sérurier lui obéira parce qu'il a le culte de la discipline. Le voici, le chef : à vos rangs, fixe ! Et la prose, instantanément, devient du vers.

Des mois ont passé, cueillant des lauriers. Ç'a été Arcole, Montenotte, Lodi. Les généraux ont de l'enthousiasme pour leur supérieur. Mais celui-ci est sans tendresse. A Augereau, à Masséna — notre national Edouard Gachot ne sera pas content — il reproche des déprédations, des vols, des concussions. Il les confond si bien qu'ils ne songent plus qu'à vaincre et à mourir pour lui. Là-dessus, Bonaparte attend sa femme qui est à Milan : elle ne vient pas ; elle est enceinte ! Joie du jeune général : il a le temps d'aller la rejoindre, la surprendre à franc étrier avant que de voler au secours de Joubert qui est en danger.

C'est l'autre danger — ou le danger de *l'autre*. Joséphine, la langoureuse Joséphine, est en galante conversation avec un bellâtre, le capitaine Charles, des houzards. Horreur ! Douleur et colère du héros qui s'aperçoit de son infortune, qui livre le séducteur aux bureaux — il n'en sortira plus car il n'est pas digne de combattre — et qui renvoie l'épouse adultère à Paris : la bataille du lendemain n'a plus de rivale !

On m'excusera d'avouer ici ingénument ma gêne : j'ai pour Napoléon Bonaparte un culte absolu. Je ne veux pas le voir en posture de mari trompé. Que m'importe cette misère domestique ? La seule misère de Napoléon est une misère publique, immense, divine : Waterloo, Sainte-Hélène ! Je l'ai ici, à vingt-sept ans, lourd de son génie, dans toute son action, dans toute sa pensée, éployant ses ailes, mordant à même la gloire, les pays, les peuples, terrassant le monde, à mesure, faisant de sa jeunesse pensante un levier infini, une éternité conquérante : vous me jetez à travers ce miracle, René Fauchois, un désespoir misérable ! Vous mêlez à sa divination militaire, à l'acte suivant, des souvenirs empoisonnés, une affreuse pitié qui lui fait absoudre un soldat assassin par jalousie, vous lui faites, lui-même, désirer la mort ! C'est de l'humanité, du réalisme ? Qui vous en demande pour Bonaparte ? Vous faites intervenir — et vous n'êtes pas encore William Shakspeare — l'ombre de César pour lui apprendre qu'il n'est pas le seul cocu de l'état-major général des siècles, et qu'il a à songer à son armée, à son avenir, à son immortalité !...

Ah ! ce monologue et ce dialogue ! Je n'ai pas vu Jules César — et j'en suis heureux. J'imaginais le vrai Bonaparte brûlé d'une fièvre sereine, vivant d'avance toute la bataille, aile par aile, carrés par carrés, faisant en soi, par soi, la mise en place de toutes les batteries, de tous les mouvements, de tous les à-coups, vivant, si j'ose dire, les deux armées, à lui tout seul, s'épuisant en calculs, en désir, en besoin de vaincre pour s'endormir à la première fusillade, à la première volée de canon : il avait gagné son repos ; la bataille était gagnée !...

Ici nous avons la bataille, rideau baissé, comme dans le *Bacchus* de notre Mendès et de M. Massenet. Nous avons des sonneries, des chants, des bruits de charge et de mousquetades ; nous avons, rideau levé, l'odeur du triomphe, des drapeaux ennemis couchés en tapis sur lesquels Lasalle, demi-nu, vient s'étendre avec son cheval...

Et je ne sais pas si le triomphe passe la rampe.

La défense est héroïque. M. Desjardins est un Bonaparte grave, inspiré, sévère et prédestiné. M. Chambreuil est un Augereau violent et dépité. M. Grétillat, un Masséna impulsif et déférent. M. Colas est l'irrésistible et infortuné capitaine Charles. M. Vargas est le digne Sérurier. M. Flateau, un assez pâle Joubert (eh ! eh ! Fauchois, le connaissez-vous bien ?). M. Hervé est un beau Marmont. M. Person-Dumaine, un joli Junot, M. Raymond Lion, un séduisant Duroc, M. Maupré, un mignon Louis Bonaparte (avec d'étranges épaulettes). Lasalle, c'est M. Gay qui caracole chaleureusement. M. Coste est un grand-père Hugo sans souliers. M. Jean d'Yd est un pauvre berger. MM. Desfontaines, Denis d'Inès, Dubus, Clameur, de Canonge, etc., ont de la gueule et de la voix sous leurs haillons d'uniformes. Mlle Lucienne Guett est une Joséphine langoureuse, pâmée et prostrée, fort belle ; Mlle Barjac est une confidente futée et Mlle Rosay est une brave cantinière. La mise en scène est simple, comme il convient à une pièce républicaine ; les bruits de bataille ne dépassent pas le fracas d'un 14 juillet dans un chef-lieu de canton — et c'est tant mieux pour nos oreilles, — il y a des chefs d'escadrons de dragons qui ont des crinières de trompettes, des soldats de grosse cavalerie qui ont des casques — déjà ? — des plumets, et des chapeaux sans plumes, des culottes, même, qu'on n'attendait pas. André Antoine me dira que, à son âge, Napoléon était mort ; mais il a encore les yeux de Bonaparte. Et c'est toujours ça !

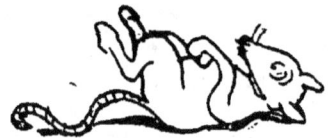

AU THÉATRE ANTOINE-GÉMIER. — *Marie-Victoire.*

Salut et fraternité, citoyennes et citoyens ! Voici du beau spectacle émouvant et habillé, de l'histoire en tranches saignantes, des épisodes tricolores, de l'angoisse rouge, de l'idylle noire, du tambour, des clairons, des foules sur scène et à la cantonade, de l'amour et de l'héroïsme conjugal, des prisons et un tribunal, bref, ce qu'on appelait, à l'époque, un « pot-pourri révolutionnaire ». Les quatre actes et les cinq tableaux de M. Edmond Guiraud découpent, en jolie intensité, sept ans de la vie nationale, à l'époque héroïque. Et il y a des chants et des fleurs jusque dans les geôles et au pied de l'échafaud. Rassurez-vous, au reste : ici l'on danse et l'on étrangle ; on n'y guillotine point.

Nous sommes à Louveciennes, en septembre 1793. Le ci-devant comte Maurice de Lanjallay et sa délicieuse épouse Marie s'adorent en ce décor champêtre, en dépit de la loi des suspects. Ils ne conspirent pas et ont invité à déjeuner leur ancien aide-jardinier, Simon, devenu député à la Convention et poète élégiaque, cependant que leur ancien jardinier en pied Cloteau, devenu adjudant de section et geôlier, jette un œil sur les rosiers et les ifs. Le malheur veut qu'ils aient convié aussi le chevalier de Clorivière, qui vient, au débotté — et en bottes — de l'armée de Condé, et qui est suspect à plein nez. S'il n'était que ça ! Mais il aime sinistrement Marie de Lanjallay, fait partir au fin fond de la Bretagne le pauvre Maurice et son fidèle écuyer, le marin Kermarec, pour pouvoir pousser sa pointe à la comtesse isolée. Mais les officieux, qui gardent des âmes de valets, ont dénoncé leurs maîtres et leurs hôtes. Suspects, suspects, suspects !

Aussi, nous sommes en prison, depuis près d'une année. On ne s'ennuie pas. A part une fille d'Opéra, quelques républicains, dont Simon et un vague prêtre jureur, il n'y a là que la meilleure société, marquises et marquis, mousquetaires et gendarmes rouges — ils sont habillés en blanc, — dames d'honneur et chevaliers de Malte. On rit, on joue, on batifole, et les souvenirs de la cour, l'attente de la Mort mêlent l'insouciance à l'élégance, le sourire à la stoïcité. Vivons puisque Samson est là avec sa *Louisette* ! Mais la comtesse Marie, malgré tout, ne songe qu'à son époux qu'elle sait mort ! Et le chevalier de Clorivière en est pour ses frais. Ajoutons que le girondin Simon est un peu là, aussi, car il aime son ancienne patronne d'un amour muet. Enfin, le geôlier, c'est Brutus Cloteau, qui est brutal et féroce, avec des chiens de police — déjà ! — quand il promène dans sa prison un représentant du peuple, mais qui est un père pour ses détenus. Hélas ! voici la liste fatale des victimes de demain : Marie en est, Clorivière aussi, le prêtre jureur *itou* et une novice de dix-sept ans ! Fatalité ! Cloteau ne peut qu'embrasser son ancien ami Simon et étrangler un mouchard, un de ces faux accusés que nous révèle *l'Almanach des Prisons* !

Mais c'est plus triste pour Marie. Une émotion bien naturelle la fait défaillir entre les bras du chevalier : elle n'a plus rien à perdre que la vie. Et elle n'a pas l'excuse de l'Abbesse de Jouarre : elle a connu la tendresse. Mais la mort !... la mort !... Et c'est la délivrance qui vient, c'est le 9 thermidor, la chute de Robespierre : on entend battre la géné-

rale, passer les charrettes, hurler la populace... Marie va sortir de geôle...
Et l'honneur ?

Six ans ont passé. Marie a renoncé à son premier prénom. Elle s'appelle Victoire et a une maison de modes, sans parler d'un petit enfant, le charmant Georges. Ça va, les affaires : l'ancien jardinier, l'ex-geôlier Cloteau, a l'œil à tout. Victoire est triste, mais c'est Noël : on réveillonnera. Hélas ! voici le passé, voici le père de Georges, le chevalier de Clorivière, qui vient en passant, pour ne plus revenir ; il embrassera son fils. Et voici le fidèle écuyer du comte de Lanjallay, le marin Kermarec, qui sort de l'enfer. Attendrissement de Cloteau. Il le prépare à l'histoire du gosse, et le marin pleure : ça lui est arrivé, à lui ! Mais il n'a pas le temps de mettre au courant son maître qui est vivant, bien vivant, qui embrasse sa femme et qui, après une explosion effroyable — c'est l'attentat de la rue Saint-Nicaise — voit arriver, en chemise, un enfant qu'il ne connaît pas, voit jaillir un Clorivière qu'il connaît trop, voit que l'un est le père de l'autre... Ah ! les gendarmes peuvent se précipiter et l'arrêter, lui, l'innocent Lanjallay ! Le tribunal criminel peut le condamner ; il ne tient pas à cette sale existence ! Il faut que son admirable épouse lui serve — étrangement — de défenseur officieux, qu'elle conte merveilleusement la vérité, qu'elle plaide avec tout son cœur pour qu'il se résigne à vivre et à être heureux, d'autant que — enfin — le chevalier se brûle la cervelle en criant : « Vive le roi ! »

Ce drame — on peut s'en rendre compte — est copieux et nourri. Il a des lenteurs et des rebondissements, de l'éloquence et de la fantaisie, de l'émotion et de l'attendrissement, du mouvement et de l'harmonie : on chante, et c'est frais et joli.

Andrée Mégard (Marie-Victoire) n'avait qu'à paraître pour être acclamée. Après son accident !... Mais elle a tenu à mériter son ovation préalable — et elle a été émouvante, gracieuse, éloquente. La petite Gentès (le petit Georges) a été étonnante, comme toujours ; Mlle Jeanne Fusier a été virginale et touchante ; Mlle Mirval a eu de la violence, Mlle Miranda du charme et de la finesse ; Mmes Noizeux, Modave, Deredon, Batia, Martia ont été excellentes.

Le chevalier, c'est Frédal qui est séduisant et infernal. Clasis (Kermarec) a une bonhomie cordiale et savante ; Reusy (Simon) a de l'accent et du sentiment ; Déan est un traître bien venu ; MM. Rouyer, Lluis, Saillard, Marchal, Préval, etc., etc., font des personnages admirables. Gémier (Maurice) est naturellement magistral. Enfin, dans le rôle de Cloteau, Duquesne a eu vraiment tous les tons et toutes les âmes, tous les dévouements, tous les sentiments : c'est un très grand artiste,

7 avril 1911.

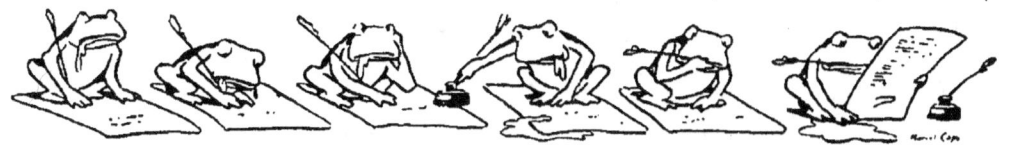

A LA COMÉDIE-FRANÇAISE. — *Le Goût du vice.*

C'est un adorable feu d'artifice auquel — peut-être — il manque une pièce.

L'auteur du *Duel* est un délice vivant, pensant et souriant. Il n'est pas dévoré de ces « haines vigoureuses » qui sont chères au misanthrope. Il goûte un innocent plaisir à stigmatiser en demi-teinte, à railler à la détrempe, à condamner avec sursis — et la douceur même qu'il éprouve à observer, l'amusement qu'il ressent à décortiquer ses fantoches l'inclinent à la pire pitié, au plus impardonnable pardon. Ah ! quelle jolie âme a Henri Lavedan ! Et comme le titre de sa nouvelle comédie était déconcertant !

Le Goût du vice ! C'est énorme ! On imagine les plus effroyables perversités, les monstruosités les plus inattendues. Il y faut cet Hercule qui nettoya les écuries d'Augias et le feu du ciel qui anéantit Sodome et Gomorrhe ! Mais la Comédie-Française et quatre actes, c'est court ! Le très agréable ouvrage que nous avons applaudi et qui sera fort applaudi nous offre un dialogue toujours rebondissant, une fantaisie diaprée, un tourbillon de *mots*, d'à peu près, de formules heureuses autour d'une aventure conjugale qui finit bien, autour d'une singerie, si j'ose dire, de sensations, qui ne dépasse pas la conversation. C'est une idylle, et voilà tout — une idylle qui prend par le plus long et où deux braves époux n'apprennent à se connaître qu'à quelque mois et à quelques kilomètres d'une sacristie parisienne. Il n'y a pas ombre de vice là-dedans : il n'y a guère que du goût — et c'est beaucoup.

Contons :

Mme Lortay est une excellente mère, dévouée jusqu'au sacrifice. Restée veuve, de bonne heure, d'un chef de bataillon d'infanterie, elle s'est consacrée entièrement à son fils André qui, aujourd'hui, a vingt six ans. Elle l'a laissé vivre sa vie et n'a pas contrarié sa vocation, si j'ose m'exprimer ainsi. Car André Lortay s'est avisé d'écrire — pour ainsi parler — des romans libidineux à titres de scandales et qui *tirent*, qui *tirent !* C'est une bénédiction, — une bénédiction immorale et laïque. La toute bonne Mme Lortay corrige les épreuves de son fils, vit avec lui en camarade, va avec lui aux spectacles les plus *ohé-ohé !* et, je crois, à certains bals de mi-carême. Elle est fière d'une correspondance amoureuse qu'il entretient avec « une inconnue » et conte tout cela à l'austère critique Tréguier, quadragénaire ingénu, ami sûr. Elle ne craint qu'une chose, la vénérable dame : l'amour de son fils pour la fille de son éditeur, Lise Bernin. Cette demoiselle est trop évaporée, trop jupe-culotte : quelle tenue ! quels propos ! Et la voici. Mme Lortay s'éloigne. L'héroïque Tréguier s'offre à la terrible donzelle : il a cru lire en elle et elle n'est pas si atroce que ça ! Mais Lise rit du soupirant : elle est vicieuse, vicieuse, et ne peut épouser que le vice lui-même. Ce qu'elle fait tout de suite, non sans lutte, après avoir prouvé à André qu'elle est l'auteur des lettres de l'*Inconnue* et que sa virginité authentique en sait long, long, long !... Et la pauvre maman consent à cette union, les larmes aux yeux.

Nous sommes en Bretagne, au bord de la mer — dans un pittoresque et admirable décor de Lucien Jusseaume. André et Lise — qui s'appelle maintenant Mirette, du nom dont elle signait les lettres de l'*Inconnue*. sont très las, après dix mois de mariage. Ils ne peuvent s'aimer que quand il y a du monde : il leur faut des douaniers pour se baigner ensemble, assez nus ; il faut la présence de l'excellent Tréguier, qu'ils ont invité tout exprès, pour s'étreindre, genoux aux genoux. Ils reçoivent les illustrés les plus dégoûtants, *l'Amoral en action*, *le Petit Trou pas cher*, *l'Echo de Lesbos*, que sais-je ? La maman, qui a teint ses cheveux blancs par ordre, rougit et écrit des lettres anonymes — elle aussi — pour arrêter son fils dans sa littérature. Et Tréguier va s'en aller, d'horreur. Mais il découvre que le livre lu par Mirette, et qu'elle disait être du marquis de Sade, c'est *Paul et Virginie* ! Bon petit masque ! bon petit cœur ! Et voilà qu'André lui dit de faire la cour à sa femme, pour la dégeler ! Voilà que le bellâtre d'Aprieu, qui attendait le mariage de Lise-Mirette pour lui pousser sa pointe, est là, flanqué de sa sainte maîtresse, Jeanne Frémy. Il y a danger ! Tréguier restera, envers et contre tous !

Ça se précipite : André fait la cour à Jeanne Frémy. Mirette s'en aperçoit et est jalouse, mais elle résiste aux instances d'Aprieu comme elle résiste aux sollicitations de son époux, qu'elle ne veut plus connaître. Il ne lui a appris que des caresses d'amant, n'a jamais été qu'un animal d'amour sensuel. Pouah ! pouah ! Elle pousse le verrou, repousse son verrat de mari, repousse, non sans l'aide du providentiel Tréguier, ce voyou d'Aprieu, qui est revenu, et se décide ; elle accepte l'amitié, la tendresse, la passion du tutélaire Tréguier, et sera sa femme réhabilitée et heureuse.

Heureuse ? Tréguier hésite. Il a trop l'esprit critique, cet homme, pour s'en tenir à la communion nerveuse d'un instant ! Il reconnaît et fait reconnaître aux deux époux qu'ils s'aiment toujours, qu'ils commencent seulement à s'aimer. Il se sacrifie. André changera son fusil d'épaule, défendra la morale, et sa mère, après lui avoir donné le titre de son précédent volume : *les Derniers Outrages*, lui dicte celui du nouveau roman : *le Dégoût du Vice !*

Et voilà ! C'est tout plein gentil. Je ne vous ferai pas remarquer que les honnêtes gens sont victimes, que Tréguier et l'admirable Jeanne Frémy restent sur le carreau (espérons qu'ils s'épouseront plus tard) et qu'il n'y a de la veine que pour la canaille : André et Lise sont revenus à la vertu — et ils n'avaient pas grand chemin à faire, ces deux gosses ! Tréguier les traite de fanfarons du vice ! Fanfarons ! Ce sont des enfants qui jouent au satyre et à la goule, à cinq ans, ce sont *les Romanesques* du roman grivois et, pour parler *peuple*, ils ne sont « pas secs derrière les oreilles » : ils y ont de l'encre d'imprimerie ! Ah ! si c'était tout le vice de la terre et, simplement, tout le vice de Paris ! Mais Henri Lavedan ne vise pas à l'éloquence brutale et lointaine du frère Maillard, à la violence de Fournier-Verneuil, à l'éclat de Louis Veuillot ! C'est un certain snobisme qu'il a ridiculisé comme il s'était attaqué jadis, dans *les Médicis*, à un autre snobisme, qui n'est pas enterré tout entier.

Mais sa chronique est si nourrie, si éclatante ! C'est une fanfare, une symphonie de plaisanteries, de maximes déguisées en coq-à-l'âne, de morceaux de bravoure qui ne se prolongent pas, par élégance, de sévérités qui restent légères, d'anathèmes qui sourient. C'est l'Ecclésiaste, un soir de carnaval — et qui va souper chez M. Scribe. Et il y a des braves gens qui se reprennent et qui s'appellent Légion. Et comme Lavedan a un dialogue, un vocabulaire, un argot à lui ! Comme on sent qu'il s'amuse en nous amusant et en musant dans un développement d'*humour* plus ou moins profond ! C'est de l'éblouissement...

C'est très bien joué. Lortay, c'est Dessonnes, élégant, souriant, hésitant et dolent : Granval est un d'Aprieu suffisamment fatal et fat, Léon Bernard est tout à fait remarquable dans son rôle de raisonneur amoureux et de prédicant héroïque (Tréguier). Mme Pierson est une Madame Lortay, merveilleuse d'inconscience maternelle et d'émotion bourgeoise. Mme Piérat (Lise) a une aisance dans l'espièglerie, l'audace, la séduction, une sincérité dans la colère, le dégoût, un abandon, enfin, de grande artiste et Mlle Constance Maille a fait du personnage de Jeanne Frémy un poème de gentillesse de résignation, d'humilité reconnaissante et de fierté pudique digne d'un autre âge : elle est faite pour jouer du George Sand — et ce n'est pas un mince éloge. N'oublions pas Mlle Faylis, soubrette affolée, et M. Chaize, qui porte avec sérénité l'uniforme d'un douanier de côte et qui laisse profaner la mer.

10 avril 1911.

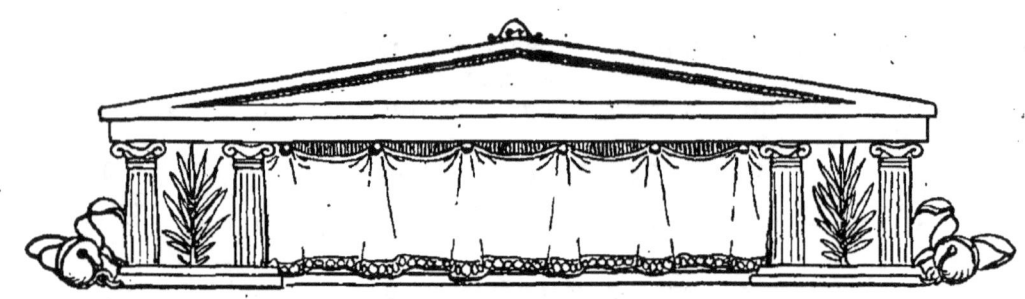

THÉATRE DE L'AMBIGU. — *A la Nouvelle.*

Ce n'est pas à nos lecteurs que j'ai à vanter l'œuvre infini de Jacques Dhur, son éloquence généreuse, à cheval sur toutes les questions, son inquiétude des moindres problèmes économiques et sociaux, sa fièvre de justice et de bonté, son effort pour les faibles, les opprimés, les méconnus. Je n'ai même pas à m'étendre sur la pièce qu'il vient de donner, au théâtre de l'Ambigu-Comique, et qui a fait rire, pleurer, frémir et réfléchir.

Il avait même le droit d'y ajouter de l'orgueil : sa mission volontaire en Nouvelle-Calédonie lui avait permis, non sans travail, de sauver, de réhabiliter des innocents, et il n'a pas voulu que son apostolat fût unilatéral ; c'est trop facile de faire le bien, sur un seul côté de médaille ! Le monde a deux faces : il faut porter ici la lumière bienfaisante et là le fer rouge.

Jacques Dhur n'a pas failli à sa tâche à la fois humaine et providentielle : la merveille est que, parmi les mille besognes de son apostolat, il ait pu parfaire un ouvrage dramatique, alerte, nourri, savant et prenant comme celui que nous avons applaudi hier.

Il nous transporte — c'est le mot — dans un monde assez spécial. Déjà feu Guérin et Paul Ginisty nous avaient donné au Théâtre-Libre ces *Deux Tourtereaux*, où un assassin, je crois, et une avorteuse roucoulaient délicieusement dans leur case de relégués. Ici, c'est plus fort. Nous sommes dans une concession pénitentiaire et confortable de la « Nouvelle ». Le paysage est délicieux et la mer s'étend, si bleue, si bleue ! (Les décors sont de M. Maurice Maréchal.) Il y a là un ancien sergent d'infanterie coloniale, Jean, qui sert de domestique au ci-devant forçat Dumas, et la pure enfant de ce Dumas qui est maintenant propriétaire. Ces deux enfants s'aiment peut-être, mais le bagnard libéré a des dettes, des billets souscrits à un ex-condamné, M. Nantès, qui fut notaire en France, et qui, ici, est usurier.

Cet affreux homme, vieux, inexorable et libidineux, s'est excité sur le frais visage et l'honnêteté de l'adorable Marie Dumas. Et comme le Dumas vient d'amener de Bourail une nouvelle compagne, Marthe — sa première femme étant morte de honte, après quelques mois de colonie, — le hideux Nantès annonce à cette forçate qu'il tiendra Dumas quitte de tout engagement s'il lui donne sa fille en légitime mariage. Entre temps, nous avons vu passer, mendiant sur les routes, la veuve et les petits enfants d'un brave colon libre : l'administration ne fait rien pour les gens qui n'ont pas subi de condamnations afflictives et infamantes.

Mais pour les bagnards libérés ! Ce ne sont que nopces et festins ! Voici, justement, des mariages de libérés et de libérées, à Bourail-les-Vertus. Ce sont six couples assez *dessalés* et qui n'ont rien à s'apprendre ! On apprend à un ex-marlou, Bubu, qu'il n'a pas à exiger de sa femme la moindre fidélité — et qu'il en peut vivre. Et comment ! Et l'on boit, l'on boit, l'on boit ! Un ancien curé, condamné pour viol, l'abbé Poiriès, devenu marchand de légumes, décore tout le monde de ses poireaux ; un autre satyre, gracié de la peine de mort, se fait offrir par une ogresse une jeune proie et l'usurier Nantès vient réclamer son dû, en argent ou en nature. Dumas entre en fureur. Ça va faire du vilain. Mais ça se calme. Cependant, on a vu passer une équipe de forçats en activité qui rigolent un peu moins que leurs aînés.

Il faut, il faut absolument que Marie l'épouse l'ex-notaire. Larmes. protestations. Mais la terrible Marthe en fait son affaire. Et la triste Marie n'a plus d'autre consolation que d'aller pleurer et prier sur la tombe de sa mère, au cimetière de Bourail, où cette infortunée est enterrée à l'abri des forçats. Elle y rencontre l'ex-sergent de marsouins, Jean, qui porte des fleurs à une mère, à défaut de la sienne qu'il n'a pas connue. Les deux jeunes gens se comprennent et s'attendrissent : ils s'aiment ! Hélas ! il y a tant de dangers qui les menacent ! C'est surtout cette Marthe qui veut la donner au notaire ! Mais Marie connaît une cachette où cette mauvaise femme cache ses papiers : on les lira, on saura qui elle est — et on la fera marcher droit. Au bagne, n'est-ce pas ? on aurait bien tort de se gêner.

Horreur ! la lecture des papiers et du *Journal* de Marthe apprend à Marie et à Jean qui est survenu que le dit Jean est le fils de Marthe et que Marthe est à peu près pure ! Jean s'enfuit, éperdu et chassé par Dumas, tandis que Marthe se jure bien d'empêcher le notaire d'épouser Marie !

Précisément, le sardanapalesque Nantès, président du syndicat des forçats, traite magnifiquement le commandant de gendarmerie et sa lubrique épouse. Il n'a que six domestiques, mais quelle morgue ! Il repousse les suppliants, raille un vieux colon libre qui sollicite un prêt et lui dit de revenir « après avoir pris un numéro », après un petit passage au bagne ! Et voilà Marthe qui prie à son tour, qui réclame, qui prend les billets signés par Dumas ! Malheur ! Mais le malheur vient d'une autre main : c'est le vieux colon qui assassine l'usurier pour « prendre son numéro » !

Tout le monde est sauvé. Dumas redeviendra honnête. Jean et Marie s'épouseront, mais Marthe se tue et meurt longuement, pardonnée et bénie par ses deux enfants.

Et c'est un triomphe pour de longs soirs et pour des matinées sans fin. Le peuple vibrera et même cette pièce n'enverra pas beaucoup de costauds au bagne, car elle est morale et ne montre que des exceptions. Je serais tenté de reprocher à Jacques Dhur de ne nous montrer que des forçats vertueux et innocents. L'habitude ! Excepté le hideux satyre Bourbonneau, sorte de Soleilland, l'ogresse Zidore et ce Shylock de Nantes, ce sont des candidats aux prix Montyon. L'abbé Poiriès (Chabert) est l'abbé Constantin de la pègre, onctueux et brave homme ; Bubu (Villé) est un Parigot nerveux et verveux ; d'autres bagnards, merveilleusement incarnés par MM. Lorrain, Harment, Blanchard, etc., ont du bagout, de la voix, du geste, pas la moindre scélératesse. L'équipe de condamnés, conduite par M. Blanchard et menée par le gentil garde-chiourme Gouget, est sympathique et navrante. Le commandant (Duval) est autrement méchant ! Quant aux personnages principaux : jugez-en. Dumas (Dorival) a été envoyé à la Nouvelle parce que, garçon de recette, il s'est laissé dévaliser, étant saoul ; Marthe a été envoyée à Bourail pour avoir eu un amant qui vola avec effraction — et elle est institutrice ! Elle a été, par erreur, inscrite sur les registres de la préfecture ! (Mlle Dux a été, dans ce rôle, très remarquable de férocité, de trouble, de remords, de reprise et de douleur.) Enfin ce ne sont que braves gens. Tant mieux ! La satire sociale n'en a que plus de force à n'avoir pas besoin d'exemples directs. Et le drame est plus puissant à ne pas nous présenter de monstres.

Tel quel, il a triomphé en toute simplicité large et grande. M. Renoir (Jean) est chaleureux et pathétique ; M. Etiévant (le notaire) est effroyable ; M. Monteux (le vieux colon) tire les larmes ; Mlle Bérangère (Marie) est la grâce et l'innocence mêmes ; Mme Petit est une mendiante terriblement touchante ; Mme Frédérique est une commandante trop passionnée et hilarante ; les deux petites Haye sont charmantes et Mmes Blémont, Delys, Beer sont des forçates honoraires, un peu éblouissantes de pelures mais bien cocasses.

Jacques Dhur a connu les joies de l'ovation populaire ; on l'a acclamé à la sortie ; le triomphe est dans la salle. *13 avril 1911.*

THÉATRE DES ARTS. — *Les Frères Karamazov.*

C'est un terrible succès d'horreur, mais profond et pensant. Le théâtre des Arts va connaître à nouveau les beaux jours, si j'ose dire, du *Grand Soir* — et c'est justice. En portant à la scène le dernier roman de Dostoïevski, le plus désespéré, à la fois infernal et divin, celui qui servit de livre de chevet à Léon Tolstoï, fatigué des autres prières, MM. Jacques Copeau et Jean Croué ont un peu diminué, altéré, grossi, interprété ce mystère intime, national et universel ; ils ont, parfois, un peu trop respecté le texte et ses longueurs, mais ils ont su garder assez de son autorité secrète, de sa grandeur barbare, de sa sensibilité effroyable pour que le public, à certains moments, n'ait pas cru avoir le droit d'applaudir, tant son émotion était intense et comme religieuse ! Dans les décors de Maxime Dethomas, dans des lumières démoniaques de M. Jacques Rouché, cette histoire d'Atrides scythes habillés à la mode de 1850 vous prend à la gorge, aux entrailles, à l'âme. C'est atroce — et admirable.

Nous sommes dans un monastère, près de Moscou. Le vénérable et centenaire père Zossima arrive, soutenu par son très jeune disciple Aliocha. Zossima sait et devine tout ; Aliocha est toute virginité et toute ferveur : il est le dernier fils du terrible gentilhomme Karamazov, le plus jeune des trois frères Karamazov (qui sont quatre ou trois et demi, car il y a un bâtard épileptique, Smerdiakov, qui sert de laquais) — et il a à prier pour toute sa famille. Voici un de ses frères, Dmitri, nature magnifique et dégradée, qui va épouser la charmante et volontaire Katherina. Mais il ne l'aime plus et elle ne l'aime plus. Il l'a humiliée jadis en lui faisant chercher de l'argent chez lui, pour son père, et en n'abusant pas d'elle, et elle l'a humilié, depuis, en lui confiant de l'argent, 3 000 roubles qu'elle savait qu'il volerait — car il en est là, dans sa passion pour le jeu, dans sa passion, surtout, pour la courtisane Grouchenka qui est courtisée par son propre père, par le burgrave Feodor Pavlovitch Karamazov, tandis que Katherina aime le frère le frère aîné, Ivan, la forte tête, le penseur ! Et voilà les trois, les quatre frères en présence, le père aussi, sauvage et hypocrite, voici les haines qui se lèvent, des menaces de Dmitri, des colères, presque des coups ! Et le vieux pope se prosterne devant Dmitri parce qu'il aura tant à souffrir, tant à souffrir !!!...

Chez Katherina. Elle n'ose aimer Ivan. Elle plaint Dmitri, offre son amitié à Grouchenka qui feint de l'accepter et qui raille ensuite l'innocente et lui avoue qu'elle a connu l'histoire de la visite chez Dmitri, qu'elle l'a apprise au cabaret ! Colère ! Et lorsque Dmitri vient, en personne, c'est pour réclamer Grouchenka. Katherina est « très russe », comme disait Jean Lorrain. Elle se vengera : elle lâche le fils sur le père.

Le vieux Karamazov est plus saoul que nature ; son fils Ivan lui dit qu'il n'y a pas de Dieu, pas de péché, rien, et le demi-fils Smerdiakov qui sert à boire et qui entend mal parler de sa mère, prostituée puante, qui a trop entendu le scepticisme d'Ivan, rôde, rôde. Il y a trois mille roubles, là, pour Grouchenka qui va venir — et Dmitri aussi va venir. Le vieux Féodor s'est allé coucher ; Smerdiakov s'amuse à intriguer, à tenter le noble Ivan qui est dégoûté de son père ; il n'a qu'à s'en aller : lui, Smerdiakov est épileptique, il aura une crise ; qu'ils laissent, tous deux, les événements s'accomplir.

Ils se sont accomplis : Dmitri est arrêté dans une taverne, près de Grouchenka ; il a du sang à la manche. On l'accuse du meurtre de son père, on le condamne à vingt ans de Sibérie...

Et voilà le jour du départ vers les mines, Smerdiakov revient de l'hôpital : il a eu sa crise. Grouchenka, tout à fait ressuscitée et purifiée, va accompagner, avec le saint Aliocha, le martyr Dmitri vers son supplice — et Dmitri lui-même veut expier tout, jusques à son innocence même. Il ne reste que la vindicative Katherina, Ivan, qui est devenu inquiet, malade et presque fou, et le pauvre Smerdiakov. Alors Smerdiakov, plaintivement, cyniquement, avoue que c'est lui, l'assassin — mais ils sont deux ! N'est-ce pas Ivan qui l'a laissé faire, qui lui a poussé le bras, la tête, le cœur ? Ivan touche le fond de l'enfer. Smerdiakov se pend. Et Ivan, tout à fait fou, heureux d'avoir vu disparaître l'ombre de son âme, se laisse aller, avec Katherina, à une vie animale, sans aller sauver son frère forçat...

Et Dieu triomphe, dans une pitié hérissée.

Katherina, c'est Mme Van Doren, tendre et incisive ; Grouchenka, c'est Juliette Margel, à la fois cynique, gracieuse, passionnée et mystique — et Mmes Brécilly, Lestrange et Roger sont parfaites.

M. Roger Karl est un Dmitri éclatant et pathétique ; M. Laumonier un Aliocha de vitrail ; M. Dullin est un Smerdiakov admirable d'humilité et de révolte, de frisson et d'insolence ; M. Denneville a de l'onction ; MM. Blondeau, Liesse, Millet, Guyon sont excellents.

Mais tout le succès de la mise en scène vient à Durec, qui est très sobre en Ivan, et Henry Krauss a triomphé, en vieux barine féroce et tremblant, effroyable, naïf, diabolique : c'est une silhouette inoubliable.

14 avril 1911.

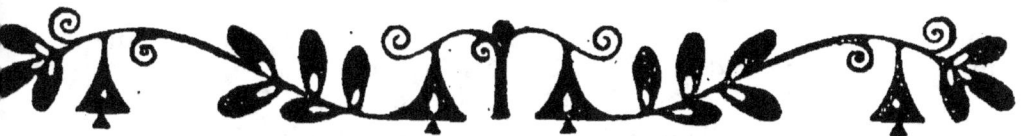

A L'ODÉON. — *Vers l'Amour.*

L'émouvante et profonde comédie de Léon Gandillot est-elle une pièce-fétiche ? Il le faut souhaiter pour le second Théâtre-Français et pour André Antoine, qui mena ces cinq actes à la victoire, il y a six ans, tout cœur battant et sous l'uniforme de garde du Bois ! Et c'est si aimable, si clair, si pathétique, d'une si belle fraîcheur, dans le sourire et dans les larmes : on en mangerait !

On connaît l'histoire de ce peintre de talent, Jacques Martel, qui, le même jour, au restaurant montmartois de *la Poule verte*, obtient à la fois le ruban rouge et le cœur exquis, le corps délicieux de la jeune Blanche, mannequin de la rue de la Paix ; qui croit qu'il ne s'agit que d'une passade et qui considère sa conquête comme un gentil petit objet, qui la plaque pour épouser —ou presque — une perruche bourgeoise ; qui met des mois et des années à découvrir l'amour et la passion, — son amour et sa passion à lui — à s'apercevoir qu'il est pris jusqu'aux moelles, jusqu'à l'âme, par cette pauvre Blanche, mariée et très richement mariée, devenue femme du monde, un peu trop femme, coquette et désabusée, qui se redonne, qui se reprend, qui réfléchit entre deux baisers, qui espace les étreintes, qui monte tandis que le peintre descend et qui finit par s'en aller loin, très loin, et pour toujours, sans méchanceté, laissant là, au bord du lac du Bois, un être falot et vidé qui n'a plus qu'à marcher à la mort, dans les flots...

Jacques a découvert enfin l'amour, à la fatigue, à la fatigue de son esprit épuisé, de sa main séchée, de ses yeux éteints, de sa vie démissionnaire, de son immortalité désaffectée : le secret est assez cher et assez douloureux ! Mais comme la fatalité est doucement et joliment conduite ! Pas de violence ! Pas d'horreur ! Une sensibilité, une sentimentalité constantes et nuancées, une sincérité contagieuse, une belle pièce de brave homme !

On pleure doucement et longtemps. Jeanne Rolly (Blanche) est admirable de tendresse, d'abandon, de liberté, de grâce souveraine et de détachement innocent ; Renée Maupin a le chien, la bohème, la sérénité de la Butte ; Andrée Méry a une élégance agressive ; Mazalto a une rondeur insinuante et Germaine de France une innocence canaille ; Mlle Barsange est fort spirituelle ; Mlles Didier, Rosay, Delmas, Descorval, etc.

sont pittoresques et exquises ; M. Claude Garry (Jacques) ne fait pas oublier Georges Grand mais a de l'émotion et de la détresse ; Colas est parfait ; Chambreuil effroyablement distingué ; Denis d'Inès est très fin et Grétillat très émouvant. Louons MM. Flateau, Coste, Bacqué, Dubus, Jean d'Ys, etc., qui sont excellents.

Ce seront de beaux soirs : espérons — les grilles du Luxembourg ferment de bonne heure — que personne ne s'en ira noyer dans la fontaine Médicis !

22 avril 1911.

A L'ODÉON. — *L'Apôtre.*

Rien n'est plus estimable que la fièvre de M. Paul Hyacinthe-Loyson : il ne brûle que pour les grandes choses et les idées les plus hautes — et il brûle sans fin. Sa générosité et son éloquence, une sorte d'ingénuité angélique, un désir de loyauté qui va jusqu'à la frénésie, tout est pour toucher ses amis et ses adversaires politiques, surtout ceux-là. Sa pièce nouvelle, *l'Apôtre*, est aussi édifiante que civique — et d'une hauteur morale indéniable.

Voici. Le citoyen Baudoin est l'honneur et le fondement même de la République. On l'appelle « le père Conscience » et il habite, avec sa digne compagne, un vertueux cinquième du sixième arrondissement. Il est sénateur et son fils est député. Tout à coup sa simplicité, sa sérénité démocratiques, sont troublées : un scandale d'argent — des représentants du peuple achetés par les congrégations — a renversé le ministère : il faut que Baudoin, apôtre laïque, accepte le portefeuille de l'Instruction publique et des Cultes. Il ne veut pas : on le presse, on l'accule ; le président de la Chambre fait un effort inouï pour le décider : il parle ! Le tribun — pardon ! l'apôtre — accepte enfin mais à une condition : c'est lui qui dirigera l'enquête — c'est anticonstitutionnel — et qui punira tous les coupables.

Hélas ! Le premier coupable, le plus en vue, c'est son fils ! Ce mari d'une femme exquise, ce père de délicieux enfants était un coureur ! Il entretenait des danseuses ! Il a reçu vingt mille francs d'une banque catholique et son secrétaire, un néophyte très pur, s'est suicidé parce qu'il avait signé le reçu ! Est-ce cela seulement ? Non ! Et la jeune Mme Baudoin le proclame très simplement : il s'est tué parce qu'il l'aimait, elle ! Mais le parlementaire Baudoin n'a pas de délicatesse : il est mort ! Tant pis pour lui ! Il endossera toutes les responsabilités, le mort ! Qu'est-ce qu'il risque ? C'est en vain que l'apôtre vitupère et prêche. Des mots ! des mots ! La conscience ? un sobriquet ! Le devoir, l'honneur ! des rimes ! Et la pauvre Mme Baudoin mère tremble et s'accuse : pourquoi lui a-t-on ôté son Dieu et sa morale religieuse, à cet enfant ? Il est comme les bêtes ? Quoi de plus naturel : il n'a pas fait sa prière depuis l'âge de six ans ! La raison ne fait pas la vertu ! Et ces gens sont très malheureux.

Ils le seront davantage. L'apôtre se décide mollement à faire tout son devoir et à livrer son fils. Mais quoi ? des journaux paraissent qui apportent la preuve de la culpabilité du secrétaire : on a trouvé chez lui deux mille francs, des tickets de courses, des chemises de femme, des photos obscènes ! C'est lui, le coupable ! Bon, le crime du fils est plus grand : il a truqué la perquisition et sali le mort ! Horreur ! Aussi, le ministère a beau triompher, le président de la Chambre peut venir supplier Baudoin : il ne veut pas de cette hideuse victoire et, après une adjuration de son héroïque bru, il descend du Capitole en pleine honte et donne son indigne fils au juge d'instruction. Vive la République !

Je ne suis pas sûr que ce cri-là soit sur toutes les lèvres au sortir de la pièce de M. Loyson. Il lui a dit ses quatre vérités à Marianne, naïvement. Il a eu tort. La République est un mot qui vogue si haut, qui est si plein de joie et d'espoir, si lourd de symbole, de liberté et d'aise qu'il n'a rien à voir avec ses hideuses statues et avec ceux de ses gens qui sont abjects : il faut l'aimer pour elle-même, la République. Elle fait mieux que dévorer ses enfants : elle les vomit — et recommence. Quelle statue de Moloch ferait, avec des trous, la *Liberté* de feu Bartholdi ! Et M. Paul Hyacinthe-Loyson peut avoir des regrets pour un régime précédent où son illustre père triomphait saintement et était l'homme de la cour, de la ville — et de Dieu !

En tout cas, *l'Apôtre* est un ouvrage très vénérable. J'aime mieux *le Tribun*, de M. Bourget, qui a un cri. Mais c'est si sincère et si brave ! Il faut louer Mme Delphine Renot, mère dévouée et émue ; M. Mauloy, prévaricateur cynique et costaud ; M. Tunc, parfait président du Conseil ; M. Séverin-Mars, qui se souvient un peu trop de *l'Oiseau bleu* et qui aboie son rôle de président de la Chambre ; MM. Andrégor, Chevillot, Fabry, Max-Valléry, Pratt, Roubaud. Devarenne, Etchepare, qui ont de la gueule et du geste — et sont excellents.

Et surtout il faut mettre sur le même pavois Louise Silvain, magnifique d'abnégation, d'héroïsme et de grandeur d'âme, qui rugit la vérité, qui abhorre le mensonge avec frénésie, d'une voix si harmonieuse et si déchirante, et Silvain, bonhomme et demi-dieu de la République, qui va tout droit aux abîmes et au désespoir, qui lutte, anathématise, doute, s'abat, se relève, cherche son devoir et son âme avec une énergie et une sincérité qui vous sèchent la gorge. Ce n'est pas « le père Conscience », c'est la conscience même. *4 mai 1911.*

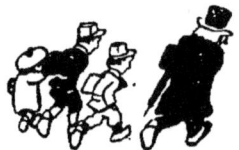

A LA COMÉDIE-FRANÇAISE. — *Le Roi s'amuse.*

Triboulet ! Triboulet ! Triboulet ! morne peine !
Ce n'est pas en nommant Victor Hugo officier de la Légion d'honneur et pair de France que cette Majesté constitutionnelle de Louis-Philippe a bien mérité de l'auteur de *Hernani :* c'est en interdisant ou en laissant interdire *le Roi s'amuse,* le 23 novembre 1832. Un magnifique soldat, le général de Ladmirault, rendit, en 1873, le même service au poète de *l'Année terrible.* Et le jubilé solennel et glacial de ce drame illustre, le 22 septembre 1882, reste dans la mémoire des survivants qui maudissent encore Got-Triboulet, Maubant-Saint-Vallier, tout en rendant justice à Mounet-Sully qui fut François Ier et à Mme Bartet (Blanche) : on doit, dit un vieil ouvrage, la vérité aux morts, de la considération aux vivants. Ce fut, tout de même, une apothéose — sur la place du Théâtre-Français. Le peuple, qui n'avait pas assisté à la représentation, acclama le *vates* octogénaire.

Hier, il n'y eut plus d'apothéose : la place du Théâtre-Français aime mieux manifester *contre* que *pour* et le Dieu n'est plus. La salle hésita et s'étonna : on eût voulu sonner au drapeau, à l'auréole — et le respect même fléchissait : le jeu des acteurs, le décor, les costumes, tout accusait, tout enflait le généreux enfantillage, la brave fausseté de cette *moralité* « dessus de pendule », sa poussière sans époque, sa rouille antithétique !

Ah ! l'antithèse ! la sempiternelle et facile antithèse ! Opposer, dans le même être, la hideur et la splendeur, le vice et la vertu, quelle volupté, quel procédé ! Quasimodo, Triboulet, Lucrèce Borgia, la Tisbe, le crapaud, c'est tout un — et voilà un ressort, une mine, un *poncif,* une machine à couplets de bravoure, un éblouissement à jet continu et à jet double, une source pétrifiante à vous endormir debout, en apothéose ! Les idées jonglent, avec réverbération, dans une magnificence verbale qui s'écoute et ne s'entend pas : un écho prestigieux répercute les hémistiches et les pages — et c'est l'ivresse des Bacchantes; disons l'ivresse pindarique. Ivresse toute livresque. Le théâtre est un crible et un laminoir. Lorsque je n'ai pas mon trouble intérieur, mon angoisse intime pour prolonger, pour éterniser mon émotion et mon enthousiasme, lorsque je ne puis pas m'arrêter sur un vers, sur un mot, prêter des ailes à une métaphore et laisser vibrer un sanglot, adieu ! cherche ! Un acteur n'est jamais que le monsieur qui passe — de Musset — et le monsieur qui reste, le monsieur qui dit son texte, comme il l'a appris, comme il le comprend, et qui n'est pas en communion avec moi. C'est sa voix, sa seule voix que j'entends, sans l'accompagnement de tous mes souvenirs, de toutes mes fureurs romantiques, et, tout *hugolâtre*, tout *hugolo* que je sois, j'entends grêle et petit et faux. Et ce n'est plus un état d'âme, c'est un spectacle.

Je n'aurais pas à le conter si le programme — qui se défie des spectateurs et de leur patience — ne le détaillait pas à loisir. C'est à la cour du roi François. L'on y danse, l'on y chante. On n'y boit pas. Le bouffon Triboulet rit de tous et de tout — et de toutes. Il est entremetteur et pourvoyeur de bourreau. Les haines s'amassent autour de lui. Voici venir — on entre comme dans un moulin, en ce Louvre — un condamné à mort honoraire, M. de Saint-Vallier, qui reproche au roi d'avoir pris la vertu de sa fille en échange de sa tête à lui, et qui le menace de venir à chacune de ses orgies, cette tête à la main. On finit par empoigner ce vieillard à bout de souffle, non sans qu'il ait maudit François Ier et son chien, ce Triboulet qui s'est gaussé de lui !

Mais je n'ai pas à vous résumer le reste, que Triboulet a une fille secrète et un cœur occulte, qu'il aide ses ennemis à enlever cette fille, l'innocente Blanche, en croyant enlever Mme de Cossé, que Blanche aime le roi qu'elle croit un pauvre écolier, qu'elle l'aime encore alors qu'il l'a déshonorée, et que son père Triboulet a révolutionné la cour et condamné à mort le roi François Ier. Je n'ai même pas à vous apprendre, hélas ! que cette amoureuse de seize ans se fait tuer par le bon spadassin Saltabadil, parce que la sœur de cet honnête homme a eu pitié de l'infortuné François que le brave garçon avait charge de tuer, d'ordre de Triboulet, et que le bouffon en civil, chargé du sac où gît l'assassiné, trouve sa fille — et crie, crie, crie... J'omets le tonnerre, les éclairs, l'illustration...

J'espère que le public sera très nombreux et très ému pendant des charretées de représentations. Je l'espère — et n'en suis pas très sûr. De temps en temps, dit Horace, le bon Homère s'ensommeille. Hugo, lui, ne s'endort que pour avoir de braves cauchemars publics, des cauchemars rutilants et faciles, où tout s'enchaîne pour mal finir. Comme ça tombe! L'hôtel de Cossé et la maison de Triboulet se jouxtent; Blanche et François s'aiment déjà, Triboulet ne s'aperçoit pas qu'on lui bande les yeux tandis qu'il tient l'échelle, les courtisans se laissent chasser par un bouffon et laissent un proscrit agonir d'injures Sa Majesté très chrétienne pendant une heure, cependant que la garde écossaise et la garde suisse écoutent la diatribe avec admiration, et que des servantes montent des cuisines pour entendre les quatre vérités du patron, que sais-je? Et c'est le monarque de l'ordonnance de Villers-Cotterets, le monarque de « Car tel est notre plaisir », qui souffre tout cela! N'insistons pas. Saluons. M. Paul Desjardins écrivait jadis qu'un garçon qui compose la *Chasse du Burgrave* à dix-sept ans lui avait toujours paru un peu en retard. Victor Hugo avait trente ans lorsqu'il accomplit *le Roi s'amuse*, en vingt jours,...

M. Jules Claretie, qui a pour l'auteur des *Misérables* le culte le plus éclairé — n'est-ce pas lui qui, en 1870, le ramena de Bruxelles à Paris? — a donné à l'œuvre les plus beaux décors et les plus magnifiques costumes: on en mangerait. Je sais bien que ces dames sociétaires et pensionnaires étouffent sous ces velours, ces brocarts et autres tissus du Camp du drap d'or; que ces messieurs sont très gênés par leurs collants, leurs manches, leurs plumes, leurs chaînes et leurs manteaux, et qu'ils évoquent parfois un cortège à pied de la mi-carême, mais je voudrais vous y voir! Il faut louer M. Croué, un Marot violet, vindicatif et sensible encore; MM. Garay, Alexandre, Jean Worms, Gerbault, Chaize, Georges Le Roy, gentilshommes très consciencieusement abjects et complaisants; M. Lafon, un Cossé grotesque et féroce; MM. Décard et Charles Berteaux, serviteurs fort séants; M. Falconnier, enfin, qui occupe avec autorité le rôle falot et légendaire du chirurgien. M. Paul Mounet est un Saltabadil délicieux de fantaisie rouge; M. Mounet-Sully, Saint-Vallier frémissant et inépuisable, a déjà l'air d'avoir sa tête à la main et d'être le fantôme chenu de son juste et vibrant ressentiment; M. Jacques Fenoux — j'annonce le roi — est trop esclave du texte et de l'esprit de Victor Hugo: ce n'est guère qu'un ivrogne et un libertin, lourd de volupté et de désir. Où est la grâce, où est le prestige du roi-chevalier?

Mme Thérèse Kolb est une dame Bérarde astucieuse, confortable et avide; Mme Lherbay a de l'émotion; Mme Jane Faber de la coquetterie, Mlle Dussane la plus joviale santé, le plus innocent cynisme et une générosité à faire frémir, et Mlle Géniat, qui joue Blanche envers et contre toutes, est admirable de confiance, de désespoir, d'ingénuité douloureuse et passionnée: elle est harmonieuse dans les larmes de la mort. Et Mlle Chasles danse à la perfection.

Quant à Silvain, il est inouï et mérite le respect le plus formidable. Mafflu et monstrueux, il fait de Triboulet — ce scorpion sentimental, ce roquet attendri — un mammouth immense et divin : il ne pique pas et n'embrasse pas : il écrase de sa bave et de son baiser ; il ne ricane pas : il tonne ! Il ne se lamente pas ; il se foudroie avec l'univers entier. Et, dans l'orage du dernier acte, il est tous les tonnerres de Dieu. Il porte sa bosse sur l'oreille — et sa marotte est le sceptre de Charlemagne. Vénérons l'effort de cet homme qui, en un mois, a été le Polymnestor de son *Hécube*, *l'Apôtre* et *Triboulet* !...

Maintenant, nous pouvons relire *Tristesse d'Olympio* et le Waterloo des *Misérables !*   *15 mai 1911.*

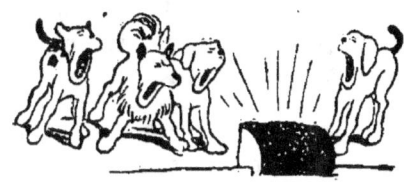

AU THÉATRE MOLIÈRE. — *Demain.*

Jamais deux sans trois ou sans quatre. Dans *la Barricade* et dans *le Tribun*, Paul Bourget met aux prises un fils et un père. Dans *l'Apôtre*, Paul Hyacinthe-Loyson oppose un père et un fils. M. Pataud ne pouvait faire moins.

Mais n'anticipons pas.

L'auteur (en société avec M. Olivier Garin) a anticipé, à l'exemple de M. Jules Lemaître ou de M. Wells. Il nous fait vivre, tout de suite, en 1925, environ — et je vous le souhaite.

Il n'y a pas grand'chose de changé : à peine si le progrès scientifique — Dieu vous bénisse ! — a centralisé toute la vie motrice du pays dans un centre industriel de Paris, propriété de la Compagnie du *trust* « Force et Lumière ». Les ouvriers, par habitude, veulent avoir un salaire un peu moins insignifiant, voire participer aux bénéfices. Un conseil d'administration, où l'un des membres siège en bottes et en éperons, offre à leur délégué Langlade une participation grotesque, deux pour cent, cinq pour cent, au plus. Langlade gronde. Qu'il aille se promener ! La société a un rempart, un otage, le propre fils de Langlade auquel ce bon bougre a fait donner la pire instruction et qui est devenu le plus dévoué soutien de la classe bourgeoise — *l'Etape*, Pataud ! — l'ingénieur le plus habile et le plus discipliné de la compagnie. On jette à la porte — ou presque — le représentant du ministre du Travail, on chasse un inventeur de génie. On congédie les ouvriers amenés par Langlade. C'est la lutte finale, enfin !

D'autant plus finale, si j'ose dire, que Langlade expose, à la Bourse du Travail, un plan sans réplique. Puisqu'on a tout centralisé, il ne s'agit que d'aller au centre même et de tout supprimer en frappant, au cœur même, le capital tout-puissant, en stérilisant le totalisateur des câbles à haute tension, en faisant un court-circuit géant et général.

C'est l'héroïque et génial Langlade qui se charge de l'opération, de la délicate opération qui délivrera le peuple du machinisme, lui permettra d'employer ses bras et d'échapper à des salaires de famine. Comme vous le devez penser, c'est son propre fils, transfuge de caste, qui le tuera avant qu'il ait agi. Et c'est le vieil ingénieur spolié et raillé qui accomplira le geste. C'est le prolétariat intellectuel qui sauve la totalité du prolétariat — et qui en meurt, avec sa science et ses conquêtes.

Cette conclusion n'est pas sans grandeur et elle a, comme toute la pièce, quelque amertume. Le fils de Langlade est tout à fait traître et parricide, par destination et fatalité. M. Pataud est plus eschylien que Bourget. Et il a une sorte de désespérance finale. Espérons que ça ne durera pas.

Sa pièce, pour nous en tenir aux fastes dramatiques, a de la gueule, de l'accent, des déclamations, — mais la Révolution française n'en est-elle pas truffée ? — de la gouaille et des *mots*. On y a remarqué MM. Rémy, qui silhouette douloureusement et violemment l'ingénieur infortuné et providentiel ; Schaeffer, le fils dénaturé ; Dauvilliers, Lacroix, Paul Daubry, Desplanques, Faurens, Arquillière, étonnant de puissance et de vérité ; Mévisto, qui s'est prodigué ; Eugénie Nau, pathétique, véridique, clamante et résignée.

A la prochaine, camarade !

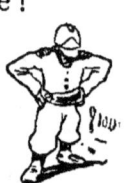

THÉATRE DE L'APOLLO. — *Les Transatlantiques*.

Depuis son apparition à la lumière des librairies et du théâtre, il y a quatorze où quinze ans, la famille Shaw est aussi populaire, aussi illustre que la famille Benoîton. Elle est plus savoureuse, étant un peu plus américaine, tout de même, et plus neuve. Jamais le clair et pénétrant génie de M. Abel Hermant ne campa des personnages plus éclatants, plus vivants, jamais sa verve ne fut plus riche, avec un fond de bonhomie joviale, assez rare — et d'autant plus précieux — chez l'auteur de *la Surintendante*.

Et voici *les Transatlantiques* lyriques et dansants : Franc-Nohain, quittant un instant son sceptre de moraliste, et ne se souvenant que de sa vieille muse, et ce Silène harmonieux et fusant de Claude Terrasse se sont adjoints au père de M. de Courpière; cette collaboration de choix sarcastique et ailée, nous a donné les trois actes, les quatre tableaux qui viennent de triompher et qui triompheront longtemps. Je n'ai pas à conter les calmes et agréables péripéties de cette pièce historique, le mariage, en musique, à Newport, du jeune marquis de Tiercé et de Diana Shaw, la présentation de la dame Shaw et des enfants Shaw aux photographes, les réflexions effrayantes et naïves du jeune Bertie, colonel d'une équipe de natation à seize ans — mais n'avons-nous pas eu le colonel et l'état-major des plongeurs à cheval ? — et de la plus jeune Beddy, élèves d'une école mixte où l'on enseigne le baiser, en mesure, la méchanceté de l'aîné des Shaw, Marck, l'entrée des créanciers du marquis, et leur trio qui, déjà, doit être célèbre, je n'ai pas à vous présenter la princesse de Béryl, Américaine si *ohé ! ohé !* qu'elle veut compléter sa centaine d'amants.

Je n'ai pas à vous introduire, à Paris, dans le salon glacial de la marquise de Tiercé douairière, à vous faire assister à l'invasion de cette Morgue armoriée par toute la tribu des Shaw, venue pour voir si leur fille et sœur est heureuse, je n'ai pas à vous relater leurs ébats, leurs impairs, leurs cris et leur appétit, l'ahurissement de la douairière et de son frère, le comte Adhémar, la fraternisation, si j'ose dire, un peu poussée des enfants Shaw et des jeunes Tiercé : c'est une joie diverse, épileptique, hallucinante. Et c'est jeune, et c'est charmant. Vous savez aussi que, à un hôtel fameux et mieux qu'impérial, tout le monde se rencontre et se trompe de porte, que, pour compléter son cent d'amants avant de revenir à Marck Shaw, la princesse se donne au vieux comte Adhémar, que le marquis se fait pincer avec son ancienne maîtresse, Valentine Chesnet, dont le patriarche Shaw vient de se déclarer épris : c'est le divorce.

Le divorce n'aura pas lieu. Voici Noël, le joyeux Noël ! En préparant l'*egg-nog* de rigueur, en faisant des effets de tablier et des effets de cuiller, la famille Shaw arrange tout : par amour de l'almanach de Gotha et pour que Marck puisse épouser la fille du roi de Macédoine — vous vous rappelez bien que ce monarque est l'amant de Valentine — les époux Tiercé ne divorcent plus. On s'aime, on passe sous le gui, et cela vous donne, dans des lumières de rêve changeantes, le plus joli ballet du monde.

Voilà. Mais comment rendre la prestesse sautillante et saccadée des vers, l'habileté des couplets, l'accent, l'air des gens, l'atmosphère ? Comment détailler l'ample musique de Claude Terrasse, son étoffe, sa facilité savante, sa magnificence discrète ? Il y a des choses appuyées et des motifs fuyants, une idée constante de parodie et de bouffonnerie, un sourire infini et contagieux. Ce ne sont pas de ces rythmes berceurs et qui rêvent debout, qui câlinent la pâmoison et qui font valser des momies, ce ne sont pas des coups d'archet dans un manège de chevaux de bois, c'est de la musique bien franche et bien carrée, plus séduisante que toutes les singeries tziganes et d'une distinction amusante, d'une sûreté comique, d'une grâce et d'une drôlerie couplées qui font plaisir.

Et c'est très joliment joué. M. Defreyn est un marquis très gentil et qui sera parfait dès qu'il ne sera plus enroué; M. Gaston Dubosc a une autorité, un aplomb et un entrain infatigables ; M. Henry Houry est très comique ; M. Clarel fort amusant ; MM. Yvan Servais, Miller et Isouard sont des fournisseurs désirables ; M. Georges Foix et Blanche Capelli sont exquis de junesse ; Mlle Alice O'Brien (Diana) est étourdissante; Mlle Cesbon-Norbens (la princesse) a le plus harmonieux cynisme; MM. Désiré, Harvana, Aldura, etc., sont excellents ; Mme J. Landon est gentiment confortable ; Mme Leone Mariani a une beauté étonnante et fascinante ; Mlle Evelyn Rosel est extraordinaire et vertigineuse ; M. Paul Ardot est inimaginable de clownerie vocale, de jeunesse simiesque, de prestesse spirituelle. Enfin, dans une ariette inespérée et inattendue, Mme Louise Marquet (la douairière) a ravi et charmé longuement toute l'assistance : c'était le xviiie français qui revenait, en équipage et dans son naturel, et qui reprenait — tranquillement — possession de l'antre de l'opérette viennoise et hongroise. C'est la victoire.

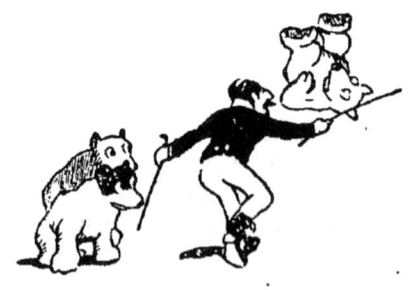

THÉATRE DU CHATELET. — *Le Martyre de Saint Sébastien,* mystère en cinq actes, de M. Gabriele D'ANNUNZIO, musique de M. Claude Debussy.

Longtemps avant de voir le jour, la nouvelle pièce de M. Gabriele d'Annunzio était mieux qu'illustre, puisqu'elle était persécutée d'avance, et, pour obéir à son titre même, par les pouvoirs les plus vénérables et les plus sacrés. J'ai dit « la pièce » et je m'en excuse. Pièce ? Non ! C'est un événement et presque un avènement, dans notre pays démocratique. N'est-ce pas un don de plus ou moins joyeux avènement que l'octroi à sa nouvelle patrie d'un poème dramatique en sa langue, en toutes ses langues, neuve et vieillie, vers et prose, d'un effort-chef-d'œuvre, de je ne sais quel monument hiératique et frémissant, monstrueux et divin, immense, énorme, infini et d'une irritante délicatesse ? Pour son premier ouvrage français, l'« exilé florentin » — c'est ainsi que, dans sa bonne volonté, se nomme le poète de *la Fille de Jorio* — s'est dépassé dans son outrance, dans son invention, dans sa subtilité, dans sa splendeur et sa volupté. Il fait une entrée démesurée dans le parler français — sur une scène présentement russe — avec toutes ses métaphores, toutes ses images, toute sa recherche du rare, de l'impossible, du contradictoire, avec une érudition et un vocabulaire incalculables, avec son âme lourde de tous les désirs et de tous les orgueils, avec son cœur avide d'adoration, inquiet, mécontent, enthousiaste et tourbillonnant.

Le résultat, c'est un chatoiement de couleurs, de nuances, de lumières, une profusion d'attitudes, une ruée de magnificences : c'est une douzaine — ou deux — de tableaux vivants *quattrocentistes,* merveilleusement disposés — grâce à M. Barkst — et clairs et pensants, une floraison plus ou moins pure, mais abondante et enivrante, de fleurs, de gemmes, de tristesses orfévrées, de fièvres et de malaises en beauté, c'est un microcosme de vitrail où les vertus et les vices, où le trouble inavoué de la vie et de l'au-delà viennent danser une danse des morts.

Mystère, prétend l'auteur de *la Nave. Mistère !* soit ! Mais mistère hérétique. Mistère qu'aurait pu écrire ce Dolcin ou Doussin qui prêcha l'amour dans la souffrance et toutes les souffrances, toutes les amours défendues. Mais ça ne me regarde pas. J'aimerais mieux que le héros de cette féerie lyrique ne s'appelât pas saint Sébastien, d'autant que le christianisme n'a rien à faire en cette fiction platonicienne ou néo-platonicienne, mais je ne suis ici qu'un juge profane — et si profane puisque tout y est musique !

Donc, nous sommes dans un décor admirable et fantaisiste. C'est la *Cour des lys*, où rougeoie un brasier, où deux jeunes frères jumeaux, déjà torturés, attachés à deux poteaux, attendent le dernier coup du martyre. Il sont si grêles et déjà si mourants ! On pourrait les sauver encore ! La foule manifeste sa pitié. Le préfet, sur sa chaise curule, absoudrait avec bonheur. Voici la mère, voici les sept jeunes sœurs des suppliciés. Elles les supplient délicieusement. Mais, au moment où l'un d'eux, au moins, va céder, un murmure, un frisson d'or ébranlent le monde. Les archers viennent de s'apercevoir que leur très jeune et adorable chef qui, casqué et en armure de rêve, reste tout droit sur son arc, commence à saigner sans fin, des deux paumes de ses mains blanches. Et voici que ce prince-enfant encourage et détermine les martyrs vacillants, qu'il lit dans l'âme de la mère douloureuse, des sœurs très douces, et qu'il les donne à la bonne mort, au Christ miséricordieux. Voici que, en dépit des supplications de ses hommes, de tous les hommes et de toutes les femmes qui l'aiment unanimement, il se dépouille de son armure et de ses armes, de sa dernière flèche qu'il tire vers le ciel et qui y entre — miracle ! — qu'il danse sur le brasier une danse mystique, sans rencontrer de charbons ardents, en sentant seulement à ses pieds le baiser des lys courbés et couchés...

Et nous voilà dans une chambre d'idoles : toutes les figures du Zodiaque, enchaînées et prophétiques, annoncent du nouveau, un dieu nouveau. Et des foules vivantes entrent, par des soupiraux, dans ce temple à la porte d'airain: elles attendent des guérisons, des miracles, de ce Sébastien qui donne la mort aux faux dieux et la vie aux agonisants. Mais il vient et détrompe son public : s'il a donné la voix aux muets, c'est pour qu'ils puissent confesser le Christ et aller à la mort ; il n'y a que l'amour dont il est archer et la mort dont il est l'amant — et l'immortalité et Dieu. Et qui s'avance ? Quelle est cette malade consumée et extatique, si fière de sa fièvre et si glorieusement inguérissable ? C'est Celle à qui *le Mauvais* a donné le suaire de Jésus, celle dont la poitrine est effroyablement et exquisement mordue par la Face auguste, qui est brûlée par Dieu, sans fin et vivante. On la supplie de montrer le visage d'éternité. Quand elle s'y décide, elle tombe morte : elle est guérie des fièvres. Et la porte d'airain s'ouvre large...

Les trompettes sonnent : l'empereur est sur son trône, entouré de ses soldats, de ses archers, de ses captifs, de ses captives, de ses mages, des prêtres de toutes ses religions : et Sébastien est là, lui aussi. L'empereur, qui l'aime d'un tendre amour — car il est beau — ne veut pas qu'il soit chrétien, qu'il soit martyr. Il l'abandonne pour le ressaisir, le condamne pour le sauver, l'adjure, lui offre des provinces, des temples, la divinité, l'empire. Sébastien, las et convaincu, se cache le visage et se laisse voir, prend la cithare et est proclamé Orphée, Adonis, Adonaï : tous les prêtres orientaux et plus lointains encore le reconnaissent pour un Dieu, leur Dieu à eux. Et lui, après avoir confessé le Christ jusqu'à le danser, dans sa Passion, depuis la marche et les accablements jusqu'à la mise en croix et aux fléchissements de la tête et des bras, il a sa tentation et accepte le globe du monde : cette folie ne dure pas. Il jette à terre l'emblème du pouvoir suprême ! C'en est trop : il sera supplicié ! On attachera ses cheveux aux cordes de la cithare, on lui mettra le plectre sur la poitrine, on l'ensevelira sous les fleurs... « Doucement, dit haletant l'empereur désespéré, doucement — car il est beau ! »

Dès lors, c'est le vrai martyre — comment faire autrement ? — le laurier sacré, les archers qui ne veulent pas tirer, Sébastien, qui « meurt de ne pas mourir » et qui meurt à la terre, non des flèches qui ne l'atteignent pas, mais de l'extase d'aller rejoindre, d'aller compléter Dieu. Et ce sont les anges, les cantiques, j'allais écrire l'apothéose.

Car ce mystère n'est pas naïf — et comment Gabriele d'Annunzio, qui a toutes les autres grâces, pourrait-il prétendre à la grâce naïve, de bon escholier, de gentil basochien ? Louons l'artiste sans mesure et repos, louons son génie qui se prolonge et rebondit, qui cavalcade de trouvailles en métaphores, qui se précipite d'audaces en prodiges, au risque de la gêne morale et du sacrilège, qui bondit parmi les tours de force verbaux, les sauts périlleux, harmonieux et rythmiques, qui, parfois, ne s'entend plus, dans le déchaînement de sa pensée, de ses souvenirs, de son éloquence, et qui continue pour nous plaire, pour nous ensevelir sous les périodes et les répons, comme il ensevelit saint Sébastien, sous les fleurs. C'est un chaos savant de toutes les croyances et de toutes les impiétés, c'est *la Tentation de Saint Antoine* de Flaubert avec une aggravation de volupté constante et solitaire ; c'est l'Homme-Dieu, le Dieu total et unique dans son impénétrable et effroyable orgueil.

Il faut louer Mme Adeline Dudlay, qui pleure avec passion — c'est la mère des martyrs — et se sacrifie avec passion ; Mlle Véra Sergine (la fille aux fièvres), qui est effroyablement pathétique et vertigineusement suave ; M. Desjardins (l'empereur), qui a de la majesté, de la pitié, de la colère, du devoir ; Henry Krauss, le bon préfet, et tant d'excellents artistes des deux sexes ! C'est parfait. Quant à Mme Ida Rubinstein (le saint), les autres lyriques, les décors, les chœurs, l'admirable mise en scène d'Armand Bour, l'effort de Gabriel Astruc, etc., etc., je les laisse, non sans déférence, à notre éminent et harmonieux Reynaldo Hahn ; c'est, comme toute la pièce, je le répète, de la musique, de la musique, de la musique !...

J'avais laissé à notre rythmique ami Reynaldo Hahn l'honneur de louer, comme il convient, dans le *Martyre de Saint Sébastien*, qui est son œuvre et sa chose, Mlle Ida Rubinstein, qui se prodigue, qui s'offre, qui est chair — si peu — et âme, qui est mélodie et cantique. Je ne voudrais pas que cette interprète passionnée et inspirée demeurât sans salut et sans gloire. Avec toutes les réserves de droit, j'admire son effort et sa grâce, et, dans son rude accent qui ajoute à la majesté et au lointain du mystère, je l'admire pour sa volonté, son résultat, son idéal.

22 mai 1911.

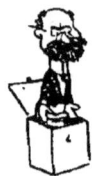

COMÉDIE-FRANÇAISE. — *Cher Maître.*

Il faut le dire tout de suite : l'amusante et profonde comédie de M. Fernand Vandérem a très franchement charmé et a recueilli les plus sincères applaudissements — et les plus nombreux. Sa vertu comique, plus large que dans les autres ouvrages de l'auteur, sa légèreté, sa facilité inespérée ont fait passer un dénouement à la fois simple et triste, mélancoliquement optimiste, et, si j'ose dire, moral ; mais, comme on sait, la Comédie-Française ne veut plus rien de plus ou moins irréparable.

Voici la chose. Frédéric Ducrest est un météore du barreau. A quarante-cinq ans, il a été député et ministre ; il va être de l'Académie française, et, à la cour comme à la ville, il garde tous ses moyens — et quels ! Les plaideurs au civil et au criminel se l'arrachent au prix du *radium* ; les femmes, plaideuses ou non, se le disputent, et lui, candide et serein, surhomme conscient et organisé, idole agissante et dédaigneuse, il se prête et se refuse, régnant, triomphant, ténor de prétoire et de boudoir, Dieu de lit de justice et petit dieu de lit, tout court, pas beau, pas jeune, ne gardant sa voix d'assises que grâce à des gargarismes, mais jouissant partout — et comment ! — de ce prestige qui manqua toujours, hélas ! à feu M. Bourbeau ! Sa sultane favorite est, pour l'instant,

Mme Valérie Savreuse, qui a quitté pour lui son mari — ce qui est peu — et le richissime Chanteau — ce qui est plus. Paris applaudit.

Il y a une ombre à ce tableau de chasse, à ce tableau d'honneurs : c'est la propre épouse du maître, Henriette Ducrest, qui est un monstre d'honnêteté et d'insignifiance, petite bourgeoise d'extraction et de destination, ne sachant ni parler, ni s'habiller, ni s'amuser, pauvre chose tyrannisée et passive. On ne sait pas — et nous le saurons pour rien — qu'elle sait tout, qu'elle lit, en français, en latin, en grec, en chinois, tous les livres qu'on adresse à son époux ; qu'elle est son fond, son âme..., Et, un soir de fête, des invités classiques, en clabaudant sur elle, lui prêtent les instincts les plus étroits et jusques à de la méchanceté. Là-dessus, un des secrétaires de Ducrest, ployé sur un dossier saumâtre, se dresse, clamant, non sans déclamer, sa foi ardente en *la patronne* et tous les mérites d'icelle. Les invités fuient, le secrétaire — il se nomme Amédée Laveline — aussi. Il n'y a plus personne : Ducrest va rejoindre la superbe Valérie Savreuse au bal de l'ambassade d'Angleterre. C'est en vain que sa pauvre femme veut le retenir. Elle n'a qu'à se taire, qu'à obéir, qu'à subir. Aussi, lorsque le jeune Amédée vient solliciter son pardon de l'avoir défendue et compromise, lui faire ses adieux et lui avouer un amour imprévu et désespéré, à peine si la pauvre *associée* a le courage de le laisser partir — pour le rappeler par téléphone. Son honnêteté la gardera.

Hélas ! quand nous retrouvons nos héros à Aix-les-Bains, on ne reconnaît plus Henriette Ducrest : elle est élégante, spirituelle, agressive, jolie ! A quoi tient cette transformation ? Ducrest en est sidéré et abasourdi, d'autant que sa femme a attaqué sa maîtresse Valérie, et qu'elle ne veut pas retourner à Paris pour ses affaires à lui ! Une rébellion ! Qui a pu la tourner ainsi ? Il s'en ouvre au jeune Amédée Laveline qui est sur le gril, qui se croit découvert — il est l'amant adoré d'Henriette et c'est lui la cause de la métamorphose ! — et qui ne se rassure que lorsque le maître omniscient attribue le changement de sa femme à l'influence d'une amie quelconque. Mais voilà mieux : brutalement, en pleine crise d'égoïsme et de muflerie, Ducrest réclame sa liberté à Henriette en lui déniant à elle toute existence, tout charme, tout droit à l'amour, tout pouvoir d'être aimée : elle éclate, avoue, proclame sa faute. L'avocat est abasourdi : il est atteint au plein de sa vanité : il n'existe plus, puisque sa femme existe, aime et est aimée ! C'est l'abomination de la désolation ! Il ne sait plus, laisse aller l'irrésistible Valérie et est un pauvre homme, un très pauvre homme ! C'est très comique, très joli, très savoureux.

Et Ducrest, qui a côtoyé le grotesque, est tout à fait un pauvre homme. Il est revenu à Paris parce que sa femme l'a voulu, a des fureurs et des timidités, veut faire appel à des agences de police et n'ose pas, tremble, plaide pour soi, pleure — ou presque. Et cet imbécile de Laveline, ce coquebin incurable a encore le respect, le culte du patron, ne le trompe qu'avec des larmes. Il a toujours le prestige, le cher Maître, et, dans sa candeur, Amédée n'imagine pas que cette pauvre Henriette soupçonne la grandeur, l'immensité de son époux ! L'associée n'aurait qu'un mot à dire et à avouer sa collaboration, sa science, son effort. Non ! Elle aime mieux — et comme je la comprends ! — mépriser son timide complice. Et le pauvre cher Maître n'aura qu'à parler de ses douze ans d'union, de se repentir un peu, de promettre un vague oubli, qu'à prendre à la gorge le pitoyable séducteur, pour que tout s'arrange : le secrétaire disparaîtra ; il n'y aura pas de divorce ! Mme Savreuse est retournée à son Chanteau. Peut-être les quarante-cinq ans qui viennent de sonner violemment à l'âme de Ducrest, peut-être la piètre aventure d'Henriette rapprochent-ils, l'Académie aidant, ces deux époux, qui se comprennent mieux ! Peut-être l'homme rendra-t-il un peu plus justice, en raison de sa faute à elle, à l'*associée* dévouée en laquelle il trouve une femme.

J'ai dit avec quelle faveur avait été accueillie cette pièce qui aura de longs et beaux soirs : je n'ai pu conter que l'anecdote, sans insister sur la verve, la fantaisie véridique, la caricature. Nous ne pouvons prendre ces gens au sérieux. On s'attendrirait sur Henriette, cette Cendrillon du Palais, si elle ne s'effaçait pas autant pour rebondir d'autant plus et pour rentrer dans le devoir avec d'autant plus de sérénité. En entendant le jeune Amédée chanter violemment ses airs amoureux, nous devinons que ça ne durera pas. Et nous ne tenons pas rigueur à Ducrest de sa vanité, de sa muflerie, de sa paonnerie, pour ne pas dire pis. Et la tristesse de la conclusion « douze ans de misère l'emportant sur quelques mois d'ivresse » ne nous attriste pas : c'est une pièce agréable, une moralité spirituelle. Applaudissons — et sourions. Remercions Vandérem de n'avoir pas fait préciser à la femme sa supériorité intellectuelle et morale, remercions Mme Lara d'avoir été si belle, d'attitudes, de robes, de raillerie, de gronderie, de résurrection et de résignation, Mme Robinne d'avoir été une Savreuse si somptueusement belle, harmonieuse et vainement fatale ; Mmes Berthe Bovy, Suzanne Devoyod, Jane Faber et Faylis d'avoir été élégantes, aigres ou charmantes ; M. Ravet, d'incarner un policier parfait ; M. Jacques Guilhène, d'avoir chanté la chanson de Fortunio continûment, rythmiquement, sans fatigue ; MM. Paul Numa, Georges Le Roy, Jean Worms, Lafon, Décard, Ch. Berteaux, excellents, barbus, décorés. Enfin M. de Féraudy, qui porte le poids de la pièce, est un Ducrest merveilleux d'inconscience, d'infatuation, d'intoxication glorieuse, qui, tout d'un coup, se met à souffrir comme s'il n'avait fait que ça toute sa vie et qui redeviendra lui-même tout à l'heure, quand nous ne serons plus là. Mais je vous connais, lecteurs, vous y retournerez.   *8 juin 1911.*

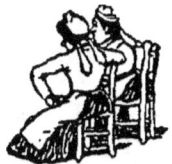

ATHÉNÉE. — *M. Pickwick.*

C'est mieux qu'un succès, mieux qu'un triomphe : c'est du plaisir, du plaisir continu, fusant, tourbillonnant, loyal, honnête, du plaisir logé en de braves gens qui sont reposants à voir et irrésistibles en se trémoussant, du plaisir logé en des décors, en des estampes anglaises de belle couleur, vivantes, en pleine pâte, en pleine digestion. Mon *spleen*, profond et légitime, n'a pu résister un seul instant à ce pot-pourri échevelé, à ce centon épileptique : la pièce de Georges Duval et de Robert Charvay fera, en gaieté, le tour du monde.

La merveille, c'est d'avoir pu tirer une pièce de la rapsodie-gigogne, comique et hybride de Dickens, d'avoir rapproché, rabiboché, cousu des bribes de cette satire énorme et menue, d'avoir tissé une trame où il n'y a que caricature, farce et apitoiement. En intitulant leur œuvre « comédie burlesque », Duval et Charvay avouaient leur choix : ils négligent le Pickwick tardivement — et avant la lettre — surhomme ; ils lui permettent d'être bon mais ne l'empêchent pas d'être bête. Ils laissent Térence et Sedaine à leur place et s'en tiennent à Rowlandson et aux Cruikshank.

Donc voici. Grand homme de petite ville ou grand homme pour une demi-douzaine de gens, auteur d'un ouvrage sur l'appendice des têtards, président du club qui porte son nom, Samuel Pickwick néglige l'amour admiratif que lui porte sa maîtresse de pension et s'en va à l'aventure, en un voyage de découverte à vingt lieues, avec ses trois disciples, un Nemrod de vitrine, un amoureux pour la lune, un poète pour glaciers. Il arrive à ce quatuor grotesque toutes les aventures : soupçons, coups, duel, escroquerie. Il arrive mieux : la maîtresse de pension Bardell, conseillée par les deux aigrefins, Fogg et Dodson, arrive à se faire compromettre pour pouvoir épouser l'éminent Pickwick : en recousant sa culotte, elle a vu... son caleçon. Elle empoisonne l'existence du brave homme et le fait condamner à une amende par un tribunal hilarant. Mais, par horreur de l'injustice, Pickwick aime mieux faire de la contrainte par corps et pourrir en prison que de payer l'amende inique. Prison de délices. Ai-je à vous dire qu'il en sort triomphalement, que Mme Bardell y entre, de bon cœur, pour n'avoir pas voulu toucher l'argent de la honte, que les Pickwickiens épousent les femmes et les filles de leur choix et que tout le monde est heureux ? Il n'y a pas de coquin là-dedans — et c'est miraculeusement gai, chantant, dansant !

Très dansant. Une affriolante musique de M. Heintz met en branle tous ces braves gens — et ce sont des gigues et des cabrioles !... Il y a un tableau de Noël qui tire les larmes — de rire !

Et c'est joué de tout cœur.

Gorby a une majesté dans le ridicule, qui est du grand art ; Gallets, Cueille et Mathillon, déchaînés et extatiques ; Terof et Combes, démoniaques ; Saint-Ober, sentencieux et benêt ; Sauriac, Lecomte, Péricaud, Termy, etc., etc., méritent tout éloge. Jane Loury est extraordinaire, ainsi que Germaine Ety et Magde Lanzy ; Jeanne Lezay, Tellier, etc., sont charmantes. Une fois de plus, Victor Henry s'est affirmé grand artiste : sa fantaisie souple et rebondissante, son cynisme mélancolique, son panache de pauvre, tout porte, tout fait rire — et penser. Enfin, Joseph Leroux s'est révélé comédien de poids et de grâce : il chante à ravir et s'agite avec maestria. Il est, comme la pièce, tout rond et tout bon. Comment pourrais-je mieux finir ?   *21 septembre 1911.*

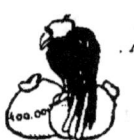

THÉATRE DE LA PORTE SAINT-MARTIN. — *Hécube.*

Comme un scrupule littéraire, classique et dramatique peut donner de l'intrépidité et de la férocité à un doux poète, à deux poètes très doux ! Sollicitée par une demi-douzaine d'*Hécubes*, Mme Louise Silvain ne se décidait pas : ce n'était point cela, ce n'était pas Euripide ! Trop de fleurs et trop de grâces ! Alors, le glorieux vice-doyen de la Comédie-Française, par amour de sa femme et par amour du grec, revint à ses premières amours : il rappela ses souvenirs d'avant la guerre, alors qu'il n'était pas encore le tout jeune capitaine Silvain et il refit de la traduction juxtalinéaire et syllabique. A vrai dire, il la fit en vers, avec son vieux complice Ernest Jaubert — et il y a loin de cette effroyable tragédie qui vient de triompher avec la plus pure simplicité aux malicieuses ballades de Jaubert, aux agréables sonnets de Silvain !

C'est l'horreur même, la fatalité antique, restituée avec un atroce bonheur. Jamais tragédie ne recéla autant la terreur et la pitié, chères à Aristote et à l'abbé d'Aubignac ! Et quelle pitié ! Et quelle terreur !

Vous ne pouvez pas ne pas vous en souvenir : depuis des siècles et des siècles, des époques et des légendes, — c'est tout chaud ! Veuve de l'auguste Priam, mère de cinquante fils, sans compter les filles, reine de la défunte Ilion, Hécube, devenue esclave, n'a plus que son enfant Polyxène : son dernier rejeton mâle, le jeune Polydore, nous est apparu, ombre vaine et sans sépulture, pour nous annoncer sa mort, d'autres morts toutes proches et la venue de son triste cadavre. Quant à Cassandre, elle partage sans joie la couche d'Agamemnon. Mais les Grecs vainqueurs n'ont pas plus de vent pour gonfler leurs voiles de retour qu'ils n'en ont eu pour pousser leurs vaisseaux de conquête : il a fallu sacrifier une fille royale de sang grec pour partir ; il faudra immoler une fille royale de sang troyen pour regagner ses foyers. Là figure d'Achille a réclamé sa proie, jaillissant du tombeau — et Polyxène est là. Hécube clame son désespoir surhumain, la stoïque Polyxène préfère la mort à la servitude : Hécube supplie Ulysse et se désespère atrocement, mais Polyxène, après un attendrissement filial, va tendre sa gorge au fer libérateur.

Hélas ! hélas ! le héraut Talthybios vient à peine de conter la fin édifiante de Polyxène et l'émotion des Grecs qu'on apporte un cadavre : ce n'est pas la fille d'Hécube, c'est son fils, son dernier-né, Polydore, que la mer rend à ses larmes. Et Hécube, dans ses pleurs et dans ses cris, devine : c'est l'homme à qui elle avait confié cet enfant trop tendre, c'est son hôte, le roi scythe Polymestor, qui l'a tué pour s'emparer de son or ! Horreur ! Trahison ! Voici Agamemnon, roi des rois, qui vient lui présenter des condoléances. Elle finit par le supplier, par lui demander vengeance. Le roi hésite : en somme, on est chez Polymestor et les Grecs ont mieux à faire qu'à venger les injures des Troyens : il est souverain, constitutionnel, lui, le roi des rois ! C'est bien ; qu'on laisse faire Hécube !

Et c'est l'horreur de l'horreur ! Traîtresse envers le traître, Hécube a fait venir Polymestor et ses fils tout petits, sous couleur de leur révéler un autre trésor : ses compagnes égorgent les enfants, crèvent les yeux du roi barbare et inhospitalier — et ce sont les cris de douleur de Polymestor, la joie bestiale de la mère vengée, les prédictions effroyables de l'aveugle, une crainte religieuse qui descend sur tous cependant que le chœur émet des maximes et que le sang gronde avec la mort....

C'est sauvage, et Silvain-Jaubert ne nous ont fait grâce ni d'un détail, ni d'une redite. Ils ont eu raison. Leur vers, même, consciencieux et changeant, ne s'élève pas trop : il a des sublimités, de la facilité, de l'attendu, plus de force et de poids que d'ailes. Mais c'est intégral, et l'émotion est certaine, l'effroi indéniable, la portée morale absolue. On a applaudi les distiques éternels qui valaient les quatrains de Pibrac, et, parfois, les aphorismes du maréchal de La Palisse. (Euripide a quelque ancienneté de plus et ne chicanons pas, sur la façon d'exprimer des vérités éternelles, des traducteurs-poètes de rigueur et de bonne volonté.) On a vivement acclamé l'effort et le résultat.

On a acclamé l'héroïque et infatigable Louise Silvain, majestueuse et accablée, mère écrasée et stridente, qui supplie, qui pleure, qui maudit et qui ricane, de toute la force unique de ses souffrances multiples de ses mille morts ; elle incarne toutes les misères, toute la juste vengeance ; elle est admirable, pathétique au possible et à l'impossible, harmonieuse dans la pire outrance — et vraie autant que je puis m'y connaître en cette débordante atrocité. Marcelle Géniat est une Polyxène pudique et fière, d'une grâce exquise et mélancolique. Berthe Bovy est une ombre bien disante et le plus patient cadavre. Yvonne Ducos, à elle toute seule, est le chœur le plus éloquent ; Jane Even a du cœur et de l'âme.

Leitner a un peu trop de sensibilité dans Ulysse ; Ravet est un Agamemnon de grande mine ; Alexandre est un Talthybios qui a de l'accent et de l'autorité. Enfin, Silvain en personne, dans le personnage du détestable Polymestor, a de la finesse, de la cupidité, de l'hypocrisie, la pire douleur, le plus épouvantable, le plus hurlant désespoir : il a fait crier de peur !

Cette représentation unique, dans un décor unique de Dujardin-Beaumetz, a déjà un lendemain. Et le vénérable et délicieux Laurent Léon interprétera, dans un décor plus coutumier, sa brave et discrète musique, tragique et philosophique — athénienne !

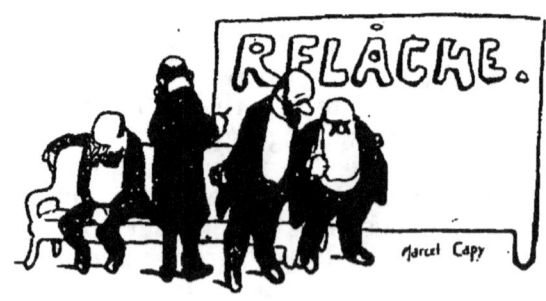

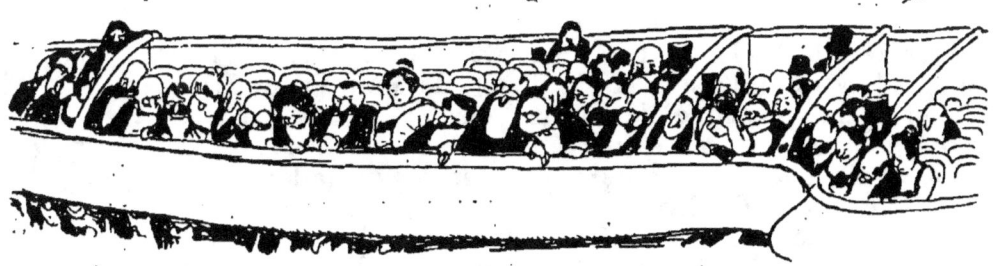

TABLE DES MATIÈRES

La Route d'Emeraude, de M. Jean Richepin.....................	5
Le Scandale, de M. Henry Bataille...........................	8
J'en ai plein le dos de Margot ! de M. Georges Courteline et Pierre Wolff	11
Le Juif Polonais, d'Erckmann-Chatrian.......................	11
L'Ex, de M. Léon Gandillot.................................	15
Connais-toi, de M. Paul Hervieu............................	18
La Rencontre, de M. Pierre Berton..........................	21
Beethoven, de M. René Fauchois.............................	24
L'Impératrice, de Catulle Mendès...........................	26
Le Roi Bombance, de M. F.-T. Marinetti.....................	30
Le Refuge, de M. Dario Niccodémi...........................	32
La Glu, de M. Jean Richepin................................	35
La Veille du Bonheur, de MM. François de Nion et J. Buysieulx.	37
Le Stadivarius, de M. Max Maurey...........................	37
Les Tenailles, de M. Paul Hervieu..........................	39
Solange, de M. Adolphe Aderer et G. Salvayre...............	41
Le Pavillon d'Armide, de M. Alexandre Beners...............	44
Le Prince Igor, de Borodine................................	44
Le Festin, de Rimsky-Korsakow..............................	44
Bacchus, de Catulle Mendès et Jules Massenet...............	46
Le Vieil Aigle, de M. Raoul Gunsbourg......................	50
Ivan-le-Terrible, de M. N. Rimsky-Korsakow.................	51
La Clairière, de MM. Maurice Donnay et Lucien Descaves.....	54
Lauzun, de MM. Gustave Guiches et François de Nion.........	56
Demain, de M. P.-H. Raymond-Duval..........................	59

Les Possédés, de M. H.-R. Lenormand....................................	59
La Veuve Joyeuse (d'après H. Meilhac), de MM. Victor Léon et Léon Stein ; musique de Franz Léhar................................	61
Œuvre Posthume, de M. Alfred Mortier..	64
L'Eventail de Lady Windermere, d'Oscar Wilde (adaptation de MM. Remon et G. Chalençon)..	64
L'Assommoir, de MM. Busnach et Gastineau, d'après E. Zola...	66
La Révolution Française, de MM. Arthur Bernède et Henri Cain.	68
Le Roy sans royaume, de M. Pierre Decourcelle...........................	70
La Robe rouge, de M. Brieux...	73
Suzette, de M. Brieux...	75
Le Roi s'ennuie, de MM. Gaston Sorbets et Alberic Cahuet......	77
Papillon, dit Lyonnais-le-Juste, de M. Louis Bénière................	77
Les Emigrants, de M. Charles-Henry Hirsch............................	80
La Bigote, de M. Jules Renard..	80
La Griffe, de M. Henry Bernstein...	83
La Petite Chocolatière, de M. Paul Gavault..............................	84
La Rampe, de M. Henri de Rothschild.....................................	87
Le Circuit, de MM. Georges Feydeau et Francis de Croisset...	90
Lysistrata, de M. Maurice Donnay...	92
Maison de Danses, de MM. Nozière et Charles Muller (d'après M. Paul Reboux)..	95
Jarnac, de MM. Léon Hennique et Johannès Gravier................	98
Sire, de M. Henri Lavedan..	101
Le Procès de Jeanne d'Arc, de M. Emile Moreau.....................	105
Le Risque, de M. Romain Coolus...	108
Comme les feuilles..., de Giuseppe Giacosa (Traduction de Mlle Darsenne)...	111
Moralité nouvelle d'un Empereur, de M. J. Rial-Faber............	111
Un Ange, de M. Alfred Capus..	114
Pierre et Thérèse, de M. Marcel Prévost.................................	117
La Massière, de M. Jules Lemaître...	120
Madame Margot, de MM. Emile Moreau et Clairville............	121
La Barricade, de M. Paul Bourget..	124
Le Danseur inconnu, de M. Tristan Bernard............................	127
L'Ange Gardien, de M. André Picard......................................	130
Le Monsieur au Camélia, de M. Jean Passier.........................	130
Le Sonate à Kreutzer, de MM. Fernand Nozière et Alfred Savoir (d'après Tolstoï)..	133
Chantecler, de M. Edmond Rostand...	135
Gaby, de M. Georges Thurner...	140

Antar, de M. Chékri-Ganem.................................... 142
Boubouroche, de M. Georges Courteline........................ 144
L'Imprévu, de M. Victor Margueritte........................... 144
Le Peintre exigeant, de M. Tristan Bernard.................... 144
La Vierge folle, de M. Henry Bataille......................... 147
Une femme passa..., de M. Romain Coolus....................... 152
La Flamme, de M. Dario Niccodémi.............................. 154
1812, de M. Gabriel Nigond.................................... 156
La Beffa, de M. Sem Benelli, adaptation de M. Jean Richepin... 159
Le Jeune Homme candide, de M. Pierre Mortier.................. 162
Xantho chez les Courtisanes, de M. Jacques Richepin........... 162
Le Bois sacré, de M. Aman de Caillavet et Robert de Flers..... 164
La Bête, de M. Edmond Fleg.................................... 167
Le Phénix, de M. Raphaël Valabrègue........................... 170
On purge Bébé, de M. Georges Feydeau.......................... 170
Le Costaud des Epinettes, de MM. Tristan Bernard et Alfred Athis... 172
Le Bois sacré, de M. Edmond Rostand........................... 175
Coriolan, de William Shakespeare. Traduction de M. Paul Sonniès. 177
Le Songe d'un soir d'amour, de M. Henry Bataille.............. 178
Mon Ami Teddy, de MM. André Rivoire et Lucien Besnard......... 180
Mademoiselle Molière, de MM. Louis Leloir et Gabriel Nigond... 182
La Fille Elisa, de M. Jean Ajalbert (d'après Ed. de Goncourt).. 185
Nono, de M. Sacha Guitry...................................... 185
Vidocq, Empereur des Policiers, de M. Emile Bergerat.......... 186
Bigre ! de M. Rip... 189
La Fleur merveilleuse, de M. Miguel Zamacoïs.................. 190
Bagnes d'Enfants, de MM. André de Lorde et Pierre Chaine (d'après M. Ed. Quet)... 193
Le Mariage de Mlle Beulemans, de MM. Frantz Fonson et Fernand Wicheler.. 195
Un cas de Conscience, de MM. Paul Bourget et Serge Basset..... 197
Les Erinnyes, de Leconte de Lisle............................. 197
Comme ils sont tous ! de MM. Adolphe Aderer et Armand Ephraïm. 200
César Birotteau, de M. Emile Fabre (d'après H. de Balzac)..... 202
Ces Messieurs, de M. Georges Ancey............................ 205
Le Marchand de bonheur, de M. Henry Kistemaeckers............. 207
Les Marionnettes, de M. Pierre Wolff.......................... 209
L'Aventurier, de M. Alfred Capus.............................. 212
Montmartre, de M. Pierre Frondaie............................. 215
Le Carnaval des Enfants, de M. Saint-Georges-de-Bouhélier..... 218
Les Bleus de l'Amour, de M. Romain Coolus..................... 220

Les Affranchis, de Mlle Marie Leneru.................................. 222
La Fugitive, de M. André Picard.. 224
La Femme et le Pantin, de MM. Pierre Louys et Pierre Frondaie. 225
Les Noces de Panurge, de MM. Eugène et Edouard Adenis..... 227
Roméo et Juliette, de William Shakespeare. Traduction de M. Louis de Gramont.. 229
Hedda Gabler, d'Henrik Ibsen, Traduction du comte Prozor...... 230
Le Vieil Homme, de M. Georges de Porto-Riche................... 232
Le Cadet de Coutras, de MM. Abel Hermant et Yves Mirande.... 235
Papa, de MM. de Flers et de Caillavet................................ 237
Après Moi, de M. Henry Bernstein..................................... 239
L'Enfant de l'Amour, de M. Henry Bataille......................... 241
L'Oiseau bleu, de M. Maurice Maeterlinck.......................... 244
L'Armée dans la Ville, de M. Jules Romains....................... 247
Le Tribun, de M. Paul Bourget.. 249
La Gamine, de MM. Pierre Véber et Henri de Gorsse............ 252
Maman Colibri, de M. Henry Bataille................................ 254
Rivoli, de M. René Fauchois.. 256
Marie-Victoire, de M. Edmond Guiraud............................... 258
Le Goût du Vice, de M. Henri Lavedan............................... 261
A la Nouvelle, de M. Jacques Dhur................................... 264
Les Frères Karamazov, de MM. Jacques Copeau et Jean Croué (d'après Dostoïevski)... 267
Vers l'Amour, de Léon Gandillot....................................... 269
L'Apôtre, de M. Paul Hyacinthe-Loyson.............................. 270
Le Roi s'amuse, de Victor Hugo.. 272
Demain, de MM. Pataud et Olivier Garin............................. 275
Les Transatlantiques, de MM. Abel Hermant et Franc-Nohain. Musique de M. Claude Terrasse.. 277
Le Martyre de saint Sébastien, de M. Gabriele d'Annunzio...... 279
Cher Maître, de M. Fernand Vandérem............................... 283
Monsieur Pickwick, de MM. Georges Duval et Robert Charvay.. 286
Hécube, de MM. Silvain et Jaubert................................... 287

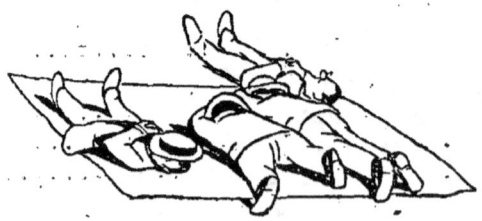

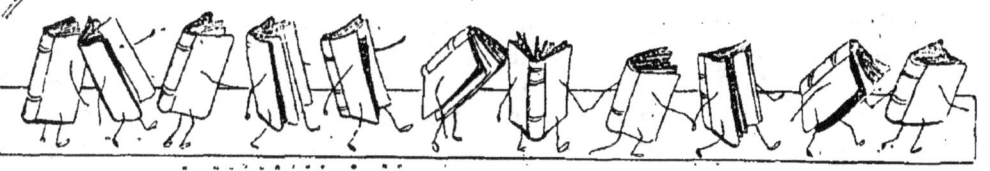

TABLE ALPHABÉTIQUE

A

Affranchis (*les*), de Mlle Lenéru	222
Ange (*un*), de M. Alfred Capus	114
Ange Gardien (*l'*), de M. André Picard	130
Antar, de M. Chékri-Ganem	142
Apôtre (*l'*), de M. Paul-Hyacinthe Loyson	270
Après Moi, de M. Henri Bernstein	239
Armée dans la Ville (*l'*), de M. Jules Romains	2.7
Assommoir (*l'*), de MM. Busnach et Gatineau (d'après Émile Zola)	66
Aventurier (*l'*), de M. Alfred Capus	212

B

Bacchus, de Catulle-Mendès, Musique de Massenet	46
Bagne d'Enfants, de MM. André de Lorde et Pierre Chaine (d'après M. Édouard Quet)	193
Barricade (*la*), de M. Paul Bourget	124
Beethoven, de M. René Fauchois	24
Beffa (*la*), de Sem Benelli, adaptée par Jean Richepin	159
Bête (*la*), de M. Edmond Fleg	167
Bigote (*la*), de Jules Renard	80
Bigre !, revue de M. Rip	189
Bleus de l'Amour (*les*), de M. Romain Coolus	220
Bois Sacré (*le*), de M. Edmond Rostand	175
Bois Sacré (*le*), de MM. de Flers et de Caillavet	164
Boubouroche, de M. Georges Courteline	144

C

Cadet de Coutras (*le*), de MM. Abel Hermant et Yves Mirande..... 235
Carnaval des Enfants (*le*), de M. Saint-Georges de Bouhélier...... 218
Cas de Conscience (*un*), de MM. Paul Bourget et Serge Basset.... 197
César Birotteau, de M. Emile Fabre (d'après H. de Balzac)........ 202
Chanteclerc, de M. Edmond Rostand.............................. 135
Cher Maître, de M. Fernand Vanderem............................ 283
Circuit (*le*), de MM. Georges Feydeau et Francis de Croisset..... 90
Clairière (*la*), de MM. Maurice Donnay et Lucien Descaves...... 54
Comme ils sont tous, de MM. Adolphe Aderer et Armand Ephraïm. 200
Comme les Feuilles..., de Giuseppe Giacosa. (Traduction de Mlle Darsenne) 111
Connais-toi, de M. Paul Hervieu................................. 18
Coriolan, de William Shakespeare. (Traduction de M. Paul Sonniès)... 177
Costaud des Epinettes (*le*), de M. Tristan Bernard et Alfred Athis. 172

D

Danseur Inconnu (*le*), de M. Tristan Bernard.................... 127
Demain, de M. P.-H. Raymond-Duval (d'après Joseph Conrad). 59
Demain, de MM. Pataud et Olivier Garin........................ 275

E

Emigrants (*les*), de M. Charles-Henry Hirsch.................... 80
Enfant de l'Amour (*l'*), de M. Henry Bataille................... 241
Erinnyes (*les*), de M. Leconte de Lisle......................... 197
Eventail de Lady Windermere (*l'*), d'Oscar Wilde, adaptée par MM. Hémon et J. Chalençon..................................... 64
Ex (*l'*), de M. Léon Gandillot................................. 15

F

Femme et le Pantin (*la*), de MM. Pierre Louys et Pierre Frondaie.. 225
Femme passa (*une*), de M. Romain Coolus....................... 152
Festin (*le*), suite de danses................................... 44
Fille Elisa (*la*), de M. J. Ajalbert (d'après Ed. de Goncourt)...... 185
Flamme (*la*), de M. Dario Niccodémi............................ 154
Fleur Merveilleuse (*la*), de M. Miguel Zamacoïs................. 190
Frères Karamazow (*les*), de MM. Jacques Copeau et Jean Croué (d'après Dostoïewski) 267

G

Gaby, de M. Georges Thurner.................................... 140
Gamine (la), de M. Pierre Véber et Henry de Gorsse............ 252
Glu (la), de M. Jean Richepin.................................. 35
Goût du Vice (le), de M. Henri Lavedan........................ 261
Griffe (la), de M. Henry Bernstein............................. 83

H

Hedda Gabler, d'Henrik Ibsen (traduction du comte Prozor).... 230
Hécube, de MM. Silvain et E. Jaubert.......................... 287

I

Impératrice (l'), de M. Catulle Mendès......................... 26
Imprévu (l'), de M. Victor Margueritte......................... 144
Ivan-le-Terrible, de M. N. Rimsky-Korsakow.................... 51

J

Jarnac, de MM. Léon Hennique et Johannès Gravier.............. 98
J'en ai plein le dos de Margot, de MM. Georges Courteline et Pierre Wolff... 11
Jeune Homme candide (le), de M. Pierre Mortier................ 162
Juif Polonais (le), d'Erckmann-Chatrian....................... 11

L

Lauzun, de MM. Gustave Guiches et François de Nion........... 56
Lysistrata, de M. Maurice Donnay.............................. 92

M

Madame Margot, de MM. Emile Moreau et Clairville............. 121
Mademoiselle Molière, de Louis Leloir et de M. Gabriel Nigond... 182
Maison de Danses, de MM. Nozière et Charles Muller........... 95
Maman Colibri, de M. Henry Bataille........................... 254
Marchand de bonheur (le), de M. Henry Kistemaeckers.......... 207
Marie-Victoire, de M. Edmond Guiraud.......................... 258
Mariage de Mlle Beulemans (le), de MM. Frantz Fonson et Fernand Wicheler... 195
Marionnettes (les), de M. Pierre Wolff........................ 209

Martyre de Saint-Sébastien (le), de M. Gabriele d'Annunzio...... 279
Massière (la), de M. Jules Lemaître........................ 120
Messieurs (ces), de M. Georges Ancey...................... 205
1812, de M. Gabriel Nigond................................ 156
Mon Ami Teddy, de MM. André Rivoire et Lucien Besnard...... 180
Monsieur au Camélia (le), de M. Jean Passier............... 130
Montmartre, de M. Pierre Frondaie......................... 215

N

Noces de Panurge (les), de MM. Eugène et Édouard Adenis........ 227
Nono, de M. Sacha Guitry................................. 185
Nouvelle (à la), de M. Jacques Dhur....................... 264

O

Œuvre Posthume, de M. Alfred Mortier...................... 64
Oiseau bleu (l'), de M. Maurice Maeterlinck................ 244
On purge Bébé ! de M. Georges Feydeau..................... 170

P

Papa, de MM. R. de Flers et A. de Caillavet................ 237
Papillon, dit Lyonnais-le-Juste, de M. Louis Bénière........ 77
Pavillon d'Armide (le), de M. A. Beners.................... 44
Peintre exigeant (le), de M. Tristan Bernard............... 144
Petite Chocolatière (la), de M. Paul Gavault............... 84
Phénix (le), de M. Raphaël Valabrègue...................... 170
Pickwick (Monsieur), de MM. Georges Duval et Robert Charvay.. 286
Pierre et Thérèse, de M. Marcel Prévost.................... 117
Possédés (les), de M. H.-R. Lenormand...................... 59
Prince Igor (le), de M. Borodine........................... 44
Procès de Jeanne d'Arc (la), de M. Emile Moreau............ 105

R

Rampe (la), de M. Henry de Rothschild...................... 87
Refuge (le), de M. Dario Niccodemi......................... 32
Rencontre (la), de M. Pierre Berton........................ 21
Révolution Française (la), de MM. Arthur Bernède et Henri Cain. 68
Risque (le), de M. Romain Coolus........................... 108
Rivoli, de M. René Fauchois................................ 256

Robe Rouge (*la*), de M. Brieux.................................. 73
Roi Bombance (*le*), de M. F.-T. Marinetti..................... 30
Roi s'amuse (*le*), de Victor Hugo.............................. 272
Roi s'ennuie (*le*), de MM. Gaston Sorbets et Abéric Cahuet....... 77
Roméo et Juliette, de William Shakespeare. (Traduction de Louis de Gramont).. 229
Route d'Emeraude (*la*), de M. Jean Richepin (d'après Eugène Demolder).. 5
Roy sans Royaume (*le*), de M. Pierre Decourcelle................ 70

S

Scandale (*le*), de M. Henry Bataille........................... 8
Sire, de M. Henri Lavedan....................................... 101
Solange, de M. Adolphe Aderer, musique de M. Gaston Salvayre   41
Sonate à Kreutzer (*la*), de MM. Fernand Nozière et Alfred Savoir (d'après Léon Tolstoï)... 133
Songe d'un soir d'amour (*le*), de M. Henry Bataille............. 178
Stradivarius (*le*), de M. Max Maurey........................... 37
Suzette, de M. Brieux... 75

T

Tenailles (*les*), de M. Paul Hervieu........................... 39
Transatlantiques (*les*), de MM. Abel Hermant et Franc-Nohain, musique de M. Claude Terrasse.................................. 276
Tribun (*le*), de M. Paul Bourget............................... 249

V

Veille du bonheur (*la*), de MM. François de Nion et J. Buysieulx... 37
Vers l'Amour, de Léon Gandillot................................. 269
Veuve Joyeuse (*la*), de MM. Victor Léon et Léon Stein (d'après H. Meilhac). Musique de Franz Léhar................................ 61
Vieil Aigle (*Le*), de M. Raoul Gunsbourg....................... 50
Vieil Homme (*le*), de M. Georges de Porto-Riche................ 232
Vierge folle (*la*), de M. Henry Bataille....................... 147
Vidocq, Empereur des Policiers, de M. Emile Bergerat............ 186

X

Xantho chez les Courtisanes, de M. Jacques Richepin............. 162

IMP. KAPP, PARIS

www.ingramcontent.com/pod-product-compliance
Lightning Source LLC
Chambersburg PA
CBHW052241220526
45471CB00001B/141